集成项目交付
Integrating Project Delivery

集成项目交付
Integrating Project Delivery

[美]
马丁·费舍尔（Martin Fischer）
霍华德·阿什克拉夫特（Howard Ashcraft）
迪恩·瑞德（Dean Reed）
阿图尔·汉佐德（Atul Khanzode）

著

张挪威 译 刁志中 董 宁 校

中国建筑工业出版社

著作权合同登记图字：01-2020-2596号

图书在版编目（CIP）数据

集成项目交付 /（美）马丁·费舍尔（Martin Fischer）等著；张挪威译 . —北京：中国建筑工业出版社，2021.6

书名原文：Integrating Project Delivery

ISBN 978-7-112-26245-8

Ⅰ. ①集… Ⅱ. ①马… ②张… Ⅲ. ①建筑项目—项目管理—研究 Ⅳ. ① F407.9

中国版本图书馆 CIP 数据核字（2021）第 136956 号

Integrating Project Delivery / Martin Fischer, Howard Ashcraft, Dean Reed and Atul Khanzode, 9780470587355

Copyright ©2017 John Wiley & Sons, Inc.
Chinese Translation Copyright ©2021 China Architecture & Building Press
All Rights Reserved. This translation published under license. Authorized translation from the English language edition, Published by John Wiley & Sons. No part of this book may be reproduced in any form without the written permission of the original copyrights holder.
Copies of this book sold without a Wiley sticker on the cover are unauthorized and illegal.

本书中文简体中文字版专有翻译出版权由John Wiley & Sons, Inc.公司授予。未经许可，不得以任何手段和形式复制或抄袭本书内容

本书封底贴有Wiley防伪标签，无标签者不得销售

责任编辑：戚琳琳　董苏华
责任校对：张惠雯

集成项目交付（Integrating Project Delivery）

[美]　马丁·费舍尔（Martin Fischer）
　　　霍华德·阿什克拉夫特（Howard Ashcraft）　著
　　　迪恩·瑞德（Dean Reed）
　　　阿图尔·汉佐德（Atul Khanzode）

张挪威　译　刁志中　董　宁　校

*

中国建筑工业出版社出版、发行（北京海淀三里河路9号）
各地新华书店、建筑书店经销
北京雅盈中佳图文设计公司制版
北京中科印刷有限公司印刷

*

开本：787毫米×1092毫米　1/16　印张：27$\frac{1}{2}$　字数：594千字
2021年8月第一版　2021年8月第一次印刷
定价：**149.00元**
ISBN 978-7-112-26245-8
　　　（37575）

版权所有　翻印必究
如有印装质量问题，可寄本社图书出版中心退换
（邮政编码 100037）

目 录

中文版序 ··· xii
序言一 ··· xiii
序言二 ··· xvi
前　言 ··· xix
致　谢 ··· xxvi

第1章　我们的使命 ·· 1
1.1　建筑性能的现状 ··· 1
1.2　设想 ·· 2
1.3　未来之路 ·· 6
注释 ··· 8
参考文献 ··· 8

第2章　集成项目交付的转型：业主的体验 ··11
2.1　选择IPD的原因 ··· 14
2.2　业主的职责 ··· 14
2.3　业主及其团队组织 ·· 18
2.4　内部阻力 ·· 19
2.5　建筑、工程和施工行业的阻力 ·· 20
2.6　教育培训 ·· 21
2.7　IPD合同 ··· 22
2.8　挑战性目标的设置 ·· 24
2.9　挫折 ·· 24
2.10　目标价值设计 ·· 25
2.11　可靠性 ·· 26
2.12　价值 ·· 27

2.13　再次选择 IPD 的意愿 ································ 28
　　2.14　对其他业主的建议 ·································· 29
　　2.15　人为因素 ·· 30
　　2.16　小结 ·· 30
　　注释 ·· 31
　　参考文献 ·· 31

第 3 章　集成项目交付的简明框架 ··························· 33
　　3.1　集成项目交付的路线图 ······························ 33
　　3.2　高性能建筑 ··· 35
　　3.3　集成系统 ·· 40
　　3.4　集成过程 ·· 40
　　3.5　集成组织 ·· 42
　　3.6　集成信息 ·· 43
　　3.7　简明框架各部分的关联 ······························ 43
　　3.8　简明框架的应用 ······································· 48
　　3.9　启示 ·· 50
　　3.10　小结 ·· 51
　　注释 ·· 51
　　参考文献 ·· 52

第 4 章　高性能建筑的定义 ···································· 53
　　4.1　高性能建筑的内涵 ···································· 53
　　4.2　成功的标志 ··· 54
　　4.3　实现方式 ·· 56
　　4.4　重要性 ·· 63
　　4.5　启示 ·· 63
　　4.6　小结 ·· 64
　　参考文献 ·· 64

第 5 章　高性能建筑价值的实现 ······························ 65
　　5.1　高性能建筑价值的内涵 ······························ 65
　　5.2　成功的标志 ··· 65

5.3	实现方式	66
5.4	案例：可持续性——价值与建筑运维的交叉点	81
5.5	重要性	84
5.6	启示	85
5.7	小结	86
注释		86
参考文献		87

第6章 建筑系统的集成 …… 89

6.1	集成系统的内涵	89
6.2	成功的标志	90
6.3	实现途径	91
6.4	案例：DPR 建筑公司圣迭戈净零能耗建筑	96
6.5	重要性	100
6.6	启示	101
6.7	小结	101
注释		101
参考文献		102

第7章 过程知识的集成 …… 103

7.1	过程知识集成的内涵	103
7.2	成功的标志	103
7.3	实现方式	104
7.4	案例	108
7.5	重要性	125
7.6	启示	126
7.7	小结	126
注释		127
参考文献		127

第8章 项目组织的集成 …… 129

8.1	概述	129
8.2	集成组织的内涵	130

8.3 成功的标志 ………………………………………………………… 131

8.4 实现方式 …………………………………………………………… 132

8.5 案例 ………………………………………………………………… 150

8.6 案例研究：加利福尼亚大学旧金山分校医学中心使命湾医院的项目组织集成 … 159

8.7 重要性 ……………………………………………………………… 168

8.8 启示 ………………………………………………………………… 169

8.9 小结 ………………………………………………………………… 169

注释 ……………………………………………………………………… 171

参考文献 ………………………………………………………………… 171

第 9 章 集成项目团队的管理 ……………………………………………… 173

9.1 概述 ………………………………………………………………… 173

9.2 IPD 团队的内涵 …………………………………………………… 174

9.3 成功的标志 ………………………………………………………… 174

9.4 实现方式 …………………………………………………………… 175

9.5 重要性 ……………………………………………………………… 188

9.6 启示 ………………………………………………………………… 188

9.7 小结 ………………………………………………………………… 188

注释 ……………………………………………………………………… 188

参考文献 ………………………………………………………………… 189

第 10 章 项目信息的集成 …………………………………………………… 191

10.1 集成信息的重要性 ………………………………………………… 191

10.2 集成信息的内涵 …………………………………………………… 191

10.3 成功的标志 ………………………………………………………… 193

10.4 实现方式 …………………………………………………………… 196

10.5 集成信息系统的范例和益处 ……………………………………… 200

10.6 重要性 ……………………………………………………………… 210

10.7 启示 ………………………………………………………………… 210

10.8 小结 ………………………………………………………………… 211

注释 ……………………………………………………………………… 211

参考文献 ………………………………………………………………… 212

第 11 章　指标管理 ... 213
- 11.1　目标的评估与管控及相互关系 ... 213
- 11.2　成功的标志 ... 214
- 11.3　项目团队评估和管控交付价值的方式 ... 215
- 11.4　重要性 ... 236
- 11.5　启示 ... 237
- 11.6　小结 ... 237
- 注释 ... 238
- 参考文献 ... 238

第 12 章　建筑性能的可视化和模拟 ... 239
- 12.1　模拟和可视化的内涵 ... 239
- 12.2　成功的标志 ... 240
- 12.3　实现方式 ... 242
- 12.4　案例 ... 256
- 12.5　重要性 ... 260
- 12.6　启示 ... 261
- 12.7　小结 ... 261
- 注释 ... 261
- 参考文献 ... 262

第 13 章　集成项目中的协作 ... 265
- 13.1　协作难以实现的原因 ... 265
- 13.2　协作的内涵 ... 266
- 13.3　成功的标志 ... 266
- 13.4　实现方式 ... 267
- 13.5　案例：缅因综合医院的新院区 ... 280
- 13.6　重要性 ... 284
- 13.7　启示 ... 284
- 13.8　小结 ... 284
- 注释 ... 285
- 参考文献 ... 285

第 14 章 提高绩效的同地办公 287
14.1 同地办公的综合优势 287
14.2 同地办公的内涵 288
14.3 成功的标志 288
14.4 实现方式 289
14.5 案例：缅因综合医院的新院区项目 299
14.6 重要性 302
14.7 启示 303
14.8 小结 303
参考文献 303

第 15 章 集成团队的生产管理 305
15.1 集成生产管理的内涵 305
15.2 成功的标志 305
15.3 实现方式 306
15.4 案例 308
15.5 重要性 322
15.6 启示 323
15.7 小结 324
参考文献 324

第 16 章 传统合同缺陷的规避 325
16.1 传统合同制造内在的对立氛围 325
16.2 传统合同是以计件为基础的商业模式 326
16.3 传统合同按角色严格分工 327
16.4 传统合同沟通方式的限定和低效 328
16.5 传统合同激励个体绩效而非整体绩效 328
16.6 无 IPD 合同保障的协作导致风险增加 329
16.7 如何解释传统合同模式下的某些成功案例？ 330
16.8 小结 330
注释 331
参考文献 331

第 17 章　集成项目合同的创建 333
17.1　概述 333
17.2　IPD 合同的必要性 334
17.3　交易第一，合同第二 334
17.4　IPD 合同理念 335
17.5　新型商业模式 336
17.6　新型合同结构 338
17.7　IPD 合同协商 347
17.8　IPD 合同格式 349
17.9　类似方法：英国的经验 351
17.10　重要性 354
17.11　启示 354
17.12　小结 354
注释 355
参考文献 356

第 18 章　高性能建筑产品的交付 357
18.1　高性能建筑产品的内涵 357
18.2　成功的标志 358
18.3　实现方式 361
18.4　案例 365
18.5　小结 397
注释 398
参考文献 398

后记一 401
后记二 403
译后记 405
作者简介 407

中文版序

随着建筑产业数字化转型步伐的加速，以数字技术为代表的新型生产力将逐步建立，必然深刻影响生产关系变革。以集成项目交付（Integrated Project Delivery，IPD）为代表的新型交付模式，将更加适配建筑产业的新生产力，重塑项目管理协作关系，改变各参与方多方利益的博弈，实现项目整体价值最大化。

在传统项目管理模式下设计、采购、施工、交付阶段相对割裂，各阶段相互之间缺乏协同，参建各方都是利益的个体，相互博弈现象严重。普遍存在生产效率低，社会成本高的问题。而 IPD 模式与数字化技术、精益建造等技术和方法的深度融合，在数字化平台的赋能下，建设方、施工方与设计方等各参与方以项目为中心，构建风险共担、价值共创、利益共享的新型生态伙伴关系，形成项目利益共同体，产生高度协同的效应，提升生产效率，减少浪费，为项目的成功交付奠定坚实的基础。

在建筑产业数字化转型中，生产技术的革新与应用，一定要有理论与模式的创新，通过探索新型项目交付方式，才能更有效保障项目的成功，促进建筑产业向工业级精细化水平的高质量方向发展。当前，IPD 模式与建筑产业数字化综合应用在国内才刚刚开始，鲜有成功项目案例，《集成项目交付》引用了大量工程案例，结合精益建造、BIM 及 VDC 技术，详细地介绍了 IPD 相关概念、简明框架以及高质量建筑的交付。可以说，本书的出版，为 IPD 模式的应用提供了很好的参考和指导，对 IPD 模式在我国的推广起到积极有力的作用。

最后，值此《集成项目交付》一书出版之际，我向本书译者们表示衷心的祝贺，为他们勇于探索、敢于创新的精神点赞，并向致力于推动建筑产业创新发展的同道们推荐此书！

广联达科技股份有限公司　董事长
2020 年 12 月

序言一

威廉·麦克唐纳（William McDonough）[1]
美国建筑师协会会员（Fellow of the American Institute of Architects，FAIA）、
英国皇家建筑师学会国际会员（Int. FRIBA）

所谓集成项目交付，是指发挥协同工作最大优势的理念和实践。这是一门集合了集体智慧、创造力和想象力的组合艺术，产生了高效的结果——承载着人类文化和生态健康，并跟随时代变迁而持续改进的建筑。

本人认为，在项目设计中的价值优先理念，是利用集体智慧，并推动持续改进的最佳方法。愿景和价值观设定了项目良性发展的路线，可以按照长远目标高效组织创造性、协同性的工作。通常，项目将考核指标放在首位，而将计划中其他工作放在次要位置，如此结果并不理想。以指标为主导的项目往往局限于持续关注指标是否达标，对质量和创新的关注则不够。追求指标达标所造成的损耗之大，导致大量积极行为的指导原则被忽视。此外，效率的考核往往侧重于减少不利影响而非增加有利影响，比如侧重于二氧化碳排放量和污染物产生量的减少，而忽视了节约电量、净化水源的增多以及为建筑物的居住者及社群带来的便利的增加。

这种减少与增加的区分很重要，特别是在当今人们经常把高性能等同于低危害甚至是零危害的情况下。毫无疑问，零排放、零污染、零事故是值得称赞和普遍认同的目标，"零"目标源于企业管理者对员工安全健康的重视和关心，管理者希望营造一个鼓励员工时刻保持警惕的氛围。许多拥有先进安全规程的公司鼓励员工一旦发现不安全状况，应立即主动行动，而无需顾虑会受到违规处罚。首席执行官们在表述"事故"或"意外"的时候，特别喜欢前面加的那个"零"。越来越多的致力于可持续发展的管理者和组织正在为零浪费和零碳排放而努力，这无可厚非。在与管理者探讨新项目时，应指出零排放不是终点，而是创新和改进过

---

[1] 威廉·麦克唐纳是全球公认的可持续发展领袖，虽为建筑师出身，但其兴趣和影响范围甚广，研究尺度自宏观到微观。《时代周刊》（Times）尊称他为"世界英雄"（Hero for the Planet），并指出，"他的乌托邦理想方案以一种统一的哲学体系为基础，无论是在论证还是在实践中都正改变着世界。"
因其对萧氏工业集团（Shaw Industries）的贡献，1996年，麦克唐纳获得了可持续发展总统奖（Presidential Award for Sustainable Development）；2003年获得了第一个美国环境保护署总统绿色化学挑战奖（U.S. EPA Presidential Green Chemistry Challenge Award）；2004年，因在环境设计领域的杰出成就获得国家设计奖（National Design Award）。麦克唐纳作为一流的可持续设计理念的建筑师，主持设计了密歇根州的福特汽车工厂、欧柏林学院（Oberlin College）的亚当·约瑟夫·刘易斯环境研究中心以及美国国家航空航天局的可持续发展基地（联邦政府投资组合中最具创新性的设施之一）。他是世界经济论坛循环经济委员会的创始主席（2014—2016年）。

程的中间点，是由失误减少到效率提高的转变。

愿景和价值理念使这种转变成为可能。在实践中，应以从客户的需求和现场的具体情况所获取的价值和原则为出发点，这些价值和原则帮助项目参与者集中精力，更好地构建和组织要协作完成的工作。如果一位首席执行官想要建立一个安全的工作环境（这里的安全指办公环境的身心安全，不仅是安全施工的物理环境——译者注），我们建议他应营造一个不仅是减少甚至清除伤害的环境，而且能够提高其员工、公司运营所涉及的社区以及所有客户的健康。这样的工作环境才为最佳，并堪称典范。

本书所提倡的正面积极参与的态度成为我们带领美国国家航空航天局（National Aeronautics and Space Administration，NASA）的一个新建项目的集成设计施工团队走向成功的关键。该新建项目位于硅谷，建筑面积为 50000 平方英尺（4645 平方米），隶属于艾姆斯研究中心（Ames Research Center），是一座前所未有的超现代化建筑，被命名为可持续发展基地（Sustainability Base），与完成首次登月的安宁基地（Tranquility Base）的名称相呼应。若不具有雄心壮志，美国国家航空航天局将一事无成。人类单凭指标是不可能登上月球的，从一开始，可持续发展基地项目团队即宣布了他们的计划，即设计一个完全造福人类和地球的建筑环境。这一清晰的价值陈述明确了项目目标、战略和策略，并组织了世界顶级的科学家、工程师和技术人员进行可持续的合作研究。该项目在正常的联邦预算内如期交付，被称作美国最高性能政府建筑。劳伦斯·伯克利国家实验室（Lawrence Berkeley National Laboratory）的斯蒂芬·塞尔科维茨（Stephen Selkowitz）将可持续发展基地称为"天才建筑"，正是因为其融合了集体智慧，并践行了持续改进。

我们生活在一个充斥着指标的时代。最近，《财富》(Fortune) 杂志百强企业中的一位可持续发展总监指出，2012 年可持续发展咨询的支出约为 90 亿美元。具有讽刺意味的是，人们只关注这些数据，仅以指标为标准，而不是将时间和精力投入协作式的创作与创新之中，而这正是集成项目交付的意义所在。让我们想象一场比赛，统计数据会让某些人很兴奋，但实际上大多数人都对真正的比赛更感兴趣。在赛场上，选手们组成一个团队朝向共同的目标全速前进。相对于比赛本身的质量以及赢得比赛的成就感，尝试射门多少次、踢得多远、踢中多少次这样的具体数据都是次要的，因为胜利可为目标明确而努力工作的人带来极大的满足感。团队奋斗的目标是明确如何比赛和互相支持，并朝着目标不断前进。这就是人们热爱比赛的原因，也是竞技体育更有魅力的原因。

人们对建造这一充满活力支持生命的建筑及景观的探究，促成了一系列创新。可持续发展基地的自我监测系统非常智能，能够精确地获知每位用户的能源消耗量，并根据气候和工作模式预测能源需求量，还可以精确地预测建筑物的热特性。先进的采光系统一年可为建筑提供 320 天的充足照明，百叶窗系统则提供了源源不断的新鲜空气。水保存在闭环系统内，并净化至饮用水标准以便可持续利用，或者在降雨后，以自然的速度、体积和清洁度排出。

这座建筑终将仅使用可再生能源,并将其盈余输送回系统网络。

人们可能以为这样一座高科技建筑成本极高,但所有的基础建筑系统均是在联邦政府的预算范围内建成的。按照美国国家航空航天局的指导方针,设计团队希望采用的特殊系统,必须能够以货币收益的形式得以补偿(例如能源的节省),这样的话,额外的投资预计可以在7到10年的回报期内收回。这些额外支出总计只占预算的6%,并明确回报期。

价值优先和集成方法令美国国家航空航天局非常满意。艾姆斯研究中心副主任兼项目负责人史蒂夫·佐尔内泽(Steve Zornetzer)博士指出,"集成过程产生了高度可持续且出色的设计,优化了建筑性能,并且体现了我们的价值理念,我认为这是21世纪建筑的典范,并且是未来必须考虑的建造方式。"

可持续发展基地的设计和建造是为了持续的质量改进,针对其运维的研究正在进行中。在此工作的科学家和工程师能够感受到项目还在持续进步,深信项目将达到并超越目标,因为目标的本质就是不断进步,这也是实现集成项目交付的好方法。追求积极的目标和不断进步为设计师、工程师、承包商和业主在整个设计和施工过程中开展富有成效的合作创造了大量的机会。让我们抓住机遇,共同努力,让每一栋建筑都为地球的健康与福祉作出振奋人心的贡献。

序言二

菲利普·G. 伯恩斯坦（Phillip G. Bernstein）[1]
美国建筑师协会会员（Fellow of the American Institute of Architects，FAIA）、英国皇家建筑师学会（Royal Institute of British Architects，RIBA）会员、LEED®认证专家（LEED®，Leadership in Energy and Environmental Design，能源与环境设计先锋——译者注）、欧特克有限公司战略产业关系副总裁（VP Strategic Industry Relations，Autodesk，Inc.）

12年前，由建筑行业上下游组成的美国建筑用户圆桌会议（Construction Users Roundtable，CURT）将建筑师、工程师、施工人员、设施管理经理、技术供应商等建筑产业链的各相关方聚集在一起，共同探讨为什么施工图无法满足施工的需要。关于这个问题，参会的经验丰富的业内人士在很多项目中都遇到过，但是他们通常将精力用于每个项目中都会出现的另外一个棘手问题：如何在施工中将抽象的设计意图体现出来。经过认真讨论与深刻自省，参会人员一致认为，施工图无法满足施工的要求只是表面问题，其本质则是各参与方缺乏协作以及信息集成化程度不足，各相关方应促进行业变革，优化建筑施工。会议发布的白皮书[2]这样写道：

> 建筑行业应推动组建高度集成的协作团队来实现更好、更快、更强的项目交付，业主是推动变革的领导者，负责组建高度协同、多功能的项目团队，包括设计师、施工人员、运维人员，并领导大家进行合作和创新。

圆桌会议的宣言促进了美国建筑行业进一步认识到，集成项目组织、共享信息以及使用BIM（Building Information Modeling）技术是推动项目交付方式发生深刻变革的关键要素。

这种对深度变革的要求是伴随着建筑行业内其他一些过程的变化（例如源于日本工业制造领域的精益建造和源于澳大利亚的项目联合交付）而出现的。这类变化带来了新的优化方

---

[1] 菲利普·G. 伯恩斯坦，美国建筑师协会会员，是欧特克战略产业关系副总裁，负责公司未来的愿景及技术战略，以及培育公司与战略产业领袖和协会的关系，也是佩利-克拉克-佩利建筑师事务所（Pelli Clarke Pelli Architects）前任负责人，拥有耶鲁大学的文学学士和建筑学硕士学位，在耶鲁大学教授"专业实践"课程。他是《建造未来：建筑设计中的劳动力重铸和学术界的信息建筑模型》（Building (in) the Future: Recasting Labor in Architecture and BIM in Academia）的联合编辑，并担任设计未来委员会（Design Futures Council）的高级研究员、美国建筑师协会国家合同文件委员会（AIA National Contract Documents Committee）前任主席。

[2] 《建筑设计施工和运维中的协作、集成信息和项目生命周期》，美国建筑用户圆桌会议行业白皮书-1202，2004年8月（CURT WP-1202）。

法和决策方式。业内对它们有一定的兴趣，但同时很多人也抱着观望态度。桌面计算技术的高速发展使得从计算机辅助设计（Computer Aided Design，CAD）软件到BIM的转变至少看起来是可能的。事实上，被人们普遍认同的BIM的可协作性和透明性（使所有参与方都可以获取三维信息）与项目交付方法中的某些改进密切相关。人们还经常把BIM与另外一个新兴的概念即集成项目设计联合应用。但BIM到底是一项技术、一个过程还是一种交付方式？对于这些概念，建筑行业各参与方并不清楚，甚至不明白集成项目交付的真正含义。

白皮书发布之后，原本进展缓慢的建筑产业发生了快速的变化，截至2007年，集成项目交付加入了项目招投标、施工管理以及综合设计施工，成为建筑行业引人瞩目的交付类型，与建筑业的快速数字化发展同步。当时，各产业协会纷纷提出了初步的合同原型，而有远见的业主已开始根据集成项目交付的原则组织执行项目，相比建筑业以往的逐个项目的缓慢改进方式，集成项目交付从方法和态度上为行业带来了巨变。模拟信息被数字化，交易型合同被关系型合同替代，服务范围和交付目标从过去的最低价中标演变为对项目成果的承诺。这是有史以来第一次，建筑施工从千方百计降低成本转向专注于交付高质量的项目成果。

这个前提是本书的核心，作者们都是长期处于理论与实践、技术和交付的重要节点的创新者。对于集成项目交付的动机和合同而言，这是一本技术严谨并通俗易懂的参考指南。本书作者颠覆了传统的施工过程与建筑产品之间的关系，主张通过集成项目交付的方式以交付高质量、高性能的建筑产品为最高目标，实现低投入、高收益。

集成项目交付带来的变革意义重大，不仅仅是一种项目交付类型的变化。传统实践对设计方与施工方的工作范畴作出了非常明确的区分。设计方通过专业判断提供"服务"，而施工方从设计方的"服务"中提取信息，按此交付产品。本书作者在很大程度上颠覆了这一传统概念，并形成了贯穿本书的前提思想，项目团队必须以向业主交付高性能的项目为唯一目标，而不仅仅是达到普通项目和以往交付类型中常见的最低要求。本书提供大量佐证，证明在系统的过程和技术层面追求价值是可以实现的。

业内普遍认为，如果项目团队兼具功能性和协作性的优势，那么利用传统的交付方式也可以实现相同的目标。然而，很难预测传统交付方式下的项目能达到这样高的目标，大多数业内人士也认同这一点。大量项目的表现和实际数据证实了该结论，大获成功的项目案例远不及失败的案例多。正如本书所阐明的，交付有价值的建筑意味着要确立清晰的目标和过程，确保项目团队的利益与建筑本身的利益相一致，并利用工具预测所承诺的高性能项目的成果，为实现团队协作提供清晰的信息。

如何实现这一理念落地呢？如同BIM一样，建筑业已对"集成项目交付"（Intergrated Project Delivery，IPD）这一行业热词产生了浓厚的兴趣，视其为一种具有潜力的策略。基于我个人所参与的采用BIM的项目获得的经验，我坚信，建筑业要想取得根本性的变革，成功的案例与权威的指南缺一不可。这也是本书作者的初衷，对具体的过程进行详细解释，并通过项目案例展示这些过程的落地。本书从理论与实践角度对集成进行了大量阐述，对业内全产业链的从业人员都有指导意义。建筑用户圆桌会议的参与者会在本书中惊喜地发现他们最初的设想所带来的巨大变革。

2008年的经济危机很可能延缓了IPD原本可以更快地被行业接受的进程，今天，当传统项目交付方式不能为项目带来满意的结果时，IPD是一个可行的选择，并且项目团队对所面临的挑战、需求及收益也做好了一定的准备。与可持续建筑和BIM一样，IPD的理念已十分流行，许多设计人员和施工人员声称"已使用了多年的集成项目交付方式"。这很吸引眼球，但也有风险，"已使用多年"既表明了集成项目交付的效力，也展示出与其相关的市场价值。然而，任何新兴的创新都要经历不稳定的初始期，若缺少详细的基本规则和适当的规程平台，集成项目交付可能无法摆脱其在初始期的困境。对秉持通过现代化的高效方法设计建造建筑，方能实现建筑对社会产生巨大价值观点的人们，本书具有绝对的参考价值。

前　言

> "理论需要在实践中验证，以发现其缺陷，并得以不断修正，甚至产生新的理论。没有理论，修正就没有基础；没有理论，实践就没有意义；没有理论，问题就缺乏依据；没有理论，学习就无法进行。"
>
> ——W. 爱德华兹·戴明（W. Edwards Deming）

概述

本书所呈现的理念、实践与当今大多数人在项目设计和建造中的想法及做法迥然不同。这个独特的实践能够为项目团队提供策略和整套行动方案，以克服在设计和施工中"分而治之"的现状所导致的问题。当今，建筑所采用的技术日趋复杂，要考虑规范的层面逐渐增多，社会和企业的预期与压力也在增大。技术复杂性的增加和规范的多面化，要求只有掌握具体技术系统的专家方能加入项目团队，这种专业化的强化导致了项目交付的碎片化。部分原因在于许多项目所使用的管理工具善于把项目划分为多个模块，而不考虑如何把这些模块融为一体。然而，随着企业和社会对建筑性能的要求越来越高，业内强烈需求制定一种克服碎片化的策略，即一种集成项目团队及其工作的策略。这正是编写本书的初衷。

集成项目交付是一种创新性的实践，看起来较为困难，需要从观念、技术和行为方式上进行变革。这不是零和游戏，而是一个正和的新游戏。项目团队变成虚拟企业，不同的公司变成商业伙伴，而不是表面上合作实质上谋求各自利益的集合。项目各参与者逐渐停止各自为营，并增加了信息交流的频率。这种共赢合作会随着专业人员意识到他们可以相互信任、真诚合作而逐渐加速。相互信任的基础是公司之间以开放透明的方式运作，个人之间可以开诚布公地讨论错误、信心不足和不确定性。这同时需要营造一种文化，在此文化下项目参与者不会因敢于说真话而被惩罚。项目团队成员必须努力协同工作，保持一致性。集成团队里的每个人都应该作出承诺，在这种新的工作模式下，竭尽所能，做到最好。这种承诺又与共同承担失败的风险以及成功带来的收益密切相关。

这种"荣辱与共"的承诺正是我们一直推荐要通过合同来支撑真正意义上集成的原因。

项目各参与方，包括业主、设计方、施工方是利益共同体，必须共进退。集成项目交付（Intergrated Project Delivery，IPD）合同在很大程度上解决了一直困扰提高绩效的"动力"问题。集成团队的每位成员，从业主代表到在现场工作的员工都必须明白要如何整合他们的努力。

本书阐释了一种体系，该体系使得具有不同专业知识和经历的人们能够不断创建有价值的高性能建筑。我们的出发点是认同建筑学和建筑体系以及现代设施各组成部分是相互依赖的，利用集成设计和集成建造方可彰显最佳效果。书中解释和描述了集成各要素的理论与实践。

本书的目标是为有经验的从业人员和专业学生提供有价值的指导。笔者的意图和希望是帮助读者理解以下四点：

1. 集成要素；
2. 集成要素的相互关系；
3. 集成的必要性；
4. 这些集成要素至今是如何落地的，在未来可以怎样落地。

本书侧重阐述设计和施工两个方面，但建筑的使用和运维同等重要。建筑为使用而生，设计和施工是使用和运维的基础。笔者相信本书提出的概念同样适用于建筑的使用和运维，虽然细节和例子会有所不同。书中提供了多个建筑项目案例，通过举一反三，可以适用于包括基础设施和工业项目等各种类型的项目。

IPD 路线图

在陌生领域探索需要路线图的指引。笔者希望当我们开始摸索 IPD 时，有这样的路线图。现在我们把它提炼出来，相信有助于集成的倡导者、教员和领导者对项目团队成员讲述一个完整的体系。为什么有必要阐述一个完整的体系？我们观察到几乎在每个项目上项目团队都难以理解为何及如何能够通过集成来改进项目绩效。虽然大多数人，特别是业主，对现有的非集成的、碎片化的项目工作方式不满意，但至少他们知道这种旧方式是什么，要如何运作。有经验的从业人员对新型的集成交付方式不了解，仅会采用陈旧的、碎片化的方式工作。许多团队都试图运用各种新技术、新方法和软件工具，尤其愿意采用建筑信息模型（building information modeling，BIM），但是各方却不知道如何规划、合作以及共享信息进而成为真正的合作伙伴（即集成团队），施工先行、流程滞后，事前无规划、事后问责的文化破坏了团队的学习能力，制约了持续改进的步伐（Howell & Ballard, 1997；Koskela, 2004；Macomber & Howell, 2004）。最为糟糕的是，对低成本的一味追求，造成对客户需求及价值的低认知，从而无法将其转化为具体明确的项目目标。这也就导致了该行业的交付一直不能满足客户的需求。

本书的绝大多数案例的产生，是由于一小部分人真正懂得了集成协作的意义并愿意展现给身边的人。这一小部分人虽然在实践过程中遇到过重重阻力，但他们通过身体力行以及对周围人的不断教育与培训，克服了阻力并取得了成功。在不少案例中，业主方的项目经理甚至对质疑者下达了最后通牒：要么坚定地把 IPD 进行到底，要么离开 IPD 团队，回去做传统的项目。

在本书的案例中，我们采用中立的态度描述了项目团队做了什么，达到了什么目标，而不牵涉其背后的戏剧性场景或情感因素。这样我们才能从案例中提取出精华，更直观地把团队的经验和成就关联到 IPD 简明框架（也就是我们制定的 IPD 路线图）中。在实施 IPD 的初始阶段可能会遇到各种挑战，但我们相信本书的 IPD 简明框架会为实践导航，帮助读者战胜困难，取得更好的成果。

本书架构

每章节尝试回答一至两个如表 P.1 所示的重要问题。

章节问题　　　　　　　　　　　　　　　　　　　　　　　　　　　　　　　表 P.1

章节	标题	问题
1	我们的使命	我们想要做什么以及能够做什么？
2	集成项目交付的转型：业主的体验	采用 IPD 模式的业主如何看待项目成果提升？
3	集成项目交付的简明框架	成功建造高性能建筑的路线图及策略是什么？
4	高性能建筑的定义	什么是高性能建筑？
5	高性能建筑价值的实现	如何创造高性能建筑的价值？
6	建筑系统的集成	如何集成建筑系统以实现高性能建筑？
7	过程知识的集成	过程知识如何集成？
8	项目组织的集成	什么是集成项目组织以及如何创建？
9	集成项目团队的管理	什么是集成项目交付团队以及如何创建及管理？
10	项目信息的集成	集成项目信息的意义是什么，为何如此重要以及如何实施？
11	指标管理	在高性能建筑项目中，如何为客户定义和维护独特的价值目标？
12	建筑性能的可视化和模拟	早在建成之前，如何使利益相关者可视并理解其建筑在设计的每一步中的表现？
13	集成项目中的协作	集成项目中协作的意义是什么？
14	提高绩效的同地办公	如何借助同地办公提升表现及成果？
15	集成团队的生产管理	作为集成项目团队如何进行生产管理？
16	传统合同缺陷的规避	采用传统合同助益项目集成为何如此困难？
17	集成项目合同的创建	集成格式合同如何助益集成组织及其表现？
18	高性能建筑产品的交付	如何将高性能建筑作为产品进行建造和交付？

阅读建议

阅读本书的方式至少有两种。第一种，按照集成所需的顺序阅读，即"为什么"和"是什么"方式。此方式适合非从业人员，如院校学生或者非专业人员，按照章节呈现的自然顺序阅读即可。

第二种，遵循把项目变得集成的顺序阅读，即按"如何做"和"做什么"的顺序。此方式适合专业技术人员带着拟解决的问题阅读，寻找答案较为容易。因为 IPD 简明框架的各要素是相辅相成的，相关从业者可以从任意章节开始，并串联所有内容。

编写历程

在佐治亚理工学院（Georgia Tech）2008 年 BIM 技术研讨会上，与约翰·威利父子出版公司（John Wiley & Sons）编辑讨论《BIM 手册》后，笔者开始撰写本书，并推测用一年时间写一本关于集成项目交付的好书并不难，毕竟笔者们有丰富的从业经验，在 BIM、精益建造和集成项目交付领域自认为是理论家和引领者。

然而，近 8 年之后，笔者才开始撰写本篇前言。这期间发生了什么？为什么耗时如此之久？2008 年时我们希望 IPD 得到不断推广，这个希望真的实现了。这应验了一句谚语："认真对待你的愿望，因为它也许真会实现。"同时，IPD 也变成了我们的全职工作，迫使我们不得不挤时间断断续续地写作。但这并不是本书耗时如此之长的唯一原因。

随着对主题的理解不断深入，笔者认识到现有的体系结构并不完善，在本书的初始阶段，我们本来是强调组织结构、过程和人的行为，这些方面其他优秀的作者及行业领导者已经尝试过了。美国加利福尼亚州建筑师协会（American Institute of Architects California Council，AIACC）的领导者们在出版的《集成项目交付：工作定义》（*Integrated Project Delivery: Working Definition*）中阐述了这些方面（Eckblad et al.，2007）。美国建设工程管理联合会（Construction Management Association of America，CMAA）发表的论文"集成项目交付管理"（*Managing Integrated Project Delivery*），从精益建造和关系型合同的视角，审视了相似的问题（Thomson, Darrington, Dunne, Lichtig, 2009）。这些文献所具有的前瞻性和实用性，不需笔者在此更多释义。事实上，笔者推崇美国加利福尼亚州建筑师协会和美国建设工程管理联合会关于 IPD 的一系列文章中所提出的理念，并将其付诸实践。

这是业内首次尝试用书的形式从深度和广度上进一步阐述 IPD，不能写成指导制作美味蛋奶酥那样的食谱类书籍。本书以多维度视角审视 IPD，以"剥洋葱"的方式寻找 IPD 的内核，并创建了包括"神奇公式"在内的"IPD 宇宙"。"神奇公式"自 2010 年 1 月下旬第 9 版以来再无变化。此后的主要工作是为 IPD 拼图增加更多的平行分区，最终稿为第 14 版，完成于 2012 年 3 月。尽管仅是对 IPD 的描述，而不是理论性阐释，得出"神奇公式"（如图 P.1 所示）仍是令人欣喜的。

"神奇公式"具有重要意义，IPD 由以下要素构成：

- 价值定义：这是首要的，应充分理解业主和用户的愿望与限制条件，明确利益相关者对项目的价值期待，并体现在项目绩效目标中。业主代表和项目团队成员必须将其转换为可定性或定量测量的具体绩效目标。
- 架构：架构是由以关系型合同、集成组织、在成本约束下的性能设计（目标价值设计）和为项目创建的信息共享平台组成。
- 环境：由合适的人营造，这些人应自愿采用与当今大多数项目团队不同的思考方式和工作方式进行协作，领导者必须要求拒绝改变的人员离开，包括自己。团队必须积极运用 BIM 开展性能的可视化和模拟化，而不是将 BIM 外包。每位成员必须参与其中，必须同地办公以便快速高效解决问题。团队成员必须分享工作计划、进展和存在的问题。这种透明度要延伸到团队整体绩效的方方面面，包括项目范围、预算、进度、安全和质量，尤其是设计进展（包括总体和详细进展）。
- 互动：在此种环境下团队成员必然产生多种高质量互动，交流观点，促进了解。
- 知识网络：人们可以高效地了解从何人可以获得何种信息以及该人是否愿意分享。通过明确定义人们何时需要什么，以及他们本身可以提供什么，项目参与者将逐渐成为优秀的"供给方"或"需求方"。至此，形成了一个高度专注的责任网络以及强大的知识网络。

价值定义	架构	环境	互动	知识网络
·企业需求和限制条件	·关系型合同	·合适人选	·数量	·跨界联系
·利益相关者的价值诉求	·按目标成本交付	·虚拟环境	·质量	·明晰新型供求关系
·性能目标	·集成组织	·密切配合		
·具体目标和指标	·信息基础设施	·透明		

图 P.1 集成项目交付的"神奇公式"

"神奇公式"对集成项目交付各要素是如何相互作用的进行了精确和连贯的描述。然而，它忽略了一个关键点，团队到底要为用户创造什么？公式涉及了诸多内容，但是没有关注产品，也就是建筑本身。如果我们关注的最终结果是建筑本身，也许我们应该从建筑本身逆推，以确定团队到底应该怎样完成它。要做到这一点，首先需要定义客户对建筑本身的需求和要求。

所谓高性能建筑，显而易见地应有益于在其内工作、生活或获取服务的用户。高性能建筑的定义应当涵盖建筑形式和审美，运营过程经济实惠。为了地球长久的宜居性，应该在不损耗或破坏环境的前提下建造和使用建筑，同时，应符合规划和建筑相关规范、法规。高性能建筑的产出要能够促进业主的成功（业主对成功的定义各有不同）。在投入/建设方面，高质量、高性能建筑必须在现有的资金和工期要求内完工。否则，高性能建筑只是理想。

在绝大多数业主所面临的限制条件下，"神奇公式"中的所有要素对建造高性能建筑都是必要的。我们的挑战是如何简明清晰地把它解释清楚。笔者们都参加过项目"拉动式计划"会议，笔者帮助项目团队确定和排序保证项目成功所必需的工作，建立价值流。这是一个简单的拉动方式，但是应如何排序？此问题于2012年9月27日在几分钟内迎刃而解，马丁·费舍尔教授拿起一支笔，走到一个大白板前，一气呵成地画出了集成项目交付的简明框架为实践导航。本书所描述的简明框架与他当天在白板上画出的完全一致。

图P.2重现了马丁·费舍尔教授一边画图一边讲解的场景。

高性能建筑的实现依赖于集成建筑各个系统；集成建筑系统的实现依赖于集成各个过程；集成过程的实现依赖于集成各个团队；集成团队的实现依赖于集成各类信息，即BIM+的高效实现；模拟化和可视化是集成团队应用BIM+信息技术交流的主要方式；协作和同地办公是团队集成的主要方法；生产管理方法使集成建筑系统的设计、装配和建造得以有效实现；量化指标定义了建筑的性能，并验证了建筑的集成系统。以上内容都应由合同或框架进行支撑。

在白板上勾画简明框架的过程中，马丁·费舍尔教授一直在思考实现图中每一步的最佳策略、行动或工具。例如，集成一个建筑的技术系统，使其协同工作，而不是相互对立，笔者认为这是实现高性能建筑的最佳策略。这需要建立量化指标来规范及检测建筑物和各个系统的性能。

图P.2　简明框架的阐释，由CD瑞德（CDReed）提供

马丁·费舍尔教授把简明框架勾画出来后，实现高性能建筑的步骤与"神奇公式"的关系进一步显现。我们终于对如何定义业主和项目团队的成功有了依据，能够解释为什么一个强大的知识网络是必需的，能够进一步理解我们在很多项目中观察到的一些项目实践（例如同地办公、工作流程的规范化、每周的生产计划、创建建筑信息模型综合各个工种的工作内容等）的益处。

简明框架全面而透彻地总结了笔者的思想。在这个框架中，每个要素（或步骤）构成了独立章节，绝大多数章节均遵循"标准章节结构"。这种结构首先解释某个要素，如何定义其成功，然后讲解团队如何在实践中应用这个要素，给出对应的案例分析，接着阐述该要素与其他要素的关联，最后总结该要素对交付高性能建筑的意义。笔者明确工作重心后，曾计划争取在6个月内完成工作，然而，计划过于乐观，解释框架中的每一个部分，尤其是寻找、研究以及描述案例的工作比预想的要繁重得多。此外，笔者还忽略了两个关键因素，一是正确估算高度迭代的写作方式是非常困难的，二是写作的时间有限（每位笔者在写作之外都有自己的全职工作），所以进展非常缓慢。

贵在坚持！笔者用大量的时间与经验丰富的专业人士进行交谈，汲取他们在项目中的实践经验，聆听富有远见及大胆开拓的业主和项目团队的故事，最终把它们分类整理到各章节中。

简明框架是一个系统性的模型，各要素互相依赖，相辅相成。模型如同有计划的行为，其价值在于引导从业人员以不同于以往的方式观察、思考和行动。但是所有模型都是对现实的抽象。为了将简明框架与实践联系起来，本书穿插了实践案例用于阐述理论和实践的关系。此外，笔者理解集成项目交付的庞大复杂性使得项目团队很难一次性把全部要素完全用在某个项目中。因此，本书的每个章节只针对某一特定要素为团队和个人进行讲解，并阐述其与集成项目交付之间的关系，便于读者在实际工作中灵活应用。

参考文献

Eckblad, S., Ashcraft, H., Audsley, P., Bleiman, D., Bedrick, J., Brewis, C., ... Stephens, N. D.（2007）. *Integrated project delivery: A working definition.* Sacramento, CA: AIA California Council.

Howell, G., & Ballard, G.（1997）. Lean production theory: Moving beyond "can-do." In L. Alarcón（Ed.）, *Lean construction*（pp. 17-23）. Rotterdam, Netherlands: A. A. Balkema.

Koskela, L.（2004, August 3-5）. Making-do—the eighth category of waste. Paper presented at the 12th Annual Conference of the International Group for Lean Construction, Helsingør, Denmark.

Macomber, H., & Howell, G.（2004, August 3-5）. The two great wastes in organizations. Paper presented at the 12th Annual Conference of the International Group for Lean Construction. Helsingør, Denmark.

Thomsen, C., Darrington, J., Dunne, D., & Lichtig, W.（2009）. *Managing integrated project delivery.* McLean, VA: Construction Management Association of America（CMAA）.

致　谢

如果没有许多人的支持和远见卓识，就不会有我个人对于这本书的贡献。在此我首先要感谢我的妻子玛丽（Mary），以及我们的儿子布兰登（Brandon）。我总是长时间面对电脑，参加会议，为了了解许多公司和项目的创新实践，我必须常常离家，而他们都给予了我无尽的包容。与此同时，合著者的批判性思维以及对我的信任和容忍，都是这本书得以出版的最重要因素。我衷心感谢安吉洛·波齐（Angelo Pozzi），是他教我如何兼任科学家和工程师，并让我知道必须充分地结合理论做实事。同样也是他把我介绍到斯坦福大学。另外，弗兰克·罗布德尔（Frank Lobdell）和特里·威诺格拉德（Terry Winograd）教我如何从人文视角观察事物。雷·莱维特（Ray Levitt）让我学会在一个充满变数的环境中如何在模型的基础上进行思考。他也让我知道如何把组织和过程观点与产品观点相结合。约翰·孔兹（John Kunz）又以许多不同的方式强化了这个以模型为基础的思维方式。斯坦福大学集成设施工程中心（Center for Integrated Facility Engineering，CIFE）的成员们挑战了固有的现状和观念，同时也提供了更多机会让我得以学习他们对于"以更好的方式建造更好的建筑"这一目标的不懈追求。最后，我授课班级和研究小组里的学生不断地挑战固有的思维方法，对更好的解决方案孜孜以求。我在斯坦福大学任教的第一个本科班的一名学生凯瑟琳·恩格伯格（Catherine Engberg）在课程结束时，非常好地总结了管理建筑项目所面临的挑战，她说，"我惊讶地发现，理解课程中涉及的每个独立概念是那么容易，但将这些概念综合应用于现实的挑战又是那么复杂。"她的评价激发了我将项目管理概念的综合应用变得更容易的决心。我希望这本书朝着这个方向迈出了一步。

马丁·费舍尔

我想要感谢那些在成书过程中帮助过我的人们。首先是我的妻子玛丽莲（Marilyn），她的意见和建议帮助我厘清思路，让文本得到了很大的优化。同时我也要感谢我的合作伙伴们，他们给了我在项目交付方面探索和开发新领域的自由。最后我要对一直以来所服务的许多客户和集成项目交付团队致以最衷心的感谢。他们每个人都教了我很多，并以此共同促成了本书。

霍华德·阿什克拉夫特（Howard Ashcraft）

在写作的漫长旅程中，我们收获了很多人的帮助。如果没有妻子卡罗尔（Carol）的帮助我无法完成这个项目。她的倾听和鼓励让我不放弃，最值得一提的是她为这本书创作了很多优秀的插图。

埃里克·兰姆（Eric Lamb）*为最终的成果等待了8年，时常问候却从不催促。没有埃里克的支持，阿图尔·汉佐德（Atul Khanzode）和我便不能从容地写作。DPR建筑公司（DPR Construction）的每一位成员，从道格·伍兹（Doug Woods）**、乔治·普费弗（George Pfeffer）***到每一位木匠与工人，都一直告诉我们，他们多么期待本书，这既是压力更是动力。

感谢尤米·克莱文杰（Yumi Clevenger）为帮助我们所付出的诚挚努力，即便最开始时我们很明显并没有为本书的编写做好充足的准备。利兹·施维格勒（Lyzz Schwegler）致力于组织和督促我们保持工作进度。她向我们展示了如何在实际工作中推进进度，而不应仅仅是讨论它。

我们还要衷心感激威廉·麦克唐纳（William McDonough）、菲利普·G.伯恩斯坦（Phillip G. Bernstein）、斯图尔特·埃克布莱德（Stuart Eckblad）、埃里克·兰姆、特德·范·德·林登（Ted van der Linden）、迈克·汉弗莱（Mike Humphrey）、迈克·麦斯克（Mike Messick）、约翰·安德里（John Andary）、道格·科特（Doug Kot）、布鲁斯·卡森（Bruce Cousins）、亚当·伦德克（Adam Rendek）以及马特·格林贝格（Matt Grinberg）。他们为本书撰写了序言、后记以及贯穿全书的重要内容。

许多人花费了宝贵时间向我们解释其项目细节，并提供照片与图解帮助我们描述项目。他们是斯图尔特·埃克布莱德和达蒙·钱德勒（Damon Chandler），还有迪伦·康纳利（Dylan Connelly）、格兰特·沃克（Grant Walker）、埃里克·米勒（Eric Miller）、迪格比·克里斯蒂安（Digby Christian）、戴维·钱伯斯（David Chambers）、乔治·赫尔利（George Hurley）、拉尔夫·艾斯里克（Ralph Eslick）、肯·林赛（Ken Lindsey）、马克·纳皮尔（Mark Napier）、凯利·格里芬（Kelly Griffin）、杰森·赫雷拉（Jason Herrera）、雷·特比诺（Ray Trebino）、赵伯云（Osman Chao）、杰克·波德克斯特（Jack Poindexter）、安迪·希尔（Andy Hill）、凯西·罗伯森（Cassie Robertson）、雷恩·弗格森（Ryan Ferguson）、吉米·哈蒙德（Jamie Hammond）、约翰·海梅克（John Haymaker）、阿里·彭纳宁（Ari Pennanen）、瑞克·德雷克（Rick Drake）、本·什米格勒（Ben Schwegler）、埃伦·贝尔纳普（Ellen Belknap）、汤姆·麦克雷迪（Tom McCready）、布伦特·尼科林（Brent Nikolin）、布拉克·迪尔斯沃思（Blake Dillsworth）、斯考特·伊斯曼（Scott Eastman）以及众多同行。

---

* 埃里克·兰姆，DPR建筑公司管理委员会成员，已退休。——译者注
** 道格·伍兹，DPR建筑公司三位创始人之一。——译者注
*** 乔治·普费弗，现DPR建筑公司总裁。——译者注

感谢马尔库·埃利森（Markku Allison）、迈克尔·巴德（Michael Bade）、斯图尔特·卡罗尔（Stewart Carroll）、安德鲁·阿诺德（Andrew Arnold）、福雷斯特·福拉格（Forest Flager）以及兹格·鲁贝尔（Zig Rubel）详尽描述他们的工作，从而推动最终章节的编撰。

但凡重大的变革均需要愿以地位和声誉来践行的领导者。除了那些在第2章中分享经验的颇具前瞻性的领导者们，我还要感谢欧文·马修斯（Owen Matthews）、彼特·贝克（Peter Beck）、查克·格列柯（Chuck Greco）、戴维·皮克里（David Pixley）、戴维·朗（David Long）、威尔·里希蒂格（Will Lichtig）、埃里克·米勒（Eric Miller）、埃里克·奥斯隆（Eric Ahlstrom）、戴维·乌斯托特（Dave Umstot）、怀利·贝勒普（Wylie Bearup）、盖里·阿勒（Gary Aller）、奇普·爱德华（Kip Edwards）、布拉克·迪尔斯沃思（Blake Dillsworth）、罗恩·米廖里（Ron Migliori）、扎克·萨金特（Zach Sargent）、萨米尔·埃姆达纳特（Samir Emdanat）、约翰·彭伯顿（John Pemberton）、克雷格·拉塞尔（Craig Russell），以及戴维·范·维克（David Van Wyk）对精益和集成项目交付作出的贡献。

最后，我要感激极具远见卓识的格雷格·豪威尔（Greg Howell）、格伦·巴拉德（Glenn Ballard）、哈尔·麦康伯（Hal Macomber）、昌西·贝尔（Chauncey Bell）、雷·莱维特、约翰·孔兹以及马丁·费舍尔。我曾很幸运地被他们引导和影响。他们能够比多数人更早地看到敢为人先、特立独行所引发的多种可能性。

我和我的合著者最后还要表达对约翰·威利父子出版公司的几位编辑在我们进度缓慢及遇到困难的时候对我们的帮助。

迪恩·瑞德（Dean Reed）

非常感激我的合著者，马丁、霍华德和迪恩，是他们给我机会参与本书的写作。马丁多年来一直是我的精神导师。他运用卓越的能力将复杂的概念变成简单易懂的理论，并且将其梳理成容易理解的文本。迪恩对集成项目和精益建造方法的深刻理解，以及他对于项目运营方法的探求能力催生了本书中许多卓越的创意和观点。霍华德一直是我们手稿的编辑，在过去的6个月中，没有他不知疲倦的努力和对进度的不懈推进，我们就无法按时完成本书。

我想感谢过去19年中在DPR建筑公司共同工作的所有同事。DPR建筑公司的多个项目团队为我们理解项目、团队以及协同作业的复杂工作作出了极大的贡献。我要感谢DPR建筑公司的埃里克·兰姆和乔治·普费弗。书中很多讨论部分的概念都得益于我与埃里克·兰姆和乔治·普费弗共同参与的大量项目。还要感激DPR建筑公司和管理委员会的很多伙伴在整个过程中对我的支持，包括道格·伍兹、吉米·多伦（Jimmy Dolen）、彼得·萨尔瓦蒂（Peter Salvati）、迈克·福特（Mike Ford）、迈克·汉弗莱、格雷格·海德曼（Greg Haldeman）、乔迪·奎因顿（Jody Quinton）与米歇尔·莱瓦（Michele Leiva）。DPR建筑公司的市场主管尤米·克莱文杰和市场部协调员利兹·施维格勒在过去几年中对本书的成书工作一直提供建议，在几版初稿上给予了极大帮助,在此一并致谢。同样要感谢的还有拉尔夫·艾斯里克、乔治·赫尔利、赵伯云、雷·特比诺、杰克·波德克斯特、约瑟夫·邱(Joseph Yau)、史蒂夫·斯彭斯(Steve Spence)、罗伯·韦斯托弗(Rob Westover)、扎克·墨菲(Zach Murphy)、帕特里克·屈松(Patrick Cusson)、史蒂夫·赫兰(Steve Helland)、惠特妮·多恩(Whitney Dorn)、扎克·帕尼耶(Zach Pannier)、马克·惠特森(Mark Whitson)、布莱恩·格拉茨(Brain Gracz)、霍克·叶(Hock Yap)、戴维·伊瓦拉(David Ibarra)、马克·汤普森(Mark Thompson)和罗德尼·斯宾克莱(Rodney Spencley)。我要感谢DPR建筑公司科技部、顾问团队以及创新团队的成员,他们在完成DPR建筑公司团队的工作中与我并肩协作,与他们讨论如何真正地在我们的行业中实施BIM/VDC,也促成了本书的写作。我特别要感谢吉姆·沃什伯恩(Jim Washburn)、拉迪卡·梅农(Radhika Menon)、埃韦拉多·维拉塞纳(Everardo Villasenor)、玛格丽塔·普费弗(Margarethe Pfeffer)、索罗伯·缇瓦里(Saurabh Tiwari)、贾斯汀·施密特(Justin Schmidt)、克里斯·瑞平汉姆(Chris Rippingham)、杜尔迦·萨里帕利(Durga Saripally)、赵相宇(Sangwoo Cho)、考沙尔·迪万(Kaushal Diwan)、爱丽丝·莱昂(Alice Leung)、董宁(Tony Dong)、王立人(Frank Wang)、穆杰塔巴·塔尔巴特(Mojtaba Taiebat)、汉努·林贝尔(Hannu Lindberg)、简·戈雅(Jean Goyat)、阿坎沙·辛哈(Akanksha Sinha)、阿迪·苏布兰涅(Adi Subramaniam)、阿莱娜·克米塔(Alaina Kmitta)、莫阿瓦·阿德卡瑞(Moawia Abdelkarim)、安德鲁·阿诺德、亚当·伦德克、瑞恩·米查姆(Ryan Meacham)、斯考特·威德曼(Scott Widmann)、蒋俊(Jiun Chiang)、安德鲁·费希尔(Andrew Fisher)以及阿兰·瓦特(Alan Watt)。对于需要感谢的DPR建筑公司的伙伴们,我肯定有所遗漏,在此很难将所有名单详尽罗列于此,但我会永远感激大家的真知灼见和帮助。

在行业内和学术界有许多人为本书的写作提供了各自的见解。这其中就包括斯坦福大学的雷·莱维特博士。他对组织行为信息读取的建议在我们形成关于团队和模拟等概念方面作出的贡献是无价的。加利福尼亚大学伯克利分校的格伦·巴拉德博士是精益建造领域的先驱,在目标价值设计以及BIM和精益的交互影响等概念的形成过程中作出了极大的贡献。斯坦福大学集成设施工程中心(CIFE)前行政主任约翰·孔兹博士在可控因素以及在虚拟设计与施工(virtual design and construction,VDC)的产品、组织和流程(Product, Organization, and Process, POP)框架方面、提炼项目交付方式概念及阐释等方面付出了极大的努力。集成设施工程中心前主任保罗·泰丘兹博士(Dr. Paul Teicholz)对于本书的写作提供了宝贵的建议,也贡献了他对于将VDC方法引入集成的深刻见解。斯坦福大学名誉教授鲍勃·塔特姆博士(Dr. Bob Tatum)促进了我们对协同过程和系统的理解。从与萨特医疗集团(Sutter Health)的迪格比·克里斯蒂安和加利福尼亚大学旧金山分校使命湾医院(University of California San Francisco Mission Bay Hospitals)项目的斯图尔特·埃克布莱德的互动中我们收获极大。他在集成项目上贡献了极大影响力的同时,也对我们阐述业主在集成项目中扮演的角色作出了卓越的贡献。我同样要感谢诸多业界大师们在各种讨论过程中给予我的帮助。设计村（Design Village）的丹·冈萨雷斯（Dan Gonzales）、摩德纳家园（Moderna Homes）的凯瑟琳·利斯顿（Kathleen Liston）、萨米尔·埃姆达纳特和加法里联合设计事务所（Ghafari Associates）的鲍勃·莫克（Bob Mauck）、精益建造学会（Lean Construction Institute，LCI）的格雷格·豪威尔博士、精益咨询（Lean Consulting）的哈尔·麦康伯、博尔特建筑公司（Boldt）的威尔·里希蒂格、安迪·富尔曼（Andy Fuhrman）、GPLA结构工程公司（GPLA Structural Engineers）的格雷格·路德（Greg Luth）、宾夕法尼亚州立大学（Penn State University）的罗伯·莱希特（Rob Leicht）和约翰·梅斯纳（John Messner）、佐治亚理工学院的查克·伊士曼博士（Dr. Chuck Eastman）、以色列理工学院（Technion）的拉斐尔·萨克斯（Rafael Sacks）、德国麦克斯博格（Max Bogl）公司的马库斯·施赖尔博士（Marcus Schreyer）、芬兰格兰隆德（Granlund）集团的雷约·汉尼宁琳恩博士（Reijo Hanninen）、加拿大不列颠哥伦比亚大学（University of British Columbia）的雪莉-斯托布-佛伦齐（Sheryl-Staub-French）、荷兰特文特大学（Twente University）的提莫·哈特曼（Timo Hartmann）、瑞典NCC*建筑公司的安德烈·阿斯克（Andreas Ask）、丹麦MT Højgaard建筑事务所的奈尔斯·温格·索福克（Niles Wingeso Falk）、卡内基梅隆大学（Carnegie Mellon University）的布尔库·阿肯锡（Burcu Akinci）、菲利普·G.伯恩斯坦、卡尔·巴斯（Carl Bass）、欧特克公司的艾玛尔·汉斯鲍尔（Amar Hanspal），以及美国阿迪塔兹有限公司（Aditazz）的兹格·鲁贝尔。

这本书的完成离不开朋友和家人的支持。我的父亲拉古纳特（Raghunath）和母亲维巴瓦里（Vibhavari）、叔叔拉梅什（Ramesh）和阿姨维佳雅（Vijaya）一直鼓励我完成写作，并激发我对教育的热忱。我对知识的热情同样也源于我已故的祖父拉姆钱德拉·布尔迪奥（Ramchandra Buldeo）的建议，如果他能看到今天的成绩，一定会感到高兴。我的兄弟维韦克（Vivek）和表亲桑杰（Sanjay）、拉维（Ravi）和基兰（Kiran）长时间地不断支持。最后，这本书的完成离不开妻子莉娜（Leena）和女儿萨尼亚（Sania）对我的爱以及鼓励与支持。她们容忍了我为完成本书而缺少的陪伴，并为我提供了工作所需的全部动力与支持。

阿图尔·汉佐德（Atul Khanzode）

为世界级的大型学术机构和医疗机构贯彻创新项目交付方法是极大的挑战。公共项目的集成项目交付也是如此（使命湾医院项目就是这样一个极具挑战的公共项目——译者注）。本书中为这一项目做了简要的案例研究，并详细描述了该项目中的很多案例（此项目也值得作出这样详细的描述）。

新方法的采用需要多方的信任，相信变革会带来更好的结果和价值。加利福尼亚大学

---

* NCC，瑞典第二大建筑承包商。——译者注

和加利福尼亚大学旧金山分校医学中心（University of California San Francisco Medical Center，UCSF）接受了使命湾医院项目的挑战。这个项目对医疗、病患和医院的员工多方而言，成果都是卓著的。

这一成果应归功于加利福尼亚大学和加利福尼亚大学旧金山分校医学中心领导层对新观念的信任。他们致力于革新和新的项目交付方式，加速了设计和施工行业基于协作和集成的交付方式在公共项目中的应用，使得项目以更低的成本、更短的工期和更高的质量完成，结果非同寻常！

马丁·费舍尔、
霍华德·阿什克拉夫特、
迪恩·瑞德、阿图尔·汉佐德

第 1 章

我们的使命

"你来这里是因为你意识到某种东西、某种你无法解释的东西。但是你能感觉到它,这种感觉伴随着你的整个人生。这个世界一定有什么地方不对劲,尽管你说不上来,但它一定存在。这种感觉就像心头的一根刺,让你寝食难安。"

——《黑客帝国》,墨菲斯(Morpheus),1999 年

1.1 建筑性能的现状

建筑性能应达到甚至超过我们的预期,在设计阶段本应制定可以满足使用和运维要求的高标准,建筑业在定义和预测最初成本、设计-施工工期、结构和防水性能等方面已经取得了一些成功经验。当今,项目团队常常可以实现建筑物耐久牢固、不渗不漏、预算内按时交付等部分既定目标,但是同时实现所有既定目标的案例并不多见,若再增加其他目标,鲜有项目团队能够完全实现。

以建筑节能性能为例,这一运营参数对建筑物的生命周期成本、可持续性和碳排放量的控制至关重要,会影响用户的舒适体验和功能使用。在设计阶段,各种建模工具可以实现建筑节能性能的模拟,但在使用阶段很少有建筑的节能性能可以达到设计阶段模拟出的性能。

斯坦福大学最近建成的一栋大楼就是这个问题的例证,它比同等规模和功能的建筑具有更高效的节能性能。但在运营的最初几年,能耗明显超过设计阶段的预期(Kunz, Maile & Bazjanac, 2009),这种预测目标和实际性能之间的差别是由如下因素造成的:运维的低效(相关问题现已整改或正在整改),建筑空间的实际用途与模拟时的假设不相符,部分空间功能改变为能耗密集型活动区(但在设计阶段的能耗模拟时没有考虑到),以及采用的模拟工具及预测手段本身的一些缺陷。虽然建筑本身的性能还是相对不错的,但是项目团队未能达到设计期间设定的高性能目标,或者至少没有预先告知用户实际能耗将超过预期,最终导致建筑业主和用户对建筑低于预期的节能表现感到意外。

文献报道中也有类似情况,即使业主积累了丰富的设计、施工和运维经验,聘用了非常强大的设计和施工团队,也未能实现设计阶段的建筑节能目标(Scofield, 2002, 2009)。

尼尔森和埃尔姆罗斯（Nilsson and Elmroth，2005）分析了马尔默市（Malmö）的 23 个改建项目，揭示了能耗高于预期的三个主要原因：(1) 供应商标识的窗户保温性能是实验室标准，实际建筑中窗户的保温性能达不到；(2) 能耗分析时没有准确考虑热桥效应；(3) 结构和外墙系统不够严密，未形成封闭节能的建筑围护结构，导致建筑物气密性差。

上述虽然仅是建筑性能低于预期的个别案例，但行业整体现状表明，大多数建筑和基础设施的实际性能均不同程度地存在类似问题。

美国物理学会（American Physical Society，APS）的一项研究得出结论，遵循绿色建筑[美国绿色建筑委员会（U. S. Green Building Council，USGBC，2002）]能源与环境设计先锋（Leadership in Energy and Environmental Design，LEED）指南的建筑最终的平均能耗，比未遵循该指南的建筑并未显示出更大的优势（APS，2008）。再举一个未能实现环境可持续发展的例子，美国每年建筑施工所浪费的材料和拆除所产生的废料居垃圾填埋量首位，据估算，这些废料所对应的原材料在加工时所耗能源相当于加利福尼亚州一年的用电量。所出现的问题不仅仅体现在能耗方面。多年来，美国土木工程师协会（American Society of Civil Engineers，ASCE）一直对美国的基础设施状况给出较差的评分（ASCE，2009）。沃尔特·波多尔尼（Walter Podolny）等人在报告中指出，欧洲一些桥梁的翻新或重建周期仅为 20 年至 30 年（Podolny et al.，2001），这些桥梁的使用寿命不符合社会对基础设施的预期要求。

总之，综合考虑拥有明确需求的业主的经验、能力卓越的设计和施工团队的经验，以及世界各地建筑的性能表现，现有的交付方法和运维方法并不能满足预期要求。建筑物及施工所产生的能耗、二氧化碳和其他温室气体（green-house gases，GHGs）的排放（National Science and Technology Council，NSTC，2008）、垃圾填埋场的占比等方面的大量证据充分证明了这一问题。

尽管先进的软件和测量工具非常重要，但根本问题在于如何将设计、建造、运维和使用集成起来。在大多数情况下，项目中的人力资源并没有得到充分的利用，也未能将信息和工作整合为优化的流程。如果不改变这一现状，建筑性能达不到预期的状况仍将继续下去，先进的软件和可视化工具也不能发挥相应的作用，所以我们需要作出改变。建筑业主应认真对其设施的性能表现进行剖析，建筑师、工程师、承包商等服务方应充分考虑他们的现有做法对行业的影响，继而制定出具有创新性和先进性的策略，使建筑性能得到显著提高。唯有如此，方能交付完全实现既定性能目标的建筑。

1.2 设想

人们期望世界上每栋建筑和每座基础设施都能真正发挥作用；项目的设计不仅仅是为了满足需求，更是为了改善人们的生活方式；项目能在预算内按时完成，并有益于人类或环境；

每栋建筑都能以各专业系统协同工作的方式高标准实现预期目标。可惜现实并非如此，建筑、工程和施工行业（architecture, engineering, and construction，AEC）的从业人员大多意识到某些地方是不对的。

作为世界上最传统的行业之一，从大型复杂建筑到普通住宅，建筑、工程和施工行业不断为世界创造着物质财富。[1] 很多人加入这一行业是出于种种个人原因、悠久的家族传统或者一次令人振奋的经历。该行业吸引着进取心强、极其勤奋的专业人员，他们工作在雨雪酷暑的环境中，坚信建筑业是世界上最好的行业之一。因此，目前出现的问题并不在于从业人员本身，而是在于行业的工作方式和组织模式。

过去20年间，建筑和基础设施建设变得空前复杂。设备、电气、管道、运输、信息和其他系统的进步使得专业化程度大为提高，极大地增加了协调众多专业人员实时、有效和高效工作的难度。建设项目还同时受到多变性、不可预测性和不确定性等因素的影响。例如，选定特定系统，筛选各参建方人员，确定设施系统和组件的生产及组装方式，还有大量的诸如天气、市场状况等的外部因素，每个项目都汇集了不同的参与者，他们以前可能共事过，也可能未曾谋面，每个项目在某种程度上都是独一无二的。

虽然尽了最大的努力，但最终的产品很难令人满意。几乎每一栋建筑中，走捷径的现象（尽管初衷很可能并不坏）常常出现在设计、施工或运维过程中，导致产品低于最初的设想，也低于业主的要求。大量的项目浪费了时间、资金、精力、劳动力、材料、经验和其他宝贵的资源，这在很大程度上应归咎于项目的组织和实施方式。建筑、工程和施工行业的特点常常被定义为无法达到预期（KPMG，2015），这已然成为业主和项目各参与方的共识。可悲的是，许多项目的组织模式不是为了建造支持业主和用户目标的伟大建筑，而是为了避免失败。在行业内，不失败就可以被视为成功。

当我们批判地审视建筑交付的过程，我们看到的是大量的碎片。为了解决高度复杂的问题，建筑、工程和施工行业将项目拆分成单个的、割裂的部分，专注于低成本完成这些碎片，很少考虑如何将这些碎片逐渐整合为一体，实现最好的建筑（这就要考虑如何组建高效协同的团队，如何实现项目的信息畅通，如何定义项目的愿景及目标，如何使团队为这些愿景和目标协同工作，等等）。项目人员关注的是细枝末节，而不是将项目看作一个整体。对于那些以此为终身事业的人来说，很难相信有这么多项目是以这种次优的方式交付的。但也有很多人隐约觉得一定还有更好的方法。人们常常可以看到材料供应不足造成工人待工，或材料堆积在加工场无人加工，因计划不周、计划推迟、沟通不畅造成的高额返工费用，最终建筑的运营开支超出预期，且不符合业主和用户的最初设想，类似的现象比比皆是。

专业人员和公司的专业知识以及工作经验没有能够及时并连贯地整合，会错失或忽略许多创新的想法和机会。建筑业目前采用的合同是将团队成员分散并各自为战，而不是将团队成员聚集在一起，共同寻求解决方案。所以，这种组织方式和过程导致了各参与方之间的对立，而不是合作与协同。项目参与方关注的焦点往往是短期机会，而这些机会很少能为整体项目提供最佳解决方案。

例如，在一个桥梁项目中，为缩短设计周期，确保施工尽早开始，业主和设计团队决定专注于某个单一设计方案，却忽略了备选方案的比较。而备选方案有可能大幅减少施工时间，同时提高工人和桥下通行船舶的安全性。这种为缩短设计时间所走的"捷径"，最终导致了后期大量的设计变更，增加了业主重新设计的费用和审查时间，从而失去了多方案比选所带来的收益。

图 1.1 所示，采用修改后的设计方案建造的桥梁。第一个设计方案指出，桥墩之上的桥面应现场浇筑，该方法的建造成本要比预制箱梁高得多。预制箱梁可以在陆地上组装，然后运输至桥下，再吊装到位。团队最终采用的是第二种方案（使用预制箱梁），但是初始仅设计了第一种方案，并没有设计备选方案，因而造成了时间和资金的浪费。

图 1.1　预制箱梁板安装。图片由迈克尔·维（Michael Veegh）提供

我们本能够创造出超出预期而不是低于预期的建筑，本能够在预算内零事故、零返工地交付建筑，本能够完成一座美观、高效、实用、经济的建筑。实际上我们并没有做到这些应该能做到的事情，而是降低标准，不断妥协。我们所建造的建筑很可能是最恒久的遗产，我们应该以此为荣。

笔者认为，集成的方法是最有希望产生真正高性能建筑的战略。通过利用来自多专业的人才，创造性地形成激励机制，协同工作，共享知识，为业主和使用者创造持续的价值。图 1.2 显示了加利福尼亚大学旧金山分校医学中心使命湾医院（UCSF Mission Bay Hospitals）集成项目团队的成果。该项目病房的床头墙根据医学需求集成了建筑、结构、设备、电气、管道，具备可建造性、可运维性以及为终端用户——患者提供高效服务的特点。

在加利福尼亚大学旧金山分校医学中心使命湾医院项目中,团队在早期设计开发阶段决定采用预制病房的床头墙以解决其系统的复杂性,该床头墙由许多不同的系统组成,包括结构、强弱电、设备、管道、数据、医用气体等。工人在施工现场安装和调试多个床头墙的诸多系统的工作中很可能会出现一些错误,而场外预制则可以在可控的环境中构建和调试系统,现场只需将整面墙安装好即可。

图 1.2 床头墙安装。由加利福尼亚大学董事会代表加利福尼亚大学旧金山分校医学中心授权使用;由 DPR 建筑公司提供

即便我们能回避过程的集成，我们还是无法回避系统的交互。一旦竣工，每栋建筑都会作为一个整体运行，而其各个技术系统要么相互支持，要么相互冲突。我们可以建造一个各系统高度集成、完美契合的建筑，这要通过项目团队的合理组织以及工作流程的集成来实现。本书旨在描述和解释如何以集成的方式构建和管理项目。

1.3 未来之路

本质而言，集成团队是服务于项目的虚拟组织，集成团队不是用来优化个体及各公司利益的组织，而是根据项目核心价值分配资源并作出决策的组织。理想情况下，其应是一个协同系统，整体大于各部分之和（这是基于大型项目不是零和博弈，而可能是参与者的共赢这一假定的基础上得出的）。

集成项目交付有几个主要部分。首先，业主将定义他们的价值诉求和目标，以便整个团队能够理解、量化和跟踪他们的工作目标。其次，有目的性地创建并计划一个组织结构，以提高工作效率。这个组织结构强调团队在工作层面的跨职能性，信息的透明度和流动性，迅速识别、回应、解决问题，并尽可能靠近工作最前线作出决策。

与组织结构密不可分的是实际工作环境，该环境应能鼓励和激发理想的团队行为方式，使其真正落地。该环境可使成员面对面互动，建立长久关系，增强个人责任意识，并使问题在现场迅速获得解答，各团队成员能够及时进行信息沟通与共享。最终，通过高度协作、模拟和可视化的工作方式实现项目一次性优质完成（完全消除返工）。通过项目信息板显示的项目指标信息，可以让每位团队成员及时了解和跟进项目实时信息，并随之作出相应的改进。

本书深入地探讨 IPD 的基本概念，阐述了如何建立最优化的组织和过程，如何充分利用各专业的知识和经验，最终实现交付满足甚至超过业主预期的建筑。换言之，组织的筹建应致力于项目成功，而不是为了避免失败。本书还概述了如何设置项目参与者的分工和职责，如何创建真正的团队文化，如何提升设计师、工程师和承包商的技能，以达到项目的高效集成。

建筑、工程和施工行业就 IPD 所带来的潜在收益已经造势了一段时间，如今很多公司已不再停留在口头宣传，而是用实际行动指出他们有能力和实力对 IPD 进行实践（Bell，2012）。笔者坚信，建筑业正处于历史性转变的关键时期，但要实现此项变革，需要无数实践者坚定信念、克服困难、开拓进取。

集成的成果

精益建造学会（Lean Construction Institute）最近赞助了由道奇数据分析公司（Dodge Data & Analytics）进行的研究，研究内容包括检测业主满意度、项目绩效以及精益原则对项目成果的影响。在此过程中，研究团队还对项目交付方式进行比较研究（Mace，et al.，2016）。

研究人员向81位业主发送了问卷，涉及162个项目。由芮妮·程（Renée Cheng）领导的团队对另外10个IPD项目进行了详细研究（Cheng, et al., 2016）。该问卷要求业主将项目分为"典型"和"最优"。图1.3显示了对不同项目交付方式的调查结果。

由于研究结果中排除了达不到最小样本量要求（20%）的非IPD项目交付类型，因而，"典型"和"最优"数值总和都不到100%。数据的重要性在于给定项目交付方式中的"最优"与"典型"之间的差异。在设计－招标－建造模式（design-bid-build, DBB）中，项目列为"典型"的可能性几乎是列为"最优"的可能性的4倍。风险型项目管理模式（construction management at risk, CM@R）表现相对较好，但"最优"项目比率仍然低于"典型"项目。设计－建造模式（design-build, DB）则能够产生出更多的"最优"项目。该项研究的"明星"是IPD模式，其产生"最优"项目的可能性是"典型"项目的20多倍。

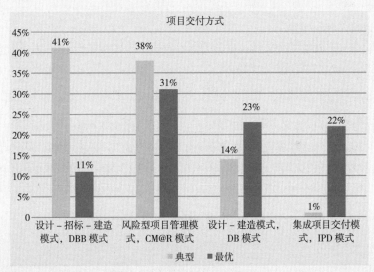

图1.3 项目交付方式比较。由精益建造学会提供

芮妮·程之前将IPD参与者对IPD价值的认识与他们对其他项目交付方式的体验进行了比较（Cheng, et al., 2015），该项研究的结论与上述研究结果一致。

道奇公司的研究人员发现了精益实践和"最优"项目成果之间在多方面有重要的相关性。首先，他们发现在76%的"最优"项目中，项目团队核心成员的参与是在概念设计期间或更早的阶段。相比之下，仅有34%的"典型"项目在同期聘用了项目核心成员。研究发现，在"最优"项目中精益方法的应用至少是"典型"项目的两倍。目标价值设计（40%"最优"，6%"典型"）和同地办公（44%"最优"，6%"典型"）的应用，效果更为显著。道奇公司的研究结果强有力地支持了本书中对于使用IPD、目标价值设计、同地办公和生产管理工具的推崇。

采用 IPD 的变革任重道远。正如一位资深 IPD 项目经理所述，一开始你会觉得四处碰壁，团队的问题不断涌现，令人气馁，甚至有时会认为原来的传统流程运行更顺畅。事实上，IPD 项目早期所遇到的问题在任何项目交付方式中都会发生，只是在传统的做法中，有些问题一旦出现就为时已晚，无法得到恰当而高效的解决。IPD 的优势在于尽早暴露问题，使团队能够在问题变得严重之前加以解决。

实现 IPD 也许困难重重，但回报是更卓越的最终产品以及很少出现次优的结果。IPD 促进了理念沟通与信息交流，而人们的理念与信息往往相互冲突，这是一个充满挑战的工作环境。然而，传统交付方式实在令人不满和失望，在实质上可使人们产生惰性。集成方式要求可能更高，但最终结果会更令人满意，并激发人们的创造力。

归根结底，我们不想让下一代人认为，我们制造了数百万吨的废物[2]，或者设计和建造了一座仅可以勉强使用的建筑，或者有人在我们的项目中因工死亡[3]，或者我们建造的建筑 10 年后就会被废弃。我们相信，建筑、工程和施工行业能够而且必须做得更好，而集成方式为实现这一目标提供了最佳蓝图。

注释

1. 感谢我们的同事、计算机科学家约翰·孔兹（John Kunz）为我们提供的重要数据。
2. 环境保护局估计，仅 2003 年美国就从住宅和非住宅建筑的施工、拆除和翻新中产生了 1.7 亿吨建筑和拆除垃圾，相当于人均每天产生建筑相关材料垃圾 3.2 磅（1.45kg）（美国环境保护局，2009 年）。
3. 根据美国劳工统计局（Bureau of Labor Statistics）的数据，2011 年建筑业因工死亡 798 人，平均每周超过 14 人（美国劳工部，2011 年）。

参考文献

American Physical Society（APS）.（2008）. *Energy future: Think efficiency.* Retrieved October 4，2010，from http://www.aps.org/energyefficiencyreport/report/aps-energyreport.pdf.

American Society of Civil Engineers（ASCE）.（2009）. *Report card for America's infrastructure.* Retrieved October 4，2010，from http://apps.asce.org/reportcard/2009/grades.cfm.

Bell, J.（2012, August 10）. Designers and contractors try out integrated project delivery, Portland Business Journal. Retrieved on October 8，2016，from http://www.bizjournals.com/portland/print-edition/ 2012/08/10/designers-and-contractors-try-out.html.

Cheng, R., Allison, Markku, Sturts-Dossick, C. Monson, C,（2015）*IPD: Performance，Expectations，and Future Use: A Report On Outcomes of a University of Minnesota Survey.* University of Minnesota. Retrieved October 16，2016，from http://ipda.ca/site/assets/files/1144/20150925-ipda-ipd-survey- report.pdf.

Cheng, R., Allison, M., Sturts-Dossick, C., Monson, C., Staub-French, S., Poirier, E., (2016). *Motivation and Means: How and Why IPD and Lean Lead to Success*, University of Minnesota. Retrieved from http://arch.design.umn.edu/directory/chengr/.

KPMG, *Climbing the curve: 2015 global construction project owner's survey*. Retrieved February 28, 2016, from https://www.kpmg.com/BR/PT/Estudos_Analises/artigosepublicacoes/Documents/Build- Construction/global-construction-survey-2015.pdf.

Kunz, J. (2010, September 16). *VDC for sustainable facility design, construction, and operation*. Presentation at CIFE-SPS VDC Certificate Program Introductory Course, Center for Integrated Facility Engineering (CIFE), Stanford, CA.

Kunz, J., Maile, T., & Bazjanac, V. (2009). *Summary of the energy analysis of the first year of the Stanford Jerry Yang & Akiko Yamazaki Environment & Energy (Y2E2) Building*. Technical Report #183, Center for Integrated Facility Engineering, Stanford, CA.

Mace, B., Laquidara-Carr, Donna, Jones, S. (2016). *Benchmarking Owner Satisfaction and Project Performance*. Retrieved from http://www.leanconstruction.org/learning/.

National Science and Technology Council (NSTC). (2008, October). *Final report: Federal research and development agenda for net-zero energy, high-performance green buildings*. National Science and Technology Council, Committee on Technology, Subcommittee on Buildings Technology Research and Development. Retrieved October 7, 2010, from http://www.bfrl.nist.gov/buildingtechnology/ documents/FederalRDAgendaforNetZeroEnergyHighPerformanceGreenBuildings.pdf.

Nilsson, A., & Elmroth, A. (2005). The buildings consume more energy than expected. In *Sustainable city of tomorrow: B01—Experiences of a Swedish housing exposition* (pp. 107-118). Stockholm, Sweden: Formas.

Podolny, W., Cox, W. R., Hooks, J. M., Miller, M. D., Moreton, A. J., Shahawy, M. A. ... Tang, M.-C. (2001). *Performance of concrete segmental and cable-stayed bridges in Europe*. Report FHWA-PL-01-019, Office of International Programs, Office of Policy, Federal Highway Administration, U.S. Department of Transportation. Retrieved October 4, 2010, from http://international.fhwa.dot.gov/Pdfs/conc_seg_ cabstay_euro.pdf.

Scofield, J. H. (2002). Early energy performance for a green academic building. *ASHRAE Transactions*, *108* (Part 2), 1214-1230.

Scofield, J. H. (2009). Do LEED-certified buildings save energy? Not really ... *Energy and Buildings*, *41*, 1386-1390.

U.S. Department of Labor, Bureau of Labor Statistics (USDOL). (2011). *Revisions to the 2011 census of fatal occupational injuries (CFOI) counts*. Retrieved from http://www.bls.gov/iif/oshwc/cfoi/cfoi_ revised11.pdf.

U.S. Environmental Protection Agency, Office of Resource Conservation and Recovery (USEPA). (2009). *Estimating 2003 building-related construction and demolition materials amounts*. National Service for Environmental Publications, EPA530-R-09-002.

U.S. Green Building Council (USGBC). (2002). *Green building rating system for new construction and major renovations (LEED-NC)*, Version 2.1. Retrieved October 4, 2010, from http://www.usgbc.org/Docs/LEEDdocs/LEED_RS_v2-1.pdf.

第 2 章

集成项目交付的转型：业主的体验

> "最好的开始就是停止空谈，立即行动。"
>
> ——华特·迪士尼（Walt Disney）

本书将项目作为研究重点，因为建筑是作为项目设计和建造的。业主在常规建筑项目中起到关键作用，在集成项目交付（IPD）中尤为如此。业主通常是需求变革的一方，并负责组建 IPD 项目团队、制定项目目标，项目能否取得成功业主起到决定性作用。但是，业主如何发挥自身的作用？如何行使自身在组织内的职责方能使 IPD 项目取得成功？如何应对其组织内部上下游的质疑？需具备何种项目决策者的能力？如何管理缺乏 IPD 经验的建筑、工程和施工行业（AEC）合作伙伴？采用 IPD 方式可取得何种收益？在 IPD 实践中有哪些令人出乎意料的地方？能够为拟采用 IPD 方式的其他业主提供何种建议？

为了回答这些问题，笔者决定直接采访多位业主，并在本章中阐述了相关内容，这些业主均是其企业内部以及业界实施 IPD 的领导者。通过电话访谈，以 2—3 人为一组的方式，对业主在 IPD 项目中所发挥的作用和职责进行了讨论，以下是访谈内容的记录和总结。

由于我们的访谈旨在从现行或已完成的项目中汲取经验，而这些项目大多为医疗卫生类项目，所以看似我们的取样都集中在这一领域。然而，IPD 的应用正迅速扩展至科研、院校、商业、高科技和娱乐领域，为了避免局限性，笔者向其他领域的业主提供了本章的初稿，并得到了有价值的意见和建议。

受访的业主虽然没有回避采用 IPD 所遇到的困难和挫折，但仍然对 IPD 给予了非常积极正面的评价。近期明尼苏达大学 IPD 联盟（Integrated Project Delivery Alliance/University of Minnesota，2015）开展了对 IPD 项目的研究，并在他们"关键研究发现"报告中指出，IPD 是一种卓越的交付方法。该结论在多方面都保持一致，这印证了本书中受访业主的意见和评价并非小众，而是可以代表有 IPD 经验的业主的主流观点。

受访业主按姓氏的首字母顺序排列如下：

迈克尔·巴德（Michael Bade），加利福尼亚大学旧金山分校副校长，校园建筑师。加利福尼亚大学旧金山分校是一所在医疗卫生领域学术领先的大学，拥有世界一流的科研、教学和临床团队。加利福尼亚大学旧金山分校有两个主校区，分别是帕纳瑟斯山校区（Parnassus）和使命湾新校区（Mission Bay）。

布兰达·比尔德（Brenda Bullied），劳伦斯纪念医院（Lawrence & Memorial Hospital）建筑创新和规划部主任。劳伦斯纪念医院是一家位于康涅狄格州新伦敦市的地区级医院，拥有包括300张床位在内的急症护理和相关门诊设施。医院将IPD用于建设与达纳－法伯癌症研究所（Dana-Farber Cancer Institute）合作的癌症中心、医疗大楼，以及住院大楼的改造，布兰达任该项目的项目经理。

迪格比·克里斯蒂安（Digby Christian），萨特医疗集团（Sutter Health）精益IPD总监，时任萨特医疗集团伊甸园医疗中心（Sutter Health Eden Medical Center，SHEMC）的高级项目经理。该项目于2012年12月1日投用，造价3.2亿美元，拥有130张床位，总建筑面积达23万平方英尺（约21369平方米）。该项目通过采用11方的IPD协议进行交付，于2012年获得《工程新闻记录》（Engineering News-Record，ENR）加利福尼亚州最佳项目奖、北加利福尼亚州结构工程师卓越奖（2014年）、美国建筑师协会（American Institute of Architects，AIA）建筑技术实践IPD工艺创新与BIM奖（2010年）、Tekla全球BIM竞赛奖（2010年）、Fiatch CETI奖（2008年）等诸多奖项。迪格比·克里斯蒂安目前负责加利福尼亚州太平洋医疗中心（California Pacific Medical Center，CPMC）范内斯和吉尔里及圣路克校园项目（Van Ness and Geary and St. Luke），这是一个造价超过10亿美元的精益IPD项目。

温蒂·科恩（Wendy Cohen），基切尔（Kitchell）建筑公司地区执行官（前帕洛玛尔健康公司设施与开发总监），帕洛玛医疗中心（Palomar Medical Center，PMC）西部项目主要业主代表。这是一家位于加利福尼亚州埃斯孔迪多（Escondido）的顶级急症护理医院，造价9.56亿美元，拥有360张床位。

克里斯蒂娜·杜兰德（Crista Durand），时任劳伦斯纪念医院战略规划副总裁，项目高管，主管劳伦斯纪念医院所有设施，IPD项目高级管理团队代表。现任纽波特医院（Newport Hospital）院长。

斯图尔特·埃克布莱德（Stuart Eckblad），美国建筑师协会资深会员（FAIA），加利福尼亚大学医学中心旧金山使命湾项目设计与施工总监。医学中心由儿科、妇科和肿瘤科组成，拥有289张床位；门诊医技楼将为儿童、妇女和癌症患者提供门诊服务，能源中心为878000平方英尺（约81568.8平方米）的医院综合体提供能源。该项目建设成本超过8亿美元，于2014年夏末竣工。

肖恩·格雷斯通（Sean Graystone），华盛顿共济会圣殿堂（House of the Temple）项目负责人，跨世纪历史建筑功能革新引领者。华盛顿共济会圣殿堂是美国新古典主义建筑代表作，以位于土耳其的哈利卡纳苏斯的陵墓（tomb of Mausolus at Halicarnassus）为原型，建有拉斐尔·古斯塔维诺式（Rafael Gustavino）穹顶。该项目于1915年竣工，由约翰·罗素·波普（John

Russell Pope）设计，诺克罗斯兄弟公司（Norcross Brothers）施工。

查克·海斯（Chuck Hays），缅因综合医院（Maine General Health System）总裁兼首席执行官。缅因综合医院是缅因州第三大医疗卫生体系，拥有两家医院以及门诊、护理、家庭医疗和退休保障等设施。2013 年 11 月，新建的 65 万平方英尺（约 60386.97 平方米）的地区医院可以提供最先进的治疗，具有高效的运营效率，该项目获得 LEED 金级认证。

罗杰·约翰逊（Roger Johnson），道明银行金融集团（TD Bank Financial Group）企业房地产高级副总裁。道明银行是北美最大的金融机构之一，在加拿大和美国东部有大约 2500 个分支机构。目前，该公司正在修缮多伦多办公楼，耗资约 1.5 亿美元，并着手在加拿大开设新的分行。

马克·林恩伯格（Mark Linenberger），林贝科（Linbeck）集团副总裁，库克儿童医疗中心（Cook Children's Medical Center，CCMC）IPD 项目高级管理团队负责人。马克是一位具有丰富创新经验的施工经理，目前是库克儿童医疗中心 IPD 项目施工经理，他在该项目中引进了 IPD 模式。

罗伯特·米奇（Robert Mitsch），萨特医疗集团建筑规划与开发和房地产服务副总裁。萨特医疗集团是加利福尼亚州最大的医疗系统之一，拥有 24 家医院及相关医疗机构，服务百余个社区。在受访时，正在实施一项耗资 80 亿美元的建设计划，该计划旨在提高现有设施的抗震能力，更换并建造新设施，以适应增长的需求。其中重要的 IPD 项目有四个正在建设中，其他几个正处于后期设计阶段，造价最昂贵项目的建设成本超过 10 亿美元。

乔治·蒙塔古（George Montague），库克儿童医疗中心房地产副总裁。该中心已建成一座拥有邻近停车场的医疗、办公建筑，占地 12 万平方英尺（约 11148 平方米）。根据在项目中采用 IPD 的良好体验，该中心正在将 IPD 方式应用于南塔医院扩建和中央公用设施的新建项目，该项目占地 30 万平方英尺（约 27871 平方米），造价 3 亿美元。

威廉·西德（William Seed），精益 IPD 顾问，时任环球健康服务公司（Universal Health Services）负责设计和施工的副总裁。该公司在全美 37 个州拥有 240 个院区，包括 26 家外科/医学医院和 200 家行为健康医院（behavioral health hospitals），在所有超过 500 万美元的项目中均采用了精益 IPD 方法。

戴维·塔姆（David Tam），医学博士，帕洛玛尔健康公司（Palomar Health）首席执行官。2012 年，该公司在加利福尼亚州埃斯孔迪多（Escondido）市已完成一所造价 9.56 亿美元，拥有 360 张床位的顶级急症护理医院项目，该项目获 2012 年全美最佳项目奖。

笔者希望这些业主分享的信息和案例以及所使用的专业术语能够对经验丰富的从业者提供帮助。没有行业经验的普通读者可了解业主如何在项目中集成信息、团队、过程、设计并执行计划以及如何为项目设定绩效目标。

2.1 选择 IPD 的原因

实现 IPD 的道路并非只有一条，但可以明确的是，无论采取何种方式，IPD 都是一个由业主驱动的过程。肖恩·格雷斯通说："在我看来，明智的业主正在推动项目交付向精益和 IPD 方向转变。"

业主选择 IPD 最常见的原因是对传统项目交付方式感到失望。许多业主提到了之前令人失望的项目，而只有开发高绩效的新交付方式才可以避免重蹈覆辙。例如，萨特医疗集团正在计划投资一项总造价 80 亿美元的抗震改建和扩建项目，需要选择一种可预测并可靠的交付系统，但即使有设计辅助（主要分包商，如机电分包等提供深化设计，最终方案由设计师决定）服务，也无法从传统的风险型项目管理模式（Construction Manager at Risk, CM@R）交付方式中获得此类系统。威廉·西德加入环球健康服务公司后，肩负着改变低效项目交付方式的责任。"这是一场旷日持久的奋战，我对项目交付的整个过程感到非常失望。"此外，劳伦斯纪念医院的业主对当时的项目交付方式也感到不满，该项目决定采用 IPD，因为这种方式可以满足其对传统管理流程改造的诉求。他们需要变革，而 IPD 能够支持变革。

其他业主则在进行调研后决定采用 IPD。缅因综合医院的首席执行官查克·海斯认为缅因州的项目规模是前所未有的，为此需要找到一种适合交付复杂医院项目的最佳方法。缅因综合医院聘请了一名顾问来研究项目交付方式，并创建评估团队，该团队推荐了 IPD 方式。萨特医疗集团组织遍布全美甚至全欧洲的团队来评估项目交付方式。道明银行的罗杰·约翰逊对传统项目交付过程感到失望，"我一生都在房地产和建筑业工作，对传统的设计和施工过程以及在此过程中产生的问题感到失望。"他通过阅读《商业房地产革命》（*The Commercial Real Estate Revolution*, Miller, Strombom, Iammarino & Black, 2009）认识到该书所描述的问题正在困扰着自己的项目，而 IPD 提供了一条变革之路。威廉·西德在萨特医疗集团项目的"精益 IPD"研讨会上首次接触到 IPD，并认为 IPD 可以克服传统项目交付中的弊端并改善项目成果。

价值观的建立具有重要意义。劳伦斯纪念医院认为 IPD 的价值观与他们对过程变革的需求相匹配。萨特医疗集团相信 IPD 更适合他们的组织，正如罗伯特·米奇所说，"我们认为，IPD 在信息透明和共担责任方面与我们组织的价值体系相匹配。"

无论基于何种原因，以上业主都经过了深思熟虑，最终选择了 IPD。

2.2 业主的职责

受访人员认为业主在 IPD 项目中发挥了关键的作用。当被问及如何成为一名优秀的 IPD 业主时，大家回答出五个关键特征：明确目标、充分承诺、积极参与、领导力和诚信。

2.2.1 明确目标

业主必须明确自身的需求以及 IPD 团队要完成的目标。至少,业主应该在项目开始之初明确表达项目需求,并将其贯穿于项目全过程。克里斯蒂娜·杜兰德强调了业主必须明确目标的重要性,并指出,"业主必须非常清楚项目的预期以及自身需求。"

在战略层面上也应有明确目标。迪格比·克里斯蒂安指出,"业主必须明确项目实施的目的"。正如迈克尔·巴德所说"业主需要制定战略目标,以避免 IPD 项目被认为是简单化和程序化的代名词。在我看来,IPD 最强大的地方是 IPD 团队可以帮助业主验证其战略目标。"他接着讲述了使命大厦(Mission Hall)项目案例,项目团队认识到业主需要一个变革性的医学学术空间,并在不增加预算的情况下,在医院建筑内创建了利于协作、相互连通的空间。这些"大型学术厅"空间不在业主的初期规划中,但却提高了建筑项目在研究和学术方面的附加值。只有通过深入了解业主的战略需求,IPD 团队才能设计和建造出完全满足业主需求的建筑。

2.2.2 承诺

所有受访业主均致力于 IPD,同意为支持该进程增加培训和资源投入。但是,罗伯特·米奇更加强调业主承诺的重要性,并指出,"对于业主必须对这种交付方式作出承诺的重要性,大多数初次实施 IPD 的人们并不理解。"业主的承诺对行为改变至关重要,迪格比·克里斯蒂安指出,"业主必须对 IPD 作出百分之百的承诺,一旦开始实施就必须严格执行,杜绝敷衍塞责的行为。不是每位团队成员都愿意放弃所熟悉的传统方法而采用 IPD,也不是每个人都认为 IPD 更有利于项目,因而,需要业主坚定地执行 IPD,并对采用 IPD 方法的意义有明确的认识。"乔治·蒙塔古指出,"我认为业主应当深入参与项目的多项工作,这样更有利于工作的开展,这些工作的其中之一便是展现业主的承诺及其所产生的团队行为转变。"多位业主同样认为,如果业主承诺缺失,团队行为就不会得到转变。

理想情况下,自上而下的管理层均应作出承诺。罗伯特·米奇指出,萨特医疗集团的首席执行官帕特·弗莱(Pat Fry)非常认可精益 IPD 流程。高层领导的支持是作为该公司总监迪格比·克里斯蒂安能够成功实施 IPD 项目的重要因素,他深有体会地说,"理解高层管理者的意图,明确他们真正希望 IPD 顺利执行,加强了包括我在内七个层级的整个管理层 IPD 的执行力度。"承诺必须坚持,特别是由于经理和高管人事的变动,支持 IPD 的业主必须坚持培训新的领导者接受 IPD 理念,因此,在大型的项目团队中,必须持续不断地对 IPD 提供支持。

2.2.3 积极参与

所有受访业主均主动地参与项目。温蒂·科恩指出,"与传统的交付方式不同,业主应该践行承诺,并与团队平等合作。"虽然不同业主在项目中的人员配置各有不同,但均有业主代表积极参与到项目的日常工作中。业主方管理者被授权领导团队,寻求解决方案,勇于担当,为项目负责。威廉·西德指出,"项目价值的提升依赖于业主的参与。"迈克尔·巴德也意识到深度参与的必要性,并认识到业主参与的主要作用是综合考虑团队的工作并解决所遇到的问题,他指出,"IPD 在很大程度上符合业主切身利益,但是很多业主疏于管理项目,不符合精益 IPD 流程的要求。作为践行承诺并具备相应专业知识的业主,应积极参与项目,确保团队为实现既定目标而努力工作。业主也应认真听取和接受团队成员的意见和建议,建立一种相互促进的关系。"

所有受访业主均表示积极参与了项目。布兰达·比尔德说,"作为业主,我说不清自己参与了多少,因为这些项目就是我生活的一部分,我相信所有团队成员对于这个与我们息息相关的项目重视程度远远高于其他任何类型的建筑项目。"罗杰·约翰逊认同这种观点,并说道,"我认为作为业主的你实际上承担了更多的职责,至少我们在项目中所承担的职责要多于传统的设计 – 招标 – 建造项目(design-bid-build,DBB)。"克里斯蒂娜·杜兰德发现,在这些项目中需要比传统项目耗费更多的时间——但这是值得的。

不同的业主对人员的配备也不尽相同。罗伯特·米奇和迪格比·克里斯蒂安制定了业主能够在萨特医疗集团项目中发挥积极的领导和管理作用的计划,并为此配备相应人员。缅因综合医院项目原计划聘用 6 位管理人员,但实际仅聘用了一位。查克·海斯指出,"在我看来,这比传统项目中花大量精力管理那些拖延工期和劳动力不足的承包商要容易得多。"在上述案例中,领导层的作用被分散到各个团队中,减少了业主时间和精力的耗费。威廉·西德赞同以上的意见,"我同意查克·海斯的观点,因为你赋予了团队权利并分配了领导权,业主的工作会更容易;我也同意罗伯特·米奇的观点,即在某些时候业主也会多花时间确保各个团队真正被赋予权力并可自主决策。只有这样,业主才会最终从 IPD 项目中受益。"

斯图尔特·埃克布莱德认为,他的团队并没有比传统项目耗费更多的精力,但他同时认为这是两种不同的工作方式。"在业主参与方面,这是一种不同的参与形式。我每天 10 个小时工作内容与之前完全不同。"迪格比·克里斯蒂安和马克·林恩伯格也同意这一观点。克里斯蒂娜·杜兰德表示 IPD 需要高层领导的支持和参与。威廉·西德也赞同深入参与的必要性,认为这样令工作变得更容易,并指出,"我的部门和员工都很感激我们每天不再带着各种烦恼回家。我们意识到,我们的才智资源现在被用来推动改进和增加价值,不再为合同所包含的范围以及变更所造成的费用而争论不休。"

业主在 IPD 实施过程中参与的越多,收获的也就越多。

2.2.4 领导力

本节将着重讨论业主对项目的领导力。业主的领导风格及互动方式不尽相同。至关重要的领导力,可以有多种行使方式。正如肖恩·格雷斯通所说,"业主必须知道有所为而有所不为。"

威廉·西德强调了领导力的必要性。"业主的领导能力越强,项目的价值提升和成功率就越大。在项目早期,业主的领导力对于设定我们的满意条件(conditions of satisfaction)[*]至关重要,团队可以据此设定可量化的目标并用于指导实际决策。"随着项目的参与度不断深入,对业主的领导力的需求愈发明确,罗伯特·米奇指出,"早期我们并不真正明白业主的重要性,……这不是拿出一张纸,画出过程,团队就可以照着执行的。业主必须深入参与,并充分发挥领导作用,方能使 IPD 取得成功。"

领导风格不尽相同。部分领导者授权项目经理管理整个项目,总体管控协商计划和项目运行;其他领导者则授权团队成员,如乔治·蒙塔古采用了分权的方法,"尽管我列席会议,但并不负责会议的组织和引导,如此可以推动团队成员在工作中发挥主动性。"缅因综合医院项目是由业主、承包商和建筑师组成的项目管理团队共同管理。帕洛玛尔健康公司的帕洛玛尔医疗中心西部项目情况相似。

温蒂·科恩对帕洛玛尔医疗中心西部项目所采用的方法进行了总结,"负责项目执行的领导层由核心团队构成,核心团队成员包括一位总承包商、一位建筑师和一位业主,负责项目的日常运转。随着时间的推移,团队成员间建立起密切的关系和信任,三位成员共同作出大量决策。信任是关键的因素,团队成员可以因需随时开会商讨,或者适时独立地作出决定。重要的是,团队被视为一个不可分割的整体。"

无论在何种组织结构中,业主均应积极参与项目,并具备敏锐的眼光,一旦出现团队领导力受到质疑的情况,及时采取相应措施。

受访业主普遍认为,IPD 项目需要有负责依据 IPD 理念检测项目过程和行为是否存在偏差的监督人员。这些团队中监督人员的部分职责在于,在出现与 IPD 理念不符的问题时,能够及时反馈。一旦团队具备发现和解决出现偏差问题的能力,团队的行为就可发生深刻的变化。对许多团队而言,分析、反思和改变是新的技能,业主可通过外部或内部培训的方式提高员工技能。威廉·西德聘请外部培训师,同时也组织内部员工自训,委派一位项目经理指导其他项目经理。外部培训师的作用非常重要,他认为,"从一个外人的角度融入和感受工作的文化和状态,可以恰到好处地引导工作。"

业主专注于指导、培训和管理。在萨特医疗集团中,成功的项目经理会指导其他项目的工作,为经验不足的项目经理提供经验、专业知识和帮助。威廉·西德希望环球健康服务公司的项目经理负责指导和培训工作,"坦率地说,我认为我的项目经理不仅是项目经理,也是精干的培训师。他们负责培训团队,而由团队来管理预算和质量。"

IPD 领导能力的提升不是通过高层委派和会议选举的,而积极参与发现问题和讨论问题的

---

[*] 满意条件是特定于给定的产品待办列表项,并定义要完成该产品待办列表项必须满足的条件。——译者注

过程，才是提升领导能力的关键。迈克尔·巴德指出，"分歧点才是创造性解决方案的源泉，人们需要学会以积极的方式面对分歧，以共同发现和解决问题。IPD 的领导层应激励员工深入思考，更加努力地工作，并及时给予肯定和奖励。"

传统的项目交付采用"建议/解决"模式，团队为业主的项目提出解决方案，业主接受、拒绝或改进这些建议。IPD 模式则让业主发挥积极作用，在战略层面与团队合作，对解决项目中遇到的挑战给出意见或与团队共同制定解决方案。IPD 领导层授权设计和施工团队对项目负责，分担业主的责任，修订业主的某些不合理提议，并最终交付符合预期目标的项目。正如以上所述，业主理解 IPD 模式赋予团队的权力，相信团队能够履行职责并使其权力得到有效行使。

2.2.5 诚信

业主在制定项目宗旨方面起着关键作用。IPD 以优化整个项目为基础，包括参与方和业主的利益。只考虑当前自身利益或不按原则行事的业主并不是真正地实施 IPD。温蒂·科恩解释说，"业主是树立宗旨的关键，业主需要创造空间和环境来发展基于信任的关系。"马克·林恩伯格同意以上观点并指出，"业主可以通过言行合一，履行承诺，迅速建立信任，以此建立信誉和可靠度。"他还认为，"业主应以身作则。"正如温蒂·科恩指出的，"挑战在于从业主中找出合适的人选，使其成为关键领导，并确保其团队成员有能力在 IPD 环境中工作。"

2.3 业主及其团队组织

温蒂·科恩认为，"IPD 从概念上来说可能很简单，但应用于特定组织时会变得很复杂。"帕洛玛尔医疗中心西部项目是一个为公立医院系统投资近 10 亿美元的医院项目，因为该项目利益相关者众多，包括一个 40 至 50 人的执行指导委员会、医院管理层以及公开选举产生的董事会，每个人都有自己的项目利益，因而具有挑战性。这是一个很难确定谁是"业主"的大型 IPD 项目案例。戴维·塔姆博士被推举为该项目的首席管理者。他必须精心安排业主团体和项目团队之间的交互，这是一项复杂的任务，需要考虑利益相关者参与的时机和程度。戴维·塔姆博士指出，"在 IPD 项目中，对业主的定义很重要，IPD 业主必须是能够与集成项目团队产生互信的人或组织。"他和温蒂·科恩担任了中间人的作用，为 IPD 团队提供了坚定的支持。他没有刻意推荐 IPD 的组织模式，只是在项目成功后才开始解释该过程。如温蒂·科恩所述，她是 IPD 项目和传统组织之间的桥梁。他们将 IPD 建立在建造团队组织内，以形似传统组织的方式，为企业交付所关注的价值。在不需要改变企业目前整体组织框架下，采用此种隐形的组织方式推进了 IPD 的实施。

戴维·塔姆注意到，帕洛玛尔医疗中心西部项目的成功改变了原有企业组织本身。"我们实施了隐形的 IPD，但组织的外在形式并未改变，而是这个组织吸收了 IPD 原则并通过各种方式加以运用。帕洛玛尔医疗中心西部项目是促进企业组织变革的关键环节，使组织发生了本质的变革，IPD 在组织中的渗透及过程中的运用，在项目的各个方面发挥了重要作用。"直至项目从施工阶段到交付运营的阶段，IPD 理念和精益工具（如拉动式计划）仍在持续发挥作用。

帕洛玛尔医疗中心西部项目的成功，展现了组建一个大型项目对企业组织结构本身的影响。罗伯特·米奇和克里斯蒂娜·杜兰德关于卫生机构的施工和运营过程相互作用的观点与该项目所呈现的结果一致，即过程中的变革可以产生连锁反应。

2.4 内部阻力

威廉·西德采用的 IPD 的方法最为简单，"我从来没有征求过其他人的同意，我就是这样做的。事实证明了我做得比他们声称的要好，并且克服了 IPD 所面临的挑战。"乔治·蒙塔古认为，IPD 是他们与关键合作伙伴（如林贝科集团）工作关系的自然延伸。此外，一名医院的董事是支持 IPD 的建筑师。他成功说服了董事会的其他成员采用新型项目交付方式，并在医疗办公楼项目中获得成功。乔治·蒙塔古指出，该项目的成功可使 IPD 模式顺利地应用于更大规模的医院改建项目。

但大多数业主面临来自高级管理层和运维人员的阻力。由于高管和董事会成员常常忽视经验教训和所取得的成果，克服管理层阻力的努力必须定期重复，需要反复沟通和协调。在经济衰退的情况下，某些高管会主张回到传统的低价采购的方式。一些业主就职于高度结构化的组织机构，此类组织机构具有严格的内部审计和法律要求等管理制度。例如，尽管萨特医疗集团拥有良好的 IPD 项目信誉，但仍需要投入大量的时间和精力去应对内部和外部审查，以证明项目管控得当。

一位来自大型组织的受访者强调，应正视他人对 IPD 提出的质疑。质疑者担心前期成本过大，认为竞争是确保价格合理的唯一方法。尽管此类质疑可能会令熟悉 IPD 的人感到灰心，但在大型组织中，应正视此类现象，并理智地解决相关问题，这一点尤为重要。

罗杰·约翰逊认识到，在大型机构中获得支持的第一步是得到理解。他要求财务审计人员阅读《商业房地产革命》(*The Commercial Real Estate Revolution*) 的前 100 页（描述了传统项目交付在设计和施工方面的问题）。然后，他争取到了银行采购总监的支持，该总监曾在石化勘探项目中采用项目联盟（类似 IPD）的方式工作，具有丰富知识且支持 IPD。肖恩·格雷斯通面临着相似问题，其内部法律顾问最初是怀疑论者，但通过参加培训，该顾问开始理解 IPD 理论及其成果，并成为坚定的支持者。

迈克尔·巴德注意到，阻力同样来自中层管理者，"很多人专注于采用传统方式处理工作，并认为能够做得很好。而 IPD 过程要求人们与时俱进并成为更积极正面的参与者，这显然是他们专业领域之外的事情。"罗杰·约翰逊也有类似的经历,"团队中有一些人更适应传统的工作方式,虽然不是主要领导,却会在工作变革时拖后腿。"

克里斯蒂娜·杜兰德发现,并不是每个人都愿意承担 IPD 所赋予的个人责任,"坦率地说,阻力往往来自那些表现不佳的部门。此类部门之所以抵制,是因为 IPD 为其带来了更大工作量和更多责任。"在劳伦斯纪念医院项目中,由于工作能力不足,不得不辞退了某些项目经理。罗杰·约翰逊启用了具有创新思维和灵活管理能力的人员。他们能理解该过程的优势,并主动实施 IPD 项目。随着项目的顺利进展,银行组织内部也发生了变化,"整个过程都有阻力,但当人们见证了成果,见证了团队协作能力的增强,并通过此种增强的能力,实现了依靠各自为政的方式所不能获得的成果时,大多数初期的抵制者均成了支持者。此时,无论是在银行的审计、采购部门,还是在施工团队中均很少有人反对或抵制这一过程。"

业主领导者一致认为,来自内部的抵制是必然的,你需要有韧性并持之以恒。

2.5 建筑、工程和施工行业的阻力

前述业主对自身组织的不满多于对建筑、工程和施工行业内阻力的不满。总的来说,他们对自己的合作伙伴积极参与整个项目非常满意,但寻找优秀的 IPD 合作伙伴并非易事。罗伯特·米奇指出,作为一名先行者,萨特医疗集团项目必须努力寻找致力于变革的合作伙伴。即使到现在,业界还是有不少伪 IPD 支持者。"行业中有很多人想做 IPD,却没有花任何时间和精力去了解 IPD 的真正含义。"在选择 IPD 合作伙伴过程中,查克·海斯也有类似经历,"某些人说他们做过 IPD,但当你深入了解他们的经历时,发现他们从未应用过此种方式。"对于某些声称"一直在做 IPD"的供应商,我们认为是不能达成共识且缺乏诚意的合作伙伴。

有业主指出,在某些项目中,由于没有实现真正地与其他人协作,不得不辞退了一个甚至多个 IPD 参与方。在本案例中,被辞退的参与方是团队想当然地认为其会成为好的合作伙伴,因此没有履行审查程序。正如威廉·西德所述,"我们没有采用优势选择法(Choosing by Advantages,CBA)的流程,仅依赖于人们对该伙伴的主观认识,加之时间紧迫,即匆匆选定该伙伴。之所以出现这种失误,是由于责任心不足,也没有审查该伙伴的 IPD 新模式应用经历和新文化背景。"查克·海斯指出,团队中唯一出现问题的参与方就是未履行审查程序的承包商,只是想当然地认为该承包商是一个合适的合作伙伴。各参与方公司的企业文化是团队成功的关键。

尽管在合作伙伴选择、应对阻力及保持前行方面存在困难,但是所有业主都认为其分包商合作伙伴在项目运行过程中能够成为合作伙伴。布兰达·比尔德对供应商成为合作伙伴的过程感到诧异,"我诧异的是,我们的分包商已经完全参与到这一过程中,成为这一过程中的合作伙伴。我根本没料到会发生这种事。"查克·海斯讲述了缅因综合医院在一个小型建筑工

作社群构建一个大型 IPD 团队的经历。"在调研缅因州的两个大型项目后，所有参与调研的人均认为缅因州没有合适的人力资源，需要从波士顿和纽约寻找合适的合作伙伴。但最终我们仍然在缅因州选择了一位建筑师和一位可信赖的项目经理。由于依靠自身能力无法完成此规模的项目，他们采用与美国全国性企业合作的方式。我们相信他们可以组建优秀的合作团队，他们也确实组建了优秀的合作团队。我们告诉他们，能够合理有效地利用本地劳动力资源的团队才是一个成功的团队。"缅因综合医院项目的一项重要的价值是促进当地发展。新的地区性医院项目的 96% 分包合同是与当地公司签订，建筑师、项目经理和分包商共同努力，去帮助当地公司达到所要求的标准，而当地的社群也作出了非常积极的响应。

　　组建一支优秀的团队是一项挑战。业主必须谨慎地选择团队，并且必须高度重视文化和协作。威廉·西德建议其他业主"寻找能够主动创新，产生最佳创意，并能够以新颖方式解决问题的合作伙伴。因此，需要一个不同的审查过程和方法，并有别于传统的背景调查和财务审查方法"。查克·海斯建议把重点聚焦于契合度，"我建议一位新的 IPD 业主应首先考虑文化契合度，这比其他任何事情都重要。选择具有团队意识，可在集成组织中高效工作，并能够对整个项目而不仅是对自身负责的合作伙伴。"

2.6　教育培训

　　布兰达·比尔德简明扼要地总结了业主的经验，"培训、培训、培训。培训每一位员工，甚至是副总裁，不停地培训 IPD 的过程以及采用 IPD 的目的。"

　　每位业主均投入巨资用于员工和团队的培训。威廉·西德在其管理的项目中建立了培训体系，"我们发现培训对几乎我们所有的工作都至关重要。……该培训存在一个学习曲线和训练曲线，认识到这一点有助于团队的快速成长。"培训还可用于强化 IPD 行为和过程。肖恩·格雷斯通利用培训引导行为改变，"我们通过培训避免成员回退至传统行为的风险。"

　　虽然每位业主都重视培训，但使用的方法各有不同，包括项目启动培训、外聘专家培训、以外聘专家的培训内容为基础的内部培训。从培训中获益最多的业主将其作为项目构成的一部分，并理解转变不会即刻发生。正如迈克尔·巴德所说，"改变需要时间，但是可以实现。"

　　例如在加利福尼亚大学旧金山分校医学中心项目中，斯图尔特·埃克布莱德通过正式的启动会议构建团队合作关系，并开始进行团队组建和目标、流程的制定，"为实现项目的共同利益，我们进行了一系列各公司之间的协作培训。在为期一周的培训计划中，公司和主要的部门负责人共同努力寻找解决问题的最佳方法。"他们通过季度问卷和复习加强学习效果。

　　项目伊始，几乎每位业主都聘用顾问进行培训。帕洛玛尔项目聘用导师来推动项目进展，温蒂·科恩发现"导师最初参与团队创建，成立项目委员会，并确定使命和核心价值观，推广至整个项目。导师在最初阶段的参与度非常高，可能需要一周工作几天。一旦团队成立，导师的工作就减少到每月一到两次。"道明银行聘请项目导师进行IPD和精益建造培训。肖恩·格雷斯通要求团队成员参加精益建造和IPD培训，鼓励他们参加精益建造学院的课程和会议，并聘用了一位具有IPD项目经验的律师讲解IPD的运营方式。加利福尼亚大学旧金山分校聘用了一家已经完成精益建造转型的工程公司，协助开发培训流程。环球健康服务公司在项目中聘用了精益建造导师，要求IPD合作伙伴不仅参与培训，而且要分担培训成本。环球健康服务公司的威廉·西德要求团队分担部分培训费用，"我感到非常失望的是，我们总是要为没有经验的承包商和建筑师提供培训，使缺乏经验或并不真正了解这个过程的人员得到培训。现在，我坚持让合作伙伴参与培训，包括支付培训费用。我鼓励他们把导师带进自己的其他项目中去，这样就可以建立完整的学习方法。"

诸多业主正在提升内部培训能力。威廉·西德一直致力于培养内部精益导师，这些导师可能是内部员工，比如指派一位项目经理去指导其他的项目经理。萨特医疗集团指派经验丰富的IPD项目经理来评估项目和培训经验较少的员工。缅因综合医院采用外部培训形式的同时，建立了一个专注于精益流程的内部团队。查克·海斯讲述了相关工作过程，"内部精益团队由三名员工组成，专职负责设计流程。通过开展BIM和三维建模培训，丰富分包商和顾问的相关知识，提升其竞争力。"

业主们通过聘用顾问启动培训活动，随后构建了自身的培训体系，并间断聘请外部顾问授课。克里斯蒂娜·杜兰德做了进一步阐述，"我们开展了一系列的培训活动，当我们在设计或其他方面遇到重要节点或问题时，则聘请外部顾问协助进行专门培训。……霍华德（本书作者之一）是该项工作的推动人，我们采纳了他所提供的方法和建议，并将其应用于对员工、临床人员、承包商、建筑师的培训和训练班。我们并没有聘用专门的导师或顾问，而是运用霍华德的方法培养自己的培训师，并将培训内容付诸实践。我们认为该方式很有效。"

乔治·蒙塔古提出了一个新参与者协作能力的问题，引起了其他业主的共鸣，"这是一个令人失望而又不可避免的问题，在项目过程中，参与人员不断更迭，需要新来者务必跟上进度。"他认为顾问有几个重要的职责，"（1）引领作用（项目流程管理和计划协商）；（2）培训、传授技能和工具/软件的安装使用方法；（3）助力持续协作能力的提升。"

克里斯蒂娜·杜兰德总结道，"从管理和领导力的角度来看，我认为一切问题都源于培训。"

这些团队重视培训并取得项目的成功。对于培训未涉及或缺乏提升的工作，团队也一直在努力克服该部分工作存在的传统行为。

2.7 IPD合同

笔者虽没有专门询问受访者有关合同的问题，但也获得了某些相关的重要信息。由于加利福尼亚大学旧金山分校是一个公立机构，只能采用法律规定的价值最优程序，而该法规不允许使用多方合同（multiparty contract）和联盟合同（polyparty contract）。因此除了斯图尔特·埃克布莱德和迈克尔·巴德之外，所有参与者均使用多方合同（业主/设计师/承包商）或联盟合同（业主和整个风险共担、利益共享团队）。他们使用了设计-建造或连锁合同系统，试图创建一种类似单一 IPD 合同的风险共担、利益共享方法。以下评论反映了受访业主对合同效力和合同结构差异的一些看法。

IPD 与其他协作方法有本质不同。例如，萨特医疗集团采用合同方式约定各方风险共担、利益共享为共同目标，强化了 IPD 的应用，取得了预期成果。罗伯特·米奇反思了萨特医疗集团的经验，"在完全采用 IPD 之前，萨特医疗集团并没有在设计师和承包商之间建立任何实质的关系；尽管有条例规定承包商必须协助设计过程，以消除设计图纸的错误（即不具有可施工性）。但发现这种规定只是停留在纸面上，传统设计习惯实际仍在继续，承包商也只负责定价。"随后，萨特医疗集团在集成格式合同（integrated form of agreement，IFOA）的框架下制定了一套完整的单一 IPD 合同，并产生了有效的结果，"当所有人利益共享、风险共担时，会产生完全不同的行为和结果。"集成格式合同属于定制型合同，可以根据企业或项目的具体情况专门制定，具有更强的灵活性和针对性。近期芮妮·程（Renée Cheng）和明尼苏达大学（2016）的研究也得出了类似的结论，IPD 合同加强了团队合作，并提高了团队的应变能力。

斯图尔特·埃克布莱德分享了一个有意义的经历，项目是以传统方式开建，并仅与设计师签订了合同（因为项目的特定采购问题）。但在依据连锁的风险共担、利益共享条款的合同聘用了施工经理和供应商后，添加了 IPD 要素，"引人注意的是，在采用传统方式的前 18 个月的过程中，耗资远远超出预算，不得不考虑压缩规模。但是在采用连锁风险合同后 3 个月的过程中，成本大幅降低，并满足了规划要求。"

在选用联盟合同（不仅包括业主、设计师和承包商）或多方合同（业主、设计师和承包商）的讨论中，迪格比·克里斯蒂安指出，"在业主仅与设计和施工方经理签订合同的框架下，我发现项目工作的难度增加，并更为复杂。许多人认为合同相关方的增加，不仅增添了文件的工作数量，并加大了工作的复杂性。与此相反，我认为合同相关方的增加可使项目运营更加顺畅，我极力推荐在风险共担的框架下，必须与项目风险的主要相关各方直接签订合同，我会在后续的大型项目中再次采用这种模式。该模式可使工作简单化，能够与每位风险共担、利益共享参与方的负责人直接进行交谈，确保项目所有利益相关者实现直接沟通。"

参与合同制定的业主认为，此类合同条款，特别是团队风险共担、利益共享条款，对团队的行为具有重要影响。如果业主有能力和资源进行管理联盟合同，可掌握更多的信息，更利于优化管控。

2.8 挑战性目标的设置

一些业主指出，制定有挑战性的目标是项目成功的因素之一。作为库克儿童医疗中心的施工经理，马克·林恩伯格将 IPD 应用于该项目，并指出，"我们必须设置高标准的目标，每个人在努力实现这种自认为有能力达到的目标时，旧方法的缺陷会即刻呈现。"挑战激励着行为改变，设置挑战性目标具有重要意义。威廉·西德持有同样的观点，"我们采用了与其他公司不同的方法确定目标成本，设定了更具挑战性的目标，因而，签订合同的团队必须寻找获取利润的新方法。"

激励促使团队向目标不断前进，没有甘愿失败的团队。迪格比·克里斯蒂安发现"卡斯特罗谷（Castro Valley）项目团队的宗旨是保证在不亏损的情况下，获取合理的利润。该项目整体始终处于亏损的边缘，这种状况促使团队的工作行为发生了巨大转变。"这也符合人们规避亏损的普遍理念。尽管卡斯特罗谷项目初期阶段的耗资明显超出预算，但团队经过努力，实现了预算内的项目交付。迪格比·克里斯蒂安指出，"团队应认识到设计必须受到成本的约束，设计要求和成本均是设计的约束条件。合同规定该团队应承担亏损金额的 10%。"

戴维·塔姆博士使用"燃烧平台"比喻能够迫使人们作出改变的方式。"在我看来，燃烧平台具有以下作用，包括迫使人们摆脱传统观念，不得不采用新方法，人们之间必须增强相互信任度等，而 IPD 能够发挥同样的作用。业主面临的挑战是如何构建这种燃烧平台，营造紧迫感。"在帕洛玛尔医疗中心西部项目中，为扭转项目不良局面必须付出巨大努力（帕洛玛尔医疗中心西部项目以传统方式启动，随后，新的施工经理在项目中引入了 IPD），为实现项目预期目标，必须摒弃传统方法，并积极采用 IPD 方式。

克里斯蒂娜·杜兰德为项目设置了一个高标准目标，在一个预算很紧张的项目上，她说，"当初我向团队提出更高的标准，要求预算再缩减 100 万美元时，大家都诧异地看着我，而现在我们距离这个目标仅差 25 万美元。"

所有业主设置的高标准目标均具有可行性依据，他们一直将项目目标设定于团队既能感受到压力但又认为可以实现的范围之内，这是项目达到最佳绩效的合理范围。

2.9 挫折

成功的案例也存在困难和挫折。罗伯特·米奇认为很难找到有经验的 IPD 合作伙伴，在具有 IPD 经验的团队之间，存在着水平参差不齐的现象，即使在一个经验丰富的团队组织内部也存在这种现象。迈克尔·巴德失望地说，"我认为最令人失望的是，对于行业而言 IPD 是全新的理念，甚至在已经呈现出某种接受度和熟悉度的企业内部，人们对 IPD 仍然有不一致的认识，因此应对该项工作的过程持续关注、培训、阐述、支持及定义，并对 IPD 优势进行详细讲解及大力宣传。"迪格比·克里斯蒂安也具有同样的观点,"项目实际参与人员的素质远比企业的经验重要,这种工作方法非常新,掌握IPD这一新型方法的成员人数较少,除非能把原班人马从一个项目移动到另一个项目上,否则就需要持续培训新的团队成员。"必须不断地扩大内部培训范围,直到多数员工掌握了更多的相关知识和经验,此类培训方可减少。

变革并非一蹴而就。几乎每位受访业主都能列举出团队成员倒退至采用传统方式的案例。马克·林恩伯格指出,信任的建立是一个长期的过程,也是一个需要真正对待的问题。保护自身利益是人们的传统理念,与此相反,IPD的理念要求共同进退的团队,然而,并非每个人都能作出如此的改变。如同温蒂·科恩指出,"IPD团队最令人失望的是,并未真正理解IPD理念的部分成员具有相当大的破坏性,该部分成员可对已接受IPD理念的成员产生较大的影响,这一点非常明确。我个人认为,甄选合适人员和建立团队尤为重要,在此方面应投入大量时间和精力。这种观点我知道不会获得100%的支持,但我坚信筛选团队成员个人的特质对于增加项目成功的概率具有独到作用。"

对于无法适应协作的成员,业主必须辞退或更换的情况并非少见。对于其他IPD参与方存在的类似情况,也应同样处置,处置方式通常由团队决定。业主认为,IPD团队共同决定辞退此类成员,有助于团队的重组和强化。

即使拥有合适的团队,也会发生人事变动的现象,必须通过持续协作培训应对这种现象。从项目主管到现场工作人员,整个团队成员必须了解IPD流程及自身行为必须作出的相应变化,这一点很重要。温蒂·科恩指出,"IPD的高效性体现于真正驱动了项目的一线工作人员。"在帕洛玛尔医疗中心西部项目中,团队成员定期与项目工长共进晚餐,构建了现场管理人员与项目管理人员之间新型的关联模式。

劳伦斯纪念医院的克里斯蒂娜·杜兰德和布兰达考虑到不同项目之间可能出现信息丢失的情况,因而,选用同一支队伍设计和施工了两个连续项目。他们认为拥有一支经验丰富、高效和集成的团队,可以保持竞争力,达到理想的结果。其他业主正在考虑将较小的几个IPD项目"打包",通过集中培训降低成本,并使高效团队共同工作、相互沟通。

2.10 目标价值设计

三位受访的业主谈及了项目的目标价值设计(target value design,TVD)。迪格比·克里斯蒂安指出,团队将成本列为设计的约束条件,如同设计开发过程所必须考虑的其他约束条件,这个过程执行得非常顺利。随后,业主又为每位团队成员设定预算,要求每个团队将成本降低10%。关于目标价值设计的实现方法,斯图尔特·埃克布莱德作出了简要解释,"一旦建立协作关系,继而需要对项目子系统逐一审核,并设定各子系统目标。在子目标中确定成本驱动因素,使得各团队真正关注这些因素。例如,设计变更对管道长度的影响,这是一个成本的主要驱动因素。我们要求分包商提供更好的隔声系统,既可缩短管道长度又便于安装。在其他情况下,团队同样找到了不同的、成本更低的问题解决方法。在保证火灾报警系统整体性能的基础上,我们采用了一种更有效、更安静、更有益于患者的方法替代了所有的传统呼叫系统。"

加利福尼亚大学旧金山分校为主要相关系统制定了子目标,如设备、电气和管道系统。库克儿童医疗中心采用基于建筑规范协会(Construction Specifications Institute,CSI)或建筑信息分类标准的类似方式。马克·林恩伯格进一步阐述,"我们正在采取斯图尔特所描述的方法,将项目分解为多个部分,并以分解部分为单位,要求相关团队在一定程度上降低成本,以起到激励作用。"

马克·林恩伯格对"隐秘性不可预见费"也有一个新见解。"我们第一次体验到成本降低与隐秘性不可预见费相关。这并不是通常的不可预见费,而是传统工作方式下高估成本的结果,传统方法导致了以往计量的偏差。"马克的见解得到了迪格比·克里斯蒂安的认同,"我的体会是,尽管未进行过精细的计算,但是我们知道节约资金的三分之一(成本降低)来自工作方式的创新,而另外三分之二则来自传统预算生成的高估成本。降低高估的成本归功于参与方对项目未来确定性的认同以及对协作完成项目的信心增加。"其他受访业主也列举了许多降低成本的旁证案例,IPD 方式生产效率高于传统方式,返工率低于预期,重复性工作减少。例如,传统方式图纸设计流程为设计图纸→分包商提交施工详图→设计方审核→分包商出加工图。该过程可以由直接与制造商合作的工程师完成,采用经过审查的加工图纸替代设计图纸和施工详图。

马克·林恩伯格和迪格比·克里斯蒂安提到一个令人关注的问题,即在评估 IPD 成本时,是否需要调整以往的项目数据?随之的数据调整将对成本目标和项目利润产生何种影响?例如,如果 IPD 项目的成本低于设计-招标-建造或风险型项目管理传统模式的成本,是否应基于新的成本,降低 IPD 项目参与者的利润,还是应维持之前的水平(根据项目绩效调整)?合同的宗旨是,项目参与者的利益不应因效率更高而受损,利润应基于交付的价值,而不是已花费的成本。

2.11 可靠性

萨特医疗集团的迪格比·克里斯蒂安认为,可靠性是一个至关重要的优势,并指出,"这个组织从 IPD 中能得到什么?那就是可靠性和可预见性。"

虽然业主重视提高项目的价值,但同样重视结果预测的准确性。对于许多业主来说,能够使项目无重大问题、无进度滞后和预算内交付的业务规划至关重要,尤其对有连续建造项目的业主尤为重要。正如罗伯特·米奇所述,除了控制不断上升的建设成本外,萨特医疗集团正在寻找一种能够如约交付的方法。威廉·西德认可萨特医疗集团的经验,认为环球健康服务公司项目的经验(45个项目中有40个项目的交付成本低于预算)充分说明了IPD方法的可靠性,并指出,"精益IPD是复杂项目最可靠的交付方式。"

2.12 价值

笔者要求业主们论述IPD的价值衡量指标,业主们给予了积极的评价,并提供了传统的价值评价标准——成本和进度方面的对照案例,如下所述。

业主们还讨论了质量提升的案例,例如,最初目标设定为LEED银级认证的缅因综合医院现正在为获得LEED金级认证而努力。萨特医疗集团的卡斯特罗谷项目的返工率非常低(通常行业返工率为7%—10%,该项目是0.5%),有力证明了IPD方式可实现建筑物的高质量,同时,所建造项目系统的布局更加合理且易于维护。业主们还讨论了建筑的设计质量和创意。迈克尔·巴德讲述了项目团队在市政厅项目的设计创新,使该建筑更加具有实用性。肖恩·格雷斯通在讲述具有历史和建筑学意义的华盛顿共济会圣殿堂翻新项目时指出,"我没有评价指标,但我可以证明我们获取的信息质量。我们获得的信息质量令人惊叹。"威廉·西德认为此类高质量信息对于业主的决策具有重大的影响。威廉·西德说,"我认为IPD能够提升制定决策的能力,体现在资金的投入和分配方式。通过了解各系统的实时成本和相互的实时影响,有助于制定最佳的决策,并产生更高的项目价值。"

各位业主举例说明了IPD对成本和进度产生的影响,典型案例如下。

根据缅因综合医院投资3.2亿美元的一个地区医院项目的经验,查克·海斯总结道,"我们比预定计划提前了大约9个月,节约造价300万美元,并节约了大量不可预见费。这个项目只有两个设计变更,令人难以置信。"该项目是在受访后完成的,竣工时总体进度提前了10个月,在完成5个设计变更(均为业主提出)的情况下,仍未超出预算。在目标成本内还完成了数百万美元的额外工程量,整体项目获得了高于预期的LEED认证等级。

道明银行项目成功案例同样令人印象深刻,罗杰·约翰逊指出,"从统计数字上看,我们的建筑成本显著降低,施工时间也大幅缩短。与没有采用IPD的同类项目对照,该项目成本和工期分别减少15%和20%以上。自该项目之后,道明银行已经实施了多个IPD项目。"

以一个成功的建筑项目举例的方式,威廉·西德指出,"我们所交付的价值1.3亿美元的第一个项目,预算降低了1000万美元,项目成本比所有竞争对手低15%。在竣工的45个项目中,有40个项目的交付成本低于预算。"

在讨论合作的优势时,马克·林恩伯格指出,"我们与钢结构生产和安装单位有非常密切的合作。在没有采用任何新的结构设计元素的情况下,高度协作性和紧密关联性使得工时减少1000小时,接近原计划工时的十分之一。"罗伯特·米奇举例说,"耗资3.2亿美元的卡斯特罗谷项目，采用精益 IPD 方式，在预算内提前 4 个月完成交付。"

即使在出现重大施工问题的项目中，IPD 也表现良好。根据劳伦斯纪念医院的第二个 IPD 项目的经历，布兰达·比尔德深有体会地说，"在这次翻新过程中，我们发现了一个未知的情况，如果按照标准的设计招标程序进行，不但需要增加 6 个月的工期，还需要增加 100 万美元的施工成本。根据 IPD 的经验，我认为在这个 1600 万—1700 万美元的项目中，仅需增加 60 万至 70 万美元的施工成本，这是个可观的节余。为此，建立了 IPD 团队，应用 IPD 技能解决了这些问题。如果按照传统方式，该项目将完全停滞不前，并且浪费时间和资金。"

通过类似项目比较，IPD 交付具有明显优势。德纳-法波公司（Dana-Farber）与当地医院合作建设肿瘤治疗中心，克里斯蒂娜·杜兰德阐述了劳伦斯纪念医院与该公司同类项目相对比的经验。"肿瘤治疗中心的项目进展顺利。压缩了预算和施工工期，并仅有很少的设计变更。该项目减少了设计时间 6 个月、设计费用数十万美元。德纳-法波公司已竣工 5 个类似的地区级医院项目，同类项目总工期一般需要 2 到 3 年时间，但是我们的项目总工期仅为 18 个月，甚至更短。"

在帕洛玛尔医疗中心西部项目施工中，风险型项目管理模式向 IPD 模式转换的负责人戴维·塔姆博士说，"首先，IPD 模式节省了资金，没有 IPD 就无法在预定工期和预算内实现项目完工。其次，该模式交付了高质量的产品。无论这是 IPD 的意外收获，还是 IPD 的计划目标，但作为建造者的团队整体为此的确感到自豪。……在传统交付方式下，在病人入住竣工的医院建筑之前，绝大多数分包商已离开项目。现在我可以负责任地说，IPD 的优势体现在只要有一个病人入住，即意味着医院建筑已获得运营的批准，这对医院系统具有巨大的经济效益。"温蒂·科恩同意他的观点，并指出，"IPD 为建造者创造了一个拥有自豪感的环境。"

温蒂·科恩认为项目法律纠纷的降低也非常重要，并指出类似帕洛玛尔医疗中心西部项目规模的项目，往往存在后续的法律问题，但此类问题通常不会严重到需要律师或公司高管必须介入的程度。戴维·塔姆博士赞扬了 IPD 环境，"IPD 流程避免了法律纠纷。"同样，其他受访的业主进行的 IPD 项目也都没有任何索赔或诉讼的法律纠纷。

业主们同样关注 IPD 模式为团队成员所产生的价值，以威廉·西德为代表的业主们认为许多项目提高了团队的营利能力，并指出"我们不仅希望实现共同目标，还希望实现各自目标，团队中所有的项目经理均非常积极地投入改进团队整体工作的过程，大约有 45 个项目，在不同程度上为团队成员实现了收益增长。"

2.13 再次选择 IPD 的意愿

所有的业主都愿意再次采用 IPD 模式，而且大多数业主已经开始再次实施。劳伦斯纪念医院又有三个开建项目，该医院副总裁克里斯蒂娜·杜兰德说，"我们的三个项目均采用了

IPD 模式，对 IPD 非常认可，我想在任何项目中均采用 IPD 模式，即便在非常小的项目（300万至500万美元）中，也不愿采用传统模式。这如同你一旦品尝过美酒，就再也不想喝廉价酒了。"

环球健康服务公司承诺在所有超过 500 万美元的项目中均采用 IPD 模式。受访时的萨特医疗集团有 IPD 模式的在建阶段项目 4 个，设计阶段项目 2 个。库克儿童医疗中心启动了第二个 IPD 项目，该项目的规模是第一个项目的 6 倍。加利福尼亚大学旧金山分校的其他项目也计划采用 IPD。斯图尔特·埃克布莱德肯定地说："毫无疑问，我们还会这么做。"事实上，因为加利福尼亚大学旧金山分校使命湾项目的成功，加利福尼亚大学已经通过了一项规定[1]（涉及修改加利福尼亚州建筑规范），允许加利福尼亚大学旧金山分校使命湾校区所有超过 100 万美元的项目，均采用价值最优的 IPD 模式。

罗杰·约翰逊、克里斯蒂娜·杜兰德和肖恩·格雷斯通都表示，IPD 已经达到并超过了他们的预期。肖恩·格雷斯通通过自身经历的总结，深有体会地说，"这符合我的预期吗？当然！到目前为止，产品的性能已经超出了我们的预期。IPD 是一个可以产生奇妙变化的系统，可以产生大范围的影响。"

2.14 对其他业主的建议

部分业主对首次采用 IPD 的人们提出了有针对性的建议：

首先必须理解价值定位，IPD 虽然非常具有吸引力，但并不适用于所有项目。若不理解真正的价值定位，就无法发挥 IPD 的作用。

——斯图尔特·埃克布莱德

需要亲力亲为，将他人的 IPD 合同转变成适合自身的合同，必须要明确自身的实际需求，方能实现有效的转变。

——迈克尔·巴德

一旦确定采用 IPD，需要为此做好充分的准备，包括作为项目的领导者积极参与项目并带领团队遵循 IPD 的规则。

——温蒂·科恩

对于 IPD 初学者来说，聘请优秀的顾问和有经验的人员很有帮助。IPD 带给了我们非凡的项目体验，若有人需要，我们一定会分享这种体验。

——乔治·蒙塔古

（1）很多供应商无法理解实施 IPD 的益处，而且不容易改变自身行为。他们将会抵触，在无人督促的情况下，可能会退回至传统的手段和方法。（2）需要强调业主责任，确保以正确的方式参与支持 IPD，而不仅仅是依赖合同。（3）投入时间学习

IPD，寻求有经验的人员帮助，将项目快速地引入正轨，此种方式比自身的探索更加高效。

——罗伯特·米奇

避免先入为主的观念。每一步都要提出问题。

——戴维·塔姆博士

寻找愿意创新和融入新想法的合作伙伴，并不断寻找解决问题的方法。

——威廉·西德

我真希望在职业生涯中能够更早地了解IPD。坦白地说，我真希望自己能够更早地掌握IPD，并投身其中。

——克里斯蒂娜·杜兰德

2.15　人为因素

尽管这不是采访的重点，很多参与者还是对IPD的行为方面作出了评价。

查克·海斯指出，"我没有预料到且让我惊讶的是，几乎所有的工作人员都一致表示，这是他们从事过的最好的工作。很多人告诉我，她们的丈夫或儿子正在做这个项目，这是他们参与过的最好的项目。"

乔治·蒙塔古观察到一个根本性的变化，"很明显，人们热衷于寻找更好的方法来解决传统的问题，但事实上，由于一些传统问题已不再存在，更好方法的作用是改变观察事物的方式。"

肖恩·格雷斯通谈到了为技术工人提供新旧对比和掌握新技能的意义。"分包商对自己的工作应该感到满意，现场施工人员、工程人员、所有的顾问及其他人均应如此。"迈克尔·巴德也观察到同样的情况，他指出，"如果大家心情愉悦，工作顺利，则会为自己所处的环境和组织架构感到自豪，这就是人们所需要的。"正如布兰达·比尔德所言，"顺心的工作是对员工最好的激励。"

迈克尔·巴德总结了人员的协作对项目结果的影响，"如果项目团队合作顺畅，将会取得较好的成果。最重要的是，是否尊重，是否沟通，是否倾听，是否寻求共同的解决方法，是否主动识别问题，是否愿意从一开始就汇集相关人员共同解决问题？上述要素汇集成为真正重要的软实力。如果人们在项目中以这种方式沟通，所产生结果的品质和新颖性会出人意料，如果人们不以这种方式参与项目，则产生的结果必然是平淡无奇。"

2.16　小结

经验丰富的业主们并不认为IPD适合每位业主及每个项目。罗伯特·米奇指出，"项目越复杂，这种交付模式就越合适。在一个简单项目中，可能不需要一个大而全的 IPD 模式，但我们发现，对于高风险/高复杂性的项目，则没有比该方式更可靠的交付方式。"

正如相关 IPD 实施的经验所示，IPD 需要一个具有特质的、积极投入的业主，能够将团队引入自身的愿景与目标中，并可在整个项目中发挥领导作用。具有本章受访对象的领导素质的业主，如果积极投入 IPD 项目，其结果将非同寻常！

注释

1. 加利福尼亚州公共合同章节编码 10506.4 等。

参考文献

Cheng, R., Allison, M., Sturts-Dossick, C., Monson, C., Staub-French, S., Poirier E. (2016). *Motivation and Means: How and Why IPD and Lean Lead to Success*, University of Minnesota. Retrieved from http://arch.design.umn.edu/directory/chengr/.

Integrated Project Delivery Alliance/University of Minnesota. (2015). Retrieved March 8, 2016, from http://www.ipda.ca/research-performance/industry-research/industry-research/.

Miller, R., Strombom, D., Iammarino, M., & Black, B. (2009). *The commercial real estate revolution:Nine transforming keys to lowering costs, cutting waste and driving change in a broken industry*. Hoboken, NJ: Wiley.

第 3 章

集成项目交付的简明框架

> "请你告诉我，我该走哪条路，好吗？"
> "这取决于你想去哪儿。"猫说，
> "我不太在乎去哪里。"爱丽丝说，
> "那你走哪条路都没关系。"猫说，
> "只要我能到达某个地方。"爱丽丝补充道，
> "哦，那你一定能做到。"猫说，"只要你走得够久。"
>
> ——《爱丽丝梦游仙境》

3.1 集成项目交付的路线图

读者可能会想为什么要读这本书，所谓协作、集成、价值工程均已在实践中得以应用，从表面上看，集成项目交付不过如此，但实际上，集成项目交付的内涵远比这更为丰富。

在此，可采用一个路线图来探讨和全面认识集成项目交付，并帮助理解设计集成交付系统的主要动机。图 3.1 展示了成功完成高性能建筑的各个要素。

笔者从已达到交付条件的产品性能开始用倒推的方式阐述，所谓高性能建筑是指满足业主需求并提高最终用户使用效率的建筑。简言之，高性能建筑必须具备用户的可使用性、在计划工期和预算内安全交付的可建造性、建筑运维人员使用合理的费用提供合适的办公和居住环境的可运维性、符合经济社会发展及环境要求的可持续性。一座高性能建筑应能够通过采用量化性指标的方式证明其能够满足业主在项目之初提出的价值和目标。

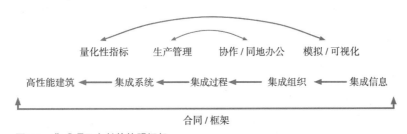

图 3.1 集成项目交付的简明框架

高性能建筑由高度集成、互为协调且相互补充的建筑系统组成，集成系统要求各专业人员必须协作并实时交换信息，集成组织促使业主、建筑师、工程师和施工人员每天在同一工作空间共同解决复杂问题，并通过集成过程建造集成的建筑系统。但在项目的初始阶段，团队必须耗费时间设计实现集成的协作方式、过程和方法，并应用于工作实践，协作和同地办公是这个过程的重要保障。

为达成有效合作，团队必须采用可靠和高效的沟通方式，"集成信息"利于设计方案的模拟仿真和可视化，支持信息共享，实现了整体过程的最大透明化，加深了团队成员对整体工作的理解。模拟仿真和可视化手段可促进团队成员之间的高效知识分享、不同设计方案的检测、事实与假象的区分、优劣方案的比对，加强团队成员之间及其与利益相关者的沟通，消除了团队成员之间或专业之间的信息交流障碍。基于集成信息的建筑性能模拟，使得团队成员能够在实际建造之前，依据性能指标对设计方案进行评估。

换言之，通过构建一个全面、详细的虚拟建筑原型，团队成员不仅能够深刻理解所参与建造过程的复杂性，而且能够评估建筑物是否按照业主与用户的期望运行并作出相应调整。为保证所交付成果让业主与用户满意，项目团队应在早期通过集成信息、模拟仿真和可视化，反复、实时、生动地看到所设计的建筑及其性能。

从根本上讲，激励集成项目交付的原则是实现设计、施工和运维阶段的各个步骤的可控性。现实中这种理念常被否定，要么认为大型项目太大、太复杂而无法管控，要么认为项目太小、过于简单而没有改进空间。在项目开始时大多数业主所耗费时间定义的目标和价值，极易被团队成员在实际工作中遗忘和偏离。因此，必须建立"提醒机制"——确保团队在正确的轨道上运行，并始终把业主的目标作为工作方向。

大部分过程可控后，即可实现对工作成效的跟踪。考核指标的意义，不是为了在图表上添加数据，而是有效跟踪建筑物性能与业主目标和价值之间的差距，在工程进度中了解和调整团队的绩效。如果集成项目交付团队将信息请求（requests for information，RFIs）*时间目标设定为少于 24 小时，同地办公一个月之后的平均信息反馈时间仍为 3 天，显然需要进行调整。因此，借助考核指标可以快速发现并解决问题，团队成员可以不断学习、快速适应并提高工作效率。

集成格式合同和框架为整个集成项目交付系统的有效运行提供支持保障，并针对项目设置基本规则，强调制定决策必须服从于项目整体利益而非个体利益。集成格式合同支持并激励集成的交付系统，允许组织和个体共享信息、开展协作、勇于创新，敢于指出某参与方的不足而无须担心受到报复。不过要建造高性能建筑，仅具有集成格式合同是不够的，还需要

---

* RFI 一般是由总包或分包向设计方提出的与设计意图或设计文档相关的问题。比如在设计图中没有标记两个窗户之间的距离，总包会通过 RFI 的方式询问设计团队。在非 IPD 的模式下，设计一般有 7—14 天可以回复这个问题。超过了这个时间，总包或分包可以通报业主，设计方的拖延对施工进度的影响情况。——译者注

运用本书中描述的各种实践方法。

以下是有关集成项目交付简明框架的详细介绍（Fischer，Khanzode Reed，Ashcraft，2012）。

3.2 高性能建筑

高性能建筑理念是指建筑应符合可建造性、可使用性、可运维性和可持续性的标准。本质上，是指建筑的建造安全高效，运维简单，使用便利，有益于人与环境的和谐，并符合审美要求。

高性能建筑应符合用户需求，并尽最大可能地优化用户的工作或生活体验。例如，桥梁应利于车辆在恶劣天气条件下的快速安全通行；学校应利于教师对学生进行教育激励；医院应利于医生和护士对患者的诊疗等。高性能建筑的真正成功之处在于对这些性能指标的价值赋予了量化标准。例如，一座高性能的医院建筑不仅利于医生诊治患者，而且提供了可全方位、最大化促进患者康复的场所，包括能减少要照看多个病人的护士的行走路程、为手术室放置必要设备提供足够的空间、康复室根据病人数量可适时调整，以及不使用有污染和其他对健康有害的建筑材料等。

每个建筑的价值、目标及其用户都是独特的。因此，理解用户对建筑物的使用目标和愿景，对设计和施工团队至关重要。交付高性能建筑首先应理解和定义建筑物拟达到的目标、衡量目标的方式以及实现目标的最佳途径；其次，鉴于项目全生命周期的每一阶段都会影响建筑的最终性能，设计阶段就应吸纳各阶段的主要利益相关者参与。

在交付及运维阶段，高性能建筑应能够高效利用能源、材料和劳动力，从而降低初期运维、全生命周期成本以及其他影响成本的因素。大多数业主希望优化全生命周期的运营成本（包括建筑维护、建筑运营和商业运营的成本），延长建筑使用寿命，降低初始建造成本。但是，业界传统关注点仅限于降低设计阶段和施工阶段的成本。无论在设计方案中有无重点关注，传统的建筑设计模式所完成的建筑均可在不同程度上体现出业主所期望的上述目标，但是难以实现业主所期望的全部目标。换言之，如果设计仅关注建设成本的降低和交付的加速，而未关注运维成本，则可导致建筑的全生命周期成本完全失控。

DPR 建筑公司旧金山分部的净零能耗建筑（Net Zero Energy Building，NZEB）

DPR 建筑公司旧金山分部办公室是一个高性能建筑的样板，它满足了可建造性、可使用性、可运维性和可持续性四个标准。该建筑使用一年之后，能源消耗量和其他指标的审核评估均达标，由国际未来生活研究所（International Living Future Institute）的生态建筑挑战（Living Building Challenge）认证为旧金山市首个净零能耗建筑。[a] 同时该建筑也获得了LEED能源和环境设计先导（Leadership in Energy and Environmental Design）和v4级建筑设计和施工（Building Design and Construction）铂金认证。

在项目初期，业主、设计师和施工团队即开展合作，采用计算机模型模拟各种气流和能源使用方案，并选择了可持续性方案。同时，集成设计和施工团队，通过评估比对众多备选方案的方法，确定了最佳设计方案。DPR建筑公司旧金山分部办公室最终被建成一座零能耗、低碳排放，并智能地响应用户需求的高性能建筑。[b]

该建筑达到并高于项目的预期目标，所产生的可再生能源不但使建筑成为净零能耗建筑，甚至成为负能耗建筑。在租赁期内，光伏（photovoltaic，PV）系统所节省的能源成本完全抵消了该系统的安装成本，建筑成本从185美元/平方英尺降至152美元/平方英尺。

尽管185美元/平方英尺的设计和施工预算略高于市场平均建筑成本，但符合旧金山湾区A类用房改善（tenant improvement，TI）的项目预算标准。

项目团队研究、设计、报批并建造的这座现代化的高性能办公场所，面积24010平方英尺，工期近8个月，在可持续性方面，该建筑具有以下特点：

- 118千瓦可再生能源屋顶光伏系统为整个办公室提供电力，该屋顶光伏系统由343个容量为345瓦的太阳能发电模块组成。
- 采用光伏板替代原有屋顶的方式，完成了屋顶结构改造。
- 使用动态变色玻璃翻新两个大的中庭天窗（电致变色玻璃），减少了太阳能热增益系数（solar heat gain coefficient，SHGC）和办公室眩光。
- 屋顶安装太阳能热水系统，用于淋浴和洗涤。
- 安装19个750 DS索乐图（Solatube®）导光管的光导照明系统（管道式天窗），为办公室提供自然光。
- 中庭上方安装8个Velux太阳能天窗。
- 安装9个8英尺的Essence吊扇和4个Haiku牌超大型（Big Ass Fans®）风扇，安静有效地保障办公室空气流通。
- 由Habitat园艺师设计和制作的三面生态墙，包括一个自然生态酒吧（植物种植在酒吧玻璃屋顶下方）。
- 回收利用加利福尼亚州山景城莫菲特（Moffett）机场一号机库中的红杉，以及旧金山运输中心项目中的花旗松。
- 配备仕龙阀门公司（Sloan Valve Company）生产的AER-DEC洗手盆和低能耗、超低流量冲水马桶、干手机，提倡节约用水和无接触的环境。

- 建筑管理系统（Building Management System，BMS）采用霍尼韦尔（Honeywell）控制面板，提供60英寸多点触控屏幕以用于实时功能调控。
- 建筑性能显示屏由Lucid公司提供，可动态显示建筑物各项节能指标，是极佳的可视化跟踪工具（http://buildingdashboardd.com/clients/dpr/sanfrancisco/）。
- 4000平方英尺的转租空间作为公共学习实验室、健身中心和公共卫生间。

图3.2、图3.3和图3.4分别展示了该建筑的各个系统、系统与人员的交互以及穿过中央走廊时，从前面走到后面时所看到的情景。图3.2展示了在旧金山市中心人口密集的城区，如何将具有60多年历史的工业办公空间改造成一个采光充足、开放且功能齐全的净零能耗建筑。

图3.3剖面图展示了与现有大型天窗、引入自然光线的索乐图导光管组成的光导照明系统（管道式天窗），以及大型Essence吊扇相关的建筑室内空间。

图3.4展示了生态酒吧（每个DPR办公室的公共聚会场所）、位于楼上楼下的会议室、屋顶的天窗、宽敞的楼梯、生态墙以及夹层栏杆。

——特德·范·德·林登（Ted van der Linden），LEED建筑设计与施工认证专家，美国绿色建筑委员会与国际未来生活研究所（USGBC & ILFI）董事会成员，

可持续发展顾问[1]；

——迈克·汉弗莱（Mike Humphrey），DPR建筑公司董事会成员[2]；

——迈克·麦斯克（Mike Messick），DPR建筑公司高级项目经理[3]。

---

a. http://living-future.org/case-study/dprsanfrancisco

b. http://www.ecobuildnetwork.org/images/pdf_files/The_Total_Carbon_Study_FINAL_White_Paper_published_20151113.pdf

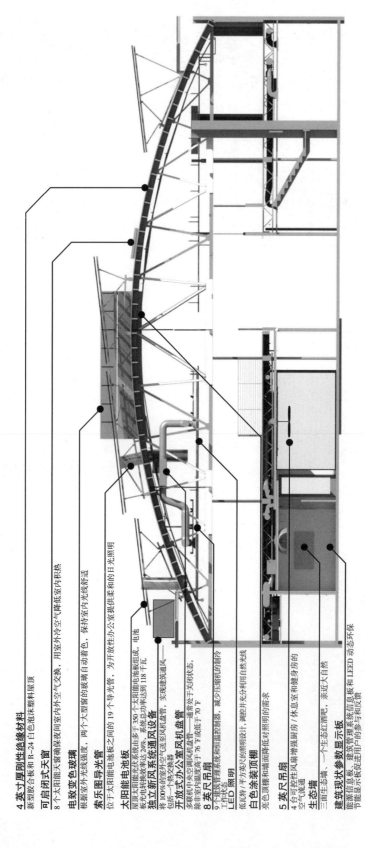

4英寸厚刚性绝缘材料
新型胶合板和 R-24 白色泡沫塑料屋顶

可启闭式天窗
8个大阳能天窗确保夜间室外空气交换，用室外冷空气降低室内积热

电致变色玻璃
根据室外光线强度，两个大型窗户的玻璃自动着色，保持室内光线舒适

索乐图导光管
位于太阳能电池板之间的19个导光管，为开放性办公室提供柔和的日光照明

太阳能电池板
屋顶太阳能发电系统由多于350个太阳能电池板组成，电池板光电转换效率达24%，系统总功率达到118千瓦

独立新风系统通风设备
将100%的室外空气送至风机盘管，实现建筑通风——包括一次热交换器

开放式办公室风机盘管
多联机中央空调风机盘管，一通常为关闭状态，除非室内温度高于76下或低于70下

8英尺吊扇
9个建筑管理系统和恒温控制器，最大化被动设计，减少压缩机的制冷工作状态

低色涂装顶棚
亮白/平方英尺的照明设计，满足并充分利用自然光线
LED 照明

5英尺吊扇
4台可控性风扇增强通风，休息室和健身房的空气流通

生态墙
三面生态墙，一个生态红酒吧，亲近大自然

建筑现状参数显示板
能源信息板，建筑管理系统信息板和LEED动态环保节能显示板促进用户的参与和反馈

图 3.2 DPR 的净零能耗办公室的设计和设施安装图

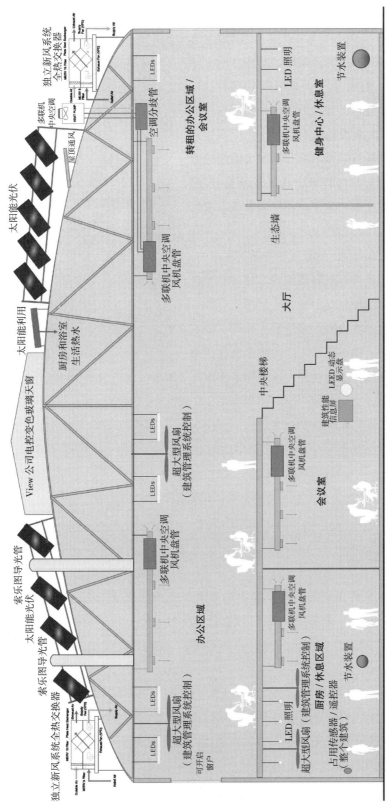

图 3.3 显示人、空间和光的剖面图

3.3 集成系统

建筑物由不同的系统（基础、结构、围护结构、能源管理等）组成，每个系统都有不同的功能。在过去的一个世纪里，人类的技术和能力以指数级增长，产生了大规模的复杂项目。为应对这一挑战，行业的逻辑是培养出能分别解决问题的专业人员。这种碎片化的管理方法虽然貌似合理，但碎片化的交付过程产生了碎片化的系统，破坏了建筑的整体性和系统性。

即便一个简单建筑，其系统也应该是集成的，防水外墙和屋顶就需要不同系统的设计师、生产方和施工方之间的无缝对接来完成。如图 3.5 所示，建筑物的外墙通常被分解为多个独立合同，由不同分包商共同完成整个外墙。任何单个分包商都不会完全承担外墙性能的责任，这增加了实现高性能外墙的难度。

图 3.4 开放、明亮和绿色环境

高性能建筑的主要系统应协同工作，互不冲突，不能单独设计。电气工程师需要在了解建筑物内部人员和设备的情况下确定适当的功率，设备工程师必须考虑建筑师设计的内部空间的尺寸和功能、所使用的设备、外墙所采用的材料和布局等。因此，各专业必须相互协作，创造出一个完整集成的建筑产品，而不是碎片化的各子系统的集合。

3.4 集成过程

要完成一个完整集成的建筑产品，相关团队必须以集成的方式一起工作。例如，在设计建筑物的外墙时，必须考虑到能源消耗、自然采光、建筑物结构（是否需要大的横梁）和外观审美等因素，组织建筑师、设备工程师、室内设计师和工作流专家共同研究设计思路。

建筑物的全生命周期由四个主要阶段组成：定义用户需求、设计、建造和运维。设计阶段是整个生命周期的纽带（图 3.6），业主和设计师必须多次深度沟通，直到能够清晰地理解和正确地表达建筑物的价值和目标。随着设计的细化，工程师、分包商等必须参与进来。这样最终的设计才能满足既定目标，并能够实际建造和运行。

随着设计工作的进展，应该定期分析建筑物的预期性能，以确保设计是否与业主的需求

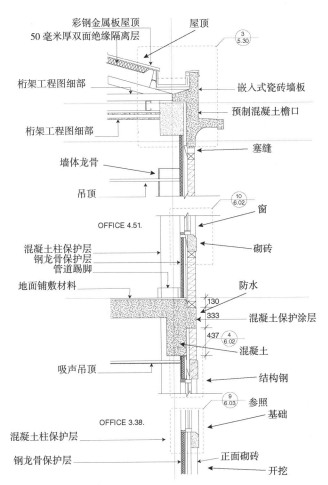

图 3.5 建筑物交叉点渗漏做法。由 DPR 建筑公司的利兹·施维德勒（LZ Schwedler）提供图样

保持一致。此外，高性能建筑通常需要提前规划高水平的场外预制。场外预制对任何项目都有巨大的优势，可以同时在更可控、更安全的环境中生产预制部件和系统，并且可以在现场快速组装，缩短工期。

预制加工具有更好地控制偏差、组装方便、节约能源等优势，但对设计的要求非常高，需要依据各专业系统人员提供的意见尽早完成，为工厂预制预留时间。

简言之，设计中应充分吸收施工方经验，避免重复设计或低效施工导致工期延长和造价增加。同时，还应考虑运维因素，以利于建筑的运营和维护。这不仅适用于新建项目，也适用于建筑物的翻新和拆除。图 3.6 展示了通过与专业人员合作的方式，将专业知识整合到项目交付过程中的实践。项目设计策略和决策的制定（2）必须通过与相关专业人员的充分沟通，吸纳上游用户和利益相关者的需求（1），并对下游施工（3）、运维（4）、可持续性（5）的知识进行集成。

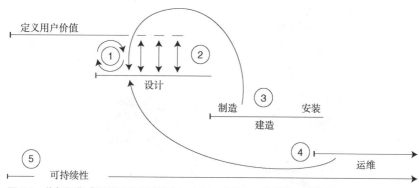

图3.6 将知识集成到项目交付过程中。由 DPR 建筑公司的利兹·施维德勒提供

在设计阶段应充分应用虚拟建模和仿真技术,三维模型和仿真有助于业主了解如何实现他们的需求,促进业主根据了解的情况,进行妥协或权衡并作出明智决策。详细的三维模型也可用于场外预制加工。

3.5 集成组织

集成组织是指将各个不同专业的人员集成在一起工作,并且让每位成员都能明确理解项目共同的目标。集成组织里的成员需要具备专业知识和经验,并具有在组建团队中共同工作的意愿。人们不再是来自不同公司的员工,而是工作于同一个新组织的成员。每位成员都必须明白,"项目至上"意味着应将项目的整体利益,而不是将各自公司的利益置于第一位,这对于习惯于碎片化和竞争性的项目管理模式的人员来说,是一个根本性的转变,这种转变必须得到成员所在公司的大力支持。

尽管集成不同公司的管理者参与项目的管理较为困难,但是组建一个集成团队则更为困难。高绩效的集成团队需要跨职能、多专业的成员,并在日常工作层面保持集成状态,这些成员具有相当大的自主性,虽然他们接受项目领导层的指导,但他们对实现项目目标具有自身的方式。因此,决策应由最了解一线真实信息和相关问题的最低责任级别人员作出。IPD团队不应存在繁琐"指挥链"过程或不断的事后指责而导致影响团队进程和士气的状况,每位成员既要对自己的工作负责,也要对组织整体的工作负责。只有当成员获得授权和信任时,才能充分发挥 IPD 的作用。

授权并不意味着混乱,集成组织应制定具有挑战性的目标和规则,详细说明要完成什么目标、使用何种方法、运用何类指标跟踪进度。通过识别和量化这些可控因素,项目团队能够在生产过程中纠正缺陷并调整方法,从而提高效率。组织中每位成员都应能够充分认识到自身在整体项目中的具体职责。

如果不了解项目的进展状态,团队成员则不可能为实现项目目标主动地贡献自身的才智,

IPD 的团队领导者必须寻找到可使成员"能看到"的方法,使管理、设计和施工信息透明化。每位组织成员应了解谁是主要决策者,他们的标准是什么,何类信息或分析有助于重要决策的制定。项目领导者有责任清晰地传达业主的需求,确保所有团队成员了解这种需求和实现这种需求的途径。

求全责备和推卸责任在建筑行业具有悠久的历史[4],从业者往往尽量掩盖所犯错误,导致绝大多数项目团队信息不透明并存在各种暗箱操作,处理复杂问题时不愿公开分享自己的想法或承认错误。因此,项目领导必须积极创建并保持透明共享的文化。

3.6 集成信息

集成信息对于 IPD 具有决定性的重要作用,真正的见解和洞察力均来源于此,是集成团队为项目作出最佳决策的基础。所谓的集成信息包含几个主要方面,包括碎片化信息的集成、三维模型的广泛使用、实现实时访问最新信息的强大技术支持、用于制定决策的关键信息。

信息共享是集成项目交付的关键。信息必须在所有专业和工种中保持一致,并且保证每个人都可以随时随地访问。花费时间、精力重新查找、创建、传输零散的信息,是导致项目延期的一个经常被忽视的重要原因。一项研究发现,当建筑师和工程师在分散的团队中工作时,需耗费 54% 的时间进行信息管理(Flager & Haymaker, 2007)。真正的集成组织不会因为信息不可获取或不方便获取(这种情况常常是由于信息平台的落后或某些专业或工种积压了信息)而影响进度甚至停滞。

使用 BIM 技术可以帮助集成组织在分析多个选项后作出决策,BIM 利于组织快速连贯地探索多个设计方案,讨论不同的设计方案对价值的提升(或不提升)和对性能目标的影响。BIM 有助于组织在分析项目重要目标的同时兼顾设计美学,通过模拟方法可加深团队对项目后期工作的理解,达到尽早修改计划或采取干预措施,以减轻负面影响和降低风险。BIM 可以促进合理制定场外预制加工方案,了解设计概念的可操作性和可持续性。

3.7 简明框架各部分的关联

简明框架(参见图 3.1)的上半部分强调了集成项目交付的基本方法:量化性指标、模拟 / 可视化、生产管理和协作 / 同地办公,这些基本方法是实践集成项目交付的主要实现方式——实践者若在项目过程中能够对这些基本方法进行不断的反思和积极改进,团队即可真正地实现集成交付的方式。

在集成项目交付过程中,早期的最重要步骤之一是理解和明确客户需求,设计团队可利用模拟和可视化(集成信息的主要用途之一)作为一个平台,讨论和阐述业主和用户的需求,然后使用相同的三维和四维模型平台，为使建筑满足上述需求而制定具体的性能指标。通过制定与项目目标一致的各种性能指标，确保团队以建造满足甚至超越业主目标的建筑为中心顺利进行项目各项工作。

为了实现集成组织和集成过程，在某些重要时机或在重要决策制定阶段，团队成员必须采用特殊的协作实践方式，即生产管理技术，实现同地办公。一种重要的协作方式是美国宇航局喷气推进实验室（Smith，1998）创建的集成并行工程（integrated concurrent engineering，ICE）。该方式通过由来自各专业成员同地办公的方式，实现各专业的密切配合，采用集成信息共同解决复杂问题。实现同地办公的团队能够进行流畅高效地协作，获得最新信息，充分理解制定量化性指标的意义。通过协作、虚拟设计和虚拟施工、模拟测试备选方案，团队可创建一个信息网络，消除信息孤岛，每位成员均可在网络中获取所需信息。

3.7.1 量化性指标

目前，大多数项目的价值和目标是由业主和建筑师在项目初期进行讨论而制定的结果，实施建造流程后期工作的人们几乎对此并不了解，项目目标在此阶段通常是模糊和不明确的，在建造过程中并没有一种机制强调团队工作的目标，而高性能建筑项目要求为所有目标制定量化性指标。

如果一个项目团队真的去跟踪某些指标，那很可能是跟踪施工初始成本和事故造成的工期延误。众所周知，业主非常关注施工初始成本，但其并非制定指标用于跟踪的唯一作用。随着功能强大且性价比优良的计算机时代的到来，我们有能力模拟和评测不同的设计方案，不仅可以跟踪初始成本、能源消耗、工作流、自然光等可量化数据，也可以跟踪以前认为的不可量化数据，诸如"开放性""连通性"等。除初始成本之外，团队也可将对于业主需求具有重要影响的某些方面进行量化，并作为设计标准。

通过清晰地定义、强调和跟踪项目的价值，团队的每位成员都能够理解项目整体目标的内涵，并可"为了项目的利益"制定决策。例如，如果将自然采光作为首选目标，而不考虑能耗因素，则设计团队应选择增加窗户数量的设计，而在设计中可忽略能耗是否增加。如果业主将自然采光和能耗均作为首选目标，则团队可创建多个设计模型，重点在窗户数量、质量、成本、能耗之间进行权衡，业主可依据两个或多个设计的比较而确定最佳选择。

3.7.2 仿真和可视化技术

仿真和可视化技术是集成信息与设计团队相互融合的主要手段，详细而准确的三维模型可以使团队内部以及团队与业主之间的沟通更加清晰有效。对于首次进行建筑建设又缺乏建筑专业知识的许多业主而言，三维模型比复杂的二维施工图更利于他们对设计方案的理解，确保了业主与设计团队的理念一致性（图3.7）。仿真技术有助于团队准确预测并形象展示设

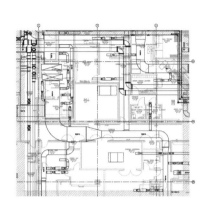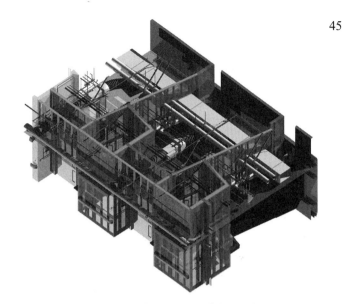

图 3.7 加利福尼亚大学旧金山分校使命湾医院项目的主体框架,管道系统、电气、管道和消防设施的二维平面图和 BIM 模型。经加利福尼亚大学董事会代表加利福尼亚大学旧金山分校医学中心许可;由 DPR 建筑公司提供

计方案与预期目标的吻合度,凸显各种方案对整个项目过程的不同影响。模型构建奠定了实现快速反馈的基础,改变了设计师、施工方和业主之间反馈延迟的传统状况。

仿真技术有助于团队对多个设计方案进行比较,例如,长短跨钢结构、预制木梁结构系统配套使用设备、管道和电气系统的方案选择。再如,分布式和中心式设备布置,空间利用、能源和自然采光等的计算分析比较。

3.7.3 协作与同地办公

要建成集成建筑,集成组织必须学会协作,并营造利于此种工作方式的氛围。大多数集成工作均依赖于协作和来自其他组织成员的及时信息反馈,同地办公,或至少部分或间断式同地办公的方式非常重要。在大型项目中,团队成员应在一个独立的、大型而宽敞的办公室,即联合办公室内集中办公;在小型项目中,他们应每周或间隔几周在临时联合办公室或以集成并行工程研讨会的方式,集中办公两至三天。

同地办公利于所有组织成员随时获取最新信息,确保各成员真正为"同一"建筑产品工作,消除了在过时设计中的时间浪费。适合的办公氛围可促进团队的有效信息分享和高效协作,从而建立高性能建筑所需的集成系统。

面对面的物理办公环境促进了不同专业成员的高质量沟通,同地办公的频繁互动不仅体现在跨专业的团队会议中,而且也体现在饮水机旁和工作后的业余时间中,彼此理解相互的职责,了解寻求答案和帮助的对象,明确可交换信息的相关人员,提升了信息交互的频率和质量,促进了问题的及时、高效解决。

团队成员从中学习到了应从"客户－供应商"的角度观察彼此间的互动，当作为信息或帮助的寻求方时，则为客户；而作为信息或帮助的提供方时，则为供应商。从供需关系的角度来说，一方面作为客户必须清晰地向供应商表达需求和期望值；另一方面，作为供应商应确切地了解客户的"满意条件"（conditions of satisfaction）。

快速反馈、小批量生产和早期共享等方法可以有效提升工作效率和质量。例如，设计窗户的建筑师利用一天时间构建了一个局部性相关三维模型后，并展示给在同地办公的照明设计团队成员；参照正在进行的高效照明系统设计，照明设计团队成员可能立即发现该模型中的窗户尺寸设计过小。通过反馈，建筑师可立即重新设计窗户尺寸，使其与照明系统协调。此种方式可使团队避免了大量时间（资金）的浪费，通过团队成员之间的实时无缝对接，避免了大量的重复性或无效的工作。

3.7.4 生产管理

同地办公成员的个体并不能产生高效业绩，但是成员可通过同地办公方式学到并实践各种特定的方法和技术，从而可高效地完成各种工作。首先，团队必须明确项目的重要节点目标，以利于各成员和各专业团队保持一致性的工作方向。随后应以从重要节点倒推的方式，充分讨论各成员为完成任务彼此间所需的帮助，以明确和理解团队成员彼此的工作流程和日程安排（图3.8）。拉动式计划（或倒排工序）为团队明确了单位时间段内的工作量安排，并为团队成员学习和明确彼此之间的信息供需关系创造了机会，从而建立了为完成重要节点目标的工作链和责任网络，并最终实现完全的系统集成。

图 3.8 团队共同创建工作流程图。由萨特医疗集团、加法里联合设计事务所（Ghafari Associates, LLC）、DPR 建筑公司提供，由彼得·洛克特（Peter Lockett）提供

拉动式计划可使团队成员很快意识到大批量生产耗时过长、协调工作困难、下游人员怠工等问题。而小批量生产意味着零部件的单元完成，而不是整体设施的完成，传统的观念对小批量生产持有否定态度，因为这种生产方式将整体生产分散成小单元的生产方式，是不完整的、有缺陷的。因此，小批量生产方式需要频繁、清晰地沟通，并在同地办公的紧密合作下方可有效进行。

过程建模技术，如价值流图及相应软件工具可用于工作流程的分析，以确保所有团队成员在恰当的时间做合适的工作。一旦完成批量生产规模和生产流程的合理制定，即可将项目各组成部分的工作流程重新整合并绘制为价值流图，实现对各交付工作块的流程指导。这些工作块与进度计划的需求以及完成核准生产量的组织能力相匹配。

3.7.5　合同框架

集成项目交付合同旨在消除合作障碍，协调各方利益，鼓励为项目增加价值。精心设计的集成项目交付合同，并未阐明具体的工作方式，而是通过采用共担风险和共享收益的关系结构，创建一个在本质上实现和加强协作的系统。处于这种风险/回报结构中的各关键方，通过多方合同紧密联系在一起，此种多方合同至少必须包括业主、设计师和总承包商，还应包括重要的咨询方和分包商（可以是集成项目交付主合同的签署方，或者集成项目交付子合同签署方）。

集成项目交付合同授权予团队，使项目管理成为一种集体行为，通过共同管控以分担项目整体风险。这种风险分担方式增加了创新动力，并让决策权下放给最了解所涉领域的人；集体决策重大事项，以保证决策与项目目标保持一致，并得到所有人的支持和理解。集成项目交付合同削弱了团队成员之间的法律责任制约，使得成员在持续地分享信息和协作中有安全感。否则，可因纠纷的诉讼而阻碍成员之间进行重要信息交流，从而使团队成员回到"信息孤岛"（information silos）。

相比之下，传统的建筑合同是采用两家公司之间的签订方式，将风险规避作为重点，常常导致签约公司和整体项目的目标并不一致，进而导致了各企业仅注重自身利益，实行信息封锁，阻碍了信息交流。

传统方法在很大程度上忽略了创建能够促进项目整体成功的结构和关系，常常采用担保、处罚和风险规避等手段解决存在的问题（质量差、成本高和设计施工时间过长），但并未解决建筑性能不佳的根本原因，仅停留在追究责任的层面，很少查找风险因素的根源。事实上，对责任追究和风险规避的关注强化了利己行为，并加大了项目整体工作未达到标准的风险。

集成项目交付合同本身并没有创造效益，如同骨架为运动的潜力提供了结构基础一样，该合同为 IPD 其他要素有效成功的运行提供了结构基础。如果合同本身存有缺陷或架构错误，则可限制项目的性能。因此，如能正确设计、分层集成信息、集成组织、集成过程，合同可以成为集成项目的强大而灵活的工具。

3.8 简明框架的应用

简明框架确定了实现集成项目交付和高性能建筑所需的各种要素，但并未将这些要素当作一系列有先后顺序的任务。项目团队对于这些要素可以并行进行，也可以采用不同的方法进行。由于项目团队常常面临动态性的复杂问题，许多变量因素可彼此作用并相互影响，因此，不同的团队可根据实际情况以不同的方式使用简明框架，并且可在项目工作中调整简明框架的应用。团队对于不同方式的选择取决于自身的经验和整体技能以及在项目开始之前的准备水平。在项目的某个特定节点，一个团队可能会发现工作的最大驱动力来自信息集成，另一个团队可能发现这种驱动力来自对目标和指标更明确的定义，而第三个团队则可能发现这种驱动力来自同地办公。

3.8.1 非线性工作流程

我们以从左到右的方式创建了简明框架，首先的问题是集成项目交付团队需要完成什么？答案是高性能建筑。第二个问题是实现高性能建筑的最佳策略是什么？我们的答案是只有拥有集成系统的建筑才最有可能成为高性能建筑。第三个问题是何种方式能够最好地体现集成系统？我们的答案是简明框架中所确定的五大要素及各要素之间的关联性。我们发现所有IPD的先行实践者所使用的系统和方法，基本上均与简明框架中的五大要素紧密相关。

图3.9所展现的是以高性能建筑为中心的集成机制示意图，而不是实现高性能建筑的工作。

高性能建筑建立在集成信息（Integrated Information，II）基础之上，并由产品设计[集成系统（Integrated Systems，IS）]、组织和过程设计[集成组织（Integrated Organization，IO）、集成过程（Integrated Processes，IP）]共同构建。换言之，高性能建筑由集成系统、集成组织和集成过

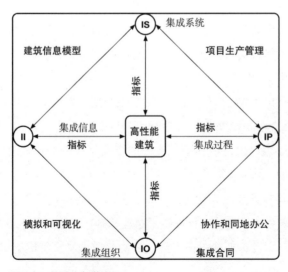

图3.9 简明框架菱形图

程共同实现，并包括高性能建筑所需的实体和软件系统（集成信息）。作为将五个要素紧密连接的重要方法，BIM 技术是将信息集成并形象描述集成系统的重要手段，而仿真和可视化技术是集成组织有效利用集成信息的重要工具；协作和同地办公为集成组织对过程的集成与实践奠定了基础；生产管理方法确保了在创建集成系统时，团队的集成过程始终以最大增值为中心；量化性指标可以衡量简明框架中的其他四个要素对高性能建筑的影响作用，是 IPD 团队评估集成信息、集成组织、集成过程和集成系统的适用性的标准，IPD 合同将五个要素紧密联系在一起，保证所有项目工作与项目目标的一致性。因此，简明框架是高性能建筑的系统架构。

3.8.2 简明框架工作流程中的量化性指标

简明框架中有三种合理的工作流，第一种工作流如图 3.10 所示，团队首先通过指标定义高性能建筑，列出一组（或几组）满足性能的集成系统，确定所需要的过程、组织和信息，并在协作中进行可视化/模拟，即时检查特定设计是否符合性能目标（指标），最终创建高性能建筑。

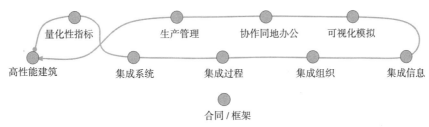

图 3.10 量化性指标的简明框架工作流

3.8.3 简明框架工作流程中的集成系统

第二种工作流如图 3.11 所示，由高性能建筑到集成系统，再经量化性指标，最终回至高性能建筑的理念和工作流程。这种流程可使团队能够对集成系统进行快速性能测试，以检验该系统是否满足性能要求（即为业主创造其期望的价值）。然后使用仿真和可视化更详细地了解性能，并驱动信息集成。一旦集成系统就位，就可以定义过程和组织，并通过同地办公和生产管理完成建筑产品。

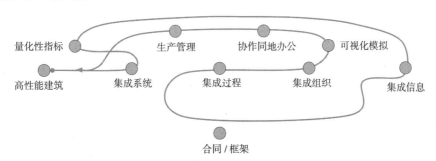

图 3.11 通过集成系统实现简明框架工作流程

3.8.4 生产和交付的简明框架应用

第三种工作流是将建筑设想为一种产品,项目团队开发并交付产品(我们将在第 18 章中讨论)的流程可能如图 3.12 所示,在假设一个集成的产品开发团队已经就位的情况下,流程序列如下:①确定项目目标;②明确所需的建筑系统;③判断设计是否能达到建筑物性能标准;④尽快进行信息管理,否则无法进行后续工作;⑤充分利用模拟和可视化手段进行信息管理非常重要,即所谓集成信息,其应有助于团队理解设计的性能[链接③和④];通过⑤的方法可以真正了解工作过程(工期)⑥,并以此为根据确定所需的各参与方加入团队的时机⑦;实施同地办公⑧和生产管理⑨。①—⑤确保正确的建筑设计;⑥—⑨确保高效施工。

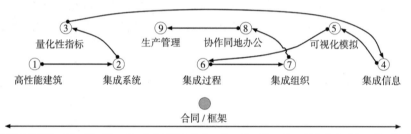

图 3.12 将简明框架用于生产和交付的工作流程

需要指出的是,如果项目团队对每个项目的建筑性能均不得不重新构建集成系统,并为每一个项目重新开发相应的信息系统,团队则不具备竞争优势。因此,各公司在承接项目之前即需要进行相应的早期投入和前期准备,以便在业主要求将建筑作为产品交付时,各公司可迅速集成团队并开始运行。

3.9 启示

人们可能认为信息共享、数据驱动和以性能为中心的方式难以实施。虽然目前尚无将简明框架的所有要素同时应用于一个整体项目的实践,但我们所推荐的每个要素均已在不同的项目中得到了成功的应用,验证了这些技术和管理方法的必要性和可行性。人们可以从践行一到两项简明框架所建议的任务实践开始,逐渐提升个人和公司的相关能力,这种方法非常重要。在忽略简明框架的某一个要素的情况下,我们建议人们认真思考并回答是否仍然可以达到设计、建造和运维的最高水平的问题。某些读者可能认为自己的公司和项目团队已经使用了本书所提倡的方法,那么笔者建议这类读者认真思考本书所推荐的各要素的全部内涵,并在业内分享自己的见解,特别是在大学里传授这种工作方式的可行性、功效性和收益。

也许有读者认为现在所拥有的建筑设施以及其设计、建造和运维环节已经非常流畅，但我们建议应认真考虑对全球气候和健康产生严重影响的能源消耗，这种能源消耗几乎一半来自建筑设施。因此，建筑业必须尽快找到比当下更好的交付可持续建筑的方法，不能坐等这些能源最终被清洁能源所取代。希望本书所提供的内容能帮助大家做到这一点。正如跨国建筑事务所伍兹·巴格特（Woods Bagot）的前董事总经理罗斯·唐纳森（Ross Donaldson）在斯坦福大学（Stanford University）演讲时所说，"设计零排放建筑是我们的职业道德和应尽义务"（Donaldson，2010）。这是建筑业具有革命性意义的未来，需要我们给予最大的关注。

3.10 小结

为实现建造高性能建筑的最终目标，简明框架把项目交付分拆开来，找出了实现集成项目交付的要素：

- 集成系统
- 集成过程
- 集成组织
- 集成信息

集成格式合同为这些要素的实施提供了保障，消除了协作的障碍，并使项目团队能够以虚拟组织的形式开展工作，以量化性指标方式进行团队管理，利用可视化和模拟技术、协作和同地办公方式以及生产管理技术进行项目的实施。

简明框架作用强大，应该持续应用，其实施应从项目最初的概念设计到最终的运维，可以作为一种执行计划，应用于完全集成的（企业）组织，也可以应用于像 IPD 项目团队这样的虚拟组织中。当项目初现产品特征时，简明框架可为实现高性能建筑前瞻性地提示所需的各项工作。

注释

1. 特德·范·德·林登是绿色建筑领域的思想领袖。他在 DPR 建筑公司工作了 18 年，初期任高级施工前期建设经理，曾经与客户一起评估过多个商业建筑项目的成本、进度和方案。1998 年，他在加利福尼亚州圣何塞领导了由美国威廉·麦克唐纳及合伙人设计事务所（William McDonough + Partners）为 Aspect 通信公司设计的第一个"绿色"项目的前期建设工作。特德于 1999 年被选为美国绿色建筑委员会全国委员会的承包方/施工方，并于 2010 年完成了他的第三个国家委员任期。DPR 拥有超过 450 个 LEED 认证专业人士，每年新项目的 75% 以上会取得 LEED 认证。目前特德继续在建筑行业深耕细作，推动市场向绿色项目纵深发展，强调流程改进、绿色技术的创新和培训。特德在 DPR 位于旧金山的办公室项目率先作出了绿色承诺，该办公室的目标是获得 LEED v4 铂金认证，并在近期成为旧金山首家净零能耗认证的商业办公室。
2. 迈克·汉弗莱在 DPR 建筑公司工作已有 24 年，目前为董事会成员。1992 年，他从加利福尼亚理工州立大学圣路易斯 – 奥比斯波分校（California Polytechnic State University, San Luis Obispo）毕业，获得建筑管理理学学士学位；随即开始了自己的职业生涯，曾任职于运营、前期建设和区域管理。迈克一直走在可持续设计和建造的最前沿，是屡获殊荣的 Aspect 通信公司总部的项目经理，该总部由美国威廉·麦克唐纳及合伙人设计事务所和 Form-4 设计事务所于 1999 年设计，并于 2001 年完工，该项目远远领先于 LEED 认证系统，修改了一些重要规范，采用了更节能的通风系统。之后迈克先后在一些著名的项目中担任项目总监，比如洛斯阿尔托斯（Los Altos）的帕卡德基金会（Packard Foundation）总部和埃默里维尔（Emeryville）的 Clif Bar 总部。后来，作为 DPR 旧金山新办公室的区域经理，迈克带领项目团队制定了实现净零建筑的目标和战略。
3. 迈克·麦斯克是 DPR 建筑公司的高级项目经理。1995 年，他毕业于加利福尼亚理工州立大学圣路易斯 – 奥比斯波分校，获得建筑管理学士学位；在澳大利亚和美国建筑业工作了 21 年。他对可持续建造的热情始于 2006 年，在旧金山完成了 DPR 首批获得 LEED 认证的项目之一。从那时起，他作为项目经理完成了 LEED 认证的许多项目，包括两座获奖的净零能耗建筑，每一座都通过了国际未来生活研究所的认证。
4. 第九届富布赖特年度诉讼趋势调查（The 9th Annual Fulbright Litigation Trends Survey）显示，在参与调查的所有行业中，工程和建筑业每年的诉讼支出最高，57% 的公司的诉讼支出在 500 万美元以上。

参考文献

Donaldson, R.（2010, September 29）. *Development of a platform to design zero-emissions buildings*. Presentation at the Center for Integrated Facility Engineering, Stanford University, CA.

Fischer, M., Khanzode, A., Reed, D., &Ashcraft, H.（2012）. Benefits of model-based process integration. Invited paper. Fortschritt-Berichte VDI, Reihe 4, Nr. 219. In U. Rickers &S. Krolitzki（Eds.）, *Proceedings of the Lake Constance 5D-Conference 2012*（pp. 6–21）. Düsseldorf, Germany: VDI Verlag.

Flager, F., & Haymaker, J.（2011）. A comparison of multidisciplinary design, analysis and optimization processes in the building construction and aerospace industries. In I. Smith（Ed）, *24th International Conference on Information Technology in Construction*（pp. 625–630）. Editor: Danijel Rebolj, Publisher: Department of Civil Engineering, University of Maribor, Slovenia.

第 4 章

高性能建筑的定义

"不管策略多么完美,结果才是最重要的!"

——温斯顿·丘吉尔(Sir Winston Churchill)

4.1 高性能建筑的内涵

高性能建筑有多种定义。不同的业主、用户、所在地和使用目的,对此有不同的理解。虽然高性能建筑应该具备绿色或节能建筑的特点,但不完全等同或不限于此。例如,建造和维护成本过高的零排放建筑,表面看应属于高性能建筑,但对业主来说并无太大价值。同样,不适宜工作与生活的节能建筑也不属于高性能建筑。高性能建筑的本质特征是"恰当的",答案似乎有点模糊,但鉴于建筑具有独特性,世界上没有两个完全一样的项目,所以事实确实如此。

如果能将高性能量化,会更易于理解。例如,对于一个生产加工企业,高性能是指其资源高效率利用的能力,可以通过资源使用、二氧化碳排放或其他指标或标准来对可持续性进行量化。指标是预测和评估性能的重要工具,但并非所有标准均可量化。本质上讲,高性能是建筑追求的根本目标,无论这些目标是否可以被量化。

> **功能美学**
>
> 人类会在一定情感和智力水平上与周边环境互动。对某些建筑来说,激发情感是其主要目标。因此,有助于信徒开悟的教堂,可令人反思并汲取知识的纪念馆,能准确反映居住者舒适度、促进灵感迸发、满足个性化审美需求的居住空间等,都属于高性能建筑。用户与建筑之间的积极互动是杰出建筑的价值所在。
>
> 切罗基东部邦(Eastern Band of Cherokee,美国印第安保留地之一)医院的设计是把审美价值完美融入高性能建筑的典范。该医院以改善切罗基人(Cherokee)健康状况为目标,以加强预防医学为重点,充分尊重切罗基人的价值观,并与北卡罗来纳州山区的自然美景相融合。这些功能美学方面的考虑,对于创建一个高性能项目至关重要。

情感互动与可量化价值之间并不矛盾，许多建筑设计可以同时兼顾。例如，议会大厦既要满足可建造性、可使用性、可运维性和可持续性的要求，也要彰显政府的权威和法治的尊严；机场航站楼要在实现旅客和行李高效运转的同时，为旅客提供轻松舒适的环境；大学实验室应营造有利于激发合作和创新创造的氛围。尽管大家普遍认为，审美等不可量化价值或需求与建筑成本或建设效率等要求难以兼顾。但实践证明，杰出的建筑可以同时兼顾功能和美学、可量化和不可量化的多重需求。

本书所描述的杰出建筑的建造过程，是以深入探索价值为起点，从设计初期就将不可量化性的价值需求融入其中，并通过减少浪费来增加资源的利用率。现实中许多建筑不完美的原因在于早期集成不充分，致使后期的价值工程（value engineering）*对项目功能性和艺术性打了折扣。如果从设计之初即明确价值，就可以更好地协调多元化价值的决策。特拉华州的阿尔弗雷德·I.内穆尔（Alfred I.Nemours）儿科医院有一个壮观的中庭。如果单从其空间和暖通效率角度来看，似乎是一个糟糕的设计，但是从病患儿童父母的角度来看，中庭充分体现了优良的医护质量和对病患的关爱，是一个出色的设计。唯有深刻理解项目要满足的需求和体现的价值，团队才能作出正确的设计选择。

高性能建筑的核心，在于团队能够运用经验、创造力和智慧优化和兼顾可量化与不可量化价值，最大限度地满足用户需求，并科学地使用指标指导设计、实施和结果评估。

高性能是一个整体概念，包括资源的有效利用、施工和运维阶段对环境的影响、使用者的舒适安全、运维的方便与低成本等，以完成用户的建筑目的。简言之，真正的高性能建筑能最大限度地使设计、建造、运营和用户满意，令各方都引以为豪。

本书中描述了团队创建高性能建筑的途径。虽然高性能的构成具有项目独特性，但是必须考虑所有项目存在的共同因素。本章描述了这些因素，并阐明团队如何通过优化共同因素来实现高性能建筑。

4.2 成功的标志

我们可以从建筑的四个主要利益相关者的视角观察建筑物的性能，按照参与的时间顺序，依次是设计和施工团队、运维专业人员、用户、建筑物的运营管理者，也可以从可建造性、可运维性、可使用性和可持续性等四个方面评价建筑的性能。因每栋建筑均面临资源限制，同时实现四项性能极具挑战。故项目负责人必须从设计之初就仔细思考每一项性能，使四项性能都达到最优化，并用特定的指标对每一项性能预期进行定义，确定优先级以及目标价值

---

* 价值工程是一门工程技术理论，其基本思想是以最少的费用换取所需要的功能。这门学科以提高工业企业的经济效益为主要目标，以促进老产品的改进和新产品的开发为核心内容。——译者注

（target value），使整体的项目目标转化为可量化的具体目标。多专业设计团队还要综合所有主要团队成员和利益相关者（包括最终用户、运维人员、专业承包商、供应商）的意见，以形成高性能的设计方案。

一栋建筑不仅应在上述四项性能方面显示良好，还应提前考虑一项特殊性能，那就是其外观在审美上富有感染力，令人愉悦、赏心悦目。建筑物有许多参与方或利益相关者，包括业主、用户、设计师、访客、邻居、建筑评论家、潜在客户等。本书的目的并不是为这些建筑利益相关者定义建筑美学，而是关注项目交付。然而，现在很多项目目标并没有及时和主动考虑审美，致使建筑美学经常受到影响。例如，办公楼项目的建筑师不得不放弃一半石材的立面，为每间办公室的温控机械系统留出预算空间（最初的设计仅适用于较大区域的温控）。由于可使用性和可运维性的问题在项目后期才被关注，所以，在可建造性约束（包括进度节点和预算限制）范围内，很难再满足这些性能。在这种情况下仅剩两个选择，要么牺牲建筑美观性，要么提高成本影响建筑的可持续性。业主往往选择前者，导致建筑物失去原有设计的美观。笔者希望本书介绍的方法能够减少这种遗憾，营造更美观、更实用（或更高性能）的建筑环境。

4.2.1 可建造性

可建造性是指建筑更易装配，缩短施工时间，节约使用材料和减少返工，建筑物的各组成部分能够实现无缝拼接（如窗户和外墙），提高了节能效果，组装更安全，有助于提高场内外工人的收入（工作效率更高的工人获得的收入更高）和延长职业生涯（工人能够在设计阶段发挥专长，因身体原因无法现场作业的工人可参与虚拟建造）。

可建造性的设计方案，利于选择优秀工法和实践，确保了施工的安全、高效。例如，必须在开始场外生产之前，优先确定和实施预制加工。模块化和预制化对于提高施工效率的设计至关重要，团队必须专门针对这些生产方式进行设计。若滞后考虑施工性，势必造成现场操作低效或重复返工。

4.2.2 可运维性

可运维性是指建筑系统——结构、机械、电气和其他系统协同工作，易于维护和维修。为创建可运维性建筑，项目团队必须在设计期间考虑所有运营和维护的需求，并把运维人员吸纳到设计团队，将他们的关注点在最佳时间节点集成到设计解决方案中。如同可建造性，早期设计时综合考虑建筑的可运维性，比后期为增强运维性而修改设计更加有效。

运维人员需要向设计和施工团队提供建筑物交付前如何进行调试（commissioning）的信息，即如何从施工阶段过渡到使用阶段的信息，也应清楚地说明他们需要从设计–施工团队获得什么信息来运维建筑。设计和施工过程中及时持续收集信息，不仅效率远高于建造完成后一次性搜集，还有助于运维人员掌握更准确竣工（as-built）信息以利于对建筑更好地运维。

可运维性的建筑具有三大优势。一是便于运维人员创造更好的使用环境。例如,建筑立面、室内布局、机电系统可协同工作，使用户的体验和使用更高效。二是易于日常维护。维护人员清晰地了解哪些主系统（或子系统）更适用于预防性的维护方法，哪些更适用于"坏了再修"的方法，可以对其实施安全有效的维护。三是支持主要建筑系统组件的更换。不论是出现故障，还是技术升级或用途改变，都可进行完善。

4.2.3 可使用性

可使用性是指建筑能满足居住、办公、提供商品或服务等各种功能需求，其布局、灵活性、环境与氛围，以及其他方面都与之匹配。例如，医院的可使用性设计，包括工作人员不必从建筑物的一端到另一端取化验结果或检查病人；病人也无需走 10 层楼获取两种不同的服务。建筑的实质是方便使用者的日常工作和生活，没有良好的居住场所、商场、服务设施、饮食和娱乐条件，就没有用户。从这个意义上讲，可使用性应是四项性能中最重要的一项。由于不同建筑的主要用户群各不相同，例如，医院，是病人、医生和护士；大学，是学生、教师和员工；商业建筑，则是客户以及销售人员，因此，实现可使用性必须以主要用户群的需求为基础。现实情况是，对于设计方案中体现的可使用性，很难获取用户的特定目标、优先级和反馈意见。后续章节介绍了部分项目的成功做法，可帮助定义和优先排序可使用性目标，并验证设计的可使用性。

4.2.4 可持续性

可持续性建筑是指建筑与自然、社会和经济环境相互协调，确保客户的管理团队能够持久经营。例如，可持续性建筑能够借助寒冷气候为数据中心提供"免费"冷却，或在阳光充足时使用太阳能电池板等。除利用自然环境外，可持续性建筑还能在施工阶段减少材料浪费，在运维阶段避免能源浪费，实现了建筑资源配置和保障建筑物运维的有机统一。例如，在施工阶段，妥善使用材料以降低环境污染，减少垃圾填埋和废物处理成本；此外，在运营过程中，业主可低成本运营和维护建筑，雇员在建筑中的工作效率更高，在市场上更具竞争力。

4.3 实现方式

4.3.1 可建造性

在加利福尼亚州的一个医院项目上，项目团队针对床头墙的可建造性进行了认真的推敲。床头墙是病人床头的一面墙，需要在其非常有限的空间内安装各种医疗必需器具，包括多种医用气体、负压接口、真空截止阀和数据收集系统,以及各种高低压电源插座和照明设施。传统做法是待墙体完成后,再安装电器、管道、医疗气体等墙内设施,但施工困难,进展缓慢,通常需要定制化的拼接和返工。该项目在设计初期,就组建了一支包括设计师和所有关键专业分包商代表(干式墙、龙骨、设备、电气、管道)的团队,一起设计预制式床头墙。图 4.1 显示了预制式床头墙的建筑信息模型(Building Information Modeling,BIM),包含所有监控和呼叫系统的位置。

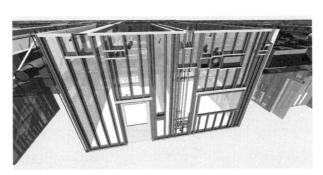

图 4.1　预制床头墙的 BIM(© DPR 建筑公司)

图 4.2 显示 BIM 的组装图(spool sheet),利于干式墙木工为预制组件放样,适用于床头墙等非标准墙。

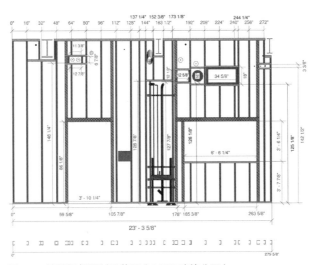

图 4.2　墙壁框架预制组装图(© DPR 建筑公司)

在场外生产之前,团队在床头墙设计的可建造性方面考虑了产品、组织和过程。

产品
- 使用空间是否能容纳预制件?

- 工作的安全性？
- 工人在安装中是否可以抬得动预制件？

组织
- 团队的组建？
- 成员的选择？

过程
- 预制件到达现场后在安装前是否需要特别处理？
- 安装程序？
- 团队不同专业成员参与的节点与方式？

项目团队通过咨询具有床头墙施工经验的班组长，总结出床头墙施工中需要解决的重要问题（图 4.3）。通过整合信息，实施墙体场外预制，同时内置检测合格的管线和设备，以避免施工现场狭小空间内多专业交叉时发生错误和返工。这种方式使现场安装快速、安全、优质。

图 4.3 采纳有经验班组长意见的干式墙安装清单
（©DPR 建筑公司）

4.3.2 可运维性

DPR 建筑公司在凤凰城区域总部（Phoenix Regional Headquarters）的建筑系统（图 4.4）包括温度传感器、室内空气循环系统、排热系统（太阳能烟筒，图 4.5），和一个"被动喷

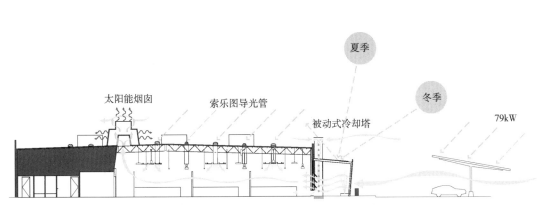

图4.4 史密斯集团JJR建筑设计公司（SmithGroupJJR）的生物气候方案（由DPR建筑公司提供）

淋塔+外部百叶窗"组成的空气冷却系统（该系统基于空间所需进气量多少而自动启动）。图4.4是办公室的横剖面图，展示了不同的建筑系统及其相互作用，以保持建筑内部舒适的温度。

图4.5展示的是被动通风太阳能烟囱。在传统的设计施工中，通常采用机械空气处理装置，需要消耗额外的能源。

图4.5 格雷格·马斯托拉科斯（Gregg Mastorakos）设计的太阳能烟囱（由DPR建筑公司和史密斯集团JJR建筑设计公司提供）

所有系统依据建筑物的使用状况，反馈式协同工作。由成本较低的高密度聚乙烯（high-density polyethylene，HDPE）管道和金属板构成的四个被动式喷淋塔（图4.6和图4.7）进行温度调节。这些装置的工作原理类似于蒸发冷却器，空气经过喷雾系统产生的水蒸气和塔内喷

图 4.6 格雷格·马斯托拉科斯设计的喷淋塔(黑色柱)、绿色屏障和可开启窗(由 DPR 建筑公司和史密斯集团 JJR 建筑设计公司提供)

图 4.7 格雷格·马斯托拉科斯设计的雾化装置(左上角)、可开启窗和喷淋塔(由 DPR 建筑公司和史密斯集团 JJR 建筑设计公司提供)

淋产生的水滴时得以冷却。当楼内的人越来越多,楼外又是亚利桑那州强烈阳光的时候,热空气通过百叶窗释放到 87 英尺长、13 英尺高的镀锌太阳能烟囱里。烟囱位于办公室屋顶,据报道这是亚利桑那州最大的太阳能烟囱。建筑管理系统(building management system,BMS)可根据需要自动运行所有集成系统。

喷淋塔位于建筑东立面,该建筑具备全遮阳性,并配有可吸入新鲜空气的开启式窗口(图 4.7)。北立面具有独立开启式窗口及全遮阳系统,而南立面和西立面无开窗,并采用 R21 级保温材料。这种被动生物气候方案的组合可使建筑快速有效地发挥其使用功能。

4.3.3 可使用性

萨特医疗集团伊甸园医疗中心(Sutter Health Eden Medical Center,SHEMC)的项目团队秉承精益医疗服务理念,重点关注改进建筑的可使用性(Chambers,2011)。据此理念,患者始终是医疗服务的核心。医院的设计应使患者、医护人员接受或提供医疗服务时行程最短。以患者为中心的理念要求在改进每项服务的效率之前,应首先优化为患者提供整体的服务流程。戴维·钱伯斯(David Chambers)以患者为中心的理念,制定了治疗区域的早期模型。通用治疗区域可根据患者病情变化,使用便携式技术,及时将其调整为小型化专用诊疗

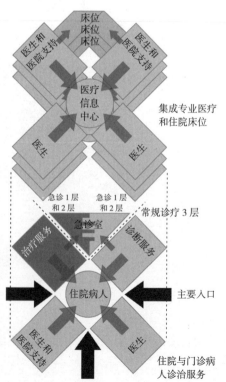

图 4.8 医疗诊断服务模型(由戴维·钱伯斯提供)

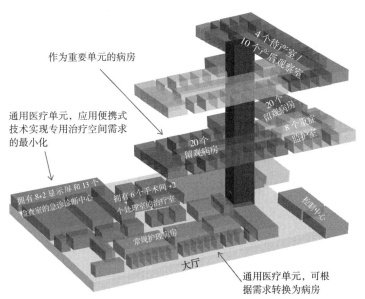

图 4.9 集成虚拟健康保健单元模块（由戴维·钱伯斯提供）

空间，使得医疗服务运行高效而灵活。图 4.8 显示为患者提供优质服务的治疗和诊断服务模型。

图 4.9 显示戴维·钱伯斯与医疗设计和施工专业人员合作开发的"原型医院"新方案的另一个模型。同样，医院将全部医疗工作运行组织成虚拟工作单元，为患者提供最优服务。处理优化事项有多种形式，这说明优化不需要遵循任何特定形式。此外，持续优化的理念会不断推动真正的创新。

4.3.4 可持续性

国家可再生能源实验室（National Renewable Energy Laboratory，NREL）研究支持中心（Research Support Facility，RSF），是一个高性能建筑，展示了如何对建筑物进行布局，以实现自然资源利用的最大化和对环境影响的最小化。图 4.10 显示了研究支持中心由两个成 19° 斜角的长翼组成。此布局与园区其他建筑融为一体，同时实现了对太阳能利用的最大化。此外，建筑立面和其他系统使办公室的阳光利用最大化（图 4.11）。精心设计与选位的细丝结构（filigree structural system）百叶窗与开放空间室内设计，可使阳光进入建筑物内 60 英尺（约 18 米），增加了 50% 的光照，节约了照明能源。这座高效节能的建筑彰显了创立该中心的宗旨——对可再生能源的研发。图 4.10 显示研究支持中心建筑位于前排中间偏左的位置。

图 4.11 显示了国家可再生能源实验室研究支持中心团队为增加采光研发的日光百叶窗系统。阳光折射到顶棚而产生间接照明效果。固定遮阳板限制了多余光线和强光。图 4.12 显示了阳光经百叶窗折射进入办公室内部，为全年绝大部分白天提供舒适的照明。

图 4.10 研究支持中心建筑物鸟瞰。国家可再生能源实验室丹尼斯·施罗德（Dennis Schroeder）拍摄（NREL.gov）

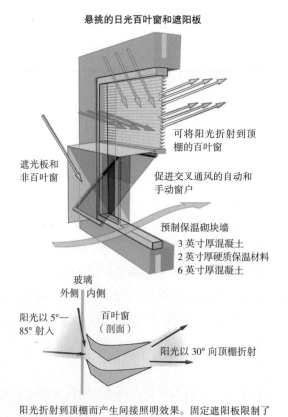

阳光折射到顶棚而产生间接照明效果。固定遮阳板限制了多余的光线和强光。由 RNL 提供

图 4.11 日光百叶窗系统（由 RNL 提供）

图 4.12 国家可再生能源实验室研究支持中心被日光照明的开放式办公室。国家可再生能源实验室丹尼斯·施罗德拍摄（NREL.gov）

4.4 重要性

本章阐述的"高性能建筑"的内涵包括四项性能（可建造性、可运维性、可使用性和可持续性）。尽管这些性能很重要，但其很少转化为指导设计、施工和运维的特定标准或指标，从而导致项目团队成员之间关于优先事项排序和工作重点的认识存在差异。本书描述的方法可使业主衡量和优化这四个关键性能，避免忽视建筑中相对抽象但也重要的特性。

4.5 启示

真正的高性能建筑要求有突破性的性能。现在大多数项目往往只注重个别目标而忽略整体利益，致使现有的方法、过程和组织难以实现真正的性能突破。性能突破取决于建筑系统的集成，以及建筑物所有关键利益相关者目标的统一性。集成有利于及时明确和快速解决需要综合权衡的问题，但过程缓慢、透明度不高的状况却难以形成集成。在创建高性能建筑之前，项目团队必须与业主、用户和运维人员共同定义何为高性能，并将其价值、期望、目标和愿景转化为可量化的价值标准，用以指导制定和选择最佳解决方案，并据此构建框架，以获得建筑性能的整体视角，并为建筑系统和利益相关者创建形象具体而又相互协调的性能目标。构建框架直接决定着项目交付团队能否设计和建造高性能的建筑。

4.6 小结

常规建筑的交付通过优化可实现成本、进度和质量目标中的一个或两个,但很难三者兼顾。高性能建筑则能够同时优化可建造性、可运维性、可使用性和可持续性等所有性能,获得各系统集成的项目成果。换言之,在高性能建筑中,各系统能够协同工作、相辅相成,以实现项目共同目标。

参考文献

Chambers, D. (2011). *Efficient healthcare overcoming broken paradigms: A manifesto* (2nd ed.). Renton, WA: CreateSpace Independent Publishing Platform.

第 5 章

高性能建筑价值的实现

"为了使现状变得美好而制定的行动计划都属于设计的范畴！"

——赫伯特·西蒙（Herbert Simon）

5.1 高性能建筑价值的内涵

所谓高性能建筑的价值，即建筑在其全生命周期内均可满足业主的需求。事实上，建筑理应满足业主和用户的需求，例如，实验室应满足用户对激发创新的需求，学校应满足促进学生学习的需求，商场应满足吸引顾客并促销商品的需求等。如同大多数人们制定的解决问题的方案一样，高性能建筑的价值体现在许多方面。例如，高性能医院的价值体现在可以改善社群居民的健康状况，使患者及其家属感到舒适与方便，深受他们的欢迎，并可提供利于医护人员有效治疗病患以及促进患者康复的环境。然而，医院为工作人员所提供的高效、安全、舒适环境，意味着医院设施必须得到良好的运行和维护。因此，医院建筑的高性能需要与之相匹配的成本，使规划得以实施（即顺利施工）并在完工后能持续运转，这似乎体现了高性能建筑的可建造性、可使用性、可运维性和可持续性的特征，其实事实上就是这样，而且必须这样。

5.2 成功的标志

建筑的价值随着时间的推移而逐渐显现，在建筑竣工后，我们能够知道建筑是否在预期成本内按计划完成，并随着交付投用，我们将能够了解建筑是否实现了能耗和运营目标。但对于建筑的其他关键目标能否实现，如适应性、提高员工创造力和生产力，甚至是生命周期和维护成本等，则需要等待长时间的运行才能确定。此外，如果项目建造与社区密切相关，则判定项目是否成功需要更长的时间。

加拿大埃德蒙顿的马赛克中心（Mosaic Centre in Edmonton, Canada）和科罗拉多州博尔德的落基山脉研究所创新中心（Rocky Mountain Institute's Innovation Center in Boulder, Colorado）

以不同的方式证明了在正常的市场成本内，能够建造高度可持续、有吸引力、净零能耗建筑（net zero energy use buildings），并可促进可持续发展。衡量 IPD 项目成功（实现了其财务和能源目标）的标准之一是带动了多少项目遵循其所开拓的 IPD 道路。

如上所述，高性能建筑具有几个共同特征，主要体现在既实现了建造的目标，又能够随着时间的推移持续提供价值，是对一系列问题的解决和机遇把握的实际工作。高性能建筑的建造和运维之所以能够实现主要目标，并降低能耗，主要归功于其是作为整体运作，并非简单地组合，从而形成了以建造目的为中心的系统集成及优化。

最终所完成的建筑，能够完全满足业主及利益相关者对于建筑各使用周期的相关需求。因为需求的不同，衡量成功的标准也随之不同。

5.3 实现方式

5.3.1 客户诉求的明确及项目团队的目标转化

建筑开发和运维团队的核心任务是：（1）确定与建筑业主和用户利益相关的项目目标和标准，以利于其商业发展和用途；（2）将此类项目目标和标准转化为建筑开发和运维的具体性能指标；（3）精心设计项目团队组织结构和工作流程及对应的目标和指标；（4）设计和建造尽可能理想的建筑，以实现可持续使用和运维（图 5.1）。完成以上任务看似简单，但是完成任务的难点在于需要克服跨越组织性、时间性、空间性的束缚和不同规模等问题，难点还在于需要依据多种经济、环境和社会等性能目标建造每一栋独具特色的建筑。

图 5.1 显示了两种类别的主要项目目标和两种类别的必需性能标准，利用这些目标和标准综合确定项目价值。

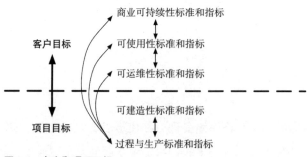

图 5.1 客户和项目目标

根据笔者的经验，许多专业人员都是匆匆开始着手设计和建造建筑，以尽快获取收益。值得注意的是，若没有包括工作流程制定在内的项目组织的正确设计，则设计和施工努力的过程和结果往往令人失望。还应指出的是，若没有明确建筑性能目标及理解用户和业主的价值定位，则不可能有明确的标准对业主至关重要的设计方案的优劣进行评估。

困难的原因

将业主的商业目标转化为以该目标为中心的建造目标,然后再将其转化为与用户、运维人员、设计-建造团队相关的具体项目目标,这一过程非常具有挑战性。为指导项目进展,所制定的与目标保持一致的量化标准也同样困难。格式化的需求并不能充分描述用户和业主所期望的价值,由于在创建需求时,价值并没有得到很好的理解和阐述,常常以格式化的建筑术语进行表述,例如,表述的是建筑中特定房间的数量和大小,而非该类房间的使用性能,因此,格式化的需求不足以表达真正的目标,导致了建筑的商业价值、建筑的性能、建筑的设计建造之间相互脱节。此外,随着项目工作的进展,后期加入项目团队的设计人员并不理解全部的需求及其内涵,建筑设计通常只能解决部分性能需求,很少能制定出满足所有需求的设计决策(Kiviniemi,2005)。

"价值工程"(Value engineering)具有不利之处,过多地考虑成本可导致项目规模缩减,不仅直接导致了交付价值的降低,而且通过破坏业主和用户预期的价值平衡,进一步降低了整体价值。例如,在一个科研机构的项目中,征求一位后期加入项目团队的信息技术(information technology,IT)顾问关于价值工程的建议,他认为原设计的网络带宽速率远超其他建筑,于是建议配置可节约数十万美元成本的一般速率带宽。因为此种不完全理解用户的需求和价值建议,极度背离了项目早期为满足客户科研需求建立的目标,所以导致建筑交付后不久,业主不得不升级网络带宽以满足大楼的研究任务需求,由此产生的费用远超该顾问为降低成本而节约的费用。在另一个案例中,项目团队鉴于预算成本的紧张,将短期访客的访问控制系统从可编程系统变更为低成本的密钥系统。尽管这一变更帮助项目团队在预算内完成了该项目,但却迫使业主不得不建立一个(员工)向访客发放和回收钥匙的系统,降低了建筑的可运维性。

在传统的方式中,项目负责设计和施工管理人员的工作重点是在预算内完成工作,很少了解何种方式工作可提高用户从建筑中获益,更通俗地讲,很少了解他们能够作出何种增加建筑可使用性的决策,能够提高建筑的用户价值。最终,尽管设计人员、施工人员和运维人员付出了巨大努力,但由于设施移交和调试过程存在缺陷,许多建筑始终无法充分发挥其价值。在许多项目竣工阶段,没有为交付预留足够的时间和资金,而关键设计和施工专业人员已调往其他项目,项目只能交付于业主的内部项目接收和运维团队,而这些团队对建筑主要需求并不完全了解。

依据指标的决策优化

项目团队可依据量化指标对建筑性能和团队表现进行两类量化评估,如每平方英尺建筑造价或每小时生成的实用性三维模型数量等,此类指标有助于团队对项目充分理解以及制定出更好的决策。评估建筑性能的难点在于,建筑在许多方面均应设定性能指标并以此评估实际性能，但描述这些性能的术语在行业中尚无明确定义或统一命名。例如，项目目标、团队绩效、过程指标、成果标准、绩效目标、领先和滞后指标等术语，还有其他类似术语和相关术语组合均没有明确定义，对于不同的人会有不同的含义。

更为复杂的是，对于不同的项目参与者，即业主代表、建筑师、工程师、总承包商和专业分包商等，对各种指标的重视程度各不相同。有些指标适用于评估结果，通常是持续的工作结束后的最终结果，例如设计和施工成本。另一些指标适用于评估过程中的工作进展情况，例如实际完成工程量与计划完成工程量的对比；还有一些指标侧重于评估工作效率，例如工作人员在一小时或一天内安装完成的墙骨架工程量，这些都是过程或生产指标。换言之，我们可以认为所进行的工作是在测量绩效，并声明所有的指标都是"绩效"指标，这正是我们定义绩效指标类别的原因所在，如图 5.1 所示。在本书中，笔者列举了如何在建筑全生命周期中使用此类指标量化建筑价值的实例。

5.3.2 价值优先

高性能建筑能够满足用户的价值诉求，从而促进用户的业务发展。例如，日均可以承载一定数量车辆通过的桥梁，实现了交通部门利于人们交通的目的；教学楼可使教师了解、教育、激励一定类型和数量的学生；住宅应符合居住者的需求，提供价格合理、利于运维、绿色健康的生活环境等。设计方、施工方和运维方应有效配置材料、技术、资金和劳动力等资源，实现上述目标，满足用户的需求。这是一项复杂的工作，因为难以在制定决策中能够预测并考虑设施的许多方面，而所做的决策将影响设计和施工阶段的工期、成本，运维阶段的碳排放量，建筑的预期寿命等。总之，高性能建筑可通过对成本和收益的整体优化[1]，发挥出最大价值，如图 5.2 所示。如上所述，鉴于每个高性能建筑在经济、环境和社会方面具有独特的性质，因而，实现这一目标具有挑战性。

传统项目交付模式通常注重减少设计和施工的成本，并缩短工期（图 5.2 中的目标①和②）。通过缩短设计和施工周期使项目尽早完工，使得项目交付团队能够尽早启动另一项目来创造新的价值，业主也因为建筑早日投入使用，创造更多收益或实现其他特定目标，这对项目交付团队和业主双方均有利。然而，建筑产生的总收益不仅取决于其启用日期，还取决于该建筑所产生的收益（目标④，图 5.2 中 y 轴的正方向）以及产生收益的持续时间（目标⑤，使用阶段的持续时间显示在 x 轴）。

忽略了建筑布局的合理性而单纯注重设计和施工工期的压缩，从而降低用户的收益，或过度注重成本而选用不耐用的建筑材料或设备，从而缩短建筑使用寿命，是舍本逐末的方法，即使这种方法可降低设计和施工成本，缩短施工工期，并可产生短期的效益。再者，业主还希望保持尽可能低的运维成本（目标③），包括建筑的维护费（如设施管理所需的支出）、建筑的运行成本（如能源成本）和业务运营成本（如建物内工作人员的工资），同时，在大多数

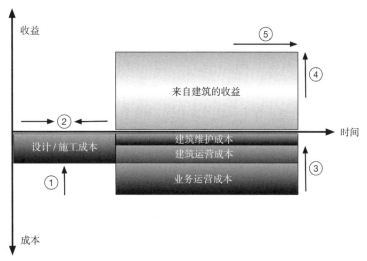

图 5.2 建筑的成本和收益（由斯坦福大学的马丁·A.费舍尔提供）

情况下，业主希望延长建筑的使用寿命与耐久年限（目标⑤）。尽管设计和施工团队不能完全掌控收益和预算成本之间的相互关系，但可在多方面促进此种关系的正向性。例如，在南加州的一个博彩业项目中，结构工程师格雷格·路德（Greg Luth）认识到，该项目早期竣工可产生的巨大收益，超出了在9层楼上加盖博彩场地和在地下修建停车场两者并行进行的额外设计和施工成本。

权衡上述目标具有挑战性，原因是：

- 目前尚无统一的建筑优化指标或公式；
- 无法及时获取高质量的数据以支持关键决策的制定；
- 各方专业知识通常依照项目进展顺序引入项目，对于整体优化设计方案需求认识为时已晚。

例如，难以将额外增加一个月设计时间的价值与建筑提前一个月启用的价值进行对比，假如设计时间额外增加一个月，设计团队是否可设法将工期缩短一个月，或者使建筑增加一个月以上的收益等诸如此类的问题。从设计施工及运维的成本、收益、设计施工的工期和建筑的使用周期等多方面优化设计似乎是一项艰巨的任务。事实上，每栋建筑均具有这些方面的某些性能，无论我们对此是否有明确的设计。换言之，项目团队可以将这些性能按照专业划分为独立的目标，也可将这些目标设置为整体团队的目标，并通过协作加以实现。从广义上来说，由于"设计体现了我们的意图"（McDonough，2011），特别是在设计阶段，项目团队必须考虑建筑全生命周期内的一切性能。

建筑的价值以及为达到该价值所耗费的成本反映了不同的成本和收益内涵，如图5.2所示，图中的数字序号表示本书中引用的典型优化目标。值得注意的是，成本的高低和时间的长短并不具备比例计算关系。"成本"和"收益"也可是非货币性指标，如二氧化碳排放/封存或其他可持续性衡量指标。只有将本书第4章中列出的四种性能类型（即可建造性、可运维性、可使用性和可持续性）进行综合考虑，方能实现价值和成本的优化。

可建造性决定了设计和施工成本（图5.2中①），并能够在建筑竣工时得到确定，尽管设计和施工阶段可决定可建造性，但若将此作为该阶段的唯一关注重点，却是错误的。该错误原因在于使用阶段所体现出的其他性能指标，如可运维性、可使用性和可持续性，也是由设计和建造阶段确定的。因此，项目交付团队必须在设计和建造阶段充分考虑所有的建筑性能目标，这也是创作本书的主要原因。

如果人们想要在有一定把握的基础上建造一座高性能建筑，则团队必须正式明确此类关键性能指标，并将其公开透明。我们曾有过此类指标透明度不足或很少的经历，项目各参与方用图片展示自身负责并体现各自意愿的建筑性能指标。这种现象导致了项目团队为实现高性能建筑，通过后来分享的性能指标不断地重新设计，以改进相关建筑性能，或者导致了设计方案忽略了相关方面的重要性能指标。因此，必须从业主开始增加透明度，业主应公开其对建筑的期望，否则，其他项目团队成员无法帮助业主实现所期望的目标。借用本书其中一位作者的话，"如果你想让出租车司机带你去那里，则必须告知司机你的目的地"，同样，如果业主不分享其项目需求，如项目预算不透明，则设计施工团队将难以制定出满足预算目标的建筑设计方案。

在将各类型成本和收益关联于建筑建造和使用主要阶段的基础上，我们需要构建一个框架，以连接项目团队针对产品性能的可控因素（即自变量）与要达到的绩效指标（即因变量），下一节将介绍此种框架。

5.3.3　设计思维的运用

建造一座独特且有价值的高性能建筑需要运用赫伯特·西蒙称谓的"设计思维"。40多年前，西蒙和约翰·杰罗（John Gero）均提出了一些理论以阐明设计的内涵。杰罗将设计描述为创建结构或形式以产生行为的过程，该行为使人们能够以自己想要的方式发挥作用（Gero, Tham & Lee, 1992）。简而言之，首先，必须了解设计对象的功能，即明确其运行方式；其次，考虑如何设计以实现此类功能；最后，借鉴和调整以往经验来构思其结构。所谓"设计的魅力"就是为确定所设计事物的功能、结构或形式以及行为而不断进行分析、综合和评价的循环过程。

在建筑项目方面，美国建筑师路易斯·沙利文（Louis Sullivan）于1896年提出了"形式服从功能"*理念。但是，建筑往往不止一个功能或性能要求，并具有多种形式的可行性解决方案，

---

*"形式服从功能"是指设计应以所设计事物的功能为主，而表现形式应依据功能而改变。——译者注

用不同的方式解决功能或性能要求。实际上，项目团队选择的解决方案应与项目目标价值一致，并达到各类性能的优化组合。因此，团队需要一个具有合理性和一致性的框架，用以关联团队可以控制的变量（即措施或自变量）和所产生的结果（即因变量）。

综合考虑可建造性、可运维性、可使用性和可持续性，是交付具有（特定）功能（的产品）的首要任务。综合考虑以上四个特性，并将其融入指导简单产品（如玻璃杯）的设计与复杂产品（如建筑）的设计中，通过对比，人们可发现建筑的功能比玻璃杯要复杂得多，所涉及的专业和利益相关者更多。对于建筑而言，任何一个有关建筑实体构件的决策变动均会对与之相应的特定组织和过程产生影响。例如，配置能够提供合理采光和遮阳的自动百叶窗，实现优化建筑节能性能的决策，可生成一系列维护工作并对执行这些工作的人员和组织提出特定的要求。由此看来，设计阶段制定的许多决策不仅影响设计和施工成本，而且影响使用阶段的成本和收益。

从上述讨论中可以看出，建筑设计不应仅仅关注建筑本身及其构件，还应关注建筑的可建造性、可运维性、可使用性和可持续性相关组织和过程的问题。

为将设计思维体现于建筑之中，集成设施工程中心（Center for Integrated Facility Engineering，CIFE）进行了大量的应用研究，结果表明，项目组织或交付团队通过将设计思维应用在产品、组织和过程三个领域，可实现建筑的增值，并重点强调高性能建筑（或产品）的设计取决于创建高性能建筑的组织和过程设计。本质上，产品、组织和过程是影响项目结果的三个重要因素，团队可改变产品或拟建建筑的特性，而产品特性可改变团队的工作方式（工作流程）或组织方式。如表 5.1 所示，集成设施工程中心的产品 – 组织 – 过程（Product-Organization-Process，POP）框架可用 3×3 矩阵表示，最左边一栏为三个设计问题（功能、形式或结构和表现），顶部一行为三个影响因素或方面。

集成设施工程中心 POP 框架 表 5.1

	产品	组织	过程
功能	目的/用途是什么？		
结构/形式	结构/形式是什么？		
	类似什么？如何联合？		
表现	如何展现/实施？		

5.3.4 产品 – 组织 – 过程框架

如上所述，为创建高性能建筑，POP 框架必须对团队应该而且必须制定的自变量加以全面和专门的考虑。从项目交付团队在项目中能够管控，或在一定程度上能够管控的角度考虑，有三个方面可以实施管控：产品、组织和过程。团队可以制定的建筑外形、布局和实体构成的决策，我们将这类决策划归为产品决策，因其与建筑实体构件，也就是产品有关。团队还可以制定参与的人员、时间及方式的决策，这些决策属于组织决策。团队必须制定的项目各参与方将在何时以何种顺序进行何种工作的决策，这些决策属于过程决策。除了确定项目目标和目标的优先级之外，上述三类决策类型涵盖了项目团队能够作出的所有决策。包括明确项目目标和优先级在内的所有决策共同形成了建筑的设计框架和设计方式，以及建造、交接、运维、使用和改建（即更改建筑用途）的方式。POP 框架的价值体现在能够利用"相互独立，完全穷尽"分析法（Mutually Exclusive Collectively Exhaustive，MECE 分析法）[*]对建筑项目和各参与方进行分类。该框架不仅将建筑设计视为产品设计，而且将建筑设计视为建筑产品、组织和过程的综合设计。

POP 框架的另一个作用是，将项目需求与产品、组织和过程的设计决策、预测和实际绩效指标相关联。如表 5.1 所示，该框架的左侧是三个设计问题，顶部是影响项目成果的三个重要影响因素。

POP 框架可应用于企业/客户、用户和设施运维层面。如果企业作为组织创建自身的产品，则 POP 框架可应用于整个企业；如果组织如同建筑业主一样作为客户需要采购一种产品，那么 POP 框架重点就在于帮助创建满足客户需求的产品。但无论是在企业层面还是客户层面，分析方法在本质上是相同的。

企业 POP 框架侧重于关注客户企业的需求，了解客户的业务产品、服务、利益相关方、组织工作以及开展业务的愿景和绩效指标（表现）。

在企业层面，POP 关注企业的核心产品，以汽车制造商为例：

从"产品"的角度来看，产品的"功能"是载人，产品的"形式"是汽车，产品的"表现"是产品质量，例如行驶里程、舒适性等其他性能，其中许多内容都可以进行测量和预测。

从"组织"的角度来看，汽车公司的"功能"是构建必要的组织，例如采购、管理和营销，体现的"形式"是公司内部履行这些职责的各部门，"表现"可通过满足公司内部客户需求的有效性进行衡量。

从"过程"的角度来看，"功能"是执行工作，"形式"是为创建产品所需的信息和物资提供的顺序及流程，"表现"是可量化和监控的生产工作的效率。

POP 框架是一个合理模型，可用于讨论企业目标，讨论现有的时机或方法能否在企业层、用户层或运维层影响最终的结果。

POP 框架同样符合"三重底线"的原则，即经济底线、环境底线和社会底线，企业必须履行最基本的经济责任、环境责任和社会责任。项目周边社群为项目提供了技术工人、商业基础设施、自然资源等基本要求。同样，社群需要项目成功从而获得税收和工资等收益。项

---

[*] MECE 分析法是对于一个重大的议题，能够做到不重叠、不遗漏地分类，而且能够借此有效把握问题的核心，并成为有效解决问题的方法。——译者注

目和社群之间应不断重复此相互促进的过程以实现真正的可持续发展。POP 框架使产品、组织和过程能够与多元目标保持一致并进行优化，而不是在零和游戏的规则下相互竞争和冲突。

POP 框架还可有效提供反映用户需求的项目视图，人们可通过处理信息和材料为公司及其客户创造价值。从用户的角度来看，作为"产品"的建筑将是他们的工作地点和空间。与企业/客户框架一样，用户 POP 框架中的产品包含"功能""形式"和"表现"，如表 5.2 所示。

客户企业 POP 框架 表 5.2

	产品	组织	过程
功能	获得 x% 的市场份额 最具创新性的产品	成为 10 家最适合工作的公司之一 吸引顶尖大学毕业生	每年将内部流程效率提高 2% 每年自动化 5% 的工作流程
结构/形式	公司生产和销售的"事物"——产品或服务	研发部门 工程部门 销售和市场 客户支持	研发技术选项 选择实施技术 重新设计产品以融入新技术 修改营销策略
表现	市场占有率达到 y% 向市场首次推出一种新的功能	在《财富》杂志评选的最适合工作的公司中排名第 18 位 吸引了 28 名优秀毕业生中的 22 名入职	过程的效率比去年提升 2.5% 4% 的工作流程自动化

可使用性或用户的 POP 框架具有相同的组织和过程内容，但产品现在是公司以此为目标进行生产各种构件和提供各种服务的建筑，这些生产和服务需要集成项目交付团队的设计。表 5.3 显示了建筑（产品）必须支持用户实现企业的组织和过程目标。用户 POP 框架将设计和施工团队的任务与客户企业和用户需求紧密连接。在目前的实践中大多忽视了这种理念。

可使用性/用户 POP 框架 表 5.3

	产品（建筑）	组织	过程
功能	提升公司形象 空间利用率约 70% 比规范节能 50%	成为 10 家最适合工作的公司之一 吸引顶尖大学毕业生	每年提高 2% 的内部流程效率 每年自动化 5% 的工作流
结构/形式	研发中心洁净空间 产品展厅 呼叫中心 供暖、通风和空气调节系统 楼宇自动化系统 IT 系统 结构系统 建筑围护结构	研发部门 工程部门 销售和营销 客户支持	研发技术选项 选择实施技术 重新设计产品以融入新技术 修改营销策略

	产品（建筑）	组织	过程
表现	75%的新员工认为大楼是公司的一大吸引人之处 65%的空间利用率 比规范节能62.4%	在《财富》杂志评选的最适合工作的公司中排名第18位 吸引了28名优秀毕业生中的22名入职	过程的效率比去年提升2.5% 4%的工作流程自动化

应当注意，建筑必须支持用户组织开展安全、高效的工作，如果建筑无法满足上述性能目标，人们很难尽其所能根据客户的需求提供满意的服务。设计和施工团队通过了解用户活动的组织方式和工作过程，可以开发解决方案，从而创建出利于用户健康，并使用户满意和高效的建筑产品。用户POP框架显示了从组织和过程维度驱动建筑设计的方式。

表5.4呈现的设施运维POP框架，展示了与企业、建筑实体和用户工作相关的建筑运维人员的工作内容。值得注意的是，该框架非常注重（企业所筹建或购买的）设施的组织与过程的功能和形式。运营考虑到了工作场所内致力于提高用户效率的非直接营利部门。这样的建筑把此类非直接营利部门作为企业在三重底线领域实现三个方向持续性发展的重要连接点。

可运维性/运维人员POP框架　　　　　表5.4

	产品（建筑）	组织	过程
功能	提升公司形象 空间利用率约70% 比规范节能50% 研发中心洁净空间	留住员工5年以上 楼宇内零健康问题、零安全问题 保洁工作对业务没有影响 维修人员	30分钟内对严重故障作出响应 回收用户产生的80%垃圾
结构/形式	产品展厅 呼叫中心 供暖、通风和空气调节系统 楼宇自动化系统 IT系统 结构系统 建筑围护结构	能源管理人员 数据分析人员 保洁人员 可持续性协调员	分析建筑系统数据，以确定预防性维护组件 确定维护任务的优先顺序 建立废物回收系统
表现	75%的新员工认为大楼是公司的一大吸引人之处 65%的空间利用率 比规范节能62.4%	员工平均任职时间=6.4年 去年一个健康和安全问题 入住率调查显示，保洁没有对业务造成影响	98%的严重故障在30分钟或更短时间内解决 所有严重故障在45分钟或更短时间内解决 建筑垃圾回收利用率75%

POP 也可应用于运维层面，值得注意的是，可运维性 POP 框架中的产品（即建筑）与用户 POP 框架中的产品是一样的，但可运维性 POP 框架在组织与过程方面更专注于运营和维护。

符合各利益相关方需求的高性能建筑

上述三种 POP 框架展现了利益相关方对高性能建筑可持续性、可使用性和可运维性的关注内容，填充此类框架是将客户利益相关方的预期目标转化为项目交付团队切实可行目标的第一步。尽管各利益相关方及其 POP 框架的具体关注点会有所不同，并且随着 POP 框架内容的细化，这种差异会更大，交付团队必须运用这些 POP 框架确定具体目标和量化指标，以确保项目成功。

项目交付团队可运用设计思维理念和 POP 框架明确业主关于四个高性能特性的愿景，反之，业主和交付团队领导可据此将项目愿景转化为项目具体目标和指标。例如，即使面向企业、用户和运维人员的尚未细化的 POP 框架，也可显示出项目的成功标准或"满意条件"背后的客户和业主群体。

图 5.3 将不同视角的 POP 集中放置，包括客户企业（左上图）、用户（右上图）、运维人员（右下图）以及项目交付团队（左下图）的 POP 框架图。

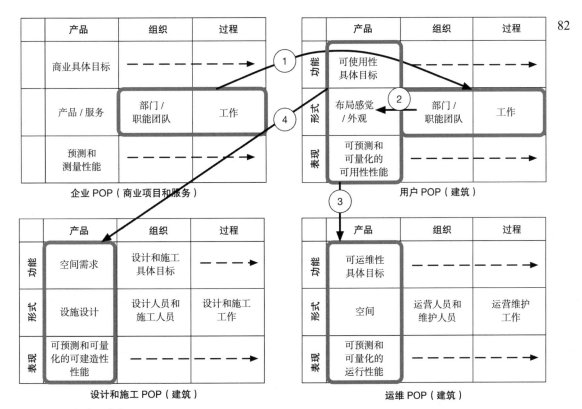

图 5.3 POP 框架组合集

注意这些框架之间的联系。用户 POP 框架与企业 POP 框架中的"组织"和"过程"的"形式"应相同（箭头 1），用户 POP 框架中，"产品"（建筑）的"形式"应满足"组织"的"形式"需求（箭头 2）。用户、运维人员、设计和施工 POP 框架中的"产品"（建筑）及其"功能"或"表现"（需求或性能）应相同（箭头 3 和箭头 4）。虽然不同的 POP 框架中，组织中的人员及其工作内容有较大不同，但人们的共同关注点均为同一座建筑。

明确目标后，项目交付团队将工作重点转移至策略的制定，以便实现目标（图 5.3）。此时，团队应明确如何以整合任务（过程）、建筑系统（产品）和人员（组织）的方式去实现项目目标。

POP 框架能够对此类决策进行很好的归纳整理，并将产品、组织和过程（即项目团队可控的三类因素）进行最优组合，确保项目成功。可使用性和可运维性 POP 框架的企业组织需求（即建筑用户）应具有激发运维人员 POP 框架中功能（目标）的作用，进而激发设计与施工团队制定具体的项目目标（可建造性 POP 框架）。POP 框架强调通过整体集成的方式应对设计挑战以实现项目目标，即通过设计产品、组织和过程来满足用户和企业的价值需求。

但是，很少有业主代表、设计和施工专业人员被引导或鼓励寻找产品（建筑特征）以外的可控因素。对于为降低成本而首先或主要采用削减产品功能的传统做法，许多业主感到失望，此种做法不仅无法创建高性能建筑，而且降低建筑的原有性能。POP 框架表明，另外两种可控因素，即组织和过程，可有助于实现高性能目标。

每个集成项目团队负责人均可通过 POP 框架设计交付的产品及交付的方式。团队成员可依据表 5.5 所列问题，理解需要创建的产品及其原因，从而促使团队成员创建所需的组织和过程。

项目交付团队 POP 框架问题　　　　　　　　　　　　　　　　　　　　表 5.5

	产品（建筑）	组织	过程
功能	高性能建筑将支持哪些价值创造活动？	目标是什么？ 如何实现这些目标？ 必须控制什么？ 期望完成什么？	将生产什么（范围/质量）？
结构/形式	建筑由什么空间、组件和系统构成？ 将如何统筹安排？	谁来决定价值？ 如何组织自己？	团队将使用什么方法？ 采取什么步骤？ 如何沟通？
表现	要预测什么？ 采用哪些指标？	团队的整体量化结果是什么？	生产和效果指标是什么？

5.3.5 审视建筑性能的方法

在展示常用指标的具体示例之前,笔者在此先行阐述POP框架理念与四类性能目标的相互关系。POP框架提供了一种额外的方式,即把项目划分为产品(产品的本质及其组成)、组织(参与及推进项目的人员)和过程(团队成员的工作内容)的方式,对于性能目标、指标及生产标准进行组织和调整。

1. 产品性能指标将可使用性、可建造性、可运维性和可持续性目标与产品相互关联,描述了建筑设施功能发挥或使用的方式、所表现的性能和工作状况。在设计过程中,这些性能指标是预测结果和制定决策的依据。在投入使用一年后,这些指标是评价产品结果的依据。

2. 项目组织指标有助于了解项目团队在成本、进度、质量和安全目标方面的管理能力。

3. 过程指标用于对团队成员的工作过程进行评估,该指标通常是要求项目组织/团队达到的典型绩效指标。基于该指标,团队领导和成员可以学习并改进实践、方法及工具,从而取得项目成果。生产指标属于过程指标,用于评估工作过程,直接有助于实际产品的构建(即要交付客户的产品)。

表5.6展示了建筑的可建造性、可使用性、可运维性和可持续性特征体现于POP框架的案例。

产品、组织和过程绩效的类别和示例 表5.6

高性能建筑的标准类型	用于改变结果的POP框架		
	产品绩效	组织绩效	过程绩效
可使用性	绿色和可持续的材料,光照,舒适度,噪声水平	利益相关方参与、反馈及决策的效率,建筑用户的生产率	对产品性能的测试,用户工作流程的效率,适应不断变化的商业目的灵活性
可建造性	材料和系统的可用性、经济性、可安装性、安全性	成本,进度,质量,安全	风险和机遇成本,信息处理和变更审批,信息请求(requests for information,RFI)和提交文件,计划完成率(plan percent complete,PPC),利用BIM协同和四维模型对空间和时间冲突的解决速度
可运维性	能耗、用水及运维的简便性	全生命周期成本	不良性能设施的每小时运维工作量
可持续性	碳足迹,用户安全,耐久性	符合WELL建筑标准、美国采暖、制冷和空调工程师协会、LEED和生活建筑挑战标准	资源消耗最小化,回收和再利用可再生能源、空气和水

值得注意的是,由于组织与过程的相互关联,有时难以确定某个指标反应的是组织绩效还是过程绩效。例如信息请求响应时间指标,可以是衡量组织或个人的响应时间,也可能是

衡量过程的响应时间。因此，确定核心指标是关键，而将其归类于组织或过程的衡量指标并不重要。

目前，团队成员在项目中仅专注于自身和所属公司的利益，对于如何评估项目交付团队，除了成本、进度、质量和安全的项目基本绩效指标以外，并没有形成一致性意见。各参与方通常仅进行自我评估，很少与其他成员分享此类信息。产品性能指标仅由设计团队制定，而此类指标常常难以理解并阐述不充分，很少听取已使用和已运营的建筑对于正在设计或在建建筑的意见反馈。负责制定组织和过程指标的施工团队和项目团队难以将这些种类繁多的指标紧密联系起来，并加以目标一致性的优化。集成团队必须摒弃这些做法，并设计一套可以用来更好地预测产品性能和改进交付方式的措施。

IPD 项目的突出特点在于决策的制定及参与制定的人员，设计方的职责并不仅是为业主交付设计文件，施工方的职责也并不仅是照图施工。相反，IPD 项目团队是与业主共同决策而创建出满足业主需求的产品。在系统、材料或空间的备选方案优化中，团队应了解业主开发项目的目的，并制定能够生产出满足客户需求产品的决策。因此，项目团队必须构建一个能够高效交付产品的组织和过程。POP 框架的创建能够使团队的决策与项目的最终目标及价值保持一致。

整体考虑

POP 框架可以帮助客户和项目团队从整体角度了解设计 - 施工对建筑收益和成本的影响（图 5.4）。若仅单纯将设计和施工视为可降低的成本，业主和项目团队往往作出短视的决定，并导致在运维和使用阶段的成本增加（本章所列举的示例已说明了这一点）。众所周知，收益取决于市场上企业特定产品的持续表现，企业运营成本主要来自其企业组织的运转。设计施工团队负责设计、施工成本和工期，运维团队负责建筑维护与运营成本及建筑使用寿命。除上述主要因素之外，建筑生命周期的成本和收益还有几个额外的关联因素。例如，建筑运维质量可能影响建筑用户的生产力，从而影响商业运营成本和收益；提前或及时竣工也会影响商业成本和收益等。值得注意的是，收益和成本不能仅使用货币计量，因为建筑的运转不只需要资金（例如还需要能源），建筑的收益也不仅仅是货币形式（比如可实现能源全部或部分自给，或废水净化等）。

图 5.4 显示了将建筑的收益与成本相关联的几个 POP 框架设计和施工阶段的工作具有增加收益、降低商业运营、建筑运营和维护成本的作用。值得注意的是，为了直观并着重建筑的交付和使用，笔者把客户商业 POP 框架与用户 POP 框架合并了起来。

设计决定了价值能否可能实现，施工决定了价值能否真正实现。业主的价值诉求必须通过相互关联的多方共同努力方可转化为最终产品。项目目标必须转化为多种可评估的绩效指标，使其可随时得到考评和改进，方能达到业主预期的项目目标。如图 5.5 所示，若一座建筑既可完全满足又可较好地均衡高性能建筑的四类性能标准，则可称之为高性能建筑。

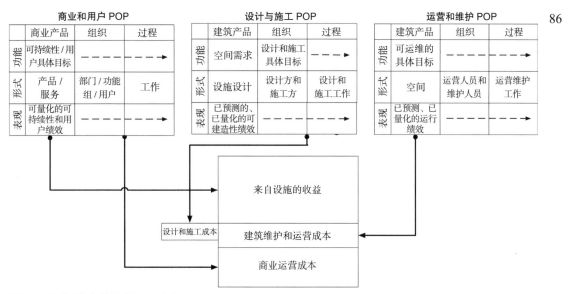

图 5.4 与成本和收益关联的 POP 框架

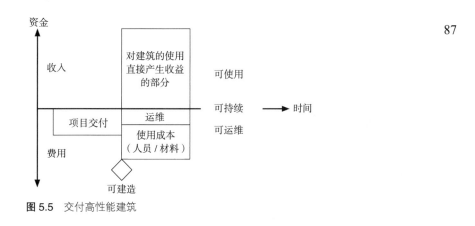

图 5.5 交付高性能建筑

5.3.6 目标的"业主"化

能够确立并验证项目目标,将其用于指导设计施工决策制定的唯一有效方法是为每一个目标找出对应的"业主"。每位"业主"必须十分了解项目目标,并对建筑达到特定性能目标具有重要的利益相关性。否则,此类所谓"业主"则不能被视为项目的推动者,也不能参与高性能建筑四类性能指标的制定、优化和主动管理。图 5.4 显示了实现高性能建筑四类性能指标的典型组织架构。

客户的业务组织应主要负责明确建筑的可持续的具体目标,因为,新建筑应在经济、环境和社会的背景下促进业主的商业发展;建筑的用户(如医院的患者、护士和医生;高校的学生、教职员)应明确阐述可使用性目标;运维人员(如设施维护人员)应明确阐述可运维性目标;设计施工团队明确阐述建筑的可建造性目标。

> **真正的推动者**
>
> 尽管业主已确定了可运维性和可持续性的目标，但我们发现业主的项目经理更关注预算和进度计划的审查，往往在成本和进度的压力下，会牺牲其他合理目标。在此种情况下，项目经理不会成为业主可使用性、可运维性与可持续性目标的真正推动者。

尽早综合考虑此类具体目标是至关重要的，以避免出现仅对某项目标局部优化的情况。同样重要的是，在所有重大决策中均需综合考虑此类目标，要求人员配备具有连续性并对预测和量化每个目标的方法进行定义。任何偏离这一点的做法，例如安排业主的项目经理对某些目标负责，很可能弱化还尚未安排相应"业主"的目标，因为其他利益相关者和团队成员，即某些目标的"业主"，可能在设计方案中仅关注推动与他们直接相关的目标。对于所考虑的设计方案性能进行预测和测量是最后一个关键点，使团队能够引导项目尽可能实现项目的最大价值，并通过量化指标体现出此种价值。

5.3.7 项目团队交付价值的评测

在高性能建筑的创建和使用过程中，可进行多方面的评测，如图 5.6 所示。由于设计和施工阶段的整体质量、进度、成本和安全绩效均依赖于竣工阶段的综合评测，因此，建筑的可建造性只有在竣工交付时方能体现。当然，建筑设施的设计和施工中必须将可使用性、可运维性和可持续性作为约束条件，因为若建筑设施不具备必要的可使用性、可运维性和可持续性，该建筑则不具备建造的价值。应再次强调，可使用性是指用户能够在建筑中顺利开展工作；可持续性是指建筑能够融入或改善所处的经济、环境和社会背景；可运维性是指建筑在对应的使用方式下易于运行和维护。

遗憾的是，我所认识的每位经验丰富的建筑专业人士都有许多类似经历，为了满足可建造性目标，如设计-施工预算和进度目标，而去牺牲或忽略可使用性、可运维性或可持续性目标。例如，在设计一个工业设施的过程中，项目团队没有设置咨询运维团队的预算，忽略了安装在地下室的大型水泵的操作和维护要求，从而导致其易装难拆、难于维护。因此，在设计阶段的早期就必须阐明所有关注点，并融入项目设计、建造以及建筑的运维策略之中。

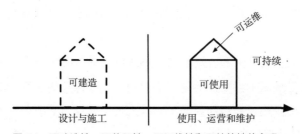

图 5.6 可建造性、可使用性、可运维性和可持续性的实现

5.3.8 个人的职责

如果个人发现所处项目的目标定义碎片化并很模糊，则可以提出，"我想按照本书中的建议进行一项具有明确目标的项目，使得每个人的工作都能为用户需求作出贡献，但是我所处的项目并未如此设置，我个人只能掌控其中一小部分。"这种状况需要管理层持续关注，将项目交付系统碎片化的方法转化为整体的集成项目交付，并持续地进行跟踪控制。如何履行个人的职责呢？首先要明确个人的工作指标及其对项目的影响，并尽量使其同其他指标相契合。然后，需要收集这些指标的数据，并运用此类数据指导个人的实际工作，并将这些指标数据与他人分享，尤其是与自身工作存有相互依赖关系的团队和人员。如此可以实现自身工作掌控，并为他人明确工作价值奠定了基础。由此，可以在短时间内即可发现自身所从事项目正以集成和全面的方式开展工作。

如表5.7所示，组织构架内不同小组负责制定可使用性、可建造性、可运维性和可持续性的绩效目标及评测指标，并及时预测和评估以上四类性能。

绩效目标和评估的"业主"化　　　　　　　　　　　表5.7

"业主"	标准	指标	设计		施工		使用和运维	
			可预测的	可验证的	可预测的	可验证的	可预测的	可量化的
业务组织（业主、客户）	可持续性	建筑性能	√	√	√	√	√	√
用户	可使用性	功能/形式	√	√	√	√	√	√
建筑运维	可运维性	系统性能	√	√	√	√	√	√
设计和施工	可建造性	安全、质量、成本、进度的性能	√	√	√	√ 测评完成	/	/

业务组织的主要作用是根据所处的社会、经济和环境，在设计过程中预测建筑的可持续性。预测工作可交由咨询公司进行，但业主需要负责组织此类预测，并建立验证机制。业主需要预测建筑的可持续性，在设计施工阶段不断验证，并在使用和运维阶段进行最终评测，用户和运维方也需要对与自身切实相关的此类指标进行同样的评测。设计和施工方需要对可建造性进行预测和验证，并在竣工阶段完成此类测评工作。

5.4 案例：可持续性——价值与建筑运维的交叉点

戴维·帕卡德和露西尔·帕卡德基金会（David and Lucile Packard Foundation）为"第二大街343号"（343 Second Street）的新总部制定了并为之努力实现的可测评目标，这些目标可以体现新总部的设计、建造和运维的方式，在所处社会、经济和环境中实现可持续发展的目标。基于2012年7月至2013年7月整年的数据采集分析，该建筑获得了LEED®铂金认证和净零

第 5 章 高性能建筑价值的实现

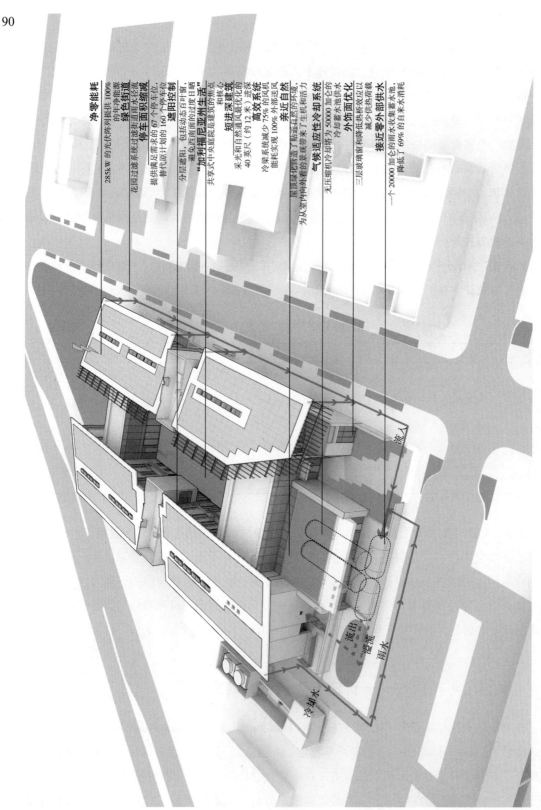

图 5.7 戴维·帕卡德和露西尔·帕卡德基金会总部，EHDD 建筑事务所设计。由戴维·帕卡德和露西尔·帕卡德基金会提供

净零能耗
285kW 的光伏阵列提供 100% 的年净能源

绿色街道
花园过滤系统过滤道路雨水径流

停车面积缩减
现供满足需求的 67 个停车位，替代原计划的 160 个停车位

遮阳控制
分层遮阳，包括动态百叶窗，避免西南面的过度日晒

"加利福尼亚州生活"
共享式中央庭院是建筑的焦点和核心

短进深建筑
采光和自然通风最优化的 40 英尺（约 12 米）进深

高效冷却系统
冷梁系统减少 75% 的风机能耗实现 100% 外部送风

来近自然
屋顶绿化营造了贴近自然的环境，为从室内向外看的景观带来了生机和活力

气候适应性冷却系统
无压缩机冷却塔为 50000 加仑的冷却蓄水池供水

外饰面优化
三层玻璃窗降低拆热效应以减少供热荷载

接近零外部供水
一个 20000 加仑的雨水收集蓄水池，降低了 69% 的自来水消耗

流入
流出
滤流
雨水
冷却水

能耗建筑认证，该建筑用户满意度达到97%，位列全美国建筑用户调查满意度前5%。鉴于每位用户在新的工作场所中对功能具有不同的需求，以上成绩着实令人印象深刻，它进一步展示了缜密的设计和新技术的应用，推动了上述成绩的实现（图5.7）。

图5.7显示了戴维·帕卡德和露西尔·帕卡德基金会总部在设计、建造和运维方面完全融入所处的社会、经济和环境可持续性发展的背景。

戴维·帕卡德和露西尔·帕卡德基金会首先统计分布于加利福尼亚州洛斯阿尔托斯市（Los Altos）各地工作场所的资源消耗情况，继而基于基金会的目标（图5.8）、工期及预算制定设计策略。由EHDD建筑事务所（EHDD Architecture）主导，彼得·拉姆齐（Peter Rumsey）与英特格集团（Integral Group）积极参与的设计团队，与用户一起开发建筑理念、模拟建筑性能，由DPR建筑公司作为建造方进行成本和进度评估。从帕卡德董事会（Packard Board）融资到设计、建造和运维的各方面进行预测、测量和验证，以保证项目成功（Knapp，2013）。

图5.8展示了融入于经济、环境可持续发展的用户价值和建筑运维。必须建立舒适度、室内空气质量、自然采光和能耗等目标，并进行相应建模，平衡建筑和全生命周期的成本。表5.8显示了英特格集团为评估大型企业园区的设计方案并指导设计进展而创建的具体标准，包括了建筑运维的指标和目标。

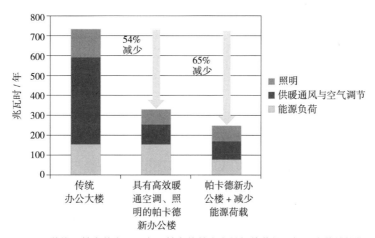

图5.8 戴维·帕卡德和露西尔·帕卡德基金会总部的节能目标。由英特格集团和戴维·帕卡德和露西尔·帕卡德基金会提供

大型企业园区的运维绩效目标　　　　　　　　　　　　　　　　　表5.8

性能指标	传统目标绩效	项目目标
非清洁能源天然气和电力消耗	250	125
清洁能源天然气和电力消耗	90	40
二氧化碳产量（磅二氧化碳/平方英尺/年）	40	10
每人二氧化碳（磅二氧化碳/人/年）	1000	500

续表

性能指标	传统目标绩效	项目目标
风机系统效率（W/ 立方英尺）	1.5	0.75
循环泵效率（W/ 加仑）	15	10
压缩机尺寸（平方英尺 / 吨）	350	1000
传统区域冷却（kW/ 吨）——冷水机组 + 带除湿装置的塔	1.2	0.3
IT 室冷却效率（kW/ 吨）——所有组件	2	0.5
冷却塔（kW/ 吨）	0.1	0.01
锅炉效率（高 / 低）	75%	95%
热水分配效率（W/ 英热）	5	2
生活热水 [年千英热 / 平方英尺 / 年（水资源从 3 降至 1）]	5	3
办公室通道（W/ 立方英尺）	1.1	0.9
自然采光办公室（W/ 立方英尺）	1.1	0.3
实验室通道（W/ 立方英尺）	?	1.5
会议室通道（W/ 立方英尺）	?	1
插头荷载（W/ 立方英尺）	0.7—1.5	0.5
饮用水使用（加仑 / 年 / 立方英尺）——仅限内部使用	9	5

由英特格集团提供

5.5 重要性

完全了解人们对新建或改建建筑的不同需求并非易事，加之众多利益相关方的需求多样性、建筑的复杂性、项目的成本增加、工期缩减等因素，此举更为困难。直至不久以前，设计方和建造方最多也只能用实体原型向业主展示最终产品。这一状况现在已得到了改变，对可行性解决方案进行模拟和测试已成为可能，从而使业主组织内外的利益相关方对建筑外观、功能和性能等有更直观的认知，从而形成真正的原型。

低成本的计算能力增加使建模和仿真成为可能，与之并行产生的精益理念，曾被认为仅是一种更好的生产体系，实际上也是一种商业体系，并随之需要创建新的工作文化（Byrne & Womack, 2012）。精益的体系和文化支撑了过程的规范化，通过对员工工作绩效进行持续评估，及时发现自身问题，并实现持续改进。

基于模型、模拟进行预测的协同作用以及以发现问题为导向的绩效测评文化，使得集成项目交付成为可能，也是交付高性能建筑的必要条件，从而真正实现业主利益相关者所需的独特价值。

5.6 启示

业主和用户期望获得具有高性能而非低性能的建筑，希望所聘用的设计和专业施工人员能够采用一种基本策略，从而促进设计和施工交付高性能建筑。鉴于业主和用户对建筑的期望在持续地变化，因而，高性能建筑的定义并非一成不变，人们不再仅满足于整体项目的安全、准时及预算内的交付，而且要求建筑设施可有助于收益的最大化，并在保障用户健康的前提下，具有强大的社会、环境功能。

在当前的大多项目中，过度专注于进度计划，按专业/工种依次进行设计工作，并不是实现上述要求的策略。当前普遍采用的策略要求各专业自负盈亏，加剧了各专业之间的冲突，使得项目团队成员不得不将工作重点放置于解决此类冲突之中，以避免最坏的结果，而不是将工作重点放置于寻求实现更好的结果。我们所需要的策略是以快速反馈和学习为中心，包括快速生成三维、四维模型以及基于模型的多种分析和模拟，用于验证评估、加深理解和决策制定。

如今，我们发现这些模型在各个专业得到了广泛的应用，但应用的重点是设计的记录和几何图形的基本协调。如果认为仅应用该方式即可建造成杰出建筑，这是不可能的。项目团队作为一个整体，很少使用这些模型构建集成信息基础框架，将其作为真实信息的单一来源，用于以价值为中心的模拟和预测，而这种做法对于推动项目顺利实施，实现客户期望目标至关重要。从项目目标和构建建筑集成系统必要性的角度来看，高性能建筑定义的内涵，实现此类性能的策略制定和实施，均需要项目交付团队所有关键成员参与。从团队成员的角度来看，上述方式更能激励和提升项目全员参与的积极性。

基于此种认识，"完成工作"的含义包含了如何向其他专业学习、理解每个专业可对项目目标产生何种影响。唯有不间断地和快速地获取知识，方能尽早发现偏离项目目标的工作。否则，项目团队可能发现问题过晚，将不得不付出艰苦的、代价昂贵的努力，不得不放弃某些专业的理念，尽可能修复各建筑系统的整合，以使工作能够重新回归于项目目标。

图 5.9 是一个计算衍生设计优化案例。在迈克·勒佩赫（Mike Lepech）的指导和贝克集团（Beck Group）的支持下，福雷斯特·福拉格（Forest Flager）和约翰·巴斯巴吉尔（John Basbagill）进行了不同的设计工作，帕累托（Pareto）图显示了不同设计方案所采用的外墙保温材料，在全生命周期的成本和年度能源成本方面的显著区别。每个点表示一种自动生成的设计方案，每种解决方案都基于项目概念设计阶段设计深度、评估标准和分析方法的明确说明。左下方较大黑点是团队选择的设计方案，一串"+"则代表帕累托法则推导出的多个优化设计方案。根据全生命周期外墙保温材料成本和年度能源成本这两个指标，客户按照自身的需求从多个备选方案中选定最优设计方案。该图显示了基于模型的分析和模拟的重要作用，使

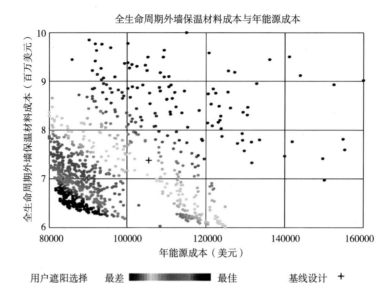

图 5.9 显示年度能源成本与生命周期成本之间权衡关系的帕累托图（由福雷斯特·福拉格和约翰·巴斯巴吉尔提供，该图为联合得克萨斯州达拉斯的贝克集团共同完成）

团队每个成员可及时并采用一致的方式，根据需要作出多种权衡。团队可依据此类信息，并结合其他的性能标准，选择最佳设计方案。

5.7 小结

高性能建筑是满足业主和利益相关者需求的物理实体。实现高性能建筑价值的第一步是深入理解这些需求，并将其转化为具体目标。产品、组织和过程方法为团队实现这些目标提供了契机（和可控因素）。持续评测关键项目指标，并采用信息显示板进行沟通和公开，推动项目管理团队可随时评估创建高价值建筑的进程，并依据高价值目标及时修正 POP 框架中的措施。

注释

1. 可以根据三种基本方式理解成本和收入：经济或货币条件；环境绩效条件，如二氧化碳排放量；人类或社会影响条件，如由特定设施产生或影响的工作岗位或生活质量。例如，如威廉·麦克唐纳（William McDonough）所述，建筑可为蝴蝶提供一个繁殖栖息地，体现了业主的价值（Walker，2011）。成本和收益的优化应从这三个方面进行综合考虑。

参考文献

Byrne, A., & Womack, J. P. (2012). *The Lean turnaround: How business leaders use Lean principles to create value and transform their company.* New York, NY: McGraw-Hill Professional.

Gero, J. S., Tham, K.W., & Lee, H. S. (1992). Behavior: A link between function and structure in design. D. C. Brown et al. (Eds.), *Intelligent computer-aided design* (pp. 193-225). Amsterdam, Netherlands: Elsevier.

Kiviniemi, A. (2005). *Product model based requirements management.* PhD thesis, Department of Civil and Environmental Engineering, Stanford University, CA.

Knapp, R. H. (2013). Sustainability in practice building and running 343 Second Street. *David & Lucile Packard Foundation.* Retrieved February 14, 2015, from http://www.packard.org/wp-content/uploads/2013/10/Sustainability-in-Practice-Case-Study.pdf.

McDonough, W. (2011, June 1). *A celebration of abundance: long term goals short term decisions.* Lecture to CEE100 Managing Sustainable Building Projects, Stanford University.

Sullivan, L. H. (1896, March). The tall office building artistically considered. *Lippincott's Magazine*, 57, 403-409.

Walker, A. (2011). Interview with Bill McDonough, Dwell, June 2. Retrieved October 16, 2016, from https://www.dwell.com/article/interview-with-bill-mcdonough-e1d42751.

第 6 章

建筑系统的集成

> "每个人都能写书,而且很多人都在写,但只有真正用脑的人才能建造房屋。"
> ——查尔斯·F. 卢米斯(Charles F. Lummis)

6.1 集成系统的内涵

各个系统协调运行,建筑才有可能发挥它的最佳使用状态。集成不是简单地将各个系统组合在一个空间中,而是要设计出能积极协同工作的系统,相互联动、相互兼容。

高性能建筑应具备以下要素:

可建造性:可高效建造;
可运维性:有助于团队高效运营和维护建筑,让建筑保持达到适当的舒适度;
可使用性:有助于用户更好地体验建筑的各项功能;
可持续性:有助于用户持续开展业务或实现建筑物的其他用途,并对建筑所涉及的经济、自然和社会环境作出积极贡献。

因此,真正的集成系统不能孤立地去设计。许多系统,如空调和照明,都与建筑的室内外设计密切相关。例如,建筑物的外窗越多,照明设施需求就越少,或者也可以设计其他的照明解决方案;玻璃的类型或可开启窗户的数量也可改变空调规格。此外,熟悉特定系统施工的专业人员和供应商(通常指专业分包商),以及熟悉运维的操作人员也必须参与到系统的设计中,才能实现集成。

本章之所以简短,是因为本书的重点是集成项目交付,即通过集成组织、过程和信息以创建高性能建筑。因此,笔者只想阐述集成系统的特征,集成系统为何是集成交付过程的关键输出成果,以及如何通过集成系统实现高性能建筑。影响建筑设施性能的建筑系统非常多,有关集成系统的内容完全可以单独出书详细探讨。

6.2 成功的标志

集成系统对于高性能建筑是必要的。并非所有的集成技术系统都能实现设施的高性能,但大多数情况下,单一用途系统设施难以在性能方面超越协同工作的集成系统设施。如果没有在早期设计阶段实施集成,那么安装的系统既不能为建筑增值,也不能发挥潜在的协同优势,甚至还会直接导致系统之间的冲突。更为关键的是,集成系统的缺失最终会造成成本增加,导致施工和整个建筑使用期间生产效率下降。

建筑物的用途多种多样,需要以不同方式满足用户的需求。现代建筑所采用的系统已经变得非常复杂和更加专业化,例如,发光二极管(Light-Emitting Diode,LED)照明、供暖、通风与空气调节系统(Heating, Ventilating, and Air-Conditioning,HVAC)中的冷梁、医院的医用气体系统以及多种外饰面方案。此外,许多业主不再满足于准时、预算内、零事故交付建筑物。业主越来越关注的是具有环境和社会效益、健康环保、易于运维、为用户创造最大化商业价值的建筑。

> **通过成本转移方法进行集成设计**
>
> 英特格集团(Integral Group)经常使用"成本转移"这个概念,即采用普通建筑的成本建造更好的建筑——高性能建筑或绿色建筑。列举一个简单的案例,可以将通常用于机械设备的预算转移到提升建筑围护结构的性能上。相较于机械设备系统,围护结构使用寿命更长,运行成本更低,能耗更低,维护更少,业主可从中获得更大的收益。了解并运用成本转移的方法,可以用同样的成本建造性能更高的建筑。图6.1说明了成本转移的方法。

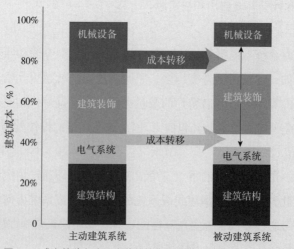

图 6.1 成本转移方法。由英特格集团提供

多年前 Keen 工程公司（Keen Engineering）设计的西雅图项目是该理念的代表作，我当时即将加入该公司在旧金山的办事处，所以对这个项目印象深刻。该项目是华盛顿州退伍军人管理局的专业护理机构的建筑。业主对成本转移的理念很感兴趣，"如果真能做好建筑围护结构，可以取消空调安装。"经过一系列极其复杂的建模和模拟工作之后，他们最终接受了这个方案。之后，华盛顿州的退伍军人管理局重新制定了空调的配备细则（原先是每个病房和其他空间都必须安装空调），只要确保病房和公共空间能够自然降温，可以不安装空调。事实证明这种方案是可行的，通过集成建筑装饰与机械工程系统，可以实现同等成本下建造性能更好的建筑。建筑内部增加的保温层具有保温和缓慢散热的功能，可以稳定室温。设计团队还增加了更多的隔热和主动式建筑外遮阳系统，完全控制了建筑物表面的光照。取消空调系统的第一要务就是必须确保该空间不会被阳光过度照射。这种方案与空调安装方案的成本大致相同，节能效果却非常好。该项目获得了美国采暖、制冷和空调工程师协会（American Society of Heating, Refrigerating and Air-Conditioning Engineers, ASHRAE）技术奖，是第一批超出节能标准 50% 的建筑之一，这的确是一个巨大的成功。从那时起，我一直建议客户应用"成本转移"的方法进行集成设计。

——约翰·安德里（John Andary），注册专业工程师（Professional Engineer, P.E.），

英特格集团负责人[1]

6.3 实现途径

实现系统有效集成需要具备什么条件？首先，项目团队必须确定用户的需求，并将其明确地与建筑系统特征相结合。例如，在斯坦福大学的生态实验室（Living Laboratory）项目中，一个研究团队应用产品 - 组织 - 过程（Product-Organization-Process, POP）框架，就建筑用途的多样性以及与建筑特征有关的舒适性标准，对利益相关者进行调研。此举为设计团队提供了强化建筑用途标准的详细数据（Haymaker et al., 2006）。

其次，业主、设计师和分包商组成的集成团队应进行建模，以预测符合业主和利益相关者需求的建筑性能，包括环境因素、能耗与易维护的运维参数，建筑物内部空间布局的灵活性（以适应用户业务变化）之类的可使用性、可施工性问题以及其他因素。

例如，DPR 建筑公司凤凰城区域总部团队，为其办公室改造项目设计了建筑性能模型，并使用计算流体动力学（computational fluid dynamics, CFD）的模拟方法，预测建筑在不同使用条件下每年不同季节、每天不同时段的温度分布情况。基于此模型，团队设计了被动冷却系统，该系统包括 4 个直接蒸发式喷淋塔、14 个安装在顶棚上的低速、大体积的超大型（Big

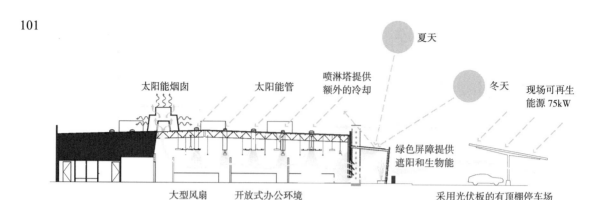

图6.2 集成系统的剖面图。史密斯集团JJR建筑设计公司（SmithGroupJJR）设计，由DPR建筑公司提供

Ass Fans®）风扇、87英尺（约26.5米）长、13英尺（约4米）高的太阳能烟囱、82个索乐图（solatube®）导光管照明装置，以及外墙百叶窗。同时，团队采用建筑管理系统（Building Management System，BMS）对上述设备进行控制，使其根据外部环境协同工作、相互补充，以保持建筑内部的舒适性。

图6.2显示了DPR建筑公司凤凰城办公系统的剖面图：覆盖光伏板的停车棚系统、用于自然采光的导光管采光装置、被动冷却塔和用于排热的太阳能烟囱。此概念模型演示了各种系统是如何协同工作的。

图6.3显示了由KEMA能源服务公司（KEMA Energy Services），现为DNV能源服务公司（DNV GL Energy Services）设计，采用DPR建筑公司凤凰城办公室三维模型进行计算流体动力学模拟的屏幕截图。DNV能源服务公司是该项目的能源设计顾问。该模型用于选定被动冷却方案。

图6.3 计算流体动力学模拟。由DNV能源服务公司设计，DPR建筑公司提供

图 6.4 展示了太阳能烟囱的建造草图。该方案采用了无隔热镀锌金属龙骨框架。西南地区强烈的光照加热太阳能烟囱时,会在空间中产生负压,由此将室外的冷空气通过百叶窗吸入开放式办公室,而热量则通过烟囱壁上的百叶窗排出。通过此方式,太阳能烟囱具有类似被动冷却系统空气处理器的功能。

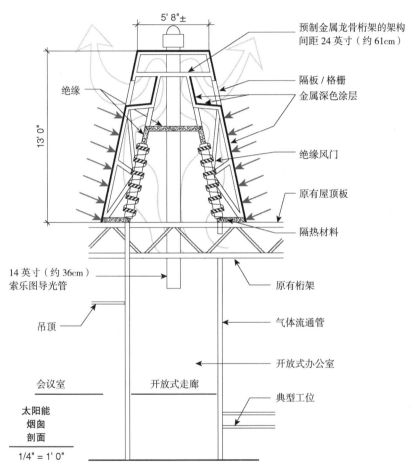

图 6.4　太阳能烟囱部分。史密斯集团 JJR 建筑设计公司设计,由 DPR 建筑公司提供

图 6.5 中的 DPR 建筑公司凤凰城办公室平面图,展示的是生物气候建筑设计方案。设计考虑了无主导风向的沙漠气候和环境条件这些因素,有助于实现室内最适宜的温度。西南部普遍采用机械降温系统,采用该方案后,只有在室外空气过热时才会启用机械系统,从而摆脱了对机械系统的完全依赖。

DPR 建筑公司凤凰城区域总部办公室改造是一个杰出的案例,阐明了如何通过集成系统构建高性能建筑。建筑的各个系统协同工作,以应对环境条件,满足用户需求。建筑设备管理系统会根据用户活动产生的热量和建筑的运行状态,比较室内外温差,若室外温度低于室

94 第 6 章 建筑系统的集成

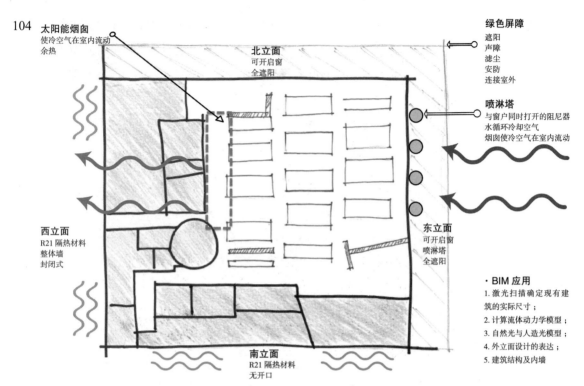

图 6.5 相关系统的平面图。由 DNV 能源服务公司设计，DPR 建筑公司提供

内温度，建筑物即进入被动冷却模式。北立面和东立面的窗户开启，喷淋塔的挡板打开，水循环开始，超大型（Big Ass Fans®）风扇启动，太阳能烟囱的百叶窗开启。所有装置协同工作，在空间内产生负压，吸入室外凉爽的空气进入开放式的办公区。这种系统使最高温度可以保持在 84 °F（约 28℃）。空间的舒适性取决于风扇的空气流动和交叉通风。被动冷却系统无法维持室温低于 28℃时，建筑设备管理系统将被动冷却系统转为传统的机械制冷系统，与风扇一同保持室内舒适度，直到室外温度适宜再次启动被动冷却系统。

设计 – 施工团队面临的主要挑战是，在非常炎热的沙漠气候下，使用造价合理（可建造性）、性能良好的冷却系统，创建舒适（可使用性）的工作空间，在所有可预见的状况下能够正常工作（可运维性），并且尽可能节能（可持续性）。团队必须依据上述标准评估每个可选方案的性能。例如，该团队比较了喷淋塔与机械制冷系统的利弊，充分考虑了安装成本、可维护性、创造舒适工作环境的能力以及能耗。

行业标准是在冷却系统中内置冗余度或安全系数，以应对人员超额和恶劣的环境条件。集成团队的理念是建造"恰好够用"的冷却系统，这些系统能满足建筑生命周期内大部分的日常条件。被动冷却方式决定工作布局方案，而不是工作布局方案决定机械制冷方式。为了让被动冷却系统更有效地工作，将工作区域设在可开启的窗户/喷淋塔和太阳能烟囱之间。采用此种设计思维方式至关重要。

解决此问题的团队包括作为业主和总承包商的 DPR 建筑公司、作为具有建筑及设备专业设计注册人员的史密斯集团 JJR 建筑设计公司、作为能源和机械顾问的 KEMA/DNV 能源服务公司以及分供商。团队始终密切合作，经过整合，将一座 1972 年的建筑改造成通过认证的净零能耗，且成本可以在 10 年内收回的样板工程。团队从开始就关注全生命周期成本，而非初始建造成本。

在能源设计阶段，评估设计选项的标准以及满足这些标准所涉及的专家意见必须同时到位，而非依次提供。如果每个系统独立设计，那么各系统都将无法有效工作，需要采用更昂贵的方案来安装和运维，最终可能无法创造一个舒适的工作环境。集成团队需要确定特定的目标和指标，这些目标和指标是用以开发测试和理解系统如何相互作用的仿真模型的先决条件。团队基于此理念设计的建筑系统，使得亚利桑那州的净零能耗建筑（Net Zero Energy Building，NZEB）得以实现。

集成系统的实施方法

如何确定过程和项目实现了集成？集成系统通常是成功的标志，但应指出几个集成的要点，为设计团队指导工作方向。在实践集成设计的过程中，应关注集成的各个阶段，确保整体项目成功。每个阶段均有不同专业和不同层面的团队成员参与，并且贯穿整个项目周期。本人很高兴能够在 DPR 建筑公司圣迭戈项目中引入并采用这种方法。

常用的四个集成要点包括：

1. 方案与性能标准的集成；
2. 建筑与气候及位置的集成；
3. 团队成员的集成；
4. 系统的集成。

现重点讨论设计之前阶段，第一个要点的实施步骤。最成功的项目应至少包括以下两个步骤，以实现早期的系统集成。第一步是为建筑物的每一个空间和现场方案建立性能指标。

为此，团队应在设计开始之前就与业主合作，将性能指标添加到空间规划表和邻接图中，这可以简单地通过跟踪基于性能的定义和建筑标准来实现，而建筑标准是后续工程设计的基础。性能指标包括：

①视觉舒适性：数量，品质，颜色和光源；
②热舒适性：综合人体热舒适性的 6 个变量，确定舒适的温度范围；
③声学舒适性：界定活动方式及满足沟通要求的噪声峰值；
④通风选项：自然通风选项，所需风量，特殊过滤或空气质量问题；
⑤能源性能：能源消耗主体，产热源，及其与使用者的相互影响。

此类设计之前的简单工作可将项目总体目标与早期的空间布局联系起来。该方法可以帮助空间设计师将自然采光和自然通风方案引入设计理念，从而提高设计质量。相关案例包括通过集成自然采光来决定房间的长宽比，以接纳来自多个侧面的自然光，从而在视觉上形成令人舒适的空间。

性能指标在项目的全生命周期内往往不会改变。在尽可能早的阶段将此类指标引入设计理念中，使得系统集成的成本显著低于方案选择有限且性能受到影响的后期引入方式。

第二步是随着设计的进展，团队应验证性能，并从经验法则转向集成工程分析。如果预先确定了热舒适性和通风性能的关键指标并对其进行了全程跟踪，那么使用计算流体动力学进行的后期工程分析则更有效，降低了对项目产生重大成本变化和影响工期的意外结果的可能性。应用建筑信息模型（Building Information Modeling，BIM）工具有助于将性能指标和空间数据保持在一个模型中，该模型可以在决策的每个阶段对性能进行评估。

——道格拉斯·科特（Douglas Kot），美国建筑师协会（AIA）成员，LEED教员，DNV能源服务公司可持续建筑和社区部门负责人[2]

6.4 案例：DPR建筑公司圣迭戈净零能耗建筑

DPR建筑公司的圣迭戈区域总部办公楼的前身是一座单层侧倾建筑，建于1984年，改造前已接近废弃。2009年，经过彻底的改造获得了LEED铂金认证并实现了净零能耗性能。该项目的目标是创建一个更舒适的工作空间，以提高工作效率，并减少对环境的影响。为了在符合设计、建设预算及进度计划前提下实现这些目标，DPR建筑公司和卡利森公司（Callison，现为卡利森RTKL公司）必须确保建筑系统可利用圣迭戈温和干燥的自然环境，并实现可合理运行和维护。

在概念设计期间，团队聘请了KEMA能源服务公司（现为DNV能源服务公司）开发被动生物气候建筑设计方案。首先研究了建筑的气候和运行条件，并为用户界定宜居性的标准。KEMA/DNV能源服务公司的团队开发了如图6.6所示的计算流体动力学模型，用于分析被动方案、自然通风和热舒适性。性能模型与能源预测模型以及自然采光模型并行开发，以确保系统集成。

KEMA/DNV能源服务公司与卡利森公司共同设计方案，通过在西北侧安装可开启窗户、在南侧安装屋顶监测器，利用交叉通风实现自然通风和冷却。图6.7显示了团队第三次的思路演变。

生物气候方案应用于整个园区，方案减少了停车位的数量，园林绿化取代了沥青地面。改建之前的建筑是黑色屋顶，周围铺满了沥青和混凝土，改建方案增加了透水场地，并

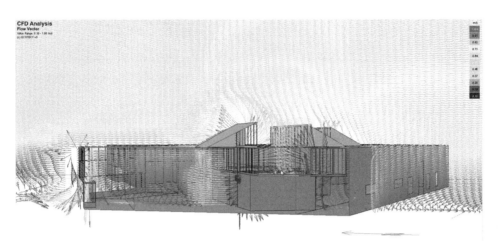

图 6.6 计算流体动力学分析。由 CFD 分析公司提供

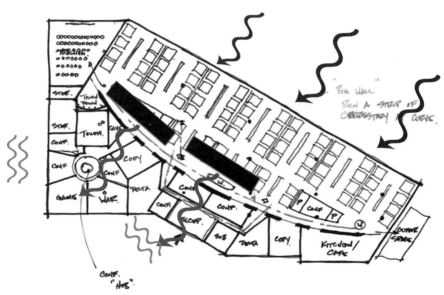

图 6.7 1984 年侧倾式建筑的生物气候策略。由 DNV 能源服务公司设计,DPR 建筑公司提供

使露天场地最大化,从而减少了建筑物的热辐射。同时,通过应用高日光反射指数(Solar Reflectance Index,SRI)的能源之星(Energy Star)认证产品替代原屋顶,进一步降低了热岛效应,提高了建筑围护结构的能源效率。方案还优先为混合动力电动汽车提供停车位,为员工提供淋浴设施,鼓励原开车上班的员工选择其他交通方式。图 6.8 所示为建筑的节能屋顶,周围沥青地面大幅减少,绿化面积大量增加。

一套京瓷株式会社(Kyocera)生产的 64 千瓦交流自镇流光伏系统,每年产生的(11 万千瓦时)电力足够补偿建筑物的能源消耗。威能(Vaillant)公司生产的 100 加仑四面板屋顶太阳能热水系统可以提供室内热水。在开放式办公室和会议室里,自然光可以通过索乐图

图6.8 一个更具有环保和透水性能的场地及节能屋顶隔热膜。© DPR建筑公司，戴维·考克斯（David Cox）摄影

图6.9 显示了降低能耗并产出能源的屋顶设备。© DPR建筑公司，戴维·考克斯摄影

导光管进入Optiview®漫射器，投照于大面积的地板。图6.9显示了节能的屋顶隔热膜、天窗、太阳能电池板和索乐图导光管。

室内采用自然通风和照明的方式降低能耗，创建更舒适的工作环境。南向的自动天窗适合散热，且易于吸收自然光；西北立面幕墙的可开启窗户借助当地的主导风实现自然对流通风，两者相辅相成。为了进一步增加自然采光，减少人工照明所消耗的能源，设计–施工团队在工位上方安装索乐图导光管照明装置，并悬挂帆形调光布以漫射导光管产生的明亮光线，如图6.10所示。

照明系统由定时器、日光传感器及手动控制。楼宇自动化系统（Building Automation System，BAS）控制空气调节系统和可开启的窗户；当室内和室外气温符合标准时，楼宇自动化系统开启窗户并关闭空气调节系统。窗户与空气调节系统联动，员工如果手动打开窗户，空气调节系统将自动关闭。

图 6.10 电灯关闭时采用自然采光和帆形调光布。© DPR 建筑公司

团队使用预测分析（包括 BIM）确定准确的年能源消耗量。如图 6.11 所示，索乐图导光管照明装置、通风、帆形调光布和顶棚与结构一起建模，设计者可根据每年的能源消耗量，计算所需的光伏面板数量。

DPR 建筑公司开放式办公的文化氛围及通风采光条件让员工视野更开阔，目光所及之处皆为美景。北部和西北部的墙面几乎全是玻璃窗，视野开阔，几乎没有阻挡。图 6.12 显示的咖啡厅通过玻璃卷帘门通向室外。

"物善其用，物尽所值"是本设计的主导思想。原建筑 95% 以上的结构墙、隔墙板、屋面板以及大部分原有幕墙都延续使用。在流通密集的区域保留原有的混凝土地面，简单密封，并没安装新的地板。大量的构件都经过翻新和重复利用，比如，用原有材料建成的门洞，由农副产品加工制成的橱柜，原有工位的搬迁并重新安置。在材料选择方面也可以采用系统集

图 6.11 用于预测分析的 BIM。© DPR 建筑公司提供

图 6.12 对流通风和连接室外的开放式办公室。© David Hewitt/Anne Garrison 建筑图片社，由 DPR 建筑公司提供

图 6.13 材料重复利用降低了整个项目的能源消耗量。© David Hewitt/Anne Garrison 建筑图片社，由 DPR 建筑公司提供

成的方法，比如运货板和拆卸下来的木材，也可再次作为木器制品的原材料或成品来使用。图 6.13 显示了位于空间中心作为人群集中活动区域的酒吧。

建筑管理系统可以控制混合模式的通风方案，可将空气调节系统的年运行小时数减少 79%。员工通过窗户、大风量低速风扇和温控器控制舒适度。能源性能比现行标准高出 42%，并且运营能耗仅占圣迭戈商业办公建筑平均值的 20%。

6.5 重要性

建筑系统的集成是交付可建造、可使用、可运维和可持续的高性能建筑的关键步骤，其与集成的组织和集成的过程相关联，代表了组织的工作结果和使用过程。为了真正地集成建筑系统，团队需要及时考虑参与项目交付过程的各方面专家的观点。集成系统需要团队通过集成有关建筑使用、运维、施工过程的信息，根据本章所描述的可视化和模拟方法，开发预测模型。

6.6 启示

在经济、自然和社会环境中，以高效响应用户需求为目的的集成建筑系统，是创建高性能建筑的关键。集成建筑系统的关键是了解用户需求，使建筑物的特征体现用户需求，并组建集成团队，构建集成仿真模型，评估建筑系统如何相互作用以满足用户的需求，从而确定最优的解决方案，使得建筑成品满足用户需求，实现建筑的高效性和易用性。

6.7 小结

传统的建筑总是将一系列独立的系统组合在一座建筑中，设计师和制造商并不把建筑作为一个整体，仅关注自身的领域，由此产生的系统能否相互协作并不确定。系统之间可能互不兼容，最终导致建筑物的整体性能可能小于各系统性能的总和。然而，当建筑系统被集成时，综合考虑建筑整体、各系统与环境的关系。正如DPR建筑公司的凤凰城和圣迭戈办公室所展示的，以及约翰·安德里和道格拉斯·科特所表述的，系统的集成和相互补充创造了建造高性能建筑的机会。拥有集成系统的建筑性能，大于各自独立的系统性能之和。

注释

1. 约翰·安德里，注册专业工程师，机械工程师，LEED认证专家，英特格集团负责人，生物气候设计的引领者，为该公司带来了30多年的能源咨询经验。约翰在英特格集团的工作重点是提供基于气候的被动建筑和工程设计解决方案，以改善居住者的健康、热舒适性和能源效率。安德里先生曾担任许多LEED铂金级和净零能耗项目的主要负责人，他认为可持续设计是工程师的社会责任。在加入英特格集团之前，他是国家可再生能源实验室（National Renewable Energy Laboratory，NREL）研究支持中心（Research Support Facility）项目的MEP工程和能源咨询团队的负责人。这个世界最大的LEED铂金级项目占地36万平方英尺（约3万平方米），是经评估和验证的净零能耗建筑。约翰一直推广净零能耗项目，并持续与开发商和承包商合作，以实现商业建筑领域的净零能耗。
2. 道格拉斯·科特，美国建筑师协会成员，LEED教员，DNV能源服务公司可持续建筑和社区团队的负责人，所领导的专家和工程师团队均专注于可持续性建筑。道格自1997年开始参与绿色建筑和可持续发展规划，主持了几十个高性能和零净能耗建筑的技术开发，并在能源系统、水资源效率和再利用、材料循环利用以及健康室内设计方面提供一些建议。道格的工作贯穿项目开发的各个阶段和领域，从编写总体规划到建筑细部设计，从概念设计到入住后评估等。道格还广泛教授建筑能源使用、生态城市设计和可持续建筑技术。他是美国绿色建筑委员会LEED教员和LEED认证专家，具有社区发展、建筑设计和建造、住宅以及现有建筑运营和维护的专业特长。道格拥有三个专业学位：宾夕法尼亚州立大学建筑学学士学位，加利福尼亚大学伯克利分校景观园林硕士学位和城市规划硕士学位。

参考文献

Haymaker, J., Ayaz, E., Fischer, M., Kam, C., Kunz, J., Ramsey, M., ... Toledo, M.（2006，July）. Managing and communicating information on the Stanford Living Laboratory Feasibility Study. *ITcon*, *11*, 607–626.

第 7 章

过程知识的集成

> "整体大于部分之和。"
>
> ——亚里士多德（Aristotle）

7.1 过程知识集成的内涵

笔者认为具备可建造性、可运维性、可使用性和可持续性的建筑，方可定义为高性能建筑，实现该目标要求团队不仅应在建筑物的设计之前具有如何高效施工的知识，还要求掌握建筑物的使用和运维的知识。但是团队如何整合这些下游知识来满足业主的需求呢？答案在于将这些过程知识集成到由集成信息支持的集成组织中。

7.2 成功的标志

建筑物给用户以全新的空间感受。工作所需的一切都近在咫尺，既利于用户的联合办公，又为用户提供了独立的空间。工作场所开阔明亮，如同在家的感受一样，他们梦想的工作环境已变为现实。项目经理们惊讶地发现，良好的工作环境可产生一系列正面附加效果。

运维人员对设备维修和顺应新需求的重新配置的便利性非常满意，并告诉周边人员"他们真的听取了我们的建议！"最重要的是，运维人员未收到用户对温度、通风、眩光、日照不足等常见问题的投诉。

业主的项目经理自信地告知同事，她非常了解项目的进度，并认可 IPD 团队的提前交付，这种自信来自每一项重大决策的参与、场外预制和模块化组装的最大化利用以及决策对工期影响的认知。

当企业领导参观新大楼时，发现工作场所竟然可以如此令人满意，每个人都低声对他们的副手说："要确保我们的下一栋大楼也要达到这样的标准。"首席财务官对在预算内所完成的高性能建筑非常满意，首席执行官说，"是的，这就是我想要的。"营销总监说，"他们实现了我们的共同目标。"

7.3 实现方式

高性能建筑的实现依赖于各系统的集成,建筑系统的设计必须同步进行,而不能单一地进行某一系统的设计。以照明为例:设计照明系统时,必须考虑影响采光的因素,如建筑宽度和层高,外观美学及其对玻璃数量的影响,室内布局是开放式、独立式或两者的结合式,走廊的宽度,服务核心面积,是否有剪力墙或交叉支撑,是否有实验室等,这些因素相互影响。如果每个系统设计人员都各行其是,所设计出来的系统则无法实现整栋建筑的最佳性能。

设计阶段生成的建筑设计必须满足用户的高性能需求,具有可建造性和可运维性。进一步讲,需要满足以下五个主要过程集成的需求,如图 7.1 所示。

1. 将用户需求转化为设计方案;
2. 设计方案应体现并提升用户需求,并与用户需求进行对照,确保用户需求在设计过程中未受到损害;
3. 输入施工方的专业知识进行设计优化;
4. 输入运维方的专业知识进行设计优化;
5. 输入可持续发展的专业知识进行设计优化。

有价值的高性能建筑需要利益相关者与建筑设计方及施工方之间的反复沟通,如下所述的初始规划到深化设计,再到施工文件的完成过程,都应采用此种方式。

1. 明确需求和设计的过程必须进行多次沟通,使得用户能够在明确设计选项及相应的成本基础上,清楚地表达自身需求。
2. 设计的细化过程必须根据用户的需求进行反复验证,当需求与设计产生差异时,应调整需求或设计。

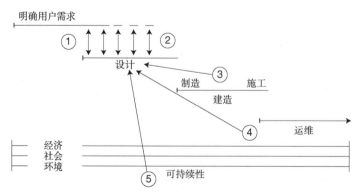

图 7.1 实现高性能建筑的五种主要过程知识集成类型(Fischer, Khanzode, Reed, & Ashcraft, 2012)。由 DPR 建筑公司利兹·施维格勒(Lyzz Schwegler)提供

3. 必须从施工的视角审视设计过程，制定和生成可行性施工图是设计过程的关键，若没有施工方专业知识的输入，则不可能生成切实可行的设计方案。

致力于场外加工策略的项目工作体现了过程知识集成的关键作用。相比于现场依次建造构件和系统，场外加工可将实体构件和各系统并行生产，大幅缩短了工期。但是，场外加工涉及多专业知识，并对工期影响较大，因此，必须在设计阶段尽早确定场外加工方案，而该方案的确定取决于业主具有多专业的知识储备，并能够及时正确地制定关键设计决策。

4. 设计过程中同样必须与运维方进行沟通，制定可运维的设计也是集成设计团队的关键任务之一。很少有设计师和承包商具备运维经验，运维专业知识通常由运维人员提供。

5. 集成项目团队必须在经济、社会和环境背景下，考虑建筑全生命周期内可持续性的知识（Elkington，1998）。即使用户认为"完美的"且易于建造、运维的建筑，也需要达到三重底线（社会、环境和经济）的要求，以保证可持续性。鉴于所需知识的广度，团队无法具备所需要的全部可持续性知识。可以聘请顾问就社会问题提供咨询意见，例如建筑构件生产所在地的工资和雇佣惯例以及现场的具体环境条件等；也可以咨询专业承包商，他们通常对项目所在地的市场、社会和环境状况有深入的了解。

缅因州地区综合医院（Maine General Regional Hospital）项目是综合经济、社会和可持续发展目标的范例，该项目在预算内和高附加值的前提下提前 10 个月交付，超出了 LEED 银级认证的预期目标获得了 LEED 金级认证，并且超过 90% 的承包商采购量由当地供应，支持了缅因州的社群发展。

设计阶段是业主和用户对建筑的理念、需求和愿景真正成型的阶段，因此上述过程的集成应集中于设计阶段。以五个过程集成需求为基础所形成的清晰方案，集成项目团队更有希望实现可建造、可运维以及在经济、社会和环境上具有可持续性的设计，并满足用户的高性能需求。

问题搜寻法

协作与合作——在数字时代人们能够以全新的、创造性的方式进行实时协作。传统的设计协作主要通过建筑师团队进行引导和筛选，基于这种情况，建筑师独自制定设计计划并进行设计，经业主批准后转交给施工团队。建筑师有时还与其他设计顾问合作，大多数决策由其独自决定和处理，几乎不从供应链和施工方的角度审视设计过程。由于建筑师和工程师在不同的合同下独立工作，设计师并不参与项目采购和实际建造，而供应链在项目招投标之后参与，因此这仅是合作而不是真正的协作。

在多年的实践中，每个设计专业人员形成自身特有的设计流程和方法，这种流程和方法的不同体现了设计所具有的"艺术"文化特质。设计师所采用的方法也往往依据于常识、个人经验和专业判断，而非系统性研究和知识的积累，这种方式的差异性，常常导致设计生成阶段甚至施工阶段的重大返工。随着设计的进展，设计变更的成本将越来越高。

随着当今建筑信息模型（BIM）、云计算、移动互联网、精益管理、敏捷项目管理、IPD 等新技术和新管理方法的出现，为我们进行循证设计（evidence-based design，EBD）带来了机遇和需求，所谓循证设计是通过拓展沟通范围，并以数据和信息为依据制定的最佳设计。

有哪些方法对于循证设计的生成具有指导作用？CRS 建筑师事务所（Caudill, Rowlett and Scott Architects，CRS）的领导人威廉·培尼亚（Willie Peña）提出了一些设计准备策划方法，我多年来一直沿用此类方法。1977 年出版的《问题搜寻法》（*Problem Seeking*）*一书中，培尼亚提出了解决建筑设计关键问题的严谨方法，主要包括：

①确立目标；
②收集和分析事实；
③提出并检验理念；
④明确需求；
⑤阐述问题。

团队通过研讨会、访谈和研究相结合的方法，收集项目设计人员、用户和其他利益相关者之间的各种信息，实现过程知识集成和信息共享，从而共同制定项目方向和目标。

通过 50 年的实际项目经验，建筑师和建筑策划专家已验证了问题搜寻法的可行性，随着时间的推移，该方法得到了不断的完善，并获得了广泛认可，已收录于培尼亚著作的第五版中（Peña & Parshall，2012）。

问题搜寻法的最初应用是 CRS 建筑师事务所在学校设计中的实践。该方法使得关键利益相关者可以参与设计过程，有力地推动了项目的成功，并受到了业主的广泛认同。该方法验证了设计师必须综合考虑多种因素和过程知识集成，才能实现"优秀"的建筑设计。正如《问题搜寻法》一书的开篇所述，"优秀的建筑并不是偶然形成的，只有优秀的建筑师和利益相关者共同努力合作，认真地考虑各种设计影响因素，方可设计出美观大方并性能卓越的建筑。"

问题搜寻法的第一步是对问题的清晰认识。培尼亚认为决定设计的因素有四类：功能、形式、经济和时间，如表 7.1 所示。由于上述四类因素的相互作用，因此，在着手解决任何部分因素之前，项目团队必须对四类因素进行整体优化。

---

* 本书第四版已出版了中文版，书名为《建筑项目策划指导手册——问题探查》（原著第四版），2010 年 5 月由中国建筑工业出版社出版。——编者注

决定设计的四类因素　　表 7.1

类别	因素
功能	1. 人
	2. 活动
	3. 关系
形式	4. 体量
	5. 环境
	6. 质量
经济	7. 初步预算
	8. 运营成本
	9. 全生命周期成本
时间	10. 过去
	11. 现在
	12. 将来

布鲁斯·考辛斯（Bruce Cousins）提供

培尼亚建议应同步性判定各种决定设计的关键因素，并在进行设计或处理相关问题之前应完成大部分关键因素的规划，强烈主张"规划与设计之间应该有明确的区分"。

问题搜寻法非常适用于 IPD 项目。IPD 过程的各关键利益相关者共同参与，提高了建筑规划的可靠性。通过 IPD 团队共同确定要解决的问题，极大地增加了正确实现目标价值设计的可能性。如同哈赫泰拉（Haahtela）公司在斯堪的纳维亚的工作方式，在正式开始设计之前，基于建筑规划，进行了设计概算和生成"先于设计的 BIM"，避免了设计完成后进行再设计预算的缺陷。

在项目规划阶段，应采用小型平面设计的方式认真研究和调查整体化和具体化的问题，特别是模块化施工和场内外规模化预制的可行性调研。此外，在繁忙的设计阶段常易被忽视的社会和环境因素，也应在规划阶段进行研究和识别。

我们可以将"问题搜寻法"与"集成"联合应用，以明确集成设计和建造团队能够做和应该做的事情。集成方式的问题搜寻，为后续设计阶段指出了重点工作方向，以此为基础，项目团队尤其是建筑师和咨询工程师可制定出更多的替代方案，并进行主动性反复优化设计，避免了在承包商或造价顾问发现并提出设计建造成本过高之后，方进行被动性优化设计的传统模式的缺陷。

威廉·培尼亚在《问题搜寻法》书中所阐述的理念至今仍具有重要的指导意义，随着 IPD、BIM，尤其是目标价值设计的出现，该理念的重要性更为突出，每个项目工作的开展均应以集成方式的问题搜寻为起点。

——布鲁斯·考辛斯，美国建筑师协会（AIA），SWORD 综合建筑解决方案（SWORD Integrated Building Solutions）负责人[1]

7.4 案例

一所科技公司通过采用 IPD 方式，实现了创建具有激励创新氛围的工作场所的目的。此种建筑设计需要多专业的知识，他们体会到只有通过 IPD 方式构建相应的组织架构，集成多专业知识，方能为设计此种场所提供创新的理念。业主明确阐述了该场所必须与周围环境融为一体而非破坏环境的项目目标和价值诉求，所构建的建筑既可提供激发创新与开拓氛围的空间，又通过采用绿色环保材料，提供满足健康生活、适应未来需求和发展的绿色工作场所。业主坚信通过 IPD 模式运作的团队能够依据这些目标，运用一系列策略制定出解决方案，并在预定成本和工期内交付产品。此案例很好地体现了 IPD 的优势，项目团队可以进行整体项目设计。换言之，设计最佳的组织和过程，在业主能提供的资源内实现高性能建筑。图 7.2 以列表形式呈现业主所阐述的目标。

为推进过程知识的集成，团队领导层需要实事求是地评估项目所面临的挑战。例如，在近期的一个项目中，包括业主代表在内的 IPD 团队领导层意识到所面临的重大挑战，例如：

①了解项目的经济、环境和社会目标背景下的商业驱动及利益相关者的需求；

②将目标和策略转化为具有特定绩效指标的具体目标，并用以量化建筑的功能、形式和表现；

③阐述决策的必要性及其对施工的影响；

④用更少的时间全面评估更多的备选方案；

⑤根据预期结果对绩效进行有根据的预测；

⑥集成过程知识以促进利益相关者的理解和组织成员之间的沟通，并利于决策的制定。

将业主的需求转化为可量化的具体目标，是团队面临的最具挑战性的任务之一，也是实现业主目标的关键首要步骤。IPD 团队以此具体目标为基础，指导 IPD 团队的建筑设计和资源配置，并将其始终作为团队在整体项目工作中的重点。值得注意的是，即使对集成团队，制定可量化的具体目标已挑战重重；对于常规模式下的碎片化项目团队，此项工作基本不可能完成。

营造积极的团队氛围	加强对健康的关注
重点关注利于沟通、积极参与、最终用户具有良好体验的工作场所	建筑物满足幸福感的五大支柱：物质性、社会性、环境性、生理性和经济性
通过创新产生积极效果	可持续性对环境的保护
利用前沿技术实现行业领先的创造力和前瞻性创新	支持以保护环境、节约水源、降低能耗、提高效率和再生能源为重点的运维管理

图 7.2 业主项目的使命和目标

在上述项目案例中,业主的部分需求仍未转化为可量化的具体目标,也未在仿真软件中建模。IPD 团队将多专业知识与计算机模拟、可视化相结合,进行快速设计优化,是实现业主创新目标的重要因素。在本书建筑性能的可视化和模拟章节中,将进一步阐述预测和实践项目预期目标的技术和方法。

7.4.1 组织、沟通和新实践

正如本书第 8 章对于集成组织的建议,科技公司的管理层和代表加入 IPD 项目高级管理团队,并履行管理职责,并要求公司内部的绿色建材、可持续性和建筑运维方面员工与项目其他团队密切协作,包括设计方、施工方、绿色节能、结构、围护结构、MEP[设备、电气和管道(Mechanical,Electrical,and Plumbing)]、室内装饰等团队,将设计的并行开发与传统的顺序开发进行对比。为了使建筑系统的协同性(即集成性)工作并行进展,IPD 团队必须制定利于设计团队并行工作的协调性方案,避免设计团队之间的进度脱节。例如,在围护结构团队尚未制定窗口留置和采光最佳方案的阶段,MEP 团队的深化设计则毫无价值。在集成过程中,IPD 团队成员应及时指出所发现的进度偏差,团队领导层也必须以集成的方式协调各团队的设计工作。

7.4.2 企业园区的过程知识集成

集成 1:用户需求和设计

确定和陈述项目目标和价值观是设计成功的第一要素。改善而不破坏周边环境的效果如何?在现有的场地应建造何种建筑?现场哪些地方应保持原状?何类空间有助于创新?何种建筑有助于增强健康、工作和创新的关联性?何种方式的建筑要素和系统可适应未来不确定的需求和发展?

以客户所陈述的需求为中心,设计专业人员、建筑商、运营商和客户代表采用简图、模型和文字来定义和描述各自认为的未来建筑实现形式,是解决上述问题的唯一方式。集成组织的并行工作方式,提高了团队在制定建筑运维文件中确定工作标准和量化指标的准确性,为后期系统构建和绿色建材选择的决策制定提供了依据。达到材料和系统性能指标的设计仅是基本要求,业主要求团队充分发挥创新思维,不能满足于仅提供"足够好"的设计,而是应从符合基本要求的各个备选方案中,通过"一般""良好"和"优秀"等级评估方式,推荐最佳的设计方案。

集成 2:设计和用户需求

建筑师主导设计工作,统筹制定室内外空间布局和用途的设计备选方案,并与景观设计师、

图 7.3　新企业园区的数字鸟瞰。由伦德·里思（Lend Lease）和珀金斯·伊斯曼（Perkins Eastman）提供

其他顾问和工程公司密切合作，作为设计信息和决策制定的集成中心，共同制定设计决策。

项目团队投入了大量研究工作确定现场建筑的体量和位置。如图 7.3 所示的另一项目，展现了此项工作的涉及范围和质量。建筑团队耗费了一定的时间，与土方、结构、MEP、成本估算和施工计划人员紧密合作，评估各设计方案的施工成本和工期。这个过程需要一定的时间完成，导致团队递交"效度研究"报告的时间延后，该报告包含项目基本设计理念和目标成本。

由咨询工程师、钢结构制造商、混凝土商等所有 IPD 合作伙伴组成的结构团队，运用优势选择法（Choosing by Advantages，CBA）评估了 16 种建筑结构方案。此种方法要求在讨论备选方案阶段应首先根据业主的目标和需求确定重要指标，并重点对比备选方案中的重要指标之间的差异性。在选定方案时，团队摒弃了传统的根据权重或因子进行排序、优缺点列举等常规方式。根据备选方案所具备的重要指标的差异性，利用优势选择法进行方案选定，并进行定量和定性评估。优势选择法的应用过程十分透明，审查人员能够充分理解决策制定或建议提出的原因（Suhr，1999）。

如图 7.4 所示，结构团队运用优势选择法对三种结构备选方案评分并进行比较，总分值为多个类别得分的相加，每个类别（包含多个因素）对应特定的项目设计目标。通过对比，团队最终选择了短跨钢结构方案。

MEP 团队由运维经理、相关专业工程师（包括设备、电气、管道、消防承包商的 BIM 专家）、MEP 咨询公司的专业工程师组成，并实现了业主的数据/通信顾问与电气承包商和工程师的直接合作。MEP 咨询公司的工程师主导 MEP 团队使用优势选择法评估了 11 种不同的供暖、通风与空气调节系统（HVAC）方案，其中包括了采用中央制冷机房（central utility plant，CUP）的某些方案。业主顾问和电气承包商评估了两种采用中央制冷机房的主要方案中 6 项参数的差异性，最终向业主提供了 5 个备选方案，每个方案包括优势选择法的评分、BIM 模型、

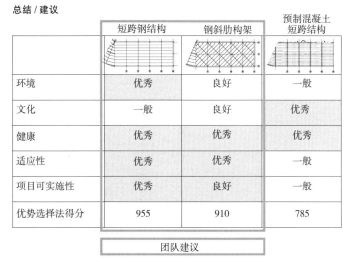

图 7.4 结构的 CBA 矩阵。由 KPFF 咨询工程师公司提供

设备和配电备选方案	总体拥有成本（50年净现值）	内部收益率	折现回报率（包括维护、维修、折旧、更换、税收和升级）
一般（独立新风系统的多联机中央空调）	$142740000	基本条件	基本条件
良好（冷梁方式冷却水循环系统）	$112050000	17%	10.0 年
优秀（冷却吊顶方式水循环冷热源系统）	$104130000	20%	8.4 年
最佳选择（冷却板方式水循环冷热源系统）	$85850000	45%	5.7 年
	$73800000	N/A	价格低于多联机中央空调的温控系统

仅包括成本而非收入的负总体拥有成本

图 7.5 MEP 系统投资回报分析。由英特格集团（Integral Group）提供

能源模型、施工成本估算和投资回报分析。图 7.5 是这种类型和规模项目投资回报分析的示例图。根据业主的目标和需求优先的决策策略，将综合评估排列前三的设计方案划分为"一般""良好"或"优秀"。最后，客户选择了"水循环冷热源系统"（cooling heating water plant）和"冷却吊顶或辐射板"（chilled ceiling or radiant slab）的组合。

对于选定方案的深化设计，由建筑师、总包项目经理、成本估算人员以及干式墙项目经理组建的室内装饰团队实施完成。由于深化设计是整体设计的最后阶段，设计人员必须在有限的时间内，加快设计进度，将业主有关环境、文化、健康和空间灵活性的目标和规划转化为能够激发创造力和创新的空间设计。团队用可视化的方式，体现出设计理念及对业主意见的反馈。通过与业主代表的共同配合，确定自然光、室内视野、办公室与附属设施及停车场

图 7.6　宽敞及采光良好的内部空间。由伦德·里思（Lend Lease）公司和珀金斯·伊斯曼（Perkins Eastman）提供

之间的间距等指标，指导后续工作。图 7.6 所示的企业园区渲染图，是该项工作成功的例证。

集成 3：施工与设计

施工方负责将项目的"设计意图"（Design Intent）转换为"虚拟设计与施工"（Virtual Design Construct），基于 BIM 的各个系统进行详细模型的创建，并注重筛选绿色建材，制定可持续、安全和高质量的施工方案，分析主要的设计变更对进度和成本的影响。上述工作的完成，必须基于团队设计和施工专业人员多专业、跨职能的协作，此外，大多数专业人员集中于项目现场联合办公室同地办公，实现快速问答、沟通反馈以及决策周期的缩短，也是完成上述工作的基础。图 7.7 所示的协作案例，展示了 ConXtech 模块化钢框架系统由 BIM 模型向实体转化的方式，缩短了施工图绘制、预制和整体施工完成的周期。

图 7.7　ConXtech 模块化系统由 BIM 模型到现实的转化。© 金永灿（Yong Chan Kim），康克斯特有限责任公司（ConXtech Inc.）

集成 4：运维和设计

在 IPD 团队中，作为建筑运维负责人的业主代表针对设计方案，与建筑设计团队、现场团队、可持续性团队、机电团队和室内装饰团队进行了长时间的合作，实现了设计方案的可运维性和可持续性，并达到了项目相关性能指标。将运维和项目的性能指标融为一体进行集成的优势，在 IPD 团队向业主提供五年性能运维保障的承诺中体现得尤为明显。

集成 5：可持续性和设计

业主要求 IPD 项目团队确保项目要达到以下目标：尽可能地融入环境，改善自然和社会的环境；为用户提供良好的光照和视野，同时保证良好的空气质量；空间布局可灵活调整以满足未来需求，最大化建筑物的全生命周期价值；促进未来用户的行为有利于环境的可持续性，如出行方式等。项目组建了跨职能 / 多专业的"绿色团队"，为上述可持续性目标的实现提供支持。

7.4.3 建筑系统的过程知识集成

继其他团队组建之后，随即组建的模块化团队以整体设计为基础，制定模块化设计方案。模块化团队与其他团队一样，是由多专业和跨职能人员组成，包含了总包方、设备、电气承包商的设计和管理人员，建筑、结构、MEP 工程师，钢结构制造商和模块化的设计 - 施工商。

机架集成 1：用户需求和设计

模块化团队的目的是，以确定或正在进行的设计方案为先决条件，制定满足业主需求的模块化设计方案，降低建造和运营成本，并确保项目按时交付。在进行模块化设计之前，模块化团队必须确定模块化设计方案能够达到业主的满意条件：

- 遵守规范，包括将电气和通信系统分开布置；
- 保持成本不变。与传统的制造和现场安装相比，把现场节省下的成本用来支付预制机架结构；
- 满足建筑审美要求；
- 自然光利用充分，对外视野开阔；
- 控制反射光，避免反射性眩光；
- 调整设施的规格，具备支持将来未知业务用途或其他需要重新配置所需的灵活性；
- 为附加服务和系统的重新配置提供空间，以适应客户工作团队的类型、规模和位置的变化；

- 在非耐火墙的空间内设置操控节点，使其尽可能利于抵近、操作和维护；
- 创建标准性和可重复利用性模块；
- 在工作启动之前，制定组装、检测、搬运、运输、吊装和安装的标准流程；
- 根据性能规范进行安装前的预测试。

模块化团队必须与其他团队进行协同设计，方能确保数栋建筑的各层管线的水平布局及设计完整性。"模块化水平共用机架"（modular horizontal common rack，MHCR）的容量、材质、位置、尺寸，很大程度上由建筑和 MEP 系统的设计决定。具有项目模块化设计经验的设计和施工经理充分认识到此种相互依赖的关系，模块化要素反映了整体建筑的构建要素和各系统，在确定电梯、楼梯、卫生间和每层大厅等核心要素的位置和尺寸时，必须考虑模块化共用机架尺寸的影响。因此，模块化设计必须尽早开始，以综合考虑各影响因素。

随着工作的进展，模块化团队形成一种特定的工作方式，能够快速处理并响应其他跨职能团队作出的决策。在联合办公室内，模块化团队定期开会，并在会议内外主动向其他团队成员提出需求。模块化团队以会议、谈话和电子邮件等方式作出并履行承诺。（由于与其他团队的依赖关系）模块化团队不能完全控制自身的工作进展，但是仍根据拉动式工作计划，尽其所能制定长期和短期工作进度计划。模块化团队尽管能够明确何种 MEP 需要使用公用机架，以及所需的机架容量和固定结构的间距，但是必须依靠其他团队提供支持以确定机架位置（例如在走廊里或办公室）。由于其他团队并非总是能够提供模块化团队所需的信息，因此，可能无法实现某些性能目标，如机架对自然采光的影响。

本案例说明了通过集成的过程和组织创建集成系统的机遇和挑战。一方面，模块化机架集成了许多建筑系统，使各系统的生产、安装、测试和维护更容易，并且提高了美观性，另一方面，在建筑物内大型建筑构件（如机架）的定位并非易事。该案例验证了集成各设计团队过程知识的重要性，在设计早期应将生产、施工和运维等问题的综合考虑为建筑系统的集成策略，明确不同的细节层次以及各系统之间的相互依赖性。在进行单系统的优化设计时，必须综合考虑对于其他系统的影响，单系统的设计不能过快于其他系统。

模块化团队很早就意识到，必须帮助其他团队成员用可视化方式表达自身的工作思路，这种认知促使该团队向 IPD 团队内部具有丰富施工经验的设备承包商的 BIM 专家以及和钢结构制造商寻求帮助。由于设备承包商提供了机架中的大部分设施，包括送风和回风、供暖、制冷、生活用水、电力和数据/通信电缆桥架，因而，设备承包商的设计师和建模师行使了水平共用机架设计师的职责。他们与模块化团队的其他成员合作，能够以二维草图形式，对仿真模型提出快速反馈意见，帮助项目参与方和业主利益相关者能够快速地查看和了解各种模块化设计的可行性。图 7.8 为类似该团队生成的概念模型图。

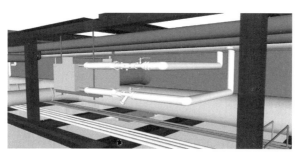

图 7.8 模块化水平共用机架概念模型。© 南方工业公司（Southland Industries）

机架集成 2：设计和用户需求

模块化团队确定了需要计算的评估内容和指标，并告知其他项目参与者以及客户利益相关者（尤其是建筑运维人员）。以下是评估的内容和指标：

1. 系统性能是"必须满足"的一组指标。机械工程设计团队与机械承包团队相邻办公，实现了工程概念和计算结果的随时核查。这种工作方式是必需的，因为机架的设计是多方面长期共同合作的结果，仅依靠某专业工程师自身无法确保工作真正地、彻底地、正确地完成。

2. 重量是影响机架设计的重要因素，结构工程师应对竖向荷载和横向载荷进行精确计算。

3. 模块的整体高度、宽度和长度以及各组件的尺寸、间距是影响机架设计的重要因素。团队首先作出的决策之一是，模块的长度不能超过 32 英尺（约 9.8 米），以避免在拥挤的城市道路上运输超大货物产生额外成本和时间。但是其他相关模块设计方案无法快速决定，例如，由于虽然团队成员认识到在走廊中间采用共用机架的可能性最大，但楼层平面布置方案尚未最终确定，导致共用机架是否应安置在走廊中间位置在很长时间内没有得到确认；同时，视野，尤其是自然光不受阻碍等室内与室外的交互因素影响是业主的重要需求，也直接影响了模块化构件大小和位置，但相关设计方案在短期内没有确定，使得构件的设计在很长时间都不能达到精确的程度。

4. 机架的设计应注重建筑美学的体现，能够增强而不是削弱业主所推崇的开放性空间文化理念。为实现建筑美学的目标，该团队提前作出了预案，积极推动当地人才和资源进行机架系统的设计和制造，而不是依赖于制造商现有产品的组装。基于对美学重要性的认识，团队以"设备艺术品"的理念进行共用机架的设计，"它不仅功能齐全、运转良好，并且其外观必须契合开放的办公环境。"

5. 场外预制和组装对应的成本和工期也是要考虑的重要因素，两者均优于传统方式。事实上，大量的现场工作被转移到一个更有序、安全和高效的场外环境，达到了业主所提出的时间和成本节约、安全、高质的要求。

团队制定了简明的工作流程，如图 7.9 所示，并根据流程对设计进行反复优化。团队根据暖通空调、电力和数据/通信荷载的数据，计算出系统容量，审查各结构的计算结果和建筑 MEP 需求的符合度。据此，团队可在机架框架内各类管线安置设计之前，进行机架框架的设计和调整。

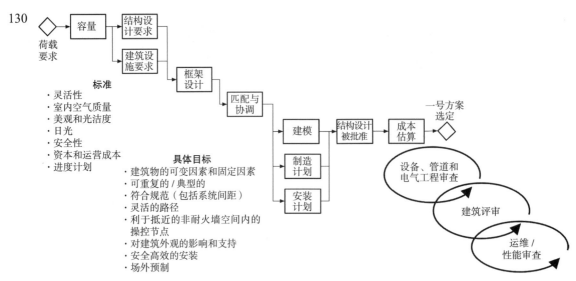

图 7.9　共用机架设计流程

在规划制造、组装和安装过程中，BIM 具有快速建模和获得迅速反馈的作用。机电承包商的 BIM 专家按照图 7.10 所示的流程，对多种设计方案进行快速建模，促进了团队的理解和评估。结构工程师根据模型对设计方案进行审查并提出修改意见，预算人员根据通过的设计方案调整造价，并与项目现场主管和计划专员核对，以确保机架可以在原定的施工时间段内完成安装。

支持建筑外立面和内部空间布局、MEP 以及室内装饰的共用机架首轮系列设计方案生成后，因为该方案所存在的问题可以从 IPD 团队快速得到解决方法，模块化团队能够依据其他团队及业主的意见，在几天内完成模型的修改。设计这种新型共用机架，权衡利弊和不断演

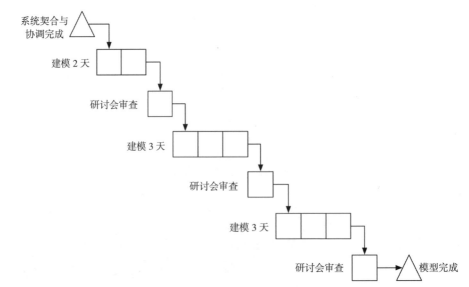

图 7.10　共用机架建模过程

化的园区设计所需的各种专业人员都在联合办公室或附近办公,很少需要利用电话或电子邮件进行沟通,促进了模块化团队的快速决策。然而,尽管模块化团队具有敏捷性,但仍然会受限于其他设计团队的进展。

长期以来,人们一直认为共用机架应如同其他项目的设计方案,进行独立的设计。模块化团队的工作重点在于展现模块化集成,尤其是在水平共用机架的应用方面,能为业主带来比传统方式更大的价值。在业主认可共用机架的优势之后,要求 IPD 团队将其纳入每栋建筑的设计,此阶段模块化团队的工作重点应转移至模块化设计中。

联合办公室内虽然包含了建筑外立面和内部空间布局的建筑师团队、结构团队和 MEP 团队,但并未包含室内装饰团队,因此,模块化团队加强了与室内装饰团队的沟通,促进他们加深对于机架工作方式的理解,通过供暖通风与空气调节系统建模方式向室内装饰团队讲解了共用机架的设计和安装机理,对照风管、水管和电线管杂乱无序排列传统方式的缺陷,展现公共机架的优势。图 7.11 和图 7.12 呈现了两种方式的优劣性,这是典型的"一图胜千言"。在沟通后的第二天,室内装饰团队主动邀请模块化团队帮助将机架模型与他们的概念

图 7.11 常规安装。© 南方工业公司

图 7.12 模块化安装。© 南方工业公司

BIM 集成，以确认悬挂于钢梁之间的共用机架对他们在消音方面的室内设计不会有影响。

在设计师加入团队后，业主要求模块化团队制作足尺实体原型，验证共用机架不仅作为产品应具有可行性，还应在生产、运输和组装过程中也具有可行性。

机架集成 3：施工和设计

施工方组建的具有相关设计和安装专业知识的模块化团队，可以更好地通过模块化方式阐述共用机架的优越性，特别是对展现满足业主节约工期和成本需求的可行性具有重要作用。团队基于精益生产系统的构建，具备了按时生产和交付机架的能力。以模块安装完成的时间节点倒推的工作方式，进行评估生产、组装、运输和安装的时间和成本等大量工作。模块化团队制定了工作计划，以明确下列事项：

1. 安装每个模块所需的时间、设备和人员以及在每栋建筑安装的工期；
2. 在既定工期内完成安装所需的最低库存量；
3. 现场所需库存堆放区域的位置和大小；
4. 风管、水管、可变风量（Variable Air Volume，VAV）箱、电气导管和电缆桥架的尺寸、准确位置和组装图（spool sheets）；
5. 各机架组件的连接固定方式以及模块化机架间的连接方式；
6. 最佳的组装和质检顺序，即确定负责人、工期和工作内容；
7. 场外组装所需的空间、设备和技术；
8. 场外模块化组装的每日工作量；
9. 根据现场与模块组装地的距离，确定运抵现场的模块数量。

在创建概念设计 BIM 的同时，钢结构深化设计人员对机架进行了建模，并模拟在钢结构安装过程中的机架模块安装，图 7.13 显示了标准机架安装就位的 ConXtech 模块化钢框架安装过程，模拟结果的展示，为模块化团队计算此种方案的成本和工期提供了充分依据。如果当地建设主管部门采纳喷涂防火的方案，模块化共用机架则可节约大量资金。若不采纳此种方案，团队则要求制造商进行安装钢结构和防火装置后安装共用机架的设计，即"B 方案"。尽管所节约的资金较少，但"B 方案"在安装过程中仍具有安全性和高效性。团队根据"B 方案"对造价进行了相对保守的调整，并证明即使在最坏的情况下，共用机架的应用也不会增加成本。

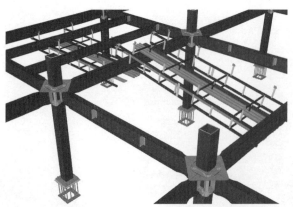

图 7.13　钢结构安装期间的机架安装模拟。© 伊丽莎白·福琼（Elizabeth Fortune），康克斯特有限责任公司（ConXtech，Inc.）

团队制定 6 种不同的机架类型，每种类型都有不同的配置方案，并用 BIM 对所有机架类型进行建模，发现此 6 种类型均适合应用于该项目。团队制造并组装了两个类型相同而配制不同的模块，以测试组装过程。在生产开始之前，建模人员将构件信息准确地导入 BIM 模型中，以便将组装图中的加工信息传输到计算机数控（Computer Numeric Control，CNC）的切割、弯曲和焊接机中，从而进行风管、可变风量箱的制造以及管道的切割。图 7.14 显示了一个典型的共用机架组装图。

模块化团队急需设计一个获得批准以用于规范机架制作和安装的方案，该方案是估算成本的先决条件，IPD 团队领导层可据此决定是否建造一个足尺原型，以使建筑运维人员能够评估其功能。在空间规划师的要求下，机架高度和宽度作出很大改动之后，模块化团队迅速决定立即开始规划生产。

设备承包商团队先行开始了组装方案的制定，要求生产经理们不仅参与风管和管道制造方案的制定，还应参与所有组件组装方案的制定。这些生产经理们充分利用了在三年前迁移和扩建制造车间期间积累的精益生产设计经验，并结合自身的专业知识开发了"平衡作业"法，均衡了各工作站点的工作量。图 7.15 显示了设备承包商的生产经理和相关专业的成员进行共用机架安装材料和设备工作的"平衡作业"。

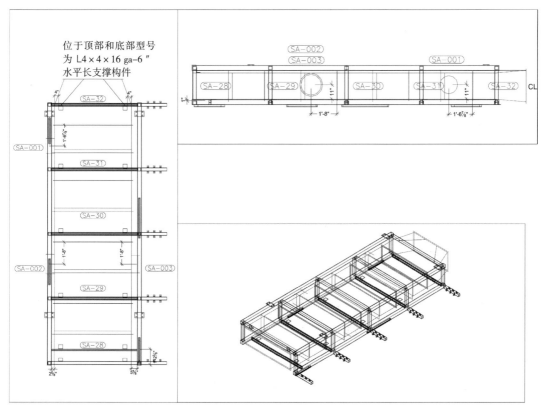

图 7.14　制造和组装图。© 南方工业公司

DATE		组装间	组件预制	焊接间 1	焊接间 2	焊接间 3	外部阶段	货车运输	焊接间 1
		焊接工 1	焊接工 2 管道安装工 1 管道安装工 2	焊接工 3 管道安装工 3 管道安装工 4 风管安装工 1 风管安装工 2	焊接工 4 管道安装工 5 管道安装工 6 风管安装工 1 风管安装工 2	焊接工 5 管道安装工 1 管道安装工 2 风管安装工 1 风管安装工 2	材料管理员		焊接工 1
8/11	6-8 8-10 10-12 12:30-2:30	组装框架 – 模块 6							
8/12	6-8 8-10 10-12 12:30-2:30	组装框架 – 模块 5		焊接框架 – 模块 6					焊接框架 – 模块 6
8/14	6-8 8-10 10-12 12:30-2:30	组装框架 – 模块 5 组装框架 – 模块 4	单管预制 – 模块 5 单管预制 – 模块 5	风管安装工 – 模块 6	焊接框架 – 模块 5				
8/14	6-8 8-10 10-12 12:30-2:30	组装框架 – 模块 7 组装框架 – 模块 3	单管预制 – 模块 5 单管预制 – 模块 4 单管预制 – 模块 7	管道安装工 – 模块 6	风管安装工 – 模块 5 焊接框架 – 模块 5	焊接框架 – 模块 4			
##									
8/17	6-8 8-10 10-12 12:30-2:30	组装框架 – 模块 1 组装框架 – 模块 1	单管预制 – 模块 1 单管预制 – 模块 1 单管预制 – 模块 1		管道安装工 – 模块 5 焊接框架 – 模块 7	焊接框架 – 模块 4 风管安装工 – 模块 4 管道安装工 – 模块 4			焊接框架 – 模块 7
8/18	6-8 8-10 10-12 12:30-2:30	组装框架 – 模块 1 组装框架 – 模块 2	单管预制 – 模块 1 单管预制 – 模块 8	风管安装工 – 模块 7 管道安装工 – 模块 7	风管安装工 – 模块 7 焊接框架 – 模块 1	焊接框架 – 模块 1 管道安装工 – 模块 4			
8/19	6-8 8-10 10-12 12:30-2:30	组装框架 – 模块 8 组装框架 – 模块 9	单管预制 – 模块 9	焊接框架 – 模块 2	风管安装工 – 模块 3 管道安装工 – 模块 3	风管安装工 – 模块 1			焊接框架 – 模块 2
8/20	6-8 8-10 10-12 12:30-2:30	组装框架 – 模块 9 组装框架 – 模块 10	单管预制 – 模块 9	焊接框架 – 模块 2 风管安装工 – 模块 2 管道安装工 – 模块 2	焊接框架 – 模块 8				焊接框架 – 模块 2
8/21	6-8 8-10 10-12 12:30-2:30	组装框架 – 模块 10 组装框架 – 模块 11	单管预制 – 模块 10	管道安装工 – 模块 2 焊接框架 – 模块 10	风管安装工 – 模块 8 管道安装工 – 模块 8	焊接框架 – 模块 9 风管安装工 – 模块 9			焊接框架 – 模块 10
##									
8/24	6-8 8-10 10-12 12:30-2:30	组装框架 – 模块 11 组装框架 – 模块 12	单管预制 – 模块 11 单管预制 – 模块 11	焊接框架 – 模块 10 风管安装工 – 模块 10		风管安装工 – 模块 9 管道安装工 – 模块 9			焊接框架 – 模块 10
8/25	6-8 8-10 10-12 12:30-2:30		单管预制 – 模块 12	管道安装工 – 模块 10	焊接框架 – 模块 11 风管安装工 – 模块 11 管道安装工 – 模块 11	焊接框架 – 模块 12	绝缘 – 模块 6 绝缘 – 模块 5 绝缘 – 模块 4 绝缘 – 模块 7		
8/26	6-8 8-10 10-12 12:30-2:30		单管预制 – 模块 12		管道安装工 – 模块 11	风管安装工 – 模块 12 管道安装工 – 模块 12	绝缘 – 模块 3 绝缘 – 模块 2 绝缘 – 模块 8	装载 – 模块 6 装载 – 模块 5 装载 – 模块 4 装载 – 模块 7	
8/27	6-8 8-10 10-12 12:30-2:30						绝缘 – 模块 9 绝缘 – 模块 10 绝缘 – 模块 12	装载 – 模块 3 装载 – 模块 2 装载 – 模块 8	
8/28	6-8 8-10 10-12 12:30-2:30							装载 – 模块 9 装载 – 模块 10 装载 – 模块 11 装载 – 模块 12	

图 7.15 生产研究。© 南方工业公司

焊接间 2	焊接间 3	焊接间 1	焊接间 2	焊接间 3	焊接间 1	焊接间 2	焊接间 3
焊接工 2	焊接工 3	风管安装工 1 风管安装工 2	风管安装工 1 风管安装工 2	风管安装工 1 风管安装工 2	管道安装工 3 管道安装工 4	管道安装工 5 管道安装工 6	管道安装工 3 管道安装工 4
		风管安装工 – 模块 6					
焊接框架 – 模块 5 焊接框架 – 模块 5					管道安装工 – 模块 6		
	焊接框架 – 模块 4			风管安装工 – 模块 5			
	焊接框架 – 模块 4			风管安装工 – 模块 4		管道安装工 – 模块 5	
焊接框架 – 模块 3		风管安装工 – 模块 7		风管安装工 – 模块 3		管道安装工 – 模块 7	管道安装工 – 模块 4 管道安装工 – 模块 4
	焊接框架 – 模块 1 焊接框架 – 模块 1			风管安装工 – 模块 3 风管安装工 – 模块 1		管道安装工 – 模块 3	
焊接框架 – 模块 8		风管安装工 – 模块 2		风管安装工 – 模块 8		管道安装工 – 模块 2 管道安装工 – 模块 2	管道安装工 – 模块 1
	焊接框架 – 模块 9			风管安装工 – 模块 9			管道安装工 – 模块 8
				风管安装工 – 模块 9			
焊接框架 – 模块 11 焊接框架 – 模块 11		风管安装工 – 模块 10			管道安装工 – 模块 10		管道安装工 – 模块 9
	焊接框架 – 模块 12		风管安装工 – 模块 11			管道安装工 – 模块 11	管道安装工 – 模块 11
				风管安装工 – 模块 12			管道安装工 – 模块 12

图 7.15　生产研究。© 南方工业公司（续）

因钢结构制造商的车间无法满足机架的组装要求，模块化团队项目经理必须寻找一个空间充足且配备门式起重机的车间，以便将机架按照团队创建的平行组装线进行移动。在此情况下，IPD 团队的机架制造商主动提议利用自身两个车间以满足上述需求，解决了这一难题。

在上述问题解决之后，供暖通风与空气调节系统专业的 BIM 人员实现了组装线的建模。他们构建了包括钢结构地上基础在内的大型组装线结构的模型，并将机架 BIM 模型纳入组装线模型中，生产计划人员能够直观了解所需的 5 个工作站以及预制构件、机架组件在各工作站的流动方式。图 7.16 显示了一个组装线的布局，类似于团队为生产两个足尺原型而建立的装配线。

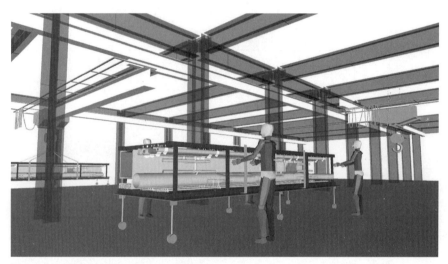

图 7.16　大型组装线模型。© 南方工业公司

运输和物流问题同样值得关注，模块化团队在生产研究中发现，现场安装速度远远大于场外组装速度，且机架需要提前装车运至现场才可进行安装，团队难以保证按时供应机架。标准拖车尺寸为 48 英尺 ×8 英尺 6 英寸（14.6 米 ×2.6 米），仅能容纳一个机架，为保证运输和装卸安全，在正常工作时段内，最多可在机架上面再堆放一个机架。为验证团队设想方案的可行性并确立装卸过程，供暖通风与空气调节系统专业的 BIM 人员创建了一个虚拟的卡车－拖车，并将两个机架堆放在拖车上。他们在模型里把拖车移到了大厅的尽头，这样小组就可以更加直观地了解在装载过程中如何处理包装好的模块。他们还复制了该拖车，并把几辆拖车放置在大厅外，这样团队和车间生产经理可以直观地了解应如何处理模块在堆场中的储存、移动和空间布置问题。图 7.17 显示了装有 4 个机架拖车模型，类似于在该项目中的供暖通风与空气调节系统专业的 BIM 人员创建的模型。

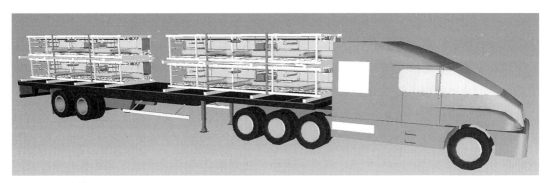

图 7.17 运输模型。© 南方工业公司

"设备艺术品"的创造,需要组装团队为管道系统选择"最整洁"的法兰接头,并选定"卡压"的管道连接方式。机架组件以"艺术性"的标准方式固定于机架,并在机架和组件性能测试和包装之前进行喷漆。在得到业主建造实体原型的授权时,模块化团队中的每个人都意识到他们所做的已经远远超越了传统的施工工艺,事实上,团队正在设计和生产一种成品。图 7.18 是设备承包商在另一个项目上安装的共用机架照片,展示了组装大厅的实体原型被置于相应的高度,以利于业主代表和团队成员审查。

图 7.18 机架原型的模拟安装。© 南方工业公司

值得注意的是,此案例开发最佳设计所应用专业知识的广度和深度。此外,模块化团队通过把所有参与者提供的信息集成至设计、预制、组装和现场安装的多个备选方案的建筑信息模型中,使工作更加高效(关于集成信息如何支持集成团队和过程,请参阅第 10 章)。

机架集成 4:运维和设计

建筑运维人员积极与 MEP 和模块化团队合作,以确保系统实现两个目标:

1. 具有适应未来发展和需求变化的灵活性；
2. 操控节点、设备和通信线缆布线利于操作、维护和重新配置。

实现冷热水管道尺寸增加的可能性和相对低的成本，是采用辐射板（由中央机房供应冷热水）的显著优势。模块化团队负责管道、电缆管和电缆桥架的尺寸和重量相兼容的系统设计，并负责机架管线输入和输出的布局设计。MEP、模块化团队与系统工程师、建模人员和施工经理共同工作，进行暖通空调、管道、电气和数据/通信的同步设计。他们共同分享BIM模型及生产成本和进度的电子表格，使得团队每个成员都可以直观地理解相同的信息。

业主需求的灵活性体现在快速重新配置通信线缆、电缆以支持特定工作需求，模块化团队的工作方式满足了业主的这种需求，该工作方式的优越性体现在将电缆线置于一侧的桥架，通信线缆单独置于另一侧的桥架，所有桥架的两侧均保持开放状态，电缆桥架始终与对应走廊壁的距离保持最大化。图7.19显示了供暖通风与空气调节系统专业建模人员创建的模块化机架模型，该模型利于运维人员理解模块化机架快速更换电源和通信线缆布线方面的优势。

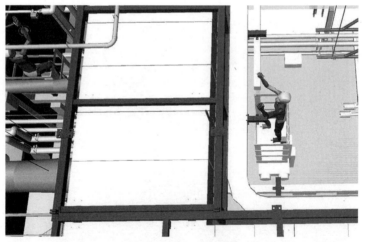

图7.19 位于机架底层易于重新配置的强电和弱电桥架。© 南方工业公司

业主的运维人员应具有控制节点的操作、检查和维护建筑设施的人体工程学等知识，在重视选择易于使用设备的同时，还应运用人体工程学知识，重视设备操作空间的确定。控制节点不应安装在机架中，而是应安装在易于运维操作的墙体内。大型的顶棚检修口应设置于临近共用机架的专用区域内，机架顶部的可变风量空调箱应置于中央走廊的一侧，而不应跨越电气和数据处理机房。图7.20显示了利于检修的带有控制节点供应管线模块组件的设计。

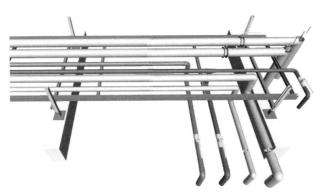

图 7.20 带有阀门的供应管线的模块组件,阀门位于墙内上方便于检修。© 南方工业公司

对于整体系统具有重要影响的机架运维,不能依赖于建筑交付后的问题发现,也不能仅凭设计规划阶段的信息收集而实现。针对施工现场和结构及各工程系统(包括共用机架)的多种备选设计方案,MEP 和模块化团队与运维人员保持了密切的磋商。因此,在本案例中,当团队决定依据实体模型推进工作时,工程师和运维人员对 MEP 系统和共用机架实用性和可操作性已经很有把握了。

机架集成 5:可持续性和设计

除了上述经济效益外,项目团队还承担了该项目的环保使命,积极利用当地专业人员和生产能力,采用"绿色"材料生产机架,确保室内空气质量良好,并利用机架提高建筑物的能源利用效率,实现机架适用于建筑物的所有可持续性目标。

7.5 重要性

上述案例表明,建造高性能建筑的最佳方法是构建设施技术系统之间、设施用户和设施之间的协同效应。为实现最佳协同效应,应尽可能多地集成设施的各系统,也就意味着要对运维、设计、预制和安装的过程知识进行集成。设计企业园区和模块化水平共用机架的 IPD 项目团队在这方面做了很好的尝试,我们相信每个项目团队也能做到这一点。

设施的技术系统的集成并不是基于碎片化的知识堆积,而是基于规划、设计、建造和设施运维的过程知识集成。相应地,过程知识的集成应由一个集成组织或团队来实现,而不是由传统的各个组织把碎片化的知识进行堆叠来实现。总而言之,成功的集成组织必须依赖于信息的集成。共用机架的案例表明,若不能对所有相关信息进行实时获取,则难以综合考虑模块化的诸多相关因素。BIM 是将项目各专业信息进行集成,并支持跨专业分析的重要方式。

可视化和仿真是连接集成信息与设计团队的主要机制,项目团队成员和项目利益相关者能够通过可视化的三维、四维的方式了解彼此的观点,从而加深理解相应设施性能指标对应的项目设计性能(即项目价值)。同地办公和协同工作是项目团队进行过程知识集成的重要基础,同地办公和协同工作又称为集成并行工程(Integrated Concurrent Engineering,ICE)。这一理念是由喷气推进实验室(Jet Propulsion Laboratory,JPL)首创,用于空间飞行任务的设计(Mark,2002),精益生产管理方式在目前是确保每位项目团队成员真正对集成设施作出贡献的最有效机制。高性能设施的设计必须用性能指标进行定义,并上升到运维层面,从而进行各种设施设计的比对,以实现最佳设计方案的选择。

值得注意的是,集成团队不仅必须进行产品(设施)的设计,还必须进行组织和过程的设计(Kunz & Fischer,2007),并针对项目交付过程中的信息生成、共享和使用机制制定策略,所有上述工作均需要构建一个合同框架。

7.6 启示

高性能设施应具备激励用户创造有助于自身业务发展所必需价值的作用。作为产品的设施是作为一个整体而发挥作用,各技术系统与社会组织相互影响,即可相互兼容或独立运行,也可相互排斥。然而,虽然将设施作为一个整体进行规划和使用,但是传统性设计和施工管理理念,特别是预算和进度计划安排以及相应的教材、软件和实践,却侧重于如何将项目分解为细小的管理单元,并将合同责任分解到各个单元(Barrie & Paulson,1992)。

设施业主和用户的期望正在改变,这种期望是建造具有明显环境和社会效益的设施,也就是可保护用户健康,并能最大化地提高用户的商业价值,即可持续性设施。采用简化理论或"分而治之"理念的传统设施设计和建造方法,所建造设施的性能完全取决于设计师、施工方和运维人员的工作。"分而治之"方法与创建整体的高性能建筑在本质上是相背离的,尽管有时通过项目团队成员的共同努力和付出,偶尔可在传统的离散性项目交付过程中可产生高性能的设施,但是,传统的项目管理方法并不能连续地在全球范围内创建出高性能的设施。

正如本章以上所述,只有专注于整体过程的知识集成,方能取得出色的成果。我们相信,个人和公司作出努力向此种方式转变,将会获得更有价值的回报,因为该方式很可能更有效。

7.7 小结

传统的设计和施工行业是将用户和业主的需求与实现需求的知识、信息相互分离,通常按顺序引入有关施工、运维的相关知识，极大地削弱了建筑的高性能。过程知识的集成使 IPD 团队能够及早地、全面地掌握建筑生命周期所有关键阶段的知识。在本章所介绍的共用机架案例，项目团队清楚地理解业主有关经济性、可运维性和美观性的需求，跨专业团队根据这些需求评估多种预制备选方案，以获取一个可建造、可使用、可运维、可持续和具有吸引力的最佳解决方案！

注释

1. 布鲁斯·C.考辛斯，美国建筑师协会 SWORD 综合建筑解决方案的负责人。布鲁斯在建筑工程项目管理方面拥有 40 多年的丰富经验。作为一个执业建筑师和公司负责人，他擅长设计人群密集、服务密集、多用途的项目，如度假酒店、市政中心、医疗保健和社区设施。在过去的十年里，他一直服务于设计单位和承包商，并在精益建造和集成项目交付方面担任领导者、顾问和导师。2007 年，他开始在项目中实施 IPD 方法，与施工前期经理（preconstruction managers）合作完成了几个项目，从传统的最高限价（guaranteed maximum price，GMP）合同过渡到协作精益项目交付，其中包括佛罗里达州惠灵顿的社区服务中心和市政厅大楼，以及位于堪萨斯州奥拉西市（Olathe）的堪萨斯州立大学（Kansas State University）的研发实验室设施。布鲁斯为众多建筑事务所和前 100 强总承包商公司提供了指导，并为他们在 BIM、虚拟设计及精益施工领域的启动与发展中作出了重要贡献。作为一名高级领导和培训导师，通过使用精益生产和产品开发的工具和技术、BIM 技术以及对人类行为的理解，他带领多个项目团队实现了高效运营、低成本、高成效的项目目标。

参考文献

Barrie, D., & Paulson, B. (1992). *Professional construction management.* New York, NY: McGraw-Hill.

Elkington, J. (1998). *Cannibals with forks: The triple bottom line of 21st century business.* Gabriola Island, British Columbia, Canada: New Society Publishers.

Martin Fischer, Atul Khanzode, Dean Reed, and Howard Ashcraft (2012). "Benefits of Model-based Process Integration." Invited Paper, *Proceedings of the Lake Constance 5D-Conference 2012*, Fortschritt-Berichte VDI, Reihe 4, Nr. 219, U. Rickers and S. Krolitzki (eds.), VDI Verlag, Düsseldorf, Germany, Pages 6–21.

Kunz, J., & Fischer, M. (2007). *Virtual design and construction: Themes, case studies and implementation suggestions.* Working Paper #97, Center for Integrated Facility Engineering, Stanford, CA.

Mark, G. (2002). Extreme collaboration. *Communications of the ACM*, 45(6), 89–93.

Peña W., & Parshall, S. A. (2012). *Problem seeking: An architectural programming primer* (5th ed.). Hoboken, NJ: Wiley.

Suhr, J. (1999). *The Choosing by Advantages decision making system.* Westport, CT: Quorum Books.

第 8 章

项目组织的集成

> "人们应找到恰当的表达方式来描绘自己所涉及领域的工作目标,并将其作为发展自我战略和引导实践的一部分。人们对工作的表述固然重要,但重点应放在自我反思、探索和开放自我的过程中,而不在言辞本身。"
>
> ——彼得·圣吉(Peter Senge)

8.1 概述

笔者建议成功的项目团队需要做好四项任务,如图 8.1 所示。毕竟,团队的报酬来自增值性工作。将大多数时间用于增值性工作,依赖于良好的协调、强有力的领导和正确的决策,否则,项目团队及其子团队无法执行如第 7 章所描述的集成系统性工作及其流程,从而无法完成高性能建筑。具有丰富经验和责任感的团队应该创建新的团队文化和组织,明确协调的范围和机制,帮助团队成员和业主利益相关者制定决策,确定实现项目目标的时间和方式,同时,应帮助团队成员制定工作步骤。

图 8.1 项目组织取得成功必须做好的四项任务

8.1.1 时下的最佳实践

职业体育常常提倡从不同的角度看待问题,竞技体育中有一句名言,"训练质量决定赛场表现",训练无捷径可走,赛场成绩是训练水平的体现。仅依靠个体化而缺乏团体配合的训练方式,难以使团队竞技运动在比赛中取得好成绩。

设想职业橄榄球队的老板为了赢得总决赛,聘请了经验丰富并有多次带队获胜经历的经理人和教练组。主教练和进攻协调员、防守协调员仅在正式比赛前的数月,每周开几次会。他们可能在办公室里讨论了几种战术设计和比赛推演,虽然他们中只有一个人真正在职业球队中打过比赛。主教练向球队老板保证他们的战术能赢得比赛,但是他还没有聘请球员,球队赛前在球场也从未进行过团队训练。这也意味着他们没有任何能够预测球队表现的统计数据,如进攻的红区效率、四分卫的完成率、攻守转换能力等。

直到比赛当天，教练才将用较低费用聘请到的球员们从更衣室陆续送进球场，这是球员们的第一次见面，也是第一次来到这个球场，球员们不了解比赛的进程，甚至还不知道比赛的对手是谁。

尽管上述情况在现实中很少发生，但却是对"设计－招标－建造"（design-bid-build，DBB）项目交付模式的准确描述。很多业主倾向于其他的交付模式，其中"设计－建造"交付模式（Design-Build，DB）可使部分相关人员在项目启动前进行一定程度沟通，风险型项目管理模式（construction manager at risk，CM@R）则可使业主全权委托总承包商管理项目，但上述两种模式并未实现深层次集成。以上所提及的交付模式没有一个可以真正帮业主"赢得总决赛"。但是目前建筑行业中大多数项目都采用了上述交付模式中的一种。我们通过选择费用最低的团队，要求他们各自为战，却期待他们"赢得总决赛"。

非集成项目交付模式（non-IPD）项目中的团队成员没有共同利益，各成员领导者制定决策的基础是首先确保本公司在项目中的预算、进度和成本，在不损失自身利益的前提下，才有可能去考虑项目整体。进度计划的制定，团队成员同样是优先确保自身工作的协调有序，方考虑项目整体的进度。只有在决策不影响本公司利益的情况下，各团队成员和领导方才有可能试图为项目整体考虑。优先考虑各成员所在公司利益的方式，不可避免地导致返工，此方式既不能满足各团队成员的需求，也不能满足整体项目的需求。而这种返工却被认为是正常的业务流程，并不是浪费。正是由于此种返工的隐匿性，从未有人认真统计过，实际上这种返工耗费了大量的人力资源，并随之增加了项目成本。图 8.2 显示了此种组织方式的结果。

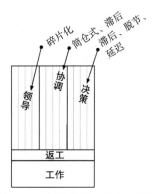

图 8.2　碎片化领导、筒仓式协调、滞后决策导致返工

要想保证每一个项目的成功，需要一种新型的组织方式。这种新型的方式既能够促进成员之间的协作，又能充分发挥个人的作用。任何项目的成功依靠的不是个人的努力，而是团队的力量。这种成功团队的组建和运作方式与传统方式截然不同，真正实现了各专业团队功能的集成（这类似于竞技体育中团队的运作方式）。在项目早期团队成员即开始共同工作，个人之间逐渐相互了解，加深对彼此间工作流程了解，学习如何作出可靠的承诺，并共同进行虚拟建造，使团队成员在项目全面展开阶段能够快速有效解决问题。

8.2　集成组织的内涵

本书中，集成组织是指在一定架构和秩序内工作，并与外部环境保持联系的人员群体。这种组织是一个社群，拥有共同的规则和规范。进一步讲，该组织内有不同职责等级、不同知识和技能的人，他们共同工作，为外部环境提供产品或服务。比如福特汽车公司生产轿车和卡车，麻省总医院（Mass General Hospital，MGH）提供医疗卫生服务，DPR建筑公司为业主提供建筑设施。

团队与组织密切相关，但团队并不等同于组织。笔者将团队定义成为共同目标而聚集在一起的人群。组织的关键要素是结构和安排。而团队的核心是有共同目标的人。在设计和施工中既需要团队，也需要组织，两者缺一不可。团队和组织的概念内涵丰富，需要专门论述，本章将首先论述集成组织，随后的章节将对团队专门论述。

真正的集成项目交付组织，其架构是通过合同或协议而构建，而其他形式的项目交付组织仅是明确了责任和支付义务。IPD合同中定义的组织架构包括高层领导小组、日常项目管理小组、负责设计和施工的多职能/跨专业团队。该组织架构的人员具有不同的专业知识，诸如结构混凝土、钢结构框架、设备系统、电气系统和建筑幕墙等。各专业团队内也配备有负责不同工作流程和职责的人员，包括管理人员、估算人员和制作安装专家。IPD组织与其他项目交付组织类似，仅是为项目交付而组建，是一种无固定员工的临时性虚拟组织。

总而言之，IPD的集成组织是一种将人们用集成架构汇集起来的组织，该架构与项目要求相吻合。集成组织的本质是由拥有共同价值诉求和目标的若干独立组织及其成员组成的群体，该群体像一家"公司"一样运作，这个"公司"（即虚拟组织）就是"项目"。实际上，对于"如果同属一家公司，我们是否会这样做？"的回答，是对组织集成程度的很好测试。

笔者认为集成项目组织可运用四种方式将人们以项目目标为中心凝聚在一起。第一，集成项目组织协同成员的行为、信息和决策，不允许个人在筒仓下工作。第二，集成项目组织的基础是成员的相互沟通，使每位成员作为价值创造者确立需要完成的工作，并作出承诺及履行承诺。第三，集成项目组织激励个体化和全员性的学习模式，使组织的整体智慧高于任何个体。第四，集成项目组织能够将客户的特定价值需求通过架构关联到成员的工作中。

8.3 成功的标志

如何判断项目组织是否集成？是依据双方签订IPD合同或休戚与共吗？是依据总承包商和供应商在设计初期便加入团队吗？是依据人们同地办公吗？是依据BIM技术的应用吗？是依据白板上充满箭头和方框组成的图表所显示的协同工作方式吗？还是依据团队成员在大卷宗的纸张上用便利贴来做项目计划吗？虽然在集成项目组织中可能会有上述现象，但这并不代表一个项目组织真正集成了。我们建议应观察和了解组织内部成员的所作所为，并希望能够观察到和听到以下内容。

- 包括业主在内的项目参与者以单一集成组织的形式作出决策；

- 领导权在相互信任基础上实现真正共享，各方轮流行使领导权；
- 各方基于项目整体利益决定工作内容、工作方式以及工作的执行者；
- 联合办公室内充满嘈杂声，有人在富有激情地进行建设性对话，有人戴着耳机在集中精力地工作，还有人在相互微笑并开着玩笑，所有人都在全身心地投入这种环境；
- 项目领导者负责建立强大的承诺网络，并讨论提议、要求和承诺；
- 团队成员在会谈时注重相互倾听，而非说服对方，从而生成更多可能性；
- 团队成员和利益相关者赞赏彼此能尽早发现问题，认为没有问题就是最大的问题；
- 愿意倾听和接受各种新颖、与众不同的想法和工作方式；
- 团队成员真正理解组织内部成员的依赖关系及其相应需求；
- 每个人都认为不断学习和提高才是首要任务；
- 各专业集群及其负责人与项目管理者每天进行简短会面，讨论工作的进展、遇到的障碍和制定的决策；
- 管理者和领导者以身作则，而不是品头论足。

8.4 实现方式

8.4.1 萨特医疗集团的五大理念

以萨特医疗集团为背景，精益项目咨询公司的哈尔·麦康伯（Hal Macomber）撰写的"重塑城市基础设施项目设计和交付方式的五大理念"（Five Big Ideas that Are Reshaping the Design and Delivery of Capital Projects）是一个非常好的实践指南，并已被广泛接受。于2004年3月23日至24日的萨特医疗集团精益项目峰会（Macomber，2004a）之后，萨特医疗设施规划与发展公司（Sutter Health Facilities Planning & Development）的戴维·皮克里（David Pixley）和其他领导要求其供应链中的每位组织成员立即开始在其项目中采用这五大理念。

不论团队中的设计和建筑公司在以往项目中有何种经验，萨特医疗集团要求项目领导以五大理念教育团队成员，促使团队以新型的方式进行工作。五大理念内涵主要为以下方面：

1. 以最早期成员的方式将施工单位纳入项目的团队（即与设计方同一天加入团队），借助其施工经验进行可行性设计。

2. 建立互信关系。

3. 具备"言必行"的理念，作出的承诺是任何工作的准则，管理人员必须以身作则，支持这种理念，推动项目成员加深对这种理念的理解并落实到工作中。

4. 决策和实施以实现项目价值最大化为目的，不再以设计或施工过程中某个部分成本最低、最简单为基础。

5. 每个人应当以生产单件或小批量产品的方式，而非大批量产品的方式，迅速考察产品是否符合客户的要求。团队中的每位成员都有责任及时从客户获取反馈意见。团队要时刻自省："我／我们所提供的产品是否符合客户要求。"

重塑城市基础设施项目设计和交付方式的五大理念[1]

声明

我们正着手改进城市基础设施项目的设计和交付方式，这项工作既具有深远意义，又具有现实的必要性。目前的城市基础设施项目成本过高、耗时太久、性能不佳、安全事故频发，我们认为这种方式必须改变。

五大理念

这些理念促进了项目管理的转型，是项目交付系统和方式创新的基础，这些理念的提出具有坚实的理论和实践依据。世界许多公司已经部分采用该理念进行了项目实施过程改进，并取得了显著效益。我们旨在应用这些理念促进整个行业的转型。

1. 协作——贯穿设计、规划和执行全过程的真正协作

可建造、可运维和经济适用的设计需要项目实施方和投资方的共同制定。建筑大师的观念落伍之后，建筑的设计和施工处于相互隔离状态，导致人们总是在不断地采取办法弥补设计方案的不足。价值工程理论、设计辅助交付方式和施工可行性审查弥补了设计的部分不足，但也造成了一种假象，即独立于工程和施工的设计，依然可以成功。设计是一种重复反馈的迭代过程，决策的取舍影响着方法的选择，而可选的方法也影响着决策，协同的设计和规划最大化地正迭代，减少了负迭代。

2. 项目参与者之间关系的强化

在建筑、工程和施工行业（architecture, engineering, and construction, AEC）中，项目各参与者以陌生人的方式参与进来，却常以敌对的方式离开。只有通过不断地学习、创新和真正的协作方式，才能为当今的复杂且有耐久性要求的设施项目带来成功。而项目参与者之间松散（甚至敌对）的关系严重妨碍了城市基础设施项目的设计和交付方式的转型。参与者们需要建立互信关系，坦诚公开自身的失败教训，以供团队内部和其他团队借鉴，互信基础上的经验教训分享方式，能够阻止同类错误的再次发生。这种关系的建立不会自然发生，但是经验告诉我们这是可以通过团队的努力来实现的。

3. 项目是一个由承诺构成的网络

项目有别于过程，也不是所谓的"价值流"[*]。项目的管理工作需要不断强化和激活由承诺构成的网络。领导层的职责是在面临未知情况时，为这个承诺网络带来连贯性，并与项目参与者共同创建（可知的）未来。这正是领导层新型职责所在，有别于"计划是预测，

---

[*] 所谓"价值流"是指从原材料转变为成品，并给它赋予价值的全部活动。完整的价值流包括增值和非增值活动。——译者注

管理是控制，领导力是确定方向"的传统性领导职责。

4. 项目整体性优化

传统项目工作通常呈现出碎片化的混乱状态。传统的合同和实践方法迫使项目管理者以加快进度和降低成本的方式进行工作，导致了项目工作的混乱甚至失控。对任务的劳动生产率的高要求，虽然可能最大限度提高了某个局部的工作效率，但却弱化了对后续工作的衔接性，延长了整体工期，增加了协调的复杂程度，降低了团队之间的相互信任。从设计的角度，这种局部优化会导致返工和延迟交付。从施工的角度，现场安全风险会增大。在施工现场安全方面，我们有重大的机会和责任，尽可能发现现场的安全隐患。整体性优化可使施工现场的安全性提高50%以上，以确保项目施工人员的安全。我们对工作内容的理解以及如何管理计划，可直接影响到项目工作的有序或混乱程度。

5. 实践与学习的紧密结合

项目实施者通过实践学习的方式，可以持续降低成本、加快进度并提升整体项目价值，该方式可及时获得反馈信息，了解工作与预期满意条件的匹配程度。采用单件产品获取反馈信息的方式，能够避免规模性批量生产所造成的绩效低下（即未达到客户的预期）。传统的计划、执行和管控的分离状态，既导致了绩效低下，也加大了产品与客户要求的差异性。

我们致力于持续改进项目设计和交付方式，让我们共同行动起来。

——哈尔·麦康伯为萨特医疗集团而撰写

8.4.2 集成组织的创建

集成组织的大厦是由四根支柱支撑，四根支柱分别为：

1. 将人们的工作、信息和决策联结起来；
2. 通过语言来协调行动，从而创造价值；
3. 创建学习型组织；
4. 使每个人的工作与为客户创造价值保持一致。

1. 人们工作、信息和决策的协同性

集成项目交付团队成员应理解其工作环境下的网络形态，这对项目有重要意义。这并不是一个新的观念，而是客观存在的事实。在此总体认识的基础上，成员们应进一步理解三种相依类型。团队成员还需要明白在项目的网络（此网络受这些相依类型的影响）下协同工作需要大量的付出。具有上述认识的团队成员方可清楚地理解，多职能/跨专业团队作为 IPD 基本单位和日常多层次沟通的必要性，只有这样网络内的成员才能实时了解项目的真实状态。

项目网络中相依关系的认识与理解

首先应理解并能辨识出项目网络内的相依关系。于1967年发行的《行动中的组织》

(*Organizations in Action*）书中，社会学家詹姆斯·D.汤普森（James D. Thompson）定义了组织结构中相依关系的三种类型：并列式相依、顺序式相依和交互式相依。并列式相依是指组织内各单元（可以是小组、团队、部门或区域办公室），彼此不需沟通，并独立完成工作，为生成组织的整体产品或服务作出贡献。所需工作的设计以各团队或单元可以独立性完成工作为基础，只要各团队都独立完成其份内的工作，项目就完成了。在这种方式下，管理层的主要职责是明确和规范各个组织单元的工作标准，如图8.3所示。

顺序式（即线性）相依是指一个单元的工作依赖于其前面一个单元的输入。也就是说，第一个单元（比如团队或现场安装小组）要为后面的单元提供输出。流水线作业可能是此种方式的最直接的一个范例。除了明确和规范每项任务的产出以及任务间的交接标准之外，管理层还需要关注信息的提供和材料的供应。顺序式相依关系的工作对协同的要求较高。图8.4显示了团队之间的顺序式工作。

专业A、B两单元的产出分别又是对方单元的输入，单元之间的工作相互依赖，这种方式即为交互式相依。本书第7章所描述的共用机架的设计，具体反映了交互式相依的工作，该案例体现了共用机架设计团队和室内设计团队相互依赖、协调配合的工作方式。汤普森（James D. Thompson）认为，参与方之间的不间断信息分享和相互调整是管理交互式相依工作的最佳方式，如图8.5所示，交互式相依工作与前两种类型相比需要更多的互动、合作以及管理层的关注（Thompson，1967）。

所有项目中都存在这三种相依关系，项目快速推进的需求越迫切、性能标准要求类型越多，交互式相依工作在设计工作的所占比重可能越高。

制定明确的策略与方法，以确保施工阶段仅具有并列式相依或顺序式相依关系，这是施工前阶段的最重要工作。如果设计不够明确，导致各个系统（或分包）的施工小组不得不在现场协同交互式相依的工作，将导致项目进度慢、成本高、安全隐患多、工程质量也往往降低。通过BIM先进行虚拟施工为施工人员提供了新型的工作排序方法。例如，在蒂梅丘拉山谷医院（Temecula Valley Hospital）项目中，通过干式墙框架和管道系统的具体三维模型即可明确管道和墙体金属龙骨的间距。在墙体金属龙骨安装前，工长即已安排员工（依据BIM）完成

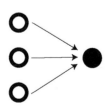

图8.3 并列式相依。由DPR建筑公司利兹·施维格勒（Lyzz Schwegler）提供

图8.4 顺序式相依。由DPR建筑公司利兹·施维格勒提供

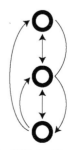

图8.5 交互式相依。由DPR建筑公司利兹·施维格勒提供

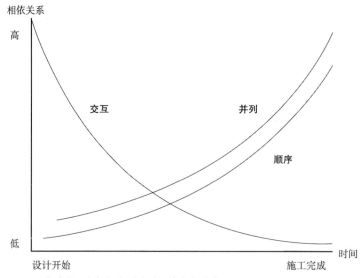

图 8.6　集成项目中相依类型随时间的变化曲线

了铸铁排水管道、排污管道和排风管道的安装工作，改变了管道与龙骨安装同时同地实施，或龙骨安装完成后再安装管道的传统方式，提高了管道与龙骨安装的工作效率。

　　图 8.6 显示了并列式、顺序式和交互式相依关系在集成设计与施工不同阶段所占比重的曲线。较小型的多职能/跨专业团队通过高强度的交互（即交互式相依方式），进行产品、组织和过程的设计。接下来当各专业集群小组搭建好并开始正常运作后，这些专业集群可以独立工作，进一步深化之前设计施工管理团队的设计内容。其独立工作的间隔会比较短，并且每个专业集群都理解（并且被鼓励）从其他专业集群获取信息。传统模式下，承包商被完全或部分排除在设计环节之外，顺序式相依工作在设计和施工中的占比较高。近几十年以来，总承包商更多地依靠并列式相依方式加快施工进度。虽然交互式相依对于设计和施工前阶段的确很有价值，但在施工阶段需要在生产效率、时间、安全和质量等方面的更多投入，导致分包的生产率降低和劳动力成本上升。

　　汤普森虽然没有以网络的形式呈现相依关系的三种类型，但是如果将子团队及其内部人员（团队成员必须协同工作）分别设想为圈和点，则将呈现出明显的网络形态，亦即"五大理念"中所描述的人员或团队之间网络化的相依关系。对于网络化相依关系的认识仅是集成项目开始的基础，随之而来的问题，集成组织内的管理者应如何根据项目需求确保完成正确的工作。

　　项目管理者都熟知一句格言：没有量化就没有管理。20 世纪 90 年代末，斯坦福大学的雷蒙德·莱维特（Raymond Levitt）和约翰·孔兹（John Kunz）教授观察到，为满足大幅缩短工期的市场需求，项目团队被迫实施"并行工程"，即设计、施工和生产工作同时并行开展，而非传统性的按顺序开展，导致工程效果不尽人意。两位教授通过对于不同行业（包括航空航天和建筑业）的项目组织进行计算机建模，并运用 SimVision 软件显示组织内各"角色"之间信息传递的方式和效果，结果发现团队成员需要为协调个人之间和项目子团队之间的关系做大量的投入，两位教授称之为"隐性投入"。由于此种投入的隐匿性，团队管理人员无法察觉，进而在编制劳动力计划和进度计划中未将其考虑在内，最终这种投入成为导致项目工期滞后，预算超支，项目质量不尽人意的重要因素。在斯坦福大学的集成设施工程中心（Center for Integrated Facility Engineering，CIFE）于 2002 年发表的论文中，莱维特和孔兹建议，正如工程师需要模拟应力来测试桥梁的设计，项目组织的设计需要模拟协同工作的"应力"（即隐性投入）。

多职能 / 跨专业团队的组建

为满足业主对高性能建筑的特性要求，应注重此类建筑项目的细节安排，在项目对材料的选定、采购、运输、预制、交付、现场搬运、组装、测试的过程中，每一个步骤均需要相应的专业知识。建筑的各构件及其系统必须有相应专业人员进行同步的整体设计，以实现各构件和系统整体化的高性能。如果各构件和各系统按照一定的顺序被线性地设计，可能会产生某个系统优化设计的方案限制了其他系统设计方案优化的现象。各系统的并行设计，即真正意义上的并行工程，能够使团队在各系统的设计同步推进，且细化程度保持一致的前提下，对各系统的设计决策进行取舍。这就是组建多职能 / 跨专业团队，也就是所谓"专业集群"或"项目实施团队"（Project Implementation Teams，PIT）的重要意义，此种团队通常由具备设计、供应和施工所需能力的人员组成，如表 8.1 所示。

多职能 / 跨专业团队的技能　　表 8.1

序号	需要具备的能力
1	业务运作及策划
2	功能性 / 用途
3	设施运维
4	项目管理
5	生产管理
6	集成设计
7	环保材料
8	能源设计
9	建筑控制系统和调试
10	建筑形式和结构
11	工程系统
12	建模与仿真
13	生命周期成本计算
14	制造与装配
15	现场物流管理
16	施工方法

项目专业集群或项目实施团队应该日常实时沟通以降低响应时间和决策延迟，也就是减少莱维特和孔兹教授所提到的隐性投入。

行动、信息和决策的日常联结

在《创建精益文化》（Creating a Lean Culture，2005）一书中，戴维·曼恩（David Mann）描述了通过每日简短例会的方式（内容包括介绍工作状况、新出现的问题及其解决方案，如果在参会的小组内可以解决的话）协调和统一精益组织各团队工作，这与 scrum 项目管理方法类似（Sutherland & Sutherland，2014）。戴维·曼恩对统一各团队工作进行了阐述，在各层级的类似会议中，各个团队工作的相互统一（即保持一致），均由相应团队级别领导参与上一层级的例会来确保。借鉴戴维·曼恩的方法，博尔特建筑公司的保罗·雷瑟（Paul Reiser）绘制了一张示意图（图 8.7），并在 2010 年精益建造学会（Lean Construction Institute，LCI）年会上展示，该图显示了此种会议的三个层级。各专业集群领导现场或以电话形式（如果其团队成员日常不在同地工作的话）参加专业集群内部的每日站会（图 8.7 中的第 1 层级）；各专业集群的领导也有每日组会（图 8.7 中的第 2 层级）；根据项目进度情况，专业集群领导小组的负责人（通常是总设计师或总包负责人，取决于项目所处阶段），参加核心／项目管理团队的每日例会（图 8.7 中的第 3 层级）。

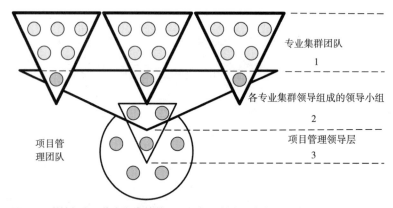

图 8.7　联结行为、信息和决策的三层级每日例会。由保罗·雷瑟（Paul Reiser）和塔里克·阿卜杜勒－哈米德（Tariq Abdelhamid）提供，作者改绘

笔者建议应参照 scrum 项目管理方法标准化各层级每日例会的议程。scrum 管理方法指出，所有例会在站立中进行，时间控制在 15 分钟以内。在专业集群层面，每位专业集群成员汇报昨天完成的工作（特指能帮助该专业集群完成下一个目标的工作）、今天正在进行的工作以及过程中所遇到的问题。专业集群领导小组成员的每日例会议程主要包括，专业集群领导汇报所在专业集群的工作进展或决策制定的准备过程，以及团队所面临的问题。最高级别的项目管理会议的议程主要包括，专业集群领导小组负责人（总设计师或总包负责人）汇报整体的进度、决策制定和面临的问题。项目管理团队（project management team，PMT）讨论和制定解

决问题的决策和方案,并应根据具体情况,立即或在次日例会中通知专业集群领导小组负责人,各专业集群领导也应立即或在次日相应例会中传达这些决策和方案。这种管理方法以会议的形式而不是电子邮件、语音留言或随机面谈的方式,将团队中各成员的工作状况传达到每个人。

戴维·曼恩和保罗·雷瑟的方法能够最有效地使团队成员相互了解每个人的工作状况,在建筑施工行业也应极力推广同样的方式方法。笔者观察到,成功采用该方法的团队消除了各团队之间的协调障碍。我们还发现,不具备或不理解集成理念的项目领导层非常抵触这种会议方式,甚至抵触每天两次短会的方式。他们认为与其他团队或个人的任何形式协调,都不是真正的工作(曼恩主张此种会议方式是精益管理者/领导者的"标准工作"的一部分)。相反,他们认为的所谓工作是与自己的团队共同解决设计问题、估算成本、规划并管理施工,或进行项目管理。与公司以外的人进行沟通,在他们看来既耗费时间,又可能产生矛盾。

各层级如果没有每日例会,不把行动、决策、遇到的问题联结起来并反映到上一层级,将导致各层级成员无法了解其他人的工作状况,并产生再次,甚至三次重复性完成同类工作的现象,成倍地增加了协调过程的隐性投入。人们对此非常失望,尤其是那些正在为这个项目前期的大量工作买单的业主,他们有理由质疑自己是否可以获得团队竞聘时所宣称的收益,他们的怀疑不无道理。

> **每日例会的作用**
>
> 各层级每日例会的最大作用是可在问题变为复杂之前得到迅速解决,避免问题复杂化之后所带来的解决难度增大。例如,团队成员每周仅有一次会议,甚至更少,每日出现的问题不断积压,导致团队疲于处理来自邮件、语音信箱或随机交谈中的大量管理问题。当情况发生变化,更多的人想了解问题所在,就会导致邮件、语音留言和随机交谈大幅增加。采用所有成员参加的每日例会方式,只需花很短的一段时间,团队领导层可能仅需30秒就能与团队共同解决一个问题。而在传统方式下,如果真有人能精确跟踪并计算团队领导对某个问题寻根溯源所花的时间和精力,他们很可能会感到震惊。
>
> 每日例会的作用具体表现为,领导层知道24小时内就可以和团队同事再次面对面沟通。所以如例会之后发现了相对次要的问题,他们只需简单记录,待第二天的例会中提出,而无须通过邮件、语音或者以打断别人的正常工作的方式提出,这是一种高效的方式。因此我认为抵触这种方式的某些管理者很荒谬。这就像他们在说,"你知道我们要花多少时间、精力去解决由于缺乏沟通所产生的问题吗?我们实在是太忙了,根本不可能每天花10分钟去阻止问题的发生。"
>
> ——帕特里克·伦乔尼(Patrick Lencioni)(2012)

2. 协调工作的沟通和承诺

在问题的解决、计划的制定和工作的协调方面，指导并要求项目组织成员，有效地使用语言进行沟通是一个相对长期的过程。管理来自团队的自我调整和控制，而非自上而下的强制指令。这怎么可能实现？这始于人们能够清晰明确地提出他们从其他人那里到底需要什么。团队成员应能够明确阐述所需要的满意条件（conditions of satisfaction，CoS）及其需求应得到满足的截止日期。由于团队成员之间相互了解每个人的工作进展和所处情境，当要完成需求的一方，即"执行者"，提出在某个截止日期可以交付的内容时，提出需求的一方也许并不会感到意外。双方可就满意条件或进度计划进行协商沟通，并达成一致。这样团队每位成员都可以明确地为交付制定计划。每个需求方/客户都学会只要求获取真正需要的交付内容（即不提出过度需求）并比以往更能清晰阐述其需求，而每个执行者/供给方也学会根据掌握的实际情况，能够（也应该）指出"不，我做不到"，并提出协商意见。团队各方必须充分理解相应的满意条件和交付截止日期，并应掌握作出可靠承诺的标准（Macomber, Howell & Reed, 2005）。

> **可靠承诺的五要素**
> 1. 供给方和客户对满意条件均具有清晰的认识；
> 2. 执行者（承诺人）被判定有执行能力或者能够调用有执行能力的资源；
> 3. 执行者对完成承诺所需的时间进行了估算并且在其工作日程中分配了相应的时间去执行；
> 4. 执行者在作出承诺时是真诚的，不会出现"私下有异议却不表达出来"的情况。基于多方沟通的执行者承诺切实可行；
> 5. 执行者在任何情况下，必须努力履行承诺，当承诺不能兑现时，愿意承担相应后果。
>
> ——哈尔·麦康伯（Hal Macomber）（2004b）

目前的现实情况是很少有项目管理者要求团队成员作出可靠性承诺，相反，他们采用的是给出指令并指望团队成员服从的思维模式，从不对指令的正确性以及完成时间去征求其他人的意见。采用命令性或指挥性方式的管理者们，不论他们的性格是心胸豁达还是狭隘，他们的管理方式如同在沙滩上建造缺乏地基的房子。他们根本不听取别人的意见，尽管有些意见可能更合理，因为其来自更了解实际情况的人。

因军事政变被捕入狱的智利前民主政府官员，费尔南多·弗洛雷斯（Fernando Flores）在狱中思考了人类如何用语言来塑造世界（Flores, 2012）。在重获自由并获得了加利福尼亚大学伯克利分校博士学位之后，他和商业伙伴昌西·贝尔（Chauncey Bell）及包括哈尔·麦康伯在内的同事，让众多商业领袖认识到一种可揭示人们如何协调和完成工作的强大思维模式，弗洛雷斯称之为"基本行动流程"（图8.8），并用"承诺的原子结构"（Macomber & Howell，2003）来形容此流程，指出它是可靠性承诺的核心。

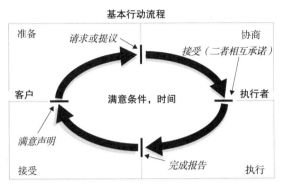

图8.8 此基本行动流程揭示了人们如何使用语言提出要求，作出承诺，并付诸实施。由费尔南多·弗洛雷斯（Fernando Flores）提供

框架中的"声明、评估和断言"三个要素对于团队成员，尤其是团队领导者至关重要。管理者和领导者可以自信地通过声明来表达对结果的承诺，"我们将在目标成本内满足客户的所有满意条件，并可获得相应的利润"，这种表述与"我不知道怎么才能实现这个需求清单上的目标成本"的表述存有巨大差异。在集成组织中，所有成员都应明确他们有责任在不责怪他人的前提下清晰表述他们的评估。比如"事情都搞砸了，因为鲍勃（Bob）不知道他到底在干什么"，虽然是一项评估，但毫无用处。"我认为我们没有向客户的利益相关者讲清楚犹豫不决可能造成的后果"则可促进更加有效的沟通。"不利的天气因素影响到土壤钻孔的工作"的断言，虽然是个负面信息，但却是有用的。至少我们可以重新安排工作。表8.2显示了集成组织中所有成员应掌握的"行动语法"*。

表8.2 "行动语法"（Macomber & Howell，2003）

行动	举例	释义
声明	我们将在这个十年实现人类登月的安全往返	宣布了为行动所构建的时间框架，但不是一种承诺
请求	请于周四提交申请	要求对方作出承诺
提议	我将去相关部门办理项目许可证	在会谈的开始，执行者就作出了一个承诺

---

* 语言是人类生活的中心，通过语言人们可以发现和理解问题，并提供解决方案。语言是领导层最强大但未得到充分利用的资源，高超的领导者可使用语言转变他人固有观念，可为问题的解决提供新的途径。领导者必须具备构建新型语言框架的意识，通过新的视角看待问题，重塑或影响人们的状态和行为。通过基本的语言和动作之间关系的观察，费尔南多·弗洛雷斯提出了包括"声明、请求、提议、承诺、评估和断言"的"行动语法"框架，用以履行人们的行为。——译者注

续表

行动	举例	释义
承诺	起重机中午就可以给你使用	在具体时间交付特定内容的承诺声明
评估	我们正在取得良好进展	提出一种有根据或没根据的评估意见
断言	所有工作都已如约完成	陈述事实，包括提供证据的建议

了解人们的情绪和掌握正确的措辞具有同等重要作用，情绪不只是主观感觉或情感，更是人们根据过去的经验对未来作出的潜意识评估。弗洛雷斯指出公司及团队的领导层应重视员工的情绪评估，引导员工的负面情绪向正面情绪转化。他帮助领导层认识到在团队内及团队与客户之间建立互信关系的重要性，特别是在提高客户满意度方面，领导层的作用非常重要。若不注重这种引导，员工的负面情绪将体现在工作中，导致团队整体工作恶化。表8.3显示了可以由领导层引导的积极或消极的情绪。

正面情绪和负面情绪（Davis，1998） 表8.3

正面情绪	负面情绪
立志、坚毅	放弃、厌倦
从容、平静、愉悦	绝望
信任、细致	不信任、怀疑
宽容	怨恨、愤怒
好奇	迷茫
坚定、理性、有紧迫感	恐慌、担心、焦虑
自信	自大

弗洛雷斯最后建议，创建一个针对未来诸多可能性的开放性求解空间，以充分听取各方的建议。上述观点和理念在费尔南多·弗洛雷斯的论文集《行动的对话与随笔合集：在工作关系中灌输承诺文化》（Conversations for Action and Collected Essays: Instilling a Culture of Commitment in Working Relationships）中有全面的阐述。

3. 学习型组织的创建

实践证明，运行上佳的项目均具有鼓励成员共同参与发现和解决问题的组织方式，这种方式可带来推动项目发展的良好决策，相反，仅由少数成员负责此类问题的发现和解决，项目通常运行不佳。这些问题不仅关系到项目的目标和施工方法等技术问题，更重要的是关系到团队成员，包括领导层工作的方式和方法。笔者观察到，当人们非常重视决策的制定过程时，项目在安全、成本、质量和进度方面均具有良好的表现。若没有连续性的量化指标，甚至没

8.4 实现方式

有量化指标,或此类指标仅向领导层汇报,而并非传达至项目全体成员,则不可能制定切实可行的措施实现真正的工作改进。

彼得·圣吉的著作《第五项修炼:学习型组织的艺术与实务》(The Fifth Discipline: The Art and Practice of the Learning Organization)引发了人们对构建学习型组织的广泛关注。1997年的《哈佛商业评论》(Harvard Business Review)将该书列为75年以来最具开创性的管理学书籍之一。在彼得·圣吉创建的学习型组织协会(Society for Organizational Learning,SOL)中,众多的成员学习如何在组织中贯彻该理论。彼得·圣吉理论源于系统思考,并受到爱德华兹·戴明(W. Edwards Deming)循环,即"策划–执行–研究–处置"(Plan-Do-Study-Act,PDSA)循环的启发。爱德华兹·戴明曾应用休哈特循环(Shewhart Cycle)培训日本实业家和工程师,以持续生产高质量的产品。在培训中爱德华兹·戴明将其命名为PDSA学习循环,并被日本人应用到工作流程的改善中。丰田公司的高层管理人员和工程师通过学习爱德华兹·戴明的PDSA理念,创建并完善了丰田生产系统(Toyota Production System,TPS),后人称之为"精益生产"。本书的读者应同时学习并深刻理解爱德华兹·戴明循环和彼得·圣吉理论,从而推动学习型组织的不断完善。

20世纪80年代末,彼得·圣吉认识到系统思考理念本身不足以改变人与自然、人与人以及与组织成员之间的沟通。他发现系统思考(即从整体而不是局部出发)如同武术一样,需要不断实践。如图8.9所示,若无其他四项修炼模式的支撑,系统思考修炼则无法发挥作用。1990年,彼得·圣吉在《第五项修炼》中详细阐述了该理念,并创建了学习型组织协会,指导人们学习和实践自我超越、共同愿景、心智模式和团体学习四项修炼,进而成为系统

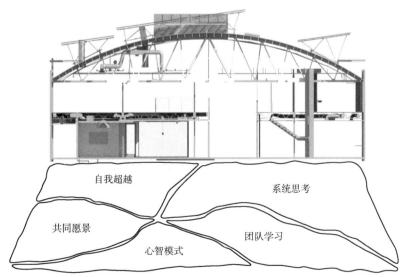

图8.9 彼得·圣吉的五项修炼。由英特格集团(Integral Group)提供,CD瑞德(CDReed)配图

思考者。*

彼得·圣吉认为集成项目组织构建的出发点是组织具有高度相依性，因此，该组织必须"精通学习"。他认为建立于爱德华兹·戴明基础上的现行管理体系必须作出变革。表 8.4 显示了此种体系在建筑项目中的实际表现。表的左列是彼得·圣吉认为建立于爱德华兹·戴明理论基础上的项目管理体系（Senge，2006），右列是笔者所观察到的该管理体系在项目中的表现。

彼得·圣吉总结的爱德华兹·戴明现行管理体系及其在项目中的表现　　　　表 8.4

序号	爱德华兹·戴明项目管理体系	项目表现
1	量化管理，强调采用短期指标，而忽略人的主观因素	专注于减少每个单项成本，想当然认为能降低项目的总成本
2	期待并奖励服从——依照管理层提倡的方式去工作	员工依据指令机械性工作，仅管理者负责思考
3	目标管理方式，无论现有的系统和资源是否充分，人们都要负责为实现管理层设定的目标而努力	按时交付设计文档，尽管业主决定延迟或设计不完整、施工许可延误，仍按时交付
4	方案非黑即白，强调解决单项技术问题，而忽略该方案对其他方面的影响（系统性影响）	没有时间去创建价值流或制定计划，因为我们的进度已经落后了
5	不倡导决策的共同制定，不注重听取不同的甚至是反对性意见，仅是达成表面性一致	在会谈中，业主、建筑师或总承包商彼此间不主动提出自己的观点和顾虑
6	工作的可预测性和可控性是管理的目标和重点，目标在于控制结果，领导者负责计划、组织和控制	不管出现什么问题，都要把工作完成并保持进度，关键路径任务不能因为任何原因而延迟
7	过度竞争和互不信任，人们处于相互对立的环境，被迫相互竞争，并随之产生被认为是理所当然的相互不信任	最先确保自己公司的利润，自身利益高于项目得失
8	缺乏整体理念，接受碎片化，创新不共享	首先，在各自的办公室进行设计；然后，以最低的价格竞标，让承包商在现场解决设计不完善所带来的问题

爱德华兹·戴明和彼得·圣吉的出发点均是在于促进人们认识到组织成员的共同学习必要性。在《第五项修炼》2006 年修订版中，彼得·圣吉用"三腿凳"模型所阐述的"团体核心学习能力"，在新型项目管理体系中会得到充分的支持。如图 8.10 所示，模型中的"凳面"代表了团队核心学习能力，由于个体学习能力和对同一事物观点的差异性，必须用科学的方式让团队学习达到整体大于部分之和的效果，这种方式包含三个方面的内容，就是模型中的"凳子腿"，分别是激发热望、开展反思性交流和理解复杂事物。彼得·圣吉认为这三条"凳子腿"与爱德华兹·戴明"渊博知识体系"的四大部分中的三部分几乎可以直接一一对应，即除了"变异的理论"之外的"系统的理论""知识的理论"（心智模式的重要性）和"心

---

* 系统思考是一种思维方式，实质上更重要的是一种组织管理模式，以整体的观点看待复杂系统构成组件之间的关系，将组织看成是一个具有时间性、空间性，并且不断变化着的系统，思考问题应从整体而非局部、动态而非静止、本质而非表象的角度，并需要同武术一样，在实践中不断地加强机体各方的协调性。——译者注

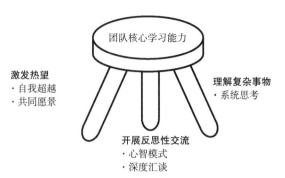

图 8.10　彼得·圣吉团队核心学习能力的"三腿凳"模型。由彼得·圣吉提供，CD 瑞德配图

理的理论"（个人愿景和真实渴求的重要性）。在本章 8.4.1 节所提到的哈尔·麦康伯的五大理念中也体现了这些思想。

彼得·圣吉指导组织成员运用"因果循环"的思考方式，思考事物的因果关系时，不能仅仅研究简单的线性因果关系，更应该把注意力放在循环因果关系（即每个影响因素既可以是因，也可以是果）上。线性因果关系的思考方式往往会导致相互指责，而不是实现持续改进。"因果循环"的思考方式是人们理解和处理复杂事物的唯一方法，同时也是系统思考的基本原则。彼得用"三腿凳"模型说明"通过系统思考去理解复杂事物"，必须得到其他四项修炼（也涵盖了其他两条凳腿，即"激发热望"与"开展反思性交流"）的支撑。

只有"自我超越"和"共同愿景"方能实现"激发热望"。共同愿景如同任何行为准则一样，是建立于个人意识和个人成长的实践和反思所达成共识的基础上，应鼓励人们将个人愿景扩大并主动整合成为组织共同的愿景。基于对个人愿望的真正理解和对现实情况的客观认识，为实现内心深处的愿望，激励了人们全力以赴的工作态度，并实现人们的"自我超越"。彼得·圣吉认为，正是由于个人愿景和身处现实存在着巨大差异的状况，激发了人们为愿景的实现而发挥出的巨大力量。共同愿景是由个人愿景汇聚而成，为实现个人最想实现的愿望，可激发出每个人的巨大能量，这也是实现所有重要目标所必需的强大力量。

"开展反思性交流"的基础是转换"心智模式"*和开展"深度汇谈"。彼得·圣吉认为，所处的文化和组织环境为人们认知事物提供了许多假设。这些假设形成了沉浸在自我心灵深处塑造外部世界的心智模式。彼得·圣吉指出，心智模式常常使人们无法看到事物的多面性，尤其是无法从系统的角度理解事物。

彼得·圣吉所指的心智模式修炼是从系统的角度，对自己和他人的心智模式不断地进行探究。深度汇谈是团队学习修炼的基础，并一直存在于人类的社会实践中，古希腊和美洲印第安人部落曾在很高的水平上实践了深度汇谈。当个体分享自己的观点或看法，并不是试图

---

*　所谓"心智模式"是指人们的思想方法、思维习惯、思维风格和心理素质的反应。——译者注

说服他人，而是为了发现他人更深入的见解，以此修订个人的假设，达成人们的"共同思考"，该过程即为深度汇谈。彼得·圣吉认为，深度汇谈能够转变团队成员固有的心智模式，弥补个人思维的局限性，充分发挥集体思维的威力，"现代组织的基本单位是团队而不是个人，因而，团队学习的修炼是至关重要的"（Senge，2006）。

4. 体现客户需求的项目组织工作

POP 模型在产品与组织构建中的衔接作用

IPD 团队必须紧密协作才能实现效率最大化。与工厂的机器或工地的设备不同，人类能够通过语言沟通或借助于表情、形体语言的方式而实现共同工作协调一致性（如果能有可视化管理的辅助则更为理想）。由多职能/跨专业团队组建集成组织正是通过有效沟通的方式而实现各部门的齐心协力工作。组织为了实现工作协调性，需要将信息聚合打包或将零部件组装成模块（即装配体），这项工作对于建筑产品具有必要性或增值性。在本书第 5 章中所阐述的"产品－组织－过程"（Product-Organization-Process，POP）模型（Levitt，Kunz，Luiten，Fischer & Jin，1995），是一种心智模式，它可以帮助团队成员将个人工作与项目组织进行衔接（项目组织是个体之间的纽带），并最终与建筑产品衔接。在笔者看来，这种方式并不复杂，就如同管理者和团队领导者在团队内提出下列问题：建筑的目标和意义是什么？共同工作的目标和共同工作的方式是什么？进而引发了团队学习的深度汇谈，并由此团队成员可在实施工作之前提出更好的建议，这是团队成员对各自承担任务绘制价值流图（Value-stream mapping，VSM）的第一步准备工作。POP 建模和价值流图绘制都属"学习观察"活动范畴，两种方式均帮助人们更好地认识现状。*依据深度汇谈的方式建立 POP 模型，了解人们的各种建议与观点，从而评估和认定项目组织所采用的工作方式，助力于实现最大化的工作价值。图 8.11 显示了作为心智模式的 POP 应用。

以上列出的问题可以激发深度汇谈。例如，评估（概预算）小组可能会问定期评估的目的何在？在项目组织中谁是评估小组的客户（即评估结果要交付给谁）？这些人拿到评估结

图 8.11 产品－组织－过程（POP）心智模式

---

* 为客户提供产品和服务可能伴随着浪费的产生，认识现状的重点在于消除价值流中的浪费，产生更高的价值。——译者注

果后要如何处理此信息？这么做是否可以为整体项目带来增值？团队管理者和领导应参与此种深度汇谈。评估小组针对业主也可发起深度汇谈。他们可以问，在业主的组织内谁需要评估结果？他们要如何处理此信息？他们需要评估小组交付评估的周期是什么？他们需要评估小组对项目的哪部分评估？评估人员和项目经理至少要清晰了解究竟谁是他们的客户（业主的组织可能很大，并不是业主组织中的每位成员都需要看评估结果），客户到底需要什么？有人会认为上述情况非常清晰，回答这些问题属于浪费时间，然而，事实并非如此，对于富有经验的项目经理不是问题的问题，对年轻人（或没有经验的人员）以及在其他项目中用完全不同方式工作的人员而言却是大问题，实际上许多事情并没有看起来那么简单。因此，应再次强调弗洛雷斯理念，即所有请求、提议和承诺必须基于明确的满意条件，并积极开展彼得·圣吉所提倡的反思性交流。需要指出的是，POP 模型更适合于人们在相互依存的网络背景下处理高度复杂的事务。

价值流图的绘制

管理者和执行人员下一步将要绘制价值流图。如果人们一开始就有明确的目标，并对每项过程的重要性都有共同的愿景，则肯定可节省大量时间。但是，采用这种方式的团队少之又少，仅有 IPD 和集成"设计－建造"项目的团队以此方式进行了实践。

精益实践者认识到，描绘价值如何交付是了解改进所有过程的关键（也是第一步），这是因为人们需要明确当前的状态，从而了解时机和问题所在，并更好地进行改进。丰田公司将显示了物料和信息流动的图形称之为"物料及信息流图"。图中并不显示组织本身，只是显示工作产品的流程。仅在办公室内而没有深入现场无法完成反映生产现状的价值流图，实际上，绘制价值流图的规则之一是，不应要求区域经理绘制所改善事项的价值流图，而是由具体实施该项工作的人员进行绘制。绘制价值流图的步骤如下：第一步，团队要确定要针对哪个产品绘制。大多数时候，从客户的角度考虑，要绘制是一系列产品（而不是单一产品）的价值流图。第二步是选择实施价值流的负责人，其有责任充分理解价值流并能制定和实施改善计划。价值流的负责人应向现场最高领导人汇报。

在经典的《学习观察》（*Learning to See*）一书中，作者迈克·罗瑟（Mike Rother）和约翰·舒克（John Shook）把价值流图描述成以形象化方式帮助人们理解生产流程的一种语言（即沟通工具）。他们指出第一步应该深入车间现场收集真实生产信息，与最熟悉生产情况的人员一起，应用特定的符号绘制当前状态图。在此过程中，最熟悉生产的人员可能会立即想出改进的方法，这应该在第二步（即绘制"未来状态图"）中体现出来。绘制未来状态图时通常会指出当前状态下被忽视的信息。最后一步是在一页纸上描述实现未来状态的方法和计划。罗瑟和舒克（1999）建议及时绘制价值流图，认为所有绘制工作应在两天内完成。

绘制价值流图为调整和协调个人工作节奏和彼此间工作过程提供了一个非常好的机会。施工项目交付团队价值流图的绘制步骤与上述的车间生产步骤类似，不同之处在于，价值流负责人在施工之前无法实现现场信息收集,也无法观察各参与方的协同工作方式(因为各方仍在自己公司的办公室工作),因而,必须通过彼得·圣吉的深度汇谈方式,绘制当前状态图。通过深度汇谈,团队成员可对需要完成的工作进行认定,并评估可以改进的地方。根据为改进而提出的需求和建议,人们对未来状态有了逐渐清晰的认识。绘制价值流图的基础,正是被某些人所质疑的转变个人固有心智模式的深度汇谈。人们用语言来描述他们当下如何工作,并在此过程中认识到哪些地方可以改进。这让某些人的"我们没有时间绘制过程和价值流图"的观点显得荒谬。

循环学习下的工作

精益组织的最有力的管理措施之一是"工艺纪律",依据认真调研制定的工艺纪律是确保各工艺之间直至向最终客户交付有价值产品而制定的具有约束性的规定,是绘制价值流图的首要步骤。丰田的群体智慧的伟大之处在于,将绘制价值流图交由车间一线人员及其管理者负责制定,并指派专家给以协助。日本的工程师们,尤其是来自丰田的工程师们,重新修订了爱德华兹·戴明传授的提高生产质量的方法——休哈特(Shewhart)循环,提出了著名的"策划 – 实施 – 检查 – 处置"(Plan-Do-Check-Act, PDCA)循环,图 8.12 显示了这两种管理循环。《戴明管理四日谈》及戴明相关论述指出 PDCA 的本质是一个循环的学习过程,"检查"(Check)不仅是为了单纯的检查,而是一个需要投入时间、精力以及技术专长去认真分析的学习过程,因而有必要用"学习"(Study)替换"检查"(Check),即 PDSA 循环(Latzko & Saunders, 1995)。丰田和其他日本制造商将 PDSA 循环作为工程师和工厂员工持续改进工作的基础。笔者认为此循环也同样适用于建筑行业的设计、施工和调试。不断学习和改进的组织是避免错误反复发生和返工频繁出现的前提条件。

创造更大价值的工作结构化

专业集群的组建及运作应在设计的各个阶段明确下列三个关键性问题(Ballard, Koskela,

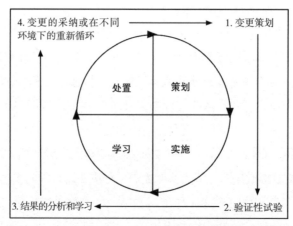

图 8.12 外侧为休哈特环,内侧为戴明/日本的学习循环理论

Howell & Zabelle，2001）：（1）建造的目标是什么？（2）组件的装配方式是什么？（3）供应链如何形成（即如何购买或生产需装配的组件）？虚拟设计与施工人员可以采用 BIM 技术，对将实现的建筑、组件的装配方式、供应链的形成进行建模，如同本书第 7 章所阐述的模块化水平共用机架设计。图 8.13 以解答这三个问题为框架，展示了处于产品设计、流程设计和供应链设计交集部分的"工作结构化"。该图看似简单，实际上是需要多职能/跨专业协同的复杂性工作，而 IPD 组织形式正是能够完成此种工作的项目交付系统。工作结构化的核心，就是在从设计到制造再到组装的不断细化过程中，对上述三个问题的反复提问和回答，解决各流程的衔接问题，实现更可靠和高效的工作流程从而为客户创造价值。

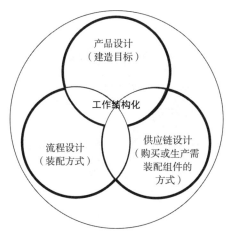

图 8.13 结构化工作。由格伦·巴拉德提供，作者重新配图

集成团队的并行工程

集成并行工程（integrated concurrent engineering，ICE）的概念尽管对许多人而言是一个全新的概念，然而，此概念在 2003 年就已被首次提出。*如图 8.14 所示，集成并行工程是一项有计划的集成活动，包含三个元素：产品和项目性能指标、BIM+仿真、过程设计。在此可以设想一下集成并行工程的活动场景，交付团队成员和业主利益相关者坐在多个相互连接的大型显示器前，显示器呈现出含有估算成本和进度信息的四维施工模拟（Chachere，Kunz & Levitt，2003）。

设计负责人或施工负责人可能就是否增加一个新的设计功能（在不影响竣工日期的条件

---

* ICE 是对产品及其相关过程，包括制造过程和支持过程进行并行、集成化处理的系统方法和综合技术。它要求产品开发人员从设计开始就考虑产品全生命周期的过程，包括考虑产品的各项性能，如质量、成本和用户需求，考虑与产品有关的各工艺过程的质量及服务的质量。它通过提高设计质量来缩短设计周期，通过优化生产过程提高生产效率，通过降低产品整个寿命周期的消耗，如产品生产过程中原材料消耗、工时消耗等，来降低生产成本。——译者注

图 8.14 集成并行工程

下）主持一个集成并行工程研讨会，要求每个专业集群团队负责人和项目管理团队负责人以及很少参加专业集群团队会议的主要利益相关者必须出席。开会之前每个人都应阅读备选设计方案的说明，并了解第一个 4 小时会议的议程（在 7 个工作日内将安排 3 次 4 小时会议）。此类会议可以使设计负责人或施工负责人在项目设计早期即可讨论并完善设计方案。图 8.15 显示了类似"手风琴"式的会议日程安排（斯坦福大学约翰·孔兹 2003 年 1 月 12 日举办的"集成并行工程"讲座）。解决问题并制定正确决策是交付团队在会议期间的首要任务，在集成并行工程休会期间，专业集群将进行分组会议（breakout），重点放在解决前一次集成并行工程会议提出的问题和改进替代方案。

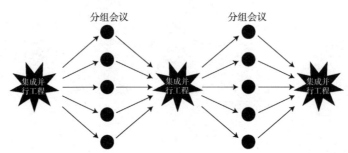

图 8.15 集成并行工程的类似手风琴式会议日程。© 集成设施工程中心（CIFE）/战略项目解决方案公司 VDC 认证课程。由 DPR 建筑公司的利兹·施维格勒重新配图

虽然集成并行工程方法发挥了同地办公、多专业/跨职能团队、专业集群领导层协调会议、项目管理/核心团队的作用，但并不能替代这些元素。在涉及重大决策的设计节点，以集成并行工程会议方式进行设计讨论，可以显著提高设计备选方案的评估和利益相关者的决策效率。

8.5 案例

是否存在这样的项目案例：通过运用五大理念或类似理念创建集成组织并成功管理复杂建筑项目？答案是肯定的。笔者已经发现四个成功的案例，相信还会有读者会告诉我们更多的案例。本章将介绍萨特医疗集团的伊甸园医疗中心（Sutter Health Eden Medical Center,

SHEMC）和蒂梅丘拉山谷医院（Temecula Valley Hospital，TVH）项目案例，简述集成项目组织的创建和运作方式，并对加利福尼亚大学旧金山分校医学中心的使命湾医院（Mission Bay Hospitals）项目案例进行重点研究，第四个案例将于第 13 章详细阐述。

集成组织的有效运作及所取得效果均是通过明确理念并严格按其实践而产生的。萨特医疗集团的伊甸园医疗中心团队遵循了五大理念，并运用 BIM 技术以及目标价值设计、末位计划者（Last Planner®）系统等精益建造方法，实现了集成项目组织的有效运作。蒂梅丘拉山谷医院团队专注于精益思维和 BIM 的应用，还采用了与萨特医疗集团伊甸园医疗中心团队相同的精益建造方法，取得了项目的成功。无论是否被明确阐述，五大理念实际上一直支撑着精益建造在项目中的实践。这两个 IPD 项目的"操作系统"在本质上非常类似。

8.5.1 远大目标的确立

萨特医疗集团的伊甸园医疗中心和蒂梅丘拉山谷医院的案例表明，集成的驱动力源自各个合作公司领导层具有明确的目标，他们承诺通过新型工作方式，实现卓越项目成果的交付。在这两个案例中，业主的设施负责人都非常明确地提出了远大的预期和要求，并期待和激励项目团队对此付出努力。这两个项目均采用 IPD 合同，形成了利益共享、风险共担的团队，从而将合作团队自身的利益与整体项目的利益融为一体。萨特医疗集团和蒂梅丘拉山谷医院的设施副总裁与项目团队领导进行了会谈，以确保设计与施工公司相应的负责人完全理解项目对业主的重要性以及选择他们作为合作伙伴的原因。这种会谈改变了对供应商单向下达"命令"的传统方式。确立 IPD 合同的过程实现了业主与合作伙伴共同管理项目的方式，有效阻止了团队成员倒退到"我想要/我的方式"等习惯性方式的行为。以上两个项目的 IPD 组织结构，实现了合作伙伴之间的相互信任，高层和项目级别的业主领导者重视每位成员的利益，而不仅仅是关注自己的利益，业主和 IPD 团队成员既对项目负责，又对彼此负责。

上述项目业主具有清晰的项目成功目标，医院的建筑必须适合医护人员工作和病患诊治的特殊目的。在伊甸园医疗中心项目中，萨特医疗集团首次在其集成格式合同（integrated form of agreement，IFOA）中明确阐述了对项目团队所交付产品的预期。该合同文件的开头对于预期目标进行了以下介绍，"只有项目达到业主的目标，方可认定项目成功。在未形成共同愿景的传统组织结构框架下，业主的目标通常具有不确定性、模糊性，并可随时间或个人的因素而发生变化。在新型组织框架下的本项目与此不同，业主的目标将在合同中明确阐述。"

虽然"业主目标的正式声明"没有采用 POP 框架进行描述，但每一个目标陈述均可以纳入 POP 框架之中。值得注意的是，项目团队在近 6 个月的时间内对这些目标进行完善，以验证项目能否在萨特医疗集团要求的工期和成本内完成设计和施工。合同中明确地列举出目标，以彰显其重要作用。如表 8.5 所示，POP 框架将相关目标与建筑的形式、功能和表现三个关键设计问题融合为一体，进而引发项目组织和工作团队工作的深度汇谈。

表 8.5　萨特医疗集团伊甸园医疗中心：POP 框架中的业主目标正式声明

关键问题/驱动因素	产品	组织	过程
功能	目标 4：卫生保健项目交付模式创新 卫生保健单元设计概念的利用； 控制中心概念的利用； 电子健康档案系统的实施	目标 6：设计和施工交付模式变革 项目将促进复杂性卫生保健设施设计和施工交付模式的深刻变革	
结构/形式	验证报告 验证报告在"临床基础设计"中描述了每个空间的用途、容量和面积	目标 6：设计和施工交付变革 采用集成格式合同； 更多的参与方加入直接签约，集成格式合同预算在总项目预算中占比更高； 新的激励结构； 采用明确项目目标的新方法	目标 6：设计和施工交付模式变革 设计流程的新方法； 制定和追踪承诺的新方法； 积极参与政府监管机构监督管理的新方法； 促进 BIM/虚拟设计施工的大范围推广； 目标价值设计的应用； 周密性调试及运维工作的交接； 能源建模
表现	目标 2：项目成本 项目总成本低于 $3.09 亿 目标 5：环境管理 达到以下标准： 1. 卫生保健类 LEED 银级认证标准（草案）； 2. LEED NC v2.2 银级认证标准； 3. 卫生保健类 LEED 认证标准（正式版）； 4.LEED NC v3.0 认证标准	目标 1：完成结构设计 提交全州卫生规划与发展办公室（Office of Statewide Health Planning and Development, OSHPD）审核的第一个设计包日期截至 2008 年 12 月 31 日 目标 3：项目完成 新医院全面建成并投入使用日期为 2013 年 1 月 1 日之前	

时任环球健康服务公司（Universal Health Services, UHS）设计和建造部副总裁的比尔·希德（Bill Seed），聘请三个团队为加利福尼亚州蒂梅丘拉山谷医院项目开发新的医疗建筑理念。在项目启动及 IPD 团队建成后，比尔与团队做的第一件事就是制定（客户）满意条件。比尔·希德以满意条件为主题召开会议，团队中的每位成员均可在会议中充分发表自己的意见，共同制定满意条件。与介绍萨特医疗集团的业主目标正式声明的方法类似，笔者把比尔·希德与蒂梅丘拉山谷医院项目团队共同制定的满意条件纳入 POP 框架中，如表 8.6 所示。

表 8.6　蒂梅丘拉山谷医院项目初步研究及满意条件制定会议所讨论部分议题的 POP 框架展示

关键问题/驱动因素	产品	组织	过程
功能	讨论议题 ·"利用创新理念优化符合 OSHPD 要求的设施规模势在必行。""创新性应用于多功能服务空间和传统科室的整合，实现提供高效医疗保健服务的目标。" ·"已批准的医院建筑规划限定了医院建筑层高为 6 层，医疗用区为 4 层。建筑的主体边界，停车场和用地红线已经被审批通过。要尽量减少对总规划的重大修改，任何修改应不超出用地红线。"	讨论议题 ·"……创建能够熟练掌握 OSHPD 审批流程的精益化、集成化项目的交付团队。" ·"团队应由设计人员和施工人员组成，秉持共同理念并良好合作，在兼顾经济效益的基础上，制定最优的创新方案。"	

续表

关键问题/驱动因素	产品	组织	过程
结构/形式表现	3）社群和社会责任 · 应获得当地和区域级媒体的正面报道； · 社群和社会责任受到医师的认同（用医生入职率来反应）； · 社群满意度调查得分应达到 3.5 分（满分 4 分） 4）待进行的调查 5）设施的成功运维 · 运维效率应比业主现有的运维效率最高的建筑超出 30%； · 采用以患者家庭为中心的护理（Patient Family Centered Care，PFCC）的设计，医院满意度调查 HCAHPS（Hospital Consumer Assessment of Healthcare Providers and Systems Survey）评分应达到___； · 患者安全的护理环境的改善/恶化___； · 设施被社群的认可度，可用设施的使用率与本地区内其他医疗设施对比	1）项目交付成功 · 主要设计变更应于 2010 年 11 月前获批，保持有条件使用许可证（Conditional Use Permit）的持续有效； · 在不超过 1.44 亿美元的预算内，完成拥有 140 个床位的建筑目标； · 设施使用说明书的交付应早于建筑投入使用 6 个月（大约在 2012 年第三季度）； · 实现 2013 年第一季度前获得建筑投入使用许可的目标； · 施工安全的体现形式（待定） 2）项目团队参与度和满意度 · 实现各团队在项目完成时可营利的目标； · 各团队作为一个整体进行项目交付，将获得投入使用许可作为共同目标； · 联合办公室每月接待两名来自业主、团队所属公司的员工，或行业同仁参访； · 联合办公室每月应至少进行两次讲座/培训； · 每位团队成员都至少是一个精益组织的积极参与者； · 劳动效率的提高带来可预测的项目成果； · 通过评估履行承诺的程度体现可靠性和信任度 4）与监管机构的关系 · 如何维护环球健康服务公司作为 OSHPD 最佳客户的声誉； · 实现提交监管机构的所有文件零缺陷的目标； · 实现 OSHPD 审核图纸时间效率提高 15%； · 无条件达到 OSHPD、市政府等部门的满意条件与总进度计划； · 项目完成时，OSHPD 将分包商提升为业务伙伴关系	

萨特医疗集团伊甸园医疗中心和蒂梅丘拉山谷医院项目的 IPD 团队成员均体会到，在项目早期重视各阶段的目标和结果，对集成组织至关重要，为项目团队的成功协作奠定了基础，使团队成员能够开展针对性的工作方式和交互方法，并为履行对萨特医疗集团和环球健康服务公司的承诺，解决了所面临的大量技术问题。

萨特医疗集团伊甸园医疗中心和蒂梅丘拉山谷医院项目中的 IPD 组成团队并非单纯的业务合作伙伴关系，而是具有牢固性的战略合作伙伴关系，拥有与以往项目不同的共同理念和协同工作方式。通过日常清晰有效的沟通和真诚协作，组织成员彼此相互信任，团队的各个层级均可参与决策的制定，并通过深入合作解决阻碍项目前进的各种问题。虽然本章接下来的例子比较简短，但也能就此给出进一步的说明。

8.5.2　萨特医疗集团的伊甸园医疗中心医院

萨特医疗集团伊甸园医疗中心新医院项目位于加利福尼亚州卡斯特罗峡谷伊甸园医疗中心园区内，该项目采用 IPD 模式进行设计和施工，IPD 团队由 11 家公司组成。四年前，因施工成本预估过高，萨特医疗集团辞退了原设计－施工管理团队。经过此次挫败后，集团决定采用时任集团设计总监戴维·钱伯斯（David Chambers）提出的精益医疗设计理念，通过既有竞争又有合作，即所谓"合作性竞争"方式，聘用了设计和施工团队，开发构建新医院的设计原型。集团邀请最终竞聘成功的设计公司德文尼集团（Devenney Group）与总承包商 DPR 建筑公司负责组建项目团队，DPR 建筑公司曾成功地使用 BIM 和精益建造实践交付了一个大型的慢性病医疗中心。德文尼集团邀请了参与新医院设计原型"合作性竞争"的咨询公司加入项目团队，DPR 建筑公司邀请了医疗中心项目的原主要合作承包商加入团队，萨特医疗集团建议加法里联合设计事务所（Ghafari Associates，LLC）作为合作伙伴加入团队，以在精益过程中更好地利用 BIM 技术。

萨特医疗集团任命拥有小型医疗中心 IPD 项目经历的项目经理迪格比·克里斯蒂安管理萨特医疗集团伊甸园医疗中心项目，他对 IPD 的实施充满信心，并具有用 IPD 方法解决问题的能力。迪格比一直坚信 IPD 团队注重的是发挥集体智慧而非单独组织或个人的智慧，必须将萨特医疗集团的决策贯彻到 IPD 核心团队各合作伙伴的共同工作中。为了促进核心团队对集团决策的贯彻执行，迪格比将医院现有设施运维总监纳入了项目领导层，核心团队成员除迪格比及其业务伙伴外，还包括建筑师、总承包商、设计方和分包商的项目主管，成员之间对每项决策均进行了深入讨论，任何人，包括作为业主项目经理的迪格比都不允许擅自制定决策，必须通过共同商讨并达成共识的方式制定决策，团队坚持五大理念作为团队运行的指南。

医院建筑的预算内按时交付是该项目的基础条件，因此，核心团队以该基础条件为整体目标，用了两个月的时间研究总体规划、估算成本，根据预算和工期要求制定项目建筑计划，并向萨特医疗集团提交了两份可行性报告。但是立项报告获得董事会批准后，项目团队又面临了一个重大选择：是否在没有细化的医疗建筑方案的情况下，即刻开展设计？还是在细化医疗建筑方案出来后开展设计？最终，项目团队决定等待两个月，而不是盲目制定不具有可行性的设计方案。该项目团队规模虽小，但具有高度的协作一致性。

在项目初期，团队将一个临近现场的临街店铺作为办公场所，空间虽然狭小，但却是项目管理的联合办公室。大幅的价值流图、方案图、计划表、打印的电子表格和其他文档逐渐布满墙面，并随着设计的进展，墙面上增加了两个 4 英尺 ×6 英尺（约 1.2 米 ×1.8 米）的电脑显示屏。凤凰城和洛杉矶的设计专业人员与旧金山湾区的咨询人员和承包商每两周共同工作至少两天，很多时候是每周两天。联合办公室的会议议程不仅包括设计评审、BIM 协同、专业集群分组会议、价值流图绘制和工作规划等工作内容，还包括预算的每周更新、项目风险和条件的评估以及承诺履行情况的跟踪，不能现场参加的人员经常通过网络远程参与会议并予以协助。在施工开始前不久，联合办公室移至现场可移动式板房中，划分出一个大型联合办公室、一个大会议室和四个小会议室。项目团队成员均在联合办公室内开展工作，包括迪格比·克里斯蒂安在内的任何人都没有私人办公室。

设计开始后不久，团队发现市场价格变化导致包含可运维、可持续目标深化设计方案的概算超出目标预算额。核心团队据此要求各专业集群制定既能保证目标价值又可降低成本的替代方案。核心团队提出了替代方案的制定原则，必须基于既定的成本和进度，制定替代方案的设计理念和深化设计，并要求上述工作必须严格遵循设计审查进度表，该进度表由萨特医疗集团与负责加利福尼亚州所有医院安全设计和施工的全州卫生规划与发展办公室（Office of Statewide Health Planning and Development，OSHPD）共同协商确定。为保证结构系统的设计与建模的顺利进行并按期提交并通过审核，要求项目团队必须快速作出重要的相关决策。团队通过对工作流程不断改进以及从重要节点倒排工作计划的方式，实现了相关决策的迅速制定，并按期完成了后续的各系统设计。团队以成本作为设计的前提条件，在项目成本目标内完成了制造级的深化设计文档。

根据专业和领域的不同，由资质最深的人员主持相应价值流图和拉动式计划[1]的会议，设计和施工负责人也常常亲自参与。在联合办公室墙壁上的价值流图顶部，团队成员以粘贴便利贴的方式，不断为设计和 BIM 工作的任务和交接内容进行计划、修改和更新。许多会议都是由迪格比或加法里联合设计事务所的萨米尔·埃姆达纳特（Samir Emdanat）组织召开的，要求团队成员为项目规划最佳整体实施路径。团队成员据此逐步地细化和明确工作流程，此类会议的作用在工程进度滞后时体现得尤为突出。40 英尺（约 12 米）长的价值流图逐步被转换成拉动式计划，以实现近期和中期重要节点。团队还基于此价值流图制定 BIM 实施计划。

如同加利福尼亚州所有的医院项目，萨特医疗集团伊甸园医疗中心新医院项目的每一项设计都必须经过 OSHPD 的审核和批准，方可进行施工。迪格比·克里斯蒂安以启发性的问答方式引导人们明确工作目标和方式，促使人们探索更好的工作方式。项目设计方的建筑师萨米尔·埃姆达纳特向人们传授了从通用汽车"数字化工厂"建设项目中获得的设计经验和对精益理念、BIM 应用的深刻理解。项目的价值流图充分体现了团队的集体智慧和对于 OSHPD 审批流程的丰富经验。团队成员积极探索更好的合作方式，实际上，已签署集成格式合同的设计方和主要分包商已成为风险共担、利益共享的战略合作伙伴。上述因素共同促进了团队成员在系统设计、建模和系统间协调等方面共同工作，使得预制和组装工作高效实施。每位项目团队成员均认识到，只有在物料和组件订单完成之前进行上述工作，才能有效减少返工。在项目结束后，迪格比将这种方法描述为降低业主风险的"发生点"策略（图 8.16）。

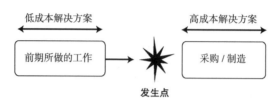

图 8.16 迪格比的"发生点"策略。由迪格比·克里斯蒂安和萨特医疗集团提供，DPR 建筑公司的利兹·施维格勒重新配图

核心团队成员、各专业集群及 IPD 合作伙伴公司的领导参与每周的设计协调、成本审核和计划制定会议，会议内容包括汇报工作现状，重新审视工作计划，制定并承诺未来两周的工作计划。迪格比·克里斯蒂安要求每位团队成员，尤其是专业集群领导，及时提出影响项目成本或进度的不利因素。迪格比鼓励专业集群领导畅所欲言，而不是保持习惯性的沉默（在传统项目中，设计师和总承包商时常保持沉默以避免被人误解为态度消极或不尊重他人）。通过积极地鼓动和自身的参与，迪格比帮助专业集群领导者"适应不熟悉的方式"，推动转向深度协作和集成的工作方式。

8.5.3 蒂梅丘拉山谷医院

为顺利推进项目的设计和施工工作，蒂梅丘拉山谷医院项目的集成组织由 7 家公司共同组成。环球健康服务公司是业主；HMC 建筑师事务所（HMC Architects）负责设计，DPR 建筑公司与特纳（Turner）建筑公司组建的合资公司总承包施工管理；南方工业公司（Southland Industries）负责供暖、通风与空气调节系统（HVAC）和管道的设计与施工；伯格电气公司（Bergelectric）和西南消防工程公司（Southwest Fire Project）分别负责电气工程和消防工程的设计与施工；DPR 建筑公司内部干式墙事业部（DPR Drywall）作为专业分包商负责室内框架和干式墙工程。交付团队合作伙伴坚信环球健康服务资本设施副总裁比尔·希德有使所有参与方获得财务回报的强烈意愿，因此，即使在明显低于行业平均利润水平的条件下，各参与方仍然充满信心地签署了 IPD 合同。

在设计开始之前，根据项目合同范围的初步估算，团队认为项目成本将超出"允许成本"数百万美元，然而，在 11 个月的共同工作之后，项目团队发现可以在成本目标内交付该项目，但按照合同只能获取原来的 1/3 的利润。在此过程中，建筑师、总承包商、设计–施工工程师以及评估人员勤勉共事，避免将时间和精力浪费于实施可能导致超出预算的方案。此项工作非常复杂，对于分歧的观点需要通过深入讨论的方式加以解决。不同于以往项目组织，HMC建筑师事务所要求各施工方与其他设计专业人员共同参与设计决策过程，并要求所有IPD合作伙伴参与各房间的功能和位置的审查，并将其绘制在白板上以便及时作出调整。只有获得各专业认可，房间设计方可继续推进。

六个专项专业管理集群中均具有各专业和各领域的设计和施工人员，以便在可施工性、成本、进度和设施运维方面对设计方案进行分析与评估。由建筑事务所项目经理和项目主管领导的专业集群主要负责与审批和监管部门的沟通；土方/土木管理专业集群包括建筑师、总承包商预算人员和项目现场负责人；设计–施工合作伙伴公司和总承包商预算人员组成设备、电气和管道系统专业管理集群；结构工程师、钢结构制造/安装工程师和总承包商项目主管组成结构专业管理集群；建筑事务所的设计人员与干式墙承包商以及分包商组成外饰面专业管理集群；室内设计建筑师与总承包商预算人员组成内部装饰专业管理集群。

在设计阶段，蒂梅丘拉山谷医院团队领导层虽然每周进行两整天的面对面沟通，但并未实现真正的同地办公，直到他们进驻现场后，方开启了集成团队工作的正式运作，也就是各参与方真正意义集成的开始。通过设计阶段在联合办公室举行会议的方式，项目团队领导直接与各专业集群的领导进行协调，各专业集群的规模不大，部分设计人员仍然在各自公司的办公室进行设计工作。各专业集群领导负责贯彻项目领导团队的决策，确保了各设计团队的工作与联合办公室会议所制定的决策一致。以上过程随着现场办公空间的增加逐步推进。

蒂梅丘拉山谷医院项目团队所面临的最大挑战之一，是必须依据OSHPD颁布的设计细则进行设计，每项深化设计必须通过批准方可进行施工，要求所有合作伙伴的团队的各层级均具有以往与OSHPD共同工作的经历。团队在深化设计阶段充分利用了以往的经验，在团队的各次设计评审和协调会议中，以"技术上可行吗？"和"能高效制造和组装吗？"及"OSHPD会批准吗？"的提问方式，推动分包商施工负责人与BIM专员共同改进预制和安装方案，在设计初期进行规划施工流程，并根据设计的进展不断完善。

通过精益建造顾问、内部专家和教员的培训，帮助设计人员和施工人员深刻理解丰田理念和精益思想所认为的浪费。在"上岗"培训期间，对项目设计和施工前阶段的所有相关人员、工长以及班组负责人进行PDSA学习循环教育，培训如何制定拉动式计划和如何作出可靠承诺。通过上述理念的学习和实践，结合以往对传统施工管理的整体的失望，激发了人们更深入协作的激情，也鼓舞了所有参与方的成员为消除浪费、实现整体行业持续改进而努力合作。这些措施催生了笔者所见到过的精益建造理念最深入的贯彻和实施。

团队成员的同地办公显著推动了结构化和非结构化的相互协作。周三是项目领导团队、总承包商工长以及各分包商工长的例会日；核心团队成员参加设计负责人和估算人员举行的联合办公室管理和计划会议。每周的此类会议在施工期间仍持续进行，核心团队成员与项目经理、现场主管、施工工长共同参加在联合办公室内安排的一系列计划和管理会议。会议形式包括"走动管理"形式，项目高层和项目经理随现场负责人及施工总工长深入现场，共同查看施工情况。项目经理，包括环球健康服务公司的人员，必须参加周生产计划会议，根据工长的承诺确定下周进度安排，并了解需要解决的问题，实现工作的推进。

每个合作伙伴的项目负责人，包括业主均为"核心团队"成员，进行项目的共同管理，均具有决策的制定权。在联合办公室会议上无等级之分，每位成员均应提出自认为正确的意见。核心团队的工作原则是决策制定必须经所有人同意，若无法达成一致，则由比尔·希德进行裁定。核心团队成员共同管理项目预算，每月召开例会向IPD业务伙伴报告成本增加或节余情况，并根据达成一致的总预算和子项预算进行支付。

8.5.4 项目成果

萨特医疗集团的伊甸园医疗中心新医院在目标成本内交付，交付时间早于OSHPD签字的工程节点一周，开业时间早于预计接收"第一个病人"时间节点6周。实际建筑空间与方案相比几乎没有任何改动，这在加利福尼亚州的医院建设中非常罕见，业主的所有目标均得以实现。该建筑获得了LEED银级认证，对于全天候运行的此项建筑，获得这一奖项并非易事。项目97%的验收检查一次性通过，安全事故率和因工伤的时间延误率非常低。主要专业的"有效工作时间比率"为74%，远高于50%的行业平均水平。

IPD合作伙伴获得的利润略低于预期，主要是由于OSHPD拒绝验收墙体末端与幕墙交叉点的深化设计，产生了部分团队的返工和生产效率低下。问题根源在于将设计固定的内墙结构与设计灵活的外部表皮系统的连接方案虽然通过了OSHPD设计评审，但墙端连接细节未得到现场的注册检查员认可，导致了工作流程混乱。IPD团队从而认识到必须确定设计细节具有"可检查性"，也就是要么有获批的先例，要么获得了检查员的明确认可。

蒂梅丘拉山谷医院最终实现的项目目标达到并超出了业主预期，比尔·希德向所有团队成员发送电子邮件赞扬了他们所取得的成果。项目的建造成本低于市场价40%，每张床位的建造成本明显低于过去几年建成的任何医院，医院用钢量为17磅/平方英尺（约83千克/平方米），是符合OSHPD最新要求前提下重量最轻的钢结构医院。环球健康服务公司认为，该建筑将实现运营效率提升30%的目标。整个项目过程中，项目团队一直与OSHPD保持着良好关系，IPD合作伙伴劳动生产率提高了200%以上，与加利福尼亚州同规模医院项目相比，蒂梅丘拉山谷医院的工期最短，从地基基础施工到基本完工仅用了20个月。无任何承包商亏损，几乎所有承包商都有盈利，由于整体生产率的提高，IPD合作伙伴从共享节余中获得了额外的利润。交付团队中的每位成员均认为这是最佳的团队协作经历。

8.6 案例研究：加利福尼亚大学旧金山分校医学中心使命湾医院的项目组织集成

8.6.1 集成组织的构建

集成组织的成功与项目目标和制约因素存在重要的关联性。历时 45 个月的设计和施工，并于 2014 年投入运营的加利福尼亚大学旧金山分校使命湾医院（图 8.17），就是一个很好的例证。该医院拥有 16 个影像室、20 个手术室和 289 个病房，提供儿科、成人肿瘤外科和妇产科等领域的医疗服务。医院主楼及与其相连的门诊楼的采暖、制冷和电力由专属能源中心提供。项目总建筑面积为 87.8 万平方英尺（约 81570 平方米），并拥有 6 万平方英尺（约 5574 平方米）的屋顶花园。该项目总预算为 15.2 亿美元，工程建造总造价为 7.65 亿美元，低于原有 9.65 亿美元的工程建造预算。该项目获得了 LEED 金级认证，并提前 8 天投入运营。

图 8.17 加利福尼亚大学旧金山分校使命湾医院。经加利福尼亚大学董事会代表加利福尼亚大学旧金山分校医学中心授权；由斯坦泰克建筑事务所（Stantec Architecture Inc.）提供

> **所获奖项**
>
> 2016 年《工程新闻记录》（Engineering News-Record，ENR）医疗保健类最佳项目至尊奖；
>
> 2015 年美国加利福尼亚州结构工程师协会（Structural Engineers Association of California SEAOC）可持续设计类结构工程优秀奖；
>
> 2015 年 Shaw Contract Group——设计诠释奖，医疗保健类设计市场优胜奖；
>
> 2015 年预制/预应力混凝土协会（Precast/Prestressed Concrete，PCI），医疗保健/医疗结构类最佳设计奖；

> 2015年《工程新闻记录》2015年度加利福尼亚州医疗保健类最佳项目奖；
> 2011年场景式项目规划类工程和技术创新表彰奖（Celebration of Engineering and Technology Innovation Awards，CETI Awards）。

斯图尔特·埃克布莱德（Stuart Eckblad）于2006年出任加利福尼亚大学旧金山分校医学中心的设计和施工总监，他曾任凯泽永久（Kaiser Permanente）医疗集团的项目管理总监。作为协同管理的长期倡导者和实践者，早在IPD理念出现之前的20世纪90年代中期，斯图尔特已同其他行业的领导者共同创立了协同过程研究所（Collaborative Process Institute，CPI），并担任主席，协同过程研究所的使命是在协作文化的建设方面对业主和行业领导者进行培训，创建集成的项目团队，以取得更卓越的成果。作为凯泽永久医疗集团国家设施服务的副主任，斯图尔特与凯泽永久联盟计划的其他行业领导者合作，将协同过程研究所的理念和实践融入合作建造项目中。美国建筑师协会加利福尼亚州委员会在斯图尔特出任主席期间的2007年，起草并发布了《集成项目交付的工作定义》（Working Definition of Integrated Project Delivery）。

作为美国先进的研究型医院之一的加利福尼亚大学旧金山分校医学中心，其领导层和管理团队要求医院的设施建设必须达到世界一流水准，因此，斯图尔特决定将加利福尼亚大学旧金山分校使命湾医院的新建项目交由集成合作团队进行设计和施工。经过医院各部门和校区领导层的通力合作，斯图尔特突破了大学以往的惯例、合同、理念和政策，积极推动了业主与总承包商、主要专业分包商的成本加最高限价合同（Cost Plus Guaranteed Maximum Price，CPGMP）的签订，该合同包含目标成本和创新要求，将原成本估算降低了2亿美元。

由于当时法规、大学政策和程序等因素的制约，建筑师和工程师初期仅与成本顾问、医院管理者、科室负责人、医生和后勤人员共同工作，进行规划、构建设计理念，在没有负责建造该设施的承包商协作情况下，而进行设计开发，导致项目估算成本不断升高，加之当时世界经济不景气，美国经济衰退，难以筹措到超出加利福尼亚州政府预算的经费。在设计工作开展一年后，组建的施工团队开始工作之际，用于施工的成本必须大幅消减，导致必须重新进行精细化、模型化及协同化设计，以达到OSHPD建筑规范审查的时间进度要求。

设施业主利用低迷的建筑市场，采用固定价格进行项目招标，以解决巨大成本压力的传统做法，常常具有导致招标失败、成本超支和进度延后的巨大风险。斯图尔特成功地使大学高管相信，如果采用IPD理念，总承包商和主要分包商早期参与项目工作，即可扭转此种现象。2008年，斯图尔特改造和组合了租赁的17个工地可移动式板房，形成了一个现场的开放式大办公室，作为集成设计和施工中心（Integrated Center for Design and Construction，ICDC[©]）[2]，实现了团队成员的同地办公，促进了团队工作的真正集成。2008年8月，总承包商DPR建筑公司参与该项目；同年12月，设计辅助MEP、混凝土、钢结构、干式墙和门框硬件等8个分包商分别参与项目，所有以上公司均签订成本加最高限价合同。该合同的目标成本和激励措施旨在满足进度要求和其他限制条件情况下，将项目总建设成本降低2亿美元。

斯坦福大学集成设施工程中心受斯图尔特、剑桥建筑管理事务所（Cambridge CM）、安申 + 艾伦建筑事务所（Anshen + Allen，现斯坦泰克建筑事务所）、DPR建筑公司委托，主持召开了为期4天的虚拟设计与施工（virtual design and construction，VDC）团队建设研讨会。会议预期实现两个目的，第一是将VDC团队纳入集成项目团队；第二是培训项目经理、设计师和BIM专员如何创建和使用设施（即产品）的多专业模型，并据此制定组织架构和过程，从而为加利福尼亚大学旧金山分校医学中心的投资交付最大的价值。在2009年3月斯坦福大学校园VDC研讨会之后，使命湾医院团队于同年6月开始了现场"联合办公室"的同地办公。

图8.18所显示的VDC方法图展现了虚拟设计与施工的实施方式。建筑信息模型代表待建建筑；由负责现场安装的团队人员协调系统和组件；通过将BIM与进度计划链接，对施工活动进行计划和模拟；有关BIM信息流的建模与进度紧密相关，以确保项目组织中的人员能够及时处理。V形虚线显示VDC项目交付团队应用量化指标方式，预测设计、工作过程和项目组织的性能，这项工作必须基于BIM技术的应用以及经验丰富的设计师、施工人员的协同合作。

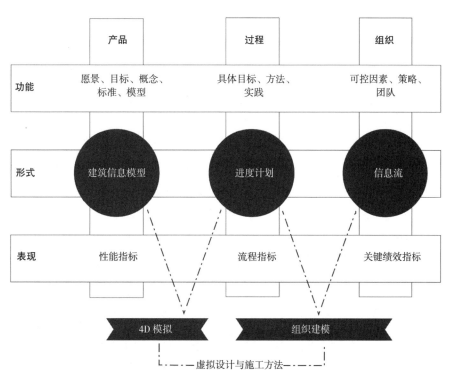

图8.18 虚拟设计与施工方法。由DPR建筑公司利兹·施维格勒修订，斯坦福大学雷蒙德·莱维特（Raymond E. Levitt）提供

使命湾医院项目领导团队在集成设施工程中心的布满大型触摸显示屏的电子信息实验室（iRoom Lab）召开会议，参会人员包括设计专业人员、建筑项目经理、工程师、施工图深化设计人员以及被邀请定期参与的高管在内的近40人，在会议上，领导层为各项工作制定了清晰的总体业务目标：

- 为使命湾医院项目制定 VDC 实施计划；
- 建立管理和量化的生产规范；
- 加深流程紧密连接对项目卓越绩效重要性的认识；
- 理解 VDC 对项目卓越绩效的作用，将 VDC 纳入日常工作流程；
- 学习集成并行工程会议的工作和管理方式；
- 学习应用 VDC 方法设计项目的产品、组织和过程的方式。

所有团队成员均产生了一种紧迫感，认为必须加快深化协作以应对重大挑战。几乎没有人具有协同办公和 VDC 的经历；深化设计提交申请许可时，也没有人提出过对项目进行价值工程[*]的评估。集成设施工程中心会议的组织者的重要职责是，在极短时间内能够清晰地传授和推动新的理念和实践。会议是否产生作用取决于使命湾团队学以致用的能力和速度。

在为期 4 天的 VDC 研讨会中，根据会议主题，每天均有不同的重点和目标。第一天聚焦于加深各参与公司对 VDC 为最佳实践方式的理解，并形成项目中使用 VDC 的愿望，规划 VDC 的实施方式以应对项目中可能出现的问题。各团队代表根据研讨会所提供的模板，描述了各自认为的最佳应用方式。加利福尼亚大学旧金山分校医学中心的领导者听取了各团队对使命湾医院项目的愿景和对 VDC 方法的期望。来自美国喷气推进实验室（Jet Propulsion Laboratory，JPL）的贝基·惠勒（Becky Wheeler）阐述了该实验室如何开发和使用所谓的"极限合作"方法，此方法大幅缩减了美国国家航空航天局设计太空任务所需的时间，集成设施工程中心研究人员讲解了对美国喷气推进实验室过程的理解，并将其命名为"集成并行工程"。根据美国喷气推进实验室的成功经验，使命湾医院项目团队讨论了如何应用集成并行工程方法，将多专业和多职能的专业人员聚集在一起紧密协作，并借助 BIM 和其他信息解决所面临的难题。

会议第二天聚焦于 VDC 的量化指标，重点在于确立重要指标及相关文化，向参会成员阐述流程衔接、工作存量和成本计算等重要指标，并介绍创建和跟踪此类指标的主要 VDC 方法。参会者认为量化指标，对于团队成员理解工作流程（包括 BIM、进度模拟和信息流）运行状况、预测项目成本和进度结果方面具有重要作用。通过分组讨论，参会者加深了对可控因素及重要指标的理解。直至当天研讨会接近尾声时，大多数参会者对当天所学到的新术语和新的

---

[*] 价值工程是指通过集体智慧和有组织的活动对产品或服务进行功能分析，使目标以最低的总成本，即寿命周期成本，可靠地实现产品或服务的必要功能，从而提高产品或服务的价值。——译者注

工作方法都在努力消化和理解。针对这种情况，集成设施工程中心人员与DPR建筑公司的项目主管乔治·普费弗（George Pfeffer）（现任DPR建筑公司总裁）在会议结束后，继续在会场修改演讲文稿和分组议题，采用具体形象化的方式，以加强参会者对VDC在专业集成和工作协同方面重要性的理解。

直至第三天下午，参会者才真正认识到VDC对于工作的重要作用。当天会议的重点为"使用VDC方法进行生产计划和管理"，目的在于使参会者理解VDC方法能够促进生产的计划和管理，并为使命湾医院项目制定一种VDC实施方法。战略项目解决方案公司（Strategic Project Solutions，SPS，集成设施工程中心的工业界合作伙伴之一）*的罗伯托·阿尔布卢（Roberto Arbulu）介绍了战略项目解决方案公司将精益生产方法应用于设计和施工过程的经验，并讲解了在预期计划内确保材料生产和组装工作完成方面，新型生产计划和VDC方法的作用。在分组会议中，参会者继续讨论工作计划有效性的量化方式，并在当天会后的聚餐中，他们继续深入探讨将这些新的理念应用于项目中的实践方式。

第四天聚焦于"综合过去几天所学实施VDC"。参会者通过分组会议拟定BIM实施计划，确定目标成本、冲突解决、流程衔接和生产计划可靠性的量化指标。医院项目施工团队拟定了实施规范。团队领导确定了联合办公室人员的分组方式，并于当天绘制了负责该项目3栋建筑物的各职能小组之间的信息流图。在参会者向研讨会组织者介绍了各自计划后，研讨会圆满结束。通过此次会议，参会者均获益匪浅，研讨会结束9个月后的参会者回访调查显示，曾对该研讨会持怀疑态度的人纷纷表示，该研讨会是他们获益最大的项目早期活动之一。

8.6.2 集成组织的运作

使命湾医院项目团队将在集成设施工程中心研讨会中所学内容应用于项目工作中，并在此基础上进行重大创新。团队领导者共同确立了组织架构，决策制定尽可能在低层级完成，而不是等待逐级的决策审批。项目团队在现场联合办公室内相互协作，共同制定施工生产的深化设计文件，实现了斯图尔特·埃克布莱德所期望的工作方式。

根据专业和系统的集成组建专业集群，如土方、结构、外装、内装、机械、电气、管道和设备。施工团队初期的主要工作是虚拟施工，后期的主要工作是医院主楼、门诊楼及能源中心的实体施工。

各专业集群均由项目经理、设计师、建筑信息建模人员、机电工程师、总工长、总承包商和设施运维方的代表组成。各专业集群依据设计包交付的目标日期，制定拉动式工作计划，并达到降低成本的目标。项目团队还成立了特别小组评估项目中模块化和预制化的可能性。BIM团队完成了BIM实施计划，并将其贯彻到每月所建模调整的数千平方英尺面积的建筑区域中。图8.19显示了集成设计和施工中心组织内的信息流和决策流。

---

* 战略项目解决方案公司是集成设施工程中心的工业界会员，每年工业界会员资助支持集成设施工程中心的博士生的科研工作。——译者注

第 8 章 项目组织的集成

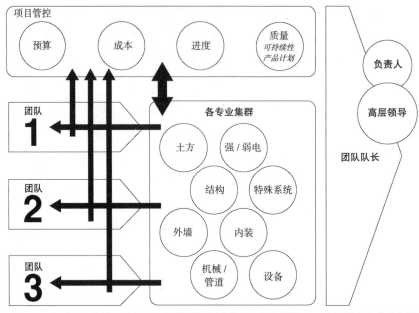

图 8.19 集成设计和施工中心显示的集成组织流程图。经加利福尼亚大学董事会代表加利福尼亚大学旧金山分校医学中心授权,由 DPR 建筑公司利兹·施维格勒修订,斯坦泰克建筑事务所提供

上图显示了加利福尼亚大学旧金山分校使命湾医院项目在集成设计和施工中心中的整体组织架构。团队领导层将项目组织划分为三类工作团队,负责 BIM 建模和协同的产品(建造)团队,负责成本、进度和质量的项目管控团队以及设计团队。以上三类团队将重大问题交由各自"队长",经筛选处理后,"队长"再将更为重大的问题提交至负责此三类工作的高层领导。"队长"和高层领导团队共同制定推进项目发展的决策。

项目团队各级领导均注重流程衔接的紧密性*,当无专业集群领导或高层领导在场时,授权于施工团队的 BIM 专员可在不影响成本、进度或可持续性目标的情况下,直接作出决策**。得益于建模人员的现场同地办公,大多数问题无须耗时逐人传达,而是由现场同地办公的多专业人员在一次会议中共同讨论解决。总而言之,95% 的决策在 30 分钟内作出,其余决策也可在一天内作出。DPR 建筑公司的项目主管雷·特比诺(Ray Trebino)指出,传统组织下常需数周时间解决的问题,集成项目团队一天内即可解决。

项目领导完善并推动了采用记录、分析和确定价值工程的提案,应用所谓"项目改进与创新"(Project Modifications and Innovations©,PMI)流程和模板[3],如图 8.20 所示,项目负责人将影响到成本、进度或可持续性目标的重大决策草案提交至专业集群领导和高层领导审批。

---

* 即无延迟工作流。——译者注

** 等待上级审批是一种延迟。——译者注

8.6 案例研究：加利福尼亚大学旧金山分校医学中心使命湾医院的项目组织集成

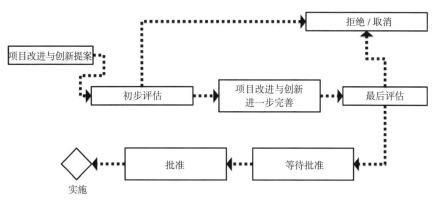

图 8.20 项目改进与创新流程。由笔者修订，加利福尼亚大学董事会代表旧金山分校医学中心授权，斯坦泰克建筑事务所和剑桥建筑管理事务所提供，作者改绘

首先施工/生产团队先讨论并完善某项目改进与创新提案，期间尽可能在所涉及的专业集群、运维人员和建筑师中收集更多的信息。如果施工团队或某专业集群决定"支持"此提案，其将被递交至高层领导审批，根据提案的影响范围及涉及的改进复杂程度，审批过程可为数天至数周。

桥架系统（tray system）的项目改进与创新应用是一个成功案例。用于承载电缆的标准桥架系统遍布于整个医院，且价格昂贵，常用 J 形挂钩（J-hook）作为替代品，但加利福尼亚大学旧金山分校使命湾医院的代表认为，J 形挂钩排布的电缆混乱无序，且不美观。团队的一名低压电气设计师建议，使用共用支架平整有序的铺设电缆和配线，解决了 J 形挂钩无序捆绑电缆的问题，并可显著降低采购和安装成本。采用生产商提供的样品，相关设施人员共同检测该方案的可行性并成功完成项目改进与创新之后，确定了使用共用桥架的替代方案。电缆桥架解决方案是通过集成并行工程会议讨论并实现的，该会议方式也应用于其他多个方面，使问题得到及时而迅速的解决。

集成并行工程会议也成功解决了妇科手术室和重症监护室顶棚空间不足的问题。该区域位于医院主楼三层，由于正上方的隐藏式屋顶花园采用了厚重的结构钢材作为支撑，导致顶棚空间不足。幸运的是在前期 BIM 初步协调阶段发现了该问题，然而，该问题必须予以迅速解决，否则可影响到申请许可证的提交进度。更大的问题是，顶棚的高度至少需要降低 1 英尺（约 0.3 米），这将会改变室内空间的用途，对原有的临床使用规划造成影响。

医院设计和相关施工企业领导层（包括加利福尼亚大学旧金山分校医学中心人员、建筑师、工程师、总承包商和专业承包商）召开了三次为时 4 小时的会议。通过第一次会议，参会者已找到可行性解决方案，即保留屋顶花园，并通过调整钢梁的大小，重新布置顶棚上方的空调和电力系统而保持原设计顶棚高度，将手术室位置调整至更符合临床流程的其他区域。3 天后的第二次会议，参会者已经准备启动新设计方案的制定，并呈报至加利福尼亚大学旧金山分校医学中心的利益相关者。随后，参会者重点研究了新设计方案的粗略数量级（rough order of magnitude，ROM）成本和进度的影响。在两周后的第三次集成并行工程会议中，参会者制定了更详细的系统设计方案。所有参会者均清楚地看到，紧密合作的三周时间，为该项工程减少了数月工期和节约了大量成本。该项目的参与者结合过去的设计和施工经验（所有参与者的经验加起来达数百年），深刻体会到没有集成并行工程的理念，交付团队则不可能具有在如此短的时间内解决问题的能力。

项目团队每周报告任务完成情况，评估是否达到流程衔接紧密度（即尽量缩短工作延迟）的目标：项目团队内部在 30 分钟内解决问题总量的 80%，剩余问题的 80% 在 4 小时内通过联合办公的方式解决。设计专业集群持续跟踪并通报降低成本的进展，所有相关团队对信息请求（requests for information，RFIs）、物料提交情况和变更请求的数量进行跟踪，并与设定的关键绩效指标（key performance indicators，KPIs）进行对比。每周联合办公例会，依据绩效指标讨论生产进度，并将结果以图表形式张贴于联合办公室进行公示。

加利福尼亚大学旧金山分校医学中心团队实现了在方案设计和施工图设计阶段降低项目成本的目标，实际上，两个阶段对目标成本的降低是通过一系列工作方式的改进和提升而逐步完成的。在施工方进入加利福尼亚大学旧金山分校使命湾医院项目之前，第三方评估机构预测该项目有 2 亿美元的预算超支，但集成团队在此两个阶段降低了项目成本，使得该项目能够在不超出预算的情况下继续按照原整体规划进行施工，无须为避免超支而从规划中剔除部分内容。所有设计包都用 BIM 进行了建模和协同，如期提交并如期获得了许可。除一项激励性薪酬绩效目标外，项目团队完成了其他所有目标。

8.6.3 集成组织的重新设计

项目领导层重新组建组织架构，以应对计划和施工管理工作中的问题，这些问题包括从维护加利福尼亚大学旧金山分校医学中心作为世界一流医学研究和教学机构声誉的角度出发，与利益相关者共同探讨而作出的多种设计变更。快速制定最佳决策，为团队指明项目下一步的方向是他们的共同目标。项目领导层的指导原则并没有发生变化，决策权仍由具有远见卓识、经验丰富并富有洞察力的人员掌握。斯图尔特·埃克布莱德认为，项目的成功直接取决于团队成员之间的密切合作和知识共享，这种密切合作关系是产生具有创新性的解决方案（在不超过项目的预算和交付日期的前提下）的源泉。

在如此大规模项目上会出现很多大大小小的问题，大部分问题在联合办公室经各方共同合作得以解决，并记录于确认的信息请求中。若某个问题对计划、成本或设计产生影响，或解决问题需要外部咨询的帮助，团队将把该问题提交至项目解决方案小组（Project Solutions Group©，PSG）[4]，该小组由斯图尔特和加利福尼亚大学旧金山分校使命湾医院团队领导者共同设立。解决问题是项目解决方案小组的宗旨，除每周五外，加利福尼亚大学旧金山分校医学中心的项目负责人、施工经理、设计和建筑公司每天均在项目解决方案小组召开会议，以尽快解决问题。项目解决方案小组在建设过程中做了大量工作，包括帮助使命湾医院项目团队对门诊大楼的 10 万平方英尺（约 9290.3 平方米）的空间进行了重新规划，对内部装饰的设计进行升级，并将位于医学中心前方的城市街道重新设计为广场，所有工作均未导致工期的延误。

集成团队的领导者们均承担多项责任，总承包商和设计团队的项目负责人领导着项目多个专业集群和三个项目主体 / 区域*对应的团队，其中某些领导为项目管理层和高级领导团队的成员。在施工期间，各施工团队领导负责管理子项目的施工，处理在工作面发生的与项目解决方案小组相关的问题。每个主体的 BIM 团队将相应设计移交至施工团队（按楼层组织和划分）。至此现场施工管理（construction administration，CA）团队取代各专业集群成为设计问题的"第一反馈者"。

在施工期间，集成设计和施工中心的公共办公室空间扩大一倍，以容纳总承包商员工。除现场施工管理团队的建筑师外，其他所有建筑师的位置被检查人员和更多施工管理人员占据。沿着人行道路两侧的十几座可移动式板房，供分包商的员工办公。在向业主、建筑师、承包商（owner，architect，contractor，OAC）会议提交的周进度报告中，添加了工程量完成的幻灯片汇报形式，并以海报形式打印，在集成设计和施工中心新区域张贴。

斯图尔特、剑桥建筑管理事务所和 DPR 建筑公司的项目负责人，与加利福尼亚大学旧金山分校医学中心顾问合作，重新起草了加利福尼亚大学的标准合同（包括一般条款和特殊条款以及任务计划规范），以促进精益建造计划和任务安排的实施。值得注意的是，新规范促进了总体合同工期方式的实现，该方式由末位计划者（Last Planner®）软件系统生成，包括阶段计划、短期计划、拉动式工作安排和每日更新的周计划的生成。该方式将集成组织的范围扩大到了现场工作班组，并通过每日例会进行工作的协调，在每日例会中，施工人员可以迅速发现现场问题，各专业承包商尽可能当场立即制定解决方案。

8.6.4 绩效表现

相较于加利福尼亚大学旧金山分校使命湾的以往项目以及加利福尼亚大学其他分校的项目，使命湾医院项目团队取得了优异的成果，包括：

- 实际成本比最初估算成本减少 2 亿美元；
- 完成既定的整体规划建设；
- 在未影响预算或进度的情况下，为项目增加了（业主提出的）价值 5500 万美元的工程变更内容；
- 在预算没有增加的情况下完成了门诊楼（outpatient building，OPB）的重大设计变更；

---

* 肿瘤医院 / 妇科医院和儿童医院。——译者注

- 提前 8 天竣工。

8.6.5 成功的关键

加利福尼亚大学旧金山分校使命湾医院项目的成功是建立于承诺、准备以及创建共同目标和创新文化基础之上的。项目的成功通常始于业主，如本案例的斯图尔特即是业主麾下的一个经验丰富并具有能力积极推动协作和集成交付的人。

虽然项目各流程是由集成设计和施工中心指定的团队成员负责制定，但在施工人员尚未进入集成团队之前，斯图尔特一直与施工经理、剑桥建筑管理事务所和设计团队对于各流程的制定进行密切合作，以确保项目在预算和进度计划之内完成。团队成员在 VDC 研讨会中见证了建模和仿真为协同工作带来的重大作用，此研讨会促进了协作和创新文化的加强，上述工作归功于斯图尔特的多年协作经验。

斯图尔特和项目领导者努力向业界介绍自身的体会，特别是关于协作文化与方法及联合办公室的重要作用。斯图尔特将此过程描述为学习曲线，"最初，并非所有人都愿在联合办公室工作，但项目结束时，大家都已恋恋不舍"（Stuart Eckblad, personal communication, December 8, 2014, April 26, 2015, and April 15, 2016）。

8.7 重要性

集成组织是集成项目交付链中的关键环节，如果做不到组织集成，则项目无法达到预期目标，由此产生一系列反复发生的矛盾和复杂问题。在这种没有实现组织集成的团队中，尽管工作杂乱无序，但在最初的几周内，陆续加入的人员仍对工作可以顺利开展寄予希望，认为最终项目会恢复秩序。然而，这种组织结构中混乱无序工作的持续存在，因为人们在全新的组织网络中处理棘手问题，往往不知如何着手，怎样在该网络中使自己和他人协调一致，也会导致成员的焦虑和信心丧失。人们无所适从的组织结构工作产生的根源是领导层缺乏在开拓领域中创新的明确目标。许多领导者对于迪格比·克里斯蒂安有关"不确定性因素"的根源并没有真正理解。项目管理者，包括业主、建筑师或总承包商等虽然在启动会议上表示认同，但会后却又迅速回归到传统的管理/筒仓式方法。此类项目领导者自认为具有丰富的管理经验，期望将员工立即投入工作中，协调例会毫无必要，认为定期反思的理念可导致宝贵工作时间的浪费。

需要强调的是，尽管人们已经理解如何创建集成组织，但对其没有任何准备的业主和项目经理，在工作中真正实践创建集成组织具有较大困难。可以确定的是，返回到传统的管理模式，即彼得·圣吉所描述的"惯性反弹"，无法成功构建集成组织，因此，集成组织的创建需要依赖于有纪律的长期实践，这需要耐心，有时外部辅导也是必要的。

上述讨论的三个项目，为领导者和团队成员集成项目组织的构建提供了可行性方案。三支团队的成功验证了集成项目组织的重要性和必要性，除了采用本章描述的方法构建集成组织之外，人们还可以参考"简明框架"的其他（所有）要素。实际上，这些其他要素会自然地出现在集成组织的构建中。正如本章开头所引用的彼得·圣吉的话，人们的表述（以及其口头选择的标签）并不重要，重要的是其行动。

8.8 启示

业主对项目交付团队的要求将越来越高，业主与施工管理组织对项目团队服从客户需求的要求不会改变，然而，此种模式很可能会减少设计方和施工方的利润空间，因为业主的重点往往是降低服务价格。越来越多的业主（很可能是对这种服从模型涉及较少或对其结果不甚满意的业主）将会鼓励团队以集成方式进行组织和工作。整体上，尽管团队缺乏集成组织的丰富经验，难以完全发挥集成组织的作用，但所产生的效果仍然要好于传统方式。

通过掌握集成组织的组建方法，一定数量设计和承包企业的加入将会对降低项目风险、增加交付价值更有信心。由于项目获得成功的可能性大增，此类企业会积极寻求采用 IPD 合同的项目，设计-建造公司将会积极构建集成项目团队，而在风险型项目管理模式合同下运作的设计师和总承包商也将积极探索构建集成项目团队的方法。

掌握了集成组织的领导和工作能力的人们，对持续改进实践和行为充满了信心，并将产生良性循环，为业主带来更佳的效益。保险公司将为集成项目团队提供新的保险产品，科技公司也将开发新的应用程序以支持 BIM 集成、预算集成、高质量设计、危险源自动识别、进度安排和生产管理等工作的实施。

对集成组织越来越多的需求，促进了承包商与分包商、供应商之间的密切合作，许多（大的）分包商已经在集成的道路上比总包商走得更远，积极寻求与供应商合作，形成虚拟的集成组织。集成组织要建立标准操作流程，就方法、过程、协议及数据标准达成一致，能够在项目启动之日，各团队即可共享 BIM 族库。大型材料供应商将认识到集成组织的供应网络的巨大购买力，并被迫作出响应，因此，所构建的集成组织必须在项目工作开展之前做大量的准备工作。最终，集成供应链组织将参与竞争，赢得项目，并交付非凡的项目成果。

8.9 小结

五大理念是构建集成组织的基础，管理者、领导者（包括业主代表和主要的利益相关者）应认真研读和讨论，这是构建集成组织的起点。五大理念的关键作用在于为取代常规方法提供了有力而清晰的方式，若继续沿用固有的传统理念，整体业务将无法取得良好的发展。

笔者建议读者基于本章所阐述的集成组织创建的四大支柱进行一系列讨论，这是四大支柱理念的首次同时提出。这些讨论应深入进行（以面对面的方式），每个人均应与他人分享自身的理解和疑问，而不是单纯地应付。此项工作虽然需要耗费时间和精力，但可以显著提高团队绩效和产品质量。综上所述，笔者的具体建议如下：

- 以五大理念为指导。[5]
    * 如果人们需要构建集成组织，则必须深入学习和讨论五大理念，并将使团队受益良多，特别是结合专业性的辅导。此类讨论必须涵盖所有团队成员，并最终要包括现场的工作班组。
- 将人们的行动、信息和决策联结起来。
- 视项目为密切交织的网络，而非多个公司的简单相加。
    * 组织中子团队/专业群组之间相依关系的识别与区分；
    * 识别协调工作存在的"隐性投入"。没有 IPD 团队工作经验的高管，制定的工作计划常忽略此问题，若团队成员未弃用"筒仓"理念，隐性投入则严重阻碍工作进度；
    * 通过多专业/跨职能团队进行设计、估算和施工；
    * 确保团队成员和领导者参与各层级的每日站会，讨论工作的进展、阻碍因素、所遇问题和预期决策；
    * 恪守和加强相互作出的承诺；
    * 利用有效的沟通方式，表达提议、请求、承诺、评估和断言；
    * 关注个人和集体的情绪；
    * 善于倾听，发现契机。契机将在深度汇谈中出现。
- 创建学习型组织。鼓励和提倡团队成员发现、提出及解决问题，并培训成员发现和解决问题的最佳方法。
    * 鼓励团队成员发展个人愿景，并创建项目共同愿景；
    * 进行深度汇谈，而非争执和辩论。揭示和质疑个性化的心智模式。建议从如下四个方面着手：(1)充分利用每位团队成员的作用，尽量缩短生产进度并降低成本；(2)通过降低各分项预算成本，实现项目总成本的降低；(3)前期所做的工作越多，则产生的效果越好；(4)核心管理层必须通过为他人作出全面计划去推动项目的进展；
    * 系统思考,问题发生时绝不归咎于个人。在系统中查找问题的原因，即整体的工作方式。不满足于简单的因果分析，深入探究问题产生的原因，对第一个为什么的回答往往是不准确的，需要对相关群体连续追问五次为什么，方可发现问题的根本原因。
- 通过项目组织将工作与客户的价值衔接起来。
    * 使用 POP 心智模式，用以帮助团队成员将个人工作与项目组织目标，也就是建筑产品紧密相连；

* 绘制价值流图,若不注重价值流图的使用,则项目将面临进度延误、成本超支和质量问题频发等高风险;

* 工作方式始终遵循"策划 – 执行 – 研究 – 处置"的学习循环,并将该循环用于设计和施工的总体规划;

* 将工作结构化以创造更大价值。进一步审视要完成的产品,寻找更好的安装和组装方式。对产品不断细化,反复探究,可以确保找到更好的解决方案;

* 使用集成并行工程,与客户利益相关者和决策者作为一个团队共同制定重大决策。

上述建议内容似乎繁多且实施起来较为困难,但有利于没有任何实践经验集成组织的协同工作开展。笔者认为所有上述因素相互协同和相互促进是最为重要的,这种各因素的协同作用大于个体相加之和的作用。一个方法或实践可促进另一个方法或实践,一个区域的改善将有助于其他区域的改善,从而形成一个良性循环。

笔者还有两条建议:

1. 将"懂理论"的年轻员工与经验丰富的老员工组队,年轻员工承担尽可能多的上述职责;

2. 努力改变有经验的老员工的定式思维和习惯,若其自身不能主动改变,则由接受新理念的成员接替他们的工作。此种做法看似严苛且困难,但集成项目工作必须采取此种方式。然而,多数的实际情况是,更换不适合人员的工作并没有得到及时和持续的进行,对团队其他成员和整体团队工作造成了不利的影响。

注释

1. 协作计划方法,定义了实现某工作阶段流程的生产方法(Hal Macomber)。
2. 集成设计和施工中心是由加利福尼亚大学旧金山分校医学中心开发的一个协作空间和临时设施。
3. 项目改进与创新是由加利福尼亚大学旧金山分校医学中心的使命湾医疗中心团队开发的一种管理方法。
4. 项目解决方案小组是由加利福尼亚大学旧金山分校医学中心的使命湾医疗中心团队开发的一种管理措施。
5. 可以在精益建造学会的网站(www.leanconstruction.org)查询。

参考文献

Ballard, G., Koskela, L., Howell, G., & Zabelle, T.(2001). "Production system design: Work structuring revisited." White paper 11.

Chachere, J., Kunz, J., & Levitt, R. (2003). *Can you accelerate your project using extreme collaboration? A model based analysis.* Center for Integrated Facility Engineering (CIFE), Stanford University, CIFE Technical Report 154.

Davis, C. (1998). *Listening, language and action.* Retrieved from http://stratam.com/assets/articles/Listening_Language_Action.pdf, March 6, 2005.

Flores, F. (2013). *Conversations for action and collected essays: Instilling a culture of commitment in working relationships.* CreateSpace, https://www.createspace.com/3952130.

Latzko, William J., and David M. Saunders. "Four days with Dr. Deming: A strategy for modern methods of management." Long Range Planning 29.4 (1996): 594–595.

Lencioni, P. (2012). *The advantage: Why organizational health trumps everything else in business.* Hoboken, NJ: John Wiley & Sons.

Levitt, R. E., Kunz, J. C., Luiten, G. T., Fischer, M. A., & Jin, Y. (1995). *CE4: Concurrent engineering of product, process, facility and organization.* No. 104. Technical report.

Levitt, R., & Kunz, J. (2002, September). Design your project organization as engineers design bridges. CIFE technical paper, Stanford University.

Macomber, H. (2004a, March 23–24). Five Big Ideas that are reshaping the design and delivery of capital projects. Document prepared for the Sutter Health Lean Project Summit, Concord, CA.

Macomber, H. (2004b). *Securing reliable promises on projects: A guide to developing a new practice.* Retrieved from http://www.reformingprojectmanagement.com.

Macomber, H., & Howell, G. (2003). Linguistic action: Contributing to the theory of lean construction. *Proceedings of the 11th Annual Meeting of the International Group for Lean Construction*, pp. 1–10.

Macomber, H., Howell, G. A., & Reed, D. (2005). Managing promises with the last planner system: Closing in on uninterrupted flow. *13th International Group for Lean Construction Conference: Proceedings*, p. 13. International Group on Lean Construction.

Mann, D. (2014). *Creating a Lean culture: Tools to sustain lean conversions.* Florence, KY: CRC Press.

Rother, M., & Shook, J. (1999). *Learning to see.* Cambridge, MA: Lean Enterprise Institute.

Senge, P. M. (2006). *The fifth discipline: The art and practice of the learning organization.* New York, NY: Broadway Business.

Sutherland, J., & Sutherland, J. J. (2014). Scrum: The art of doing twice the work in half the time. New York: Crown Business.

Thompson, J. D. (1967). Organizations in action: Social science bases of administration. New York, NY: McGraw-Hill.

第 9 章

集成项目团队的管理

> "个人为集体成就所做的努力,是团队发挥作用、公司得以运营、社会正常运转、文明不断进步的基础。"
>
> ——文思·伦巴蒂(Vince Lombardi)

9.1 概述

团队是实现集成项目交付(integrated project delivery,IPD)的基础。IPD 的核心理念是主要参与方的早期介入,实际上,也就是这些参与方与其他所有参与方共同组建了 IPD 的实施团队。团队为项目各参与方储备了各阶段所需的专业知识和技能,营造了激励创新、鼓励协作、减少工作障碍的氛围。该团队制定共同目标,并为之作出承诺、全力投入。这种团队工作方式改善了决策的制定流程,增加了既定策略的执行力度。因此,团队不仅是 IPD 的实施方,也是 IPD 的领导和管理方。没有团队,IPD 就无法实现。

然而,仅依靠团队自身,并不能保证项目成功。就某些任务而言,多专业团队不如个体或单个群体的效率。实际上,由于群体惰化[1]、旁观者效应[2]、群体转移[3]、群体思维[4]的影响,个体在群体环境中的能力展现会有所降低。除以上缺陷外,团队还需额外的培训和管理。因此,必须恰当地组织、管理和激励团队,以避免上述绩效管理陷阱,同时,获取团队的优势。

本章将团队绩效研究和对 IPD 项目团队的观察相结合进行阐述,并提出有益于 IPD 团队的其他行业实践经验的建议。同时,借鉴最新的研究和实践,本章还探讨关于团队决策制定所面临的挑战和机遇。除非偶尔提及,本章不详述目标价值设计、仿真、可视化、协同和同地办公等相关概念,将在另外章节进行阐述。

研究表明,各项目在成本、进度和质量方面的差异性与其组织之间关系的密切程度相关。通常,团队成员通过高质量互动积极参与工作,团队集成程度更高,此类项目进度延误更少和质量更佳。具有超强凝聚力的设计和施工团队更能够减少成本超支情况，为业主带来更好交接经历和更高的系统质量感知。以上发现有力证明，团队集成和群组凝聚力是高效项目团队所需的属性（Molenar，Messner，Liecht，Franz & Esmaeili，2014）。

9.2 IPD 团队的内涵

若将个体比作 IPD 的原子，团队则是分子。结合单个团队成员的优势，团队可创造出个体无法实现的成果。

并非每一个由个体组成的工作群组都可称之为团队。如果工作群组对交互和创造力的需求较低，它可以有效处理并行工作。但作为 IPD 引擎的协作团队，既需要个体担当又需要相互负责，因此从根本上不同于工作群组。IPD 团队致力于共同的目标、过程和结果，并且团队成员为此相互负责（Katzenbach & Smith，2005）。斯蒂芬·罗宾斯（Stephen Robbins）对工作群组和工作团队进行了区分：

> 一方面，工作群组不需要或没有机会从事需各方协同努力的集体工作，从而其表现仅仅是群组中各成员贡献的总和。若无积极协同作用，则无法创造出高于投入总和的整体绩效水平。
>
> 另一方面，通过共同努力，团队的工作产生积极的协同作用。所有个体共同努力创造的整体绩效水平要高于个体投入的总和（Robbins，2011）。

IPD 团队具有多样化、跨职能和多专业的特点。尽管需要引领和指导，团队主要还是自我管理和自我协调，并充分发挥成员才能。从专注于解决特定问题的较小群组，到致力于头脑风暴、协调或日程安排的较大群组，IPD 的团队规模各有不同。IPD 团队成员积极活跃，有时也激烈争论，但其情感宣泄是针对项目本身而非针对彼此。

IPD 团队极具创造力，工作效率高，能够出色完成工作。

9.3 成功的标志

在联合办公室内，你会发现在房间的角落，一组人员围在一起，一边讨论，一边调整拉动式计划表中的日期和交付成果；另一组人员聚在电脑前，评估机电管线布局的不同选项。单看这两组人员，你可能不知道他们为谁工作；走近一些，你会听到更多内容，足以分辨出谁是工程师，谁是运维经理，谁是决策所涉及的专业分包商。人员衬衫上的 logo 会显示其所属公司——否则将无法知晓其所属公司。

另一组的成员都朝向一位女士，想必她就是领导者。而走近该组时，你会意识到她在提问题，而不是下命令。她从每位团队成员那里获取信息，并仔细倾听其反馈意见。此外，还要求其他人对这些意见进行补充或评论。渐渐地，她帮助团队评估所有注意事项，听取少数人的意见和不同意见并对此评估，直至达成共识。通过观察墙上张贴的项目目标列表，你能看到一系列的关键项目需求，并认识到团队决策标准与项目目标一致。你上面的猜测是正确的，她就是领导者，一个团队领导者。

联合办公室里一片嘈杂，没有管理人员让大家保持安静。尽管你会听到激动的声音，但那也是出于激情，而非出于愤怒。如果你停下脚步询问进展情况，团队成员会说明他们遇到的问题和挑战，并进一步告诉你他们选择投身于设计和施工工作的原因是为了解决问题和做一些具有深远影响的事情。

9.4 实现方式

9.4.1 领导 IPD 团队

由主要参与方的代表人员组成的委员会负责领导和管理 IPD 项目。通常依照合同确定，尽管在称谓和决策过程方面存在细微差异，但此类管理群组均对 IPD 团队负有相似的责任。其中六项责任特别重要，如下所示：

第一个责任，就项目需求和目标达成明确共识，此为 IPD 领导者的首要责任。明确的共识通常是由主要利益相关方和参与方研讨协商，经过提炼和评估达成。制定与项目需求相一致的目标，若可能，还应制定用以评估目标进展的指标。

该项工作至关重要，因为 IPD 团队一旦参与项目，需要作出无数大大小小的决定，而作出任何一个决定都需要依照统一的标准。例如，若照明和电气组与机械设备组、建筑围护结构组的标准不同，则所建造的建筑物无法实现高性能。IPD 团队成员必须朝着同一项目需求和目标努力。

第二个责任，向所有项目参与方清晰传达项目需求和目标，并通过反复强调持续强化。新成员加入团队时所参加的协作培训（本章后面会详述），就是强化、传递项目需求和目标的过程。

第三个责任，为同地办公创建实用的实体和虚拟空间。该空间包括综合或互联数字网络、软件和协同系统。鉴于同地办公的重要意义，将在单独一章中对其详细阐述。

第四个责任，明确或组建项目所需的团队。此项工作在项目的生命周期中有所差异，有些任务需要独立的专业团队；有些任务，如进度安排，则需要各方的共同参与。无论何种情况，在整个项目中，项目管理群组均应组建和调整团队。

第五个责任，为项目团队提供培训和指导。某些情况下，团队需要外部推动者帮助其达成共识。在此背景下，"外部"可能是项目内部的独立顾问或技能娴熟的推动者，但不是特定的团队成员。在使用优势选择法（Choosing by Advantages，CBA）或拉动式计划等特定工具时，团队成员也可能需要相关推动者的帮助。IPD 的主管应听从爱德华兹·戴明的训诫，"管理工作本身不在于监管，而在于领导"（Deming，1982）。正如丰田的笃新见（Atushi Niimi）所说，训练外国管理人员的困难在于"他们想要的是管理，而不是指导"（Larman，2008）。

第六个责任，监控和调整团队活力。某些人员不具备团队精神，某些人员因支配欲强而扼杀团队创造力。如果个体降低了团队效率，不管其技能如何娴熟，项目管理层必须介入，调整其个体行为或进行人员更换。

选择、指导和监控团队的职权是 IPD 项目管理重要的手段之一。在《从优秀到卓越》（Good to Great）一书中，吉姆·柯林斯（Jim Collins）认为，在决定组织的发展方向之前，卓越的领导者就通过组建合适的团队来作出变革。他还建议，让正确的人上车，让错误的人下车，然后让合适的人坐到合适的位置上（Collins，2001）。阿玛比尔（Amabile）指出，团队领导者重要决策之一就是使人员和任务相匹配（Amabile，1998）。归根结底，所谓对团队的领导和管理，就是对人员的领导和管理。

9.4.2　团队构成

团队要由具备不同技能、背景和个性的成员组成。发展均衡的团队需要其成员具备专业技术、具有解决问题和作出决策的能力以及人际交往能力，人际交往能力包括有效倾听、提供反馈和解决冲突等能力（Katzenbach & Smith，1992；Robbins，2011）。极少有人同时具备以上能力，因此，应选择合适的团队成员，以确保上述能力在团队中得到体现（Hackman，2011；Robbins，2011）。良好的处理策略是，挑选二到三名技术出众的成员，评估其组织领导和人际交往能力，之后再增加成员均衡团队的整体能力。团队的另一个关键属性为尽职尽责，团队成员的责任心越高，团队绩效表现就越优秀（Robbins，2011）。随着项目进展，团队工作内容也可能发生变化，团队领导必须对变化具有敏感性，并相应地调整团队构成。

项目的技术特性影响团队构成。例如，医院团队会特别注重复杂的设备、电气和管道（mechanical，electrical，and plumbing，MEP）系统需求；剧院和大学教室对音响、展示和信息技术有严格的要求；对环境要求高的项目可能需要具有特定的能源效率或环境保护专业知识，应当根据项目要求组建相应团队。

正在进行的工作类型同样影响团队构成。如果面临新奇、复杂的问题，则团队成员的挑选注重于智力超群和创造力强的方面。高水平团队更能适应不断变化的情况，并有效地将现有专业知识和技能应用到新问题的解决中（Robbins，2011）。但在处理日常工作上，高水平团队效率会降低，而一般团队则能保持专注和高效。能力高的团队，如果自身具有自我组织、自我管理能力，或在具备相应能力高的管理者领导下，其表现往往最佳（Robbins，2011）。如果必须具备创新和创造力，项目才能成功，那么能力高的团队则为首选。

此外，团队也应该由具有不同背景、观点和经验的成员组成（Hackman，2011）。最具创造力的团队不应同质化（Amabile，1998）。专业分包商、终端用户和运维人员尽早参与设计的优势之一是，就正在处理的设计问题，每位参与者都有不同的视角。丹尼尔·平克（Daniel Pink）认为，"工作群组的建立，使人们可以互相激励、互相学习，在背景和培训方面，也不会同质化。你所需要的是能够乐于吸收和采纳他人想法的人"（Pink，2009）。多样化不仅为设计提供了更多的信息，不同视角之间的碰撞还激发了个体更大的创造力。

团队选择成员时应考虑其个人特质。一些人天生不善于合作（Benkler，2011）；一些人不喜欢团队合作，一旦有机会，他们就会选择退出（Robbins，2011）；有些员工，在命令和控制环境下受过训练，习惯于被告知该做什么或告诉他人该做什么，可能对 IPD 团队所使用的更严谨的流程没有耐心，很难适应 IPD 团队的工作方式。如上所述，企业文化是普遍存在的，团队成员的背景文化会影响甚至削弱成员在协作团队中的作用。

许多公司使用了个性数据，如迈尔斯 – 布里格斯性格类型指标（Meyers-Briggs Type Indicator，MBTI），虽然此类测试在某些方面可能有用，但很少有数据能说明使用迈尔斯 – 布里格斯性格类型指标挑选团队成员或评估团队绩效是有价值的（Hackman，2011；Robbins，2011）。有证据表明，心理属性与个体成功相关，团队成员个性的相互作用无疑也非常重要，但目前看来，团队整体水平的均衡，更具艺术性而非科学性。若所测心理特征与工作绩效和团队相互作用有关联，则使用迈尔斯 – 布里格斯性格类型指标的方法值得考虑。

移除降低团队绩效的成员同样重要。研究表明，较差的个体成员表现会影响团队整体绩效，除非能够矫正该类成员行为，否则就要将其移出团队（Robbins，2007）。正如格伦·巴拉德（Glenn Ballard）（精益建造学会的联合创始人）经常阐述的，"要么改变人员行为，要么更换人员。"

9.4.3 团队结构

随着项目规模的增大，基本方法（尽管不是基本理论）必须有所变化。任何一个灵活的团队也很难完成项目的所有工作。必须对工作作出结构性调整以适应项目的工作需求，而不是一味增加团队成员数量以适应项目工作需求。即意味着，核心领导团队必须创建一个恰当团队结构，使各工作团队合理紧凑，团队之间没有责任缺位，及时协调，并与总体目标保持一致。

通常使用以下几种方式划分团队之间的工作范围。

如果项目区域划分较为容易，可采用基本划分方法，即每个团队只负责项目的一部分。例如，团队的工作内容可以按照裙楼、楼层、阶段或结构划分。各团队负责各自区域内的所有功能和系统。

区域责任团队需要具备整体系统方法，并与其他区域团队相互配合。整体系统方法由单独的团队开发，该团队评估相关的系统方法选项并为区域团队提供图解指导。

196　除非是非常小的项目，否则单个团队不可能完成所有工作。因此，团队的一个关键要素是团队的内部结构。在大多数项目中，会设立一个特别小组负责管控某些特定元素、系统或实体区域的设计和最终实施。例如，参与大型医院楼层机电设备系统工作的团队，通常会向负责设备、电气和管道系统的团队进行汇报。类似的方法可以用于地基和结构系统、框架和外部围护系统或其他系统。一种明确团队工作界限的策略是评估以往出现问题的地方（工作交叉点，如板坯边缘），确保每个团队中包括负责处理工作界面问题的人员。

　　有些任务，特别是进度安排和协调任务，可能需要"全体委员会"，以确保接收和考虑所有必要的信息并作出适当承诺。也可能存在跨越界限的问题，此类问题需要集群团队或"超级团队"努力解决。而此类团队通常是临时、短暂的，或者，这类团队只在定期的进度会议时才集合，且每次持续时间有限。

　　可通过两种方法来处理区域团队间的协调工作。第一种方法是由单独的整体系统团队负有协调责任，但此方式降低了区域团队的协调责任，只是在工作完成后才检验协调，违反了将协调融入过程中的规则，因此并非首选。

　　该方法的另外一种更好的处理方式是将协调责任分配给各团队，并利用团队成员互动或定期的联合办公室协调会议（或两者结合），确保正在开发的设计具有协调性。联合办公室协调会议不仅要把重点放在协调已完成的工作上，还应讨论各团队在下次会议之前应完成的设计工作。会议内容应足够详细，使团队能够在执行详细设计之前发现并解决潜在的协调问题。

　　第二种方法，常用于大型项目，是在建筑系统（如干式或湿式设备系统）的基础上划分工作。该方法的优势是提供了特定系统的整体视角，使得所有成员具有高水平的专业知识。然而，该方法减少了多样性，而且在功能系统之间以及物理组件之间（交叉和物理冲突）产生了额外的协调问题。

　　随着相关团队（比如干式设备和框架）进行联合会议，基于系统的团队可通过联合办公室程序进行协调。在联合办公室会议中，各团队分析问题原因，找到工作冲突，描述在下次联合会议之前要完成的工作，并创建彼此所需的决策和可交付成果清单。

　　通过定期在可视区域（如走廊和墙壁）张贴设计信息，可以强化团队协作。尽管此类数字化信息在服务器上随处可见，而使其出现在让其他团队可经常看到的地方，是一个更有效的方式。创建明显的实体显示区域，以便团队成员清楚每个团队的当前工作。

　　关注团队之间决策交互的定期拉动式调度，同样是一种有用的协调方式。为了实现重要节点，团队必须相互要求并承诺信息和可交付成果，从而暴露出协调方面的问题。

　　在大型的项目中，信息管理成为一大障碍，尤其是不同软件工具之间 BIM 数据的共享。尽管系统之间可适当互换使用信息，但也需要项目标准和相关程序对信息进行分类、标记、

197　跟踪和归档。此外，如果重新修改信息，就设计和建造元素如何呈现在 BIM 中，创建和使用信息的各方必须达成一致。在大型项目中，信息需求非常具有挑战性，需要独立团队专注于此。

9.4.4 团队规模

团队规模应切合工作需求。拥有 12 位或更多成员的较大规模团队，在制定备选解决方案方面具有优势，但在任务完成方面的效率较低（Robbins，2011）。而较小规模团队的专业技术和技能有限，缺乏多样性，限制其技术和技能的范围和创造力（Robbins，2007）。

较好的实施经验是工作团队成员保持在 5 至 9 名之间（Robbins，2011）。一些专家还建议，团队规模不要超过完成任务所需人数（Hackman，2011；Larman，2008）。对于一个高效团队来说，任务过大，则应将其分解为多个子任务。团队保持较小规模，可以减少成员之间的信息流失，并赋予个体更大的责任。在较小规模的团队中，每位成员都知道彼此在做什么，如果任何团队成员想在工作上有所懈怠而不被其他团队成员发现，都是件难事。

团队成员过多，凝聚力和共同责任感就会降低，懒散性蔓延，成员多但交流少。较大规模团队的成员很难相互协调，在时间紧迫的情况下尤为如此（Robbins，2011）。

9.4.5 团队多样性

IPD 团队应是多专业的，特别是在设计和施工前阶段，而且通常情况下应是跨职能的。多专业团队由具有不同培训背景和经历的成员组成。例如，由具备建筑、机电设备工程、机电设备承包和总承包专业知识组成的设计阶段团队是多专业的，但其可能都在该阶段专注于设计。跨职能团队不但包括负责设计和施工的代表，还包括来自采购、成本管理/预算和运维领域的代表，其功能和背景各不相同。例如，跨职能 IPD 团队应就项目的一部分进行共同设计，同时对成本管理、工期规划、施工和调试工作负责。项目的范围、工期和预算等工作应该在团队内紧密联系，而不是由单独部门实施。

跨职能团队在制造业和软件设计方面取得巨大成功。波音、丰田、IBM 和其他公司都使用了由不同内部群组成员组成的团队，团队成员对产品或产品的一部分负有责任并贯穿于构思、制造、市场和营销过程。爱德华兹·戴明对西方管理所提出若干建议的重要部分，就是由设计、工程、生产和销售人员组成跨职能团队（Deming，1982）。正如罗宾斯所述：

> 跨职能团队是一种有效方式，使来自组织内部甚至组织之间不同领域的人员能够交流信息、激发新想法、解决问题和协调复杂项目（Robbins，2011）。

克雷格·拉尔曼（Craig Larman）告诫道，目前跨职能的管理集成不够充分。

在大型产品开发中，真正的跨职能集成非常罕见。而常见的是由不同职能领域的管理代表组成的跨职能的项目管理群组，其作用甚微。真正的跨职能集成发生在实际工作层面（Larman，2008）。

若有可能，团队应为实现项目目标所需的条件负责，并负责协调其他团队。团队对项目中独立、完整的部分负责，可以减少专业之间交叉的错误，并提高主人翁意识和整体自豪感（Deming，1982）。J. 理查德·哈克曼（J. Richard Hackman）指出：

> 团队工作设计得越好（即在执行有意义的完整工作时，团队成员能接收到直接反馈，并具有集体责任心），团队集体的内在动力就越高（Hackman，2011）。

当前的各 IPD 团队通常围绕相关系统组建，如设备、电气、管道和消防（mechanical, electrical, plumbing, and fire，MEPF）系统或基础和结构系统，并向担负更多责任的高级别团队提供建议或汇报工作内容。高级别团队汇总信息并将工作赋予相关职能团队。来自软件开发行业的证据表明，尽管在较大规模项目中进行自我协调比较困难，但团队也应主动负责协调，而不是依赖于另外的协调层（Larman，2008）。

9.4.6　团队稳定性

人员流动可增加浪费并降低团队效率。团队的员工会随着工作量的增减而不断进进出出，团队成员的整体稳定性较为短暂，这种组织方式不利于对各项目团队素质的掌控。

研究结果表明：与不断应对成员变动的团队相比，拥有稳定成员的团队具备更健康的活力和更好的表现（Hackman，2011）。其他研究人员，尤其是拉尔夫·卡茨（Ralph Katz）（1982）所得出的结论是，研发团队（research and development，R&D）经过 3 到 4 年以后，其工作效率方可达到最佳状态。

许多建设项目的建设周期短于团队达到最佳状态所需时间，甚至在此类项目中，从设计到施工前再到施工阶段的交接，项目人员流动增加，减少了团队交互的时间。然而，有几种策略可以消除上述影响，并提高团队的信息流转效率和绩效。第一种策略，制定计划的团队应也是执行团队，其核心人员变动不大。通过此种方式，减少了团队人员变化过程中的信息丢失，而且稳定的团队无须重新建立人际关系和信任。第二种策略，在业主具有多个项目的情况下，如果某个团队表现出成长进步性并能维持成员的大致稳定，就应当考虑让其从事具有连续性的多个项目。第三种策略，企业确定各 IPD 项目中的 IPD 专家，以便总结各项目所产生的经验教训，并指导经验欠缺的团队。如果没有技能娴熟的"专家"，企业应该考虑聘请有此类经验的顾问以提升团队实力。最后一种策略，企业应积极地将在建项目中吸取的经验教训纳入培训计划。关于实施 IPD 的经验知识应当成为惯例或制度。如果有幸拥有长期稳定的团队，那么明智之举就是要吸收新成员或让团队参与"创造性破坏"，以削弱因项目周期长而导致的相关绩效下滑情况。

由于团队稳定的重要性，使得不少系列工程的建造商基于"非他莫属"的认知，而在多个项目中使用同一个团队。事实上，与先前的项目和业务相比，只要能证明在不断进步，团队就可以获得下一个项目。如果团队成员不思进取，或看似故步自封，则可能被团队和业主替换掉。

> **保持团队团结**
>
> 在即将完成首个 IPD 项目——非常成功的劳伦斯纪念医院达纳-法伯癌症研究所（L&M/Dana-Farber）时，劳伦斯纪念医院的业主决定使用完全相同的团队（除了一人）实施下一个项目。董事会成员对新项目没有采用广泛招标的方式有所质疑，但劳伦斯纪念医院的设施团队认为，使用一个正处于高效能状态的团队所节省的成本，远远胜过重新招标可能带来的有利因素。此外，在处理不同的现场问题时，已掌握共同解决问题的团队还能节省一大笔项目预算。

9.4.7　团队培训

培训应在整个项目过程中持续进行，并完善自我评估和改善过程。培训教练应关注两方面内容，帮助成员学习如何提高个体贡献，同时，研究整个团队如何最好地利用其资源（Hackman，2011）。若有可能，项目应从新成员的协同培训开始，着手建立团队和管理层之间以及团队成员之间的信任，并在以下方面提供机会：评估团队成员的优缺点、提高人际关系技巧、创建培训机会、明确目标和期望、增强团队使用项目所需工具和技术的能力。

有关团队培训的研究表明，当培训教练能解决以下三个工作绩效问题时将获得最大效果：（1）成员的工作饱和度及成员之间的协调性；（2）在相关环境中，团队对相关任务所采取绩效策略的恰当性；（3）团队充分利用成员技术和技能的程度（Hackman，2011）。

例如，许多团队成员对精益原则的理解有限或不正确。相对于学习精益技术，团队成员应积极参加与项目工作相关的培训，如编制实现项目节点的拉动式计划、绘制关于问题程序的价值流图、使用结构化决策方法达成联合决策，或使用策划-执行-研究-处置（Plan-Do-Study-Act，PDSA）A3 模板*对根本原因的分析进行记录。在技能娴熟的教练帮助下，团队的基本能力得以提升，同时，还建立了必要的合作关系——与"野外团建"的方式不同，团队创建了与项目的真正联系。

高效率团队需具备清晰沟通和在不破坏良好关系的情况下表达异议的能力。正如本章后面在"团队动力和创造力"部分所述，团队成员在任务和过程中的适度冲突可提高创造力。然而，在不造成破坏性的个人冲突的情况下各抒己见，需要很强的沟通技巧。沟通培训是新成员协作培训的重要组成部分，其内容应着重于培训有效倾听、清晰沟通和解决争议。

---

* 特指所有信息都凝缩在一张 A3 大小的纸上。——译者注

首先，团队成员应理解他人所表达的内容。柯维（Covey）认为，要想清晰沟通，首先学会倾听（Covey，2006），很多人并不善于倾听，而需要别人提醒。能够清楚地表达也是一种宝贵的能力，特别是当所述信息得不到充分认同的时候。况且，理解满意条件（conditions of satisfaction，CoS）和善于采纳不同意见是作出可靠承诺的重要基础。正所谓，没有坦诚沟通则不会进步。

其次，团队成员应具有在不引起个人化争议的情况下，提出异议或批评的能力。实话实说是一种坦率，但也不一定非要如此。在重要的或情绪化的问题中，轻微的个体行为也会引发防御性反应，进而引发反击，从而加剧个人化争议，无法客观地讨论问题本身。

最后，团队成员应能够解决争议。在争议被清晰地描述和理解后，团队成员需懂得如何解决分歧，或者决定采用何种方法解决分歧，同时，还应维护意见未被采纳的某些团队成员的尊严。反对者可以保留意见但应支持这项决定。

不应想当然地认为团队具备良好沟通技巧，而是必须时刻对其进行跟踪和指导。沟通技巧和争议解决能力应在新成员的协作培训时进行培养，并在整个项目中持续进行强化。团队领导者应该示范倾听方法，化解破坏性冲突，并为沟通方法无效或沟通方法具有破坏性的团队成员提供建议。

9.4.8 目标设定

目标是团队成功的关键。具有适度挑战性的目标可以激发创造力，而要求过高的目标则引发抵触情绪。目标应与团队能力相关，具有适当挑战性，并具体化和量化（Katzenbach & Smith，2005；Robbins，2011）。诸如"做到最好"此类的总体目标是无效的，因其不能指导行动，无法量化，也不能提升责任感。相反，"通过将排烟阀的数量从 x 减少到 y 以降低供暖通风与空气调节系统的成本"，此类特定目标则为团队提供了一个具体的工作方向。一项研究指出，具有挑战性的目标能带来更高的绩效水平（Amabile，1998；Robbins，2011）。团队认为有一半把握可以实现目标时，所设定的目标最有效（Hackman，2011）。阿玛比尔指出，目标的设定应与员工能力完美匹配，使员工不会感到无聊，也不会感到不知所措。项目启动时，所设定的目标应给予 IPD 团队适当的压力，但不至于压垮团队。

9.4.9 目标

团队会由于其工作实现了目标价值而更充满动力，团队领导者可以通过突出项目对他人的价值和意义，强化团队成员的责任感。价值可以体现于项目本身，如为退伍军人建造的保健中心，也可以体现于项目团队对终端用户或项目使用方的需求的理解。例如在卫生保健项目中，项目团队通过对一线用户，如护士和医生如何治疗患者的方式，理解他们对该项目的需求，类似的方法也可应用于学校和其他类型的项目。可以用图片或其他资料来展示设施给他人带来的便利,以突出项目的价值所在。即使项目并不与某些崇高目标(如救死扶伤)直接相关,领导者也可以阐述团队的工作如何能够使整个项目受益以及获得客户对项目的周期性正面反馈。

9.4.10 对团队成员的支持

要评估员工为何没有达到最佳绩效,应审视工作环境是否为其提供了帮助。员工是否拥有足够的工具、设备、材料和办公用品?员工是否拥有良好的工作条件、乐于助人的同事?是否拥有支持工作的规则和程序、足够的信息来作出与工作相关的决策以及是否拥有足够的时间来做好工作等等。若不满足以上条件,成员绩效将受到影响(Robbins, 2011)。

充足资源的必要性不言而喻,但在许多情况下,硬件或软件的缺乏、行政或技术支持的不充分、时间的不充足,或其他限制条件,均分散了团队成员对主要目标的注意力,阻碍了团队工作。以上限制条件令人失望和气馁,降低了团队成员的工作效率,而且,还释放出管理层对团队的任务不感兴趣的信号。团队领导者应关注团队成员的时间利用效率,并使用精益工具和流程减少无价值的活动。

9.4.11 团队动力和创造力

所有项目均需要团队具有动力,多数项目也需要团队具有创造力。值得注意的是,提升动力的原理同样适用于提升创造力。团队领导者想要两者兼顾,应该从创建提高团队成员动力和参与度的工作环境开始,进而添加激励创新的元素。

工作满意度和绩效相关,这种观点似乎很牵强和模糊。然而,就参与度与生产效率而言,至少有300项研究表明两者紧密相连,长期研究表明两者存在高度关联性(Robbins, 2011)。

提高员工满意度,领导者要做的最重要的一点是关注工作本身,比如让工作变得富有挑战性和吸引力。低薪不太可能吸引高素质的员工或留住高绩效的员工,但管理者应意识到,单凭提供高薪也不可能创造令员工满意的工作环境。有吸引力的工作,具有提供培训、内容多样、可独立完成和管控性强的特点,可满足大多数员工的需求。员工对工作环境的享受程度和总体满意度之间也有较强关联性。除了考虑了工作本身的特征,工作场所外同事之间的相互依赖、反馈、互动以及社会支持,也与工作满意度密切相关(Robbins, 2011)。

工作满意度或许是最重要的激励因素。本书一位作者曾无意中听到一位工程主管如是说:"不应要求工程师加班,而是将工作变得有趣,他们就不想离开了。"

通常,员工会对感兴趣的并认为重要的工作更有动力。能够自主选择使用他们认为最佳的技能同样很重要。

在以下情况中,团队效率最高:成员拥有较高的自由度和自主权,有机会运用不同的技能和才能，有能力完成一项完整且辨识度高的任务或产品以及有能力完成一项对他人有重大意义的任务或项目。有证据表明，以上情况使团队成员增强了责任感和主人翁意识，并且使得工作更具吸引力（Robbins，2007）。

认可同样能激励团队成员。对专业人员而言，认可可能比物质奖励更为重要（Hackman，2011）。最重要的认可来自团队成员内部，比来自外部的赞赏更有说服力（Robbins，2011）。管理层如果对团队的集体表现加以认可，将大有裨益。反之，如果对"明星员工"大张旗鼓地宣传，尤其是与金钱或额外收入挂钩时，可能会导致团队内部产生恶性竞争。

诸如现金等外部奖励的无效性，已经有很多论述。爱德华兹·戴明等早期评论家就曾指出，对杰出成就进行金钱奖励可能适得其反（Deming，1982）。丹尼尔·平克（2009）的畅销书《驱动力》（Drive）就是基于以下理念所著，内在动力比外部奖励更行之有效，而外部奖励可能事与愿违。事实上，研究人员发现，绩效工资实际上会降低员工的参与度和创造力（Deci，1971，1972；Robbins，2011；Pink，2009；Amabile，1998）。若采用员工意想不到的外部奖励——额外优待而不是应得报酬，此时外部奖励的效果最佳（Pink，2009）。奖励应基于团队绩效，而不是个体成功（Robbins，2007）。

一谈到创造力，人们往往先想到的是在科学或艺术领域的巨大进步，所带来的突破性进展和绝妙的（艺术）形式。对 IPD 团队而言，创造力是在各执行层面制定高效可行的解决方案，以及变革和演进。管理得当的团队是提升项目创造力的必要组成部分。

当前理论认为创造力有三个要素，专业技术和技能、创造性思维的能力和内在动力（Amabile，1998；Robbins，2011）。在多数项目中，团队缺乏充足时间大幅提升成员的批判性思维能力。从实际情况出发，团队领导者必须尝试挑选已具备以上特性的团队成员。

专业技能方面。管理实践可对专业技术和技能产生影响。首先，跨职能团队的创建提升了整个团队的专业技术和技能。其次，通过为员工提供多元化的培训和经验，团队可以获得更多信息和选择。这也是创造力培训专家建议组建多样化团队的原因之一（Amabile，1998；Larman，2008；Pink，2009；Robbins，2007）。

创造力方面。组建具有创造力的团队，须特别注意此类团队的架构，即必须创建具有不同视角和背景并相互支持的群组。之所以这样做，原因在于：具备各类知识和不同工作方法的成员组成的团队，换言之，具备不同专业知识和创造性思维模式的成员组成的团队，其想法往往以振奋人心和行之有效的方式融合并升华（Amabile，1998）。

但是，由于成员的不同经历和工作方式，多样性也可能会产生冲突。通过激励高水平的创新和交流，一定范围内的冲突实际上可以提升创造力。

团队中存在冲突并非坏事，没有任何冲突的团队很可能变得毫无生气和停滞不前。但并不是所有冲突都能提高团队效率，诸如人与人之间的不相容、关系紧张和对他人的敌意等类关系冲突，基本是毫无益处可言。然而，对于开展特殊活动的团队而言，团队成员之间会产生关于任务内容的分歧（即所谓的任务冲突），此类分歧使得成员热烈讨论、对问题和解决方案进行批判性评估、作出更好的团队决策。此外，高效团队和低效团队在有效解决冲突方面存在差异性。一项由37个自主工作小组就有关问题进行实时评论的研究，其结果表明，高效团队可通过明确地讨论问题来解决冲突，而低效团队则更关注人身攻击和表达方式（Robbins，2011）。

因此，各种各样的团队内部所产生的冲突，是一笔应当认真管理的财富。团队领导者应指导各团队有效互动且不牵涉个人主观因素，同时，将冲突控制在一定范围内，并将冲突的重点放在任务或过程本身，就事论事。此外，团队成员必须认可并尊重彼此的知识和贡献。

团队领导者可通过持续培训和信息交流，增加团队的专业技术和技能，二者可以通过正式形式，如常规培训，也可以通过非正式形式如定期交换信息，或更新墙上或横幅上的信息等方式获取。总之，实施目标就是将信息在整个团队中广泛传播。

内在动力方面。内在动力应来源于工作本身，并且是合适的团队和合理的工作安排所产生的结果。"人们自身有动力时，其工作的目的是享受和挑战工作"（Amabile，1998，p.80）。内在动力是创造力的重要驱动力。

虽然内在动力来自团队成员自身，但也会受到管理行为的影响。根据阿玛比尔的研究，影响内在动力的因素有：挑战、自主性、资源、工作群体的特征、监督激励机制和团队支持。挑战是指，把具有挑战性的工作安排给适合的成员，让其感受到挑战又不会被挑战压倒。自主性是指，团队可以自己决定如何实现指定目标或既定目标。资源，包括充足的物资保障和解决问题所需的合理时间。切合实际的（并非凭空想象的）时间压力会激发创造力，但团队一致认同的在截止日期内不可能完成的事项，则不值得尝试。工作群体的特征包括专业技术和技能的多样性，如解决问题的能力和人际交往能力。即使取得的效果不是立竿见影的，管理团队仍然要认可团队工作的重要性，并保持团队成员的兴趣和动力。此外，在没有充分研究和分析某些想法之前，领导者不能通过批评扼杀好的想法，或者阻止成员表达其想法。最后，团队支持是指，能够进行信息共享和协作，并扫除可能破坏创造性工作的政治障碍（Amabile，1996，1998）。

虽然无法用一个简单的公式来表述创造力，但很多管理行为确实通过提升团队的创新能力，找到了解决现存问题的办法。值得注意的是，大多数设计和施工的参与者都具有内在动力，并期望能以参建项目引以为豪。团队领导者面临的挑战在于如何消除妨碍其充分发挥自身能力的障碍。

9.4.12 团队决策

团队的组建使得集体智慧能够超过任何成员的智慧总和，但倘若领导和管理团队不当，则无法实现上述可能。

在过去的几十年里，研究人员对妨碍精准决策的偏见和心理捷径（"启发式教育法"）进行了调查。行为经济学家和心理学家指出，人类本质上会运用两种不同的方式作出决定。在2011年畅销的《思考,快与慢》(*Thinking Fast and Slow*) 一书中，诺贝尔经济奖得主丹尼尔·卡尼曼（Daniel Kahneman）曾描述到，系统1运转速度高，一般是无意识的思考。当我们仔细思考问题时，将采用系统2，并从逻辑上权衡利弊。毋庸置疑，使用系统2做每一个决定，会使人筋疲力尽，而我们默认使用系统1，因其运转情况通常可以接受。

系统1的使用较为容易，因其简化了问题，并根据我们本能的偏见而应用"经验法则"。也正因如此，系统1很容易犯错误。数据锚定、启动效应、回归均值、问题替代、体验效用、框架效应、小数定律以及其他若干影响和启发式方法，均会干扰准确决策的作出，使决策制定看起来更简单（采用系统1时），但却不准确（Kahneman，2011）。此外，卡尼曼及其同事阿莫斯·特沃斯基（Amos Tversky）证明，即使运用系统2，人类同样不会理性地作出决策。除非处于可能性的边缘，否则人类更倾向于规避风险（对损失的关注度几乎是对收益关注度的两倍）。在可能性的边缘，人类会铤而走险，因为若不采取这种措施，将会遭受更大的损失。这是一种"双倍或无"的赌博逻辑。如果潜在的损失很大，即使存在有利因素，人类也不喜欢冒险。此外，无论是收益还是损失，都是人们的心理测算，而非经济测算。图9.1基于卡尼曼的相关理论整理得出（2011）。

值得注意的是，在谈论IPD合同时，笔者发现，某些团队，尤其是首次实施IPD的团队，关注的是潜在的利润损失，而不是潜在的收益。此种发现与上段所描述的人们更注重于损失方面完全一致，因此，管理理论给出的结论是，了解偏见的来源并阻止其发生，同时，有意识地使用系统2，可以获得更好的决策。

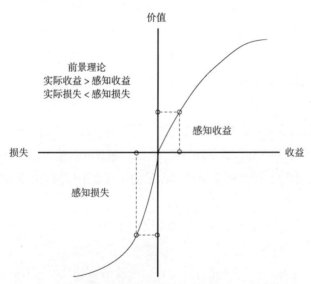

图9.1 收益与损失和感知价值的前景理论视图。© 霍华德·阿什克拉夫特（Howard Ashcraft）

> **自我测试**
>
> 请找几个人回答下面的问题：
>
> 球拍和球的价格总和是 1.10 美元。
>
> 球拍比球贵 1 美元。
>
> 这个球多少钱？
>
> 请另一些人回答以下问题：
>
> $$x+y=\$1.10$$
> $$x=y+\$1.00$$
> $$y=\ ?$$
>
> 即使是同样的问题，第一种描述令人倾向于采用系统 1，第二种描述则更倾向于系统 2。

上述问题对于团队而言，结果如何呢？事实证明，团队可以放大决策制定过程中的错误，但是团队本应该能够做得更好。根据我们的经验和对团队的最新研究，团队可以通过以下技巧，作出更好的决策。

优化团队决策的技巧：

- 采用系统 2，以减少"捷径"思维的影响。通常在 A3 报告中所总结的"策划 – 执行 – 研究 – 处置"循环模式是采用系统 2 的最佳示例。优势选择法（Suhr，1999）也采用了系统 2 的思维方式。
- 正视偏见。了解固有的偏见如何影响决策。
- 聚合信息。团队主要优势之一是有更多可用的信息。
- 领导者应善于发现问题和懂得适时缄默。越有影响力的领导者，其用于讲话的时间就越少，而用于倾听或适时发问的时间就越多。
- 奖励团队的成功。需要强调的是，个体的成功不是衡量成功的标准。只有所有成员均成功，团队才会进步。这是 IPD 的基本思想之一。
- 制定团队的决策方案，以减少群体压力的影响，确保少数人的意见得到表达，并充分汲取团队的智慧。
- 为团队成员分配职责（提不同意见者、专家等），并让其捍卫自身立场。
- 改变视角，不要咨询设计／施工团队应该如何解决问题，而应咨询视角完全不同的人对该问题的评价。
- 在进行估值时，考虑投票和平均法 [或德尔菲法（Delphi method）]。
- 无论何时何地，使用真实数据。

9.5 重要性

团队是集成组织的主要运作元素。团队成员来自参与 IPD 项目的各组成组织，跨越企业界限，使集成得以实现。团队负责完成 IPD 项目中的工作，为集成组织提供了力量。广义的加强协作概念和具体的同地办公方法均与团队密切相关。

9.6 启示

人类未被利用的潜能通常称为"第八大浪费"。专注于第八大浪费的领导者，不可避免会关注提高团队绩效，进而去验证团队动力和决策成效。未来的领导者终会明白，他们的职责是让团队表现得更好。正如克雷格·拉尔曼（2008）在软件行业中所观察到的，要完成项目的团队管理者应该先组建团队。

若要使团队表现优秀，各公司应对员工提高团队绩效的能力进行褒奖，而不是仅奖励个人绩效或表现。此种方法可能会受到抵制，因为许多公司的管理者都是根据其个体业绩而获得现有职位，并因新的一系列指标不符合其现有管理风格，而有被削弱和威胁感。但是，随着协作项目不断取得成功，人们越来越难以忽视团队的重要性以及提高集成组织中团队绩效所必需的知识和技能的重要性。

9.7 小结

团队是集成组织的基本元素，管理得当的团队可以取得个体无法企及的成绩。若要领导和管理团队得当，需要了解团队的优缺点以及了解组建、支持和培养团队的方法。此外，还需要一种新型的领导者，他们清楚地知道项目的成功是通过提高团队绩效实现的。

注释

1. 当团队成员没有内在动力，个体责任感被团队绩效冲淡时，就会发生群体惰化。如果发生群体惰化，团队的平均绩效就会低于成员的个体绩效。马克斯·林格尔曼（Max Ringelmann）在 20 世纪 20 年代首次记录该现象，后来的研究也证实了这一点（Karau & Williams，1993）。
2. 当个体认为他人会去干，自己就不会去干了，这就是产生了旁观者效应。它也被称为"热诺维斯综合症"（Genovese syndrome），源自多名目击者对受害人热诺维斯被残忍谋杀的行为而无动于衷，都以为别人会报警而导致无人作为。
3. 群体转移会通过强化或弱化个体责任感而夸大个体立场，从而扭曲决策。这导致了群体观点比个体观点的平均值更加极端（Robbins，2011）。
4. 当个体不愿挑战群体自我认同的固有信念或设想时，群体思维就会发生。群体压力导致顺从群体规范（Janis，1972）。

参考文献

Amabile，T. M.（1996）. *Managing for creativity*. Boston，MA: Harvard Business School Press.

Amabile，T. M.（1998，September–October）. How to kill creativity. *Harvard Business Review*，76（5），76-87.

Benkler，Y.（2011，July–August）. The unselfish gene. *Harvard Business Review*，89（7-8），76-85.

Collins，J.（2001）. *Good to great: Why some companies make the leap ... and others don't*. New York，NY: HarperBusiness.

Covey，S. M. R.（2006）. *The speed of trust*. New York，NY: Free Press.

Deci，E. L.（1971）. Effects of externally mediated rewards on intrinsic motivation. *Journal of Personality and Social Psychology*，18（1），105-115.

Deci，E. L.（1972）. Intrinsic motivation，extrinsic reinforcement and inequity. *Journal of Personality and Social Psychology*，22（1），113-120.

Deming，W. E.（1982）. *Out of the crisis*. Cambridge，MA: MIT Press.

Hackman，J. R.（2011）. *Collaborative intelligence: Using teams to solve hard problems*. Oakland，CA: Berrett-Koehler.

Janis，I. L.（1972）. *Victims of groupthink*. Boston，MA: Houghton Mifflin.

Kahneman，D.（2011）. *Thinking，fast and slow*. New York，NY: Farrar，Straus and Giroux.

Karau，S. J.，& Williams，K. D.（1993，October）. Social loafing: A meta-analytic review and theoretical integration. *Journal of Personality and Social Psychology*，65（4），681-706.

Katz，R.（1982）. The effects of group longevity on project communication and performance. *Administrative Science Quarterly*，27（1），81-104.

Katzenbach，J. R.，& Smith，D. K.（1992）. *The wisdom of teams*. Boston，MA: Harvard Business Press.

Katzenbach，J. R.，& Smith，D. K.，（2005，July–August）. The discipline of teams. *Harvard Business Review*，71（2），111-120.

Larman，C.（2008）. *Scaling Lean and agile development: Thinking and organizational tools for large-scale scrum*. Boston，MA: Addison-Wesley Professional.

Molenar，K.，Messner，J.，Leicht，R.，Franz，B.，& Esmaeili，B.（2014）. *Examining the role of integration in the success of building construction projects*. Austin，TX: Charles Pankow Foundation/Construction Industry Institute.

Pink，D. H.（2009）. *Drive: The surprising truth about what motivates us*. New York，NY: Riverhead.

Robbins，S. P.（2007）. *The truth about managing people*. Indianapolis，IN: Pearson FT Press.

Robbins，S. P.，& Judge，T. A.（2011）. *Essentials of organizational behavior*（11th ed.）. Upper Saddle River，NJ: Prentice Hall.

Suhr, Jim, (1999), *The Choosing By Advantages Decision Making System*, Westport, CT: Greenwood Publishing Group.

Sunstein, C., & Hastie, R. (2015). Wiser: Getting beyond groupthink to make groups smarter. Boston, MA: Harvard Business Review Press.

第 10 章

项目信息的集成

"事实和诚实是建筑或施工的基本原则。"

——桑戴·阿得拉加（Sunday Adelaja）

10.1 集成信息的重要性

决策贯穿于复杂的设计和施工项目中。随着项目进展和相关情况（例如设计和进度）的变化，业主和项目团队必须在充分了解情况的前提下快速作出决策。因此，团队领导者必须随时掌握成本、工程量、进度和质量等相关的最新信息。在一个项目中，信息以不同形式分散在各类系统中，容易造成项目领导层决策的片面性。

集成信息能协调各专业信息，可准确描述项目的真实情况，使得项目领导者了解当前状况，并协调可配置的资源，以实现项目目标。集成信息是项目领导者预测决策结果的有效工具。

此外，集成信息也为项目参与者履行各自职责提供了必要信息。在精益建造中，组织整合的方法和资源，非常方便实用。同样的道理，集成信息将项目信息组织整合，使得全体成员能够方便获取。

各专业的相互沟通是建立集成的基础。若无信息的集成，则各专业的关键信息将处于相互隔离状态，使其他专业无从了解。信息的集成可实现各专业信息之间的自由流动，从而为过程和组织的集成奠定了基础。

集成信息是集成项目交付（integrated project delivery，IPD）的中枢系统。

10.2 集成信息的内涵

集成信息的五个特点：

1. 使用共同语言分享信息，易于各方理解。需要具备协议、命名和互操作性标准。
2. 便于对信息有需求的人员查询。理想状态下，集成信息存储在有完善管理的数据库中，以便所有信息处于同一空间（可能是虚拟空间）。

3. 具有单一性和重复使用性。数据应反映所有用户的需求，其架构应包含各方所需的不同信息。例如，关于墙体的单一信息源，应包含建筑师、预算人员、墙框架安装人员等其他人员所需的信息。

4. 具有真实来源，以便使用者确定其可靠性。

5. 是源于跨专业信息的聚合，能准确表达项目的当前状态。

现代汽车行业是高度集成信息的范例。尽管汽车制造商以成品形式出售汽车，但实际上，组成汽车的零部件和系统（极似建造项目）由众多制造商生产。其中很多组件都是"智能的"，可以创建、监视或响应信息，通过共享一组公共的数据协议，即上述定义的共同语言，各制造商之间可以相互交流。

此类信息存储单独放置，所有组件可随时访问该位置。现代的汽车拥有一个微处理器作为信息中心，西门子术语称之为"发动机控制单元"（engine control unit，ECU），该发动机控制单元所提供的信息可满足相关各方的需求。例如，依据接收的有关轮胎滑移角和加速度的信息，稳定性控制单元发挥作用；依据接收的运行状况信息，发动机自身调整运行状况以适应环境的变化；服务管理器提供保养周期的相关数据，维修人员依据获取的实时操作和报错数据，进行维护和故障排除；驾驶员则依据接收的多系统信息（将在下文详细讨论），制定操控决策。

此类信息具有单一性和重复使用性。在上述例子中，没有针对维修人员、驾驶员或发动机的单独存储的数据。不同各方可从不同的角度及目的，访问同一信息源。如维修人员读取诊断工具的信息，而驾驶员则查看仪表盘中的信息。

此类信息具有真实来源，或至少在信息可靠性出现偏差的情况下，系统可自动报警。以西门子发动机控制单元为例，其对于不同来源数据具有对比和分析合理性的功能，若对比结果出现自相矛盾或偏差，则可发出"异常数据"信号，提示数据不可靠。

发动机控制单元聚集不同来源的信息，形成一个可观察的仪表盘，为驾驶员作出明智决策提供所需的信息。该仪表盘为每辆汽车、每个项目所必须具备的，能够为驾驶员提供实时信息，包括车速、剩余油量、可行驶里程等。车内全球定位系统（Global Positioning System，GPS）能够为驾驶员的当前位置和到达目的地所需时间提供实时反馈。驾驶员能够据此作出调整，例如何时加油、应否减速、根据拥堵情况选择行驶路线等。仪表盘具有以下功能：

1. 集成历史信息并提供现状数据。驾驶员能够了解车速、外部温度、剩余油量、已行驶里程等等。

2. 显示多方面因素的综合指标。例如，显示速度、剩余油量以及剩余里程等。

3. 显示潜在的相互依赖关系。例如，通过剩余油量、单位里程油耗量（加仑/英里）和全球定位系统显示的剩余里程等综合因素，使驾驶员明白此种依赖关系，并了解在给定剩余行驶距离和车内剩余燃油的情况下，判断能否到达目的地。

4. 实时更新。实用性信息无任何延迟，使驾驶员可在车辆行驶的情况下，获得与当前状态密切相关的信息。

5. 根据环境状况的变化及时反应并不断调整。

6. 预测可能的结果。例如，全球定位系统装置可通知驾驶员距目的地所需里程。

7. 根据现状和预测结果，协助驾驶员作出决定。例如，显示超速，驾驶员进而会意识到正在违反交通规则，需要减速。

项目中的信息板类似于车辆仪表盘，能够显示出项目现状，并基于项目预算、进度、生产效率数据等，作出关于项目方向和结果的预测。复杂的项目拥有大量信息，若没有一个简单而准确的工具，管理者无法作出评估。信息板所呈现的数据视图，有助于管理者制定决策，其可为管理者在三个变革驱动点（"措施"）提供相关信息，即第5章中描述的产品、组织和过程（Product, Organization, and Process）。

除了上述重要特征外，建筑、工程和施工行业（architecture, engineering, and construction, AEC）的集成信息还应设计为：

1. 能够支持探索多个替代方案，并综合诸多因素，显示选择某种替代方案的结果。

2. 多角度揭示依赖性和限制性因素，准确预测真实的项目结果。业主和团队领导者可自信地制定决策，并决定是否接受替代方案。

3. 支持团队及管理层面的决策制定。

借助DEEPAND框架，加西亚（Garcia）阐明了团队为达成决策所做的工作（Garcia, Bicharra, Kunz, & Fischer, Garcia, Bicharra, Kunz and Fischer, 2003）。DEEPAND包括描述、解释、评估、预测、制定替代方案、协商和决策（Describe, Explain, Evaluate, Predict, Alternative formulation, Negotiate, and Decide）。尽管会议的价值主要体现于排序靠后的几项任务，但前两项任务耗费了大量的会议时间，所耗费的时间主要用于确定信息的相关性、及时性、准确性等工作，而非用于多专业的性能预测、替代方案的制定、多个替代方案的权衡协商及选定等直接增值工作。集成信息的目标之一是消除DEEPAND中前两项有关描述和解释的时间浪费。

10.3 成功的标志

集成信息系统的目的是加快和提高团队成员对现状的理解能力，以便更好地分析问题、快速找到可行性方案、作出更准确的预测，并最终作出更优的决策。

团队常常使用各种方法、技术和软件，完成生产设计、成本估算、进度计划制定、能源性能预测等任务。项目团队应该将这些方法、技术和软件构建成为一个综合性集成信息系统，然而，在很多时候，这种假设并不现实，不同方法、技术和软件的运用，往往最终形成信息孤岛，从而导致团队决策失误。相反，一个成功的集成信息系统通过揭示团队成员之间的依赖关系，能够支持集成团队和加强组织工作，从而加深团队成员对他人所做工作的理解。

将各专业信息集中于同一个模型的 BIM 是集成信息的范例。例如，加利福尼亚大学旧金山分校使命湾医院项目团队开发的集成 BIM，将各专业的信息模型集成为同一模型，用以理解系统之间的相互关系，并在施工前解决相互协调的问题。通过集成 BIM，各专业团队成员能了解彼此工作的相互联系。图 10.1 显示了加利福尼亚大学旧金山分校使命湾医院项目病房的集成 BIM，包含墙壁、金属龙骨、顶棚、设备、电气、管道、消防、医疗气体管道和抗震支吊架，帮助团队成员实时了解彼此之间的相互工作关系。

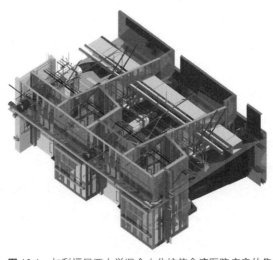

图 10.1　加利福尼亚大学旧金山分校使命湾医院病房的集成 BIM 图。由加利福尼亚大学董事会代表加利福尼亚大学旧金山分校医学中心授权使用；由 DPR 建筑公司提供

此外，集成的信息系统也为业主提供了项目各个专业和成员组织的实时状态，包括设计完成情况、成本、质量及其他重要因素。

例如，由加利福尼亚大学旧金山分校使命湾医院团队开发的成本和预算跟踪信息板，能够跟踪进度情况，以达到业主的成本目标。依据来自各"专业集群"团队或专业的信息进行信息板的每周更新，并通过对团队的实时反馈，指导项目设计过程。在项目设计阶段，图 10.2 所示的项目信息板墙是联合办公室的一个重要特征。项目信息板每周进行更新，提供实时的成本信息，使团队能够作出明智的决策，以满足成本目标。

集成信息系统从整体角度出发，综合考虑各相关因素以及做决策时可用的恰当信息，为决策提供支持。

图 10.2　加利福尼亚大学旧金山分校使命湾医院项目成本和预算跟踪信息板。由加利福尼亚大学董事会代表加利福尼亚大学旧金山分校医学中心授权使用；由霍华德·阿什克拉夫特（Howard Ashcraft）提供

为实现目标价值的设计和交付，蒂梅丘拉山谷医院（Temecula Valley Hospital）项目团队创建了综合成本工作簿。业主在设计之前设定了具体而极具挑战性的成本目标，要求所有决策均应围绕该目标制定。在初步设计阶段，通过对不同设计方案进行评估和成本分析，团队成员很快意识到，需要从总成本信息的角度评估备选方案，但不清楚用何种方式方能实现不超出项目预算。问题的根源在于随着所制定的多专业各种备选方案的拒绝和接受，预算也在不断变化。各交付团队管理者无从得知自身公司能否获得 IPD 合同中所划分的利润。当团队入驻现场并在联合办公室开展日常协作工作时，应用了由南方工业公司的项目主管兼供暖、通风与空气调节系统（HVAC）和管道系统专业分包商肯·林希（Ken Lindsey）开发的工具，即肯氏 Excel 工作簿。该工作簿是从各项目工作范围到项目整体识别潜在节约或增加成本的一种工具，使得业主和交付团队能够了解当前和预期的最终成本，也可使团队能够了解所需完成的工作和所要求的额外成本节余，以实现成本和效益目标。该工作簿为每个人创造了一个真实的单一数据源。

图 10.3 显示了包括业主在内的 IPD 团队合作伙伴每月共享和讨论的信息。在三个主要工作栏目中识别风险和机遇，并提出消除浪费和节约成本的措施。通过公司工作成本系统的相关信息，公开跟踪预算的转移、增加和节余情况。项目 IPD 合作伙伴不断地收集和查看共同走动管理（Gemba Walks）*所获得的有关安全、质量和生产信息，并把走动管理作为每周例会的一部分，以确保信息系统的正常运转。如果没有在第一时间了解现场工人是否安全高效地进行现场工作，IPD 合作伙伴则无法预测完成工作所需的努力和成本，其成本预算的准确性也不可能高于多数的项目。

---

* "Gemba" 来自日语，是现场之意。管理者亲自走到施工现场，去观察现场、寻找潜在问题和浪费。——译者注

综合成本预测
月度预算和记账工作簿

预算管理	生产管理	成本核算
・成本增加的风险 ・成本降低的机遇	・预期的节余 ・实现的节余	・转移 ・增加 ・节余
风险和机会	控制预算	预算（合作伙伴/范围）

生产管理
因素和指标

安全、质量和成本因素	时间因素	指标
・工作流程/方法 ・监督员和技术能力 ・固有质量控制方法 ・安全培训/意识	・规划与协调 ・限制条件消除 ・承诺网络	・操作时间（视频学习） ・末位计划者系统（TA、TMR、PPC） ・工人工效 ・返工率 ・检查通过率 ・有记录工伤比率

图 10.3 成本预测与生产管理结合图。根据南方工业公司的项目主管肯・林希（Ken Lindsey）的相关理论整理改编

以上提供了集成信息重要性的相关内容。各独立实体公司均有各自的成本跟踪系统。然而，多个独立的系统并不能为业主和团队提供准确的最终成本预测，团队在共同成本格式达成一致的基础上，采用"联合预算和计费工作簿"呈现所有成本影响因素，团队管理者即可拥有制定正确决策所需的信息。

10.4 实现方式

集成信息的重点不在于高新技术，而是一种快速简捷存取相同信息的架构。以此架构支持精益建造的目标，减少浪费并增加客户价值。该架构必备条件是通过组织、标准和协议达成一致的方式，创建集成信息并实现信息共享。集成信息依赖于团队成员相信彼此通过信息作出正确的事情，信息的集成与共享能够加快互信的建立。

10.4.1 信息集成的早期启动

信息集成必须得到最高管理层的支持、大力推广和运用。集成信息需要多个不同专业方面的长期投入，没有管理层的支持，难以获得成功。

DPR 建筑公司技术团队的拉姆・加纳帕蒂（Ram Ganapathy）和凤凰城的精益项目团队

合作开发的集成成本核算和生产计划系统（Integrated Cost Accounting and Production Planning，iCAPP）是一个集成信息系统设计的验证案例。该系统建立在 BIM 的细化应用、估算数据库中的参数化估算组件、跟踪工作的精益生产计划技术的基础上，其不仅可应用于特定项目，也可应用于多个项目。拉姆和项目团队所开发的程序，将 BIM 分解到各个工作区，以便从 BIM 中识别各工作区的工程量。使用成本数据库中的组件（安装工作包）计算在特定工作区域内工长要完成工作的生产率，并以区域和工程分包的方式，对该生产率进行现场跟踪。该系统根据当前实际完成工作量，为剩余工作计算出所需生产率和工程量，为项目团队安排后续工作提供依据。

图 10.4 显示集成成本核算和生产计划系统应用 BIM 和估算组件软件计算的工程量，按照区域生成成本和预期生产效率，并应用相同的信息跟踪生产工作。

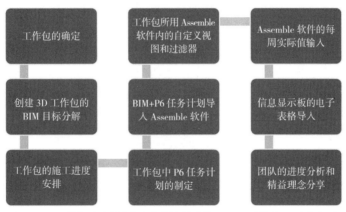

图 10.4　DPR 的集成成本核算和生产计划系统。© DPR 建筑公司，由拉姆·加纳帕蒂设计

项目的信息集成最好能够在设计开始之前完成，使得团队在设计和施工阶段面临时间和成本压力的情况下，可集中精力解决设计和施工技术问题。至少，在项目组织和过程的策划阶段，即应进行信息集成。在项目策划阶段实施集成信息系统的价值体现在三个方面：

1. 营造更好的信息环境，创建团队工作所需的透明度；
2. 建立集成组织和过程所需的信任和协作氛围，创建高价值建筑；
3. 避免不一致和不兼容系统所导致的误解和浪费。一旦团队进入各自的工作模式并形成惯性，则难以实现集成。

10.4.2　通用标准的制定

如果记录的信息格式一致，则集成信息更为简单快捷。前面所讨论蒂梅丘拉山谷医院案例，详细阐述了成本跟踪的通用标准用于集成数据的方式，并讨论了如何更深入地理解实现目标成本所面临的挑战和机遇。类似方法也应该用于其他类型信息，使信息能够在信息系统之间集成或传递。根据项目规模的大小和复杂性，应需要对以下方面制定标准，包括数据获取的方法、获取的数据类型、数据的结构、数据的命名、数据使用的范围以及使用权限等方面。

相关标准同样适用于项目所使用的软件。团队应该确定一个或多个共用平台，或者至少应该为软件互操作性定义一个标准，包括软件版本和产品。在某些情况下，软件升级可能会更改数据结构，导致早期版本无法读取此类数据。在一个项目中，团队某参与方单方面决定升级其所用的 BIM 软件，造成了数据的不兼容，并导致进度延迟数周。

项目中的跟踪通信是一个简单而又常见的问题。信息交换可以通过纸质副本、电子邮件、电话、维基百科、博客、消息、发电子公告甚至是邮件等方式进行。然而，应用多种消息传递方式能够导致信息混乱。如果团队沟通信息方式各不相同，包括纸质副本、电子邮件、短信、发布到项目网页等方式，则无法确保所有成员能够查看到具有完整性和时效性的信息。此外，有些系统，如电子邮件附件，信息易被忽略，甚至可能丢失。

为了实现有效的信息集成，需要为信息本身和团队数据交互制定强制性标准。

10.4.3　创建清晰架构

在任何项目中，均可出现偶发性工作重叠、返工和失误。传统返工的经典案例是机械工程设计和图纸（或模型）制作之间的工作重叠。例如，基于可交付性、结构清晰的集成信息系统构建的架构良好的 BIM 执行计划是一个减少浪费的经典工具。BIM 执行计划通常被描述为：

1. 项目 BIM 应用目标，可包括系统协调、成本估算、布局、加工图生成、设施管理及其他应用。
2. 明确 BIM 应用过程中参与者的任务和责任，并详细描述任务分工。
3. 模型开发所要达到的细度（level of development，LOD），开发不同细度的顺序，以及与其对应的相关责任。
4. BIM 所用的各系统的信息，必须具备命名标准、互操作性以及信息来源真实。
5. 为达到特定目标的模型共享协议和模型应用的过程。

这是整体团队针对 BIM 的应用达成共识的方式，也正是集成信息系统作用的范例。

10.4.4　强制执行标准

尽管集成信息系统为更好、更高效的沟通提供了巨大的机会，但也存有一个不可忽视的弱点。如果关键参与者不使用集成信息系统，则该系统无法实现完全集成。况且，绝大多数人具有应用熟悉方法和系统的倾向性，特别是面临工作压力的情况下，即使可对他人的工作带来诸多不便，团队成员仍然倾向于使用自身熟悉的方式和工具完成工作。因此，对于项目管理层而言，应遵循三条规则：

1. 选择的系统要与最重要的团队成员使用的系统相同（若可能），以避免适得其反。

2. 避免过于依赖最新或最佳技术，需要使用各成员均可高效运用的技术，即使该技术不是最前沿的技术。

3. 必须强制执行所确定的标准。所有人均应使用该系统，以获得可靠的信息，从而实现信息集成。

10.4.5 各种方法和工具组合的不同视角观察

集成信息系统的重要特征之一是准确预测结果，能够使项目团队作出正确决策。准确预测结果的基础是不断地获取更多质量更好的信息。预测取决于集成团队的以下能力：一是构建虚拟模型和仿真的能力，此类模型和仿真是对现实状态的抽象化表现；二是在整个项目中持续使用模型的能力，以便进行必要的改动和调整。

预测方法的能力和局限性必须综合考虑项目中需要探索的相关问题。例如，关键路径方法（Critical Path Method，CPM）计划是建筑、工程和施工行业常用的预测模型，用于预测项目完成情况。尽管该方法已广泛应用，但关键路径方法仅考虑了项目团队在设计和施工中所面临的部分限制因素，并将许多假设转化为确定值。然而，关键路径方法没有考虑设计阶段的协调和交互工作的影响，也没有充分考虑施工期间的时空冲突及其对生产活动的影响。可应用能够更好呈现抽象概念的四维模型，加深对施工过程中时空冲突的理解。蒙特·卡洛（Monte Carlo）模拟方法，考虑到了资源容量、资源能力和资源利用（resource capacities，resource skills，and utilization），是描述项目团队所需实施协调活动及其如何影响项目完成时间的更佳模型。平衡线（line of balance）方法为项目团队提供了较好的可视化指导，有助于了解多个工种/分包的生产效率之间的差异，更好地评估不同工作区域的工作流方案以及各个工种的工作流方案之间的影响。集成信息进度计划系统包含所有这些方法，使得项目团队可根据需要而作出相应变化。

项目团队往往盲目采用复杂的进度计划规范，并从开始即要求制定非常详细的关键路径计划。该计划并非由真正执行此项工作的人员制定，对未来情况不能作出可靠的预测。如前所述，该计划仅是一个不能完全体现真实情况的版本，并忽视了其他方法带来的益处。人们对关键路径法局限性的认识，促进了集成进度计划信息的方法更加成熟，从而使合适的人可在合适的时间，运用最恰当的方法获取正确的信息。类似的见解同样适用于成本和二氧化碳排放等其他绩效目标的预测方法。

10.5 集成信息系统的范例和益处

10.5.1 为目标价值设计进行信息集成

目标价值设计（target value design，TVD）的关键作用之一是从业主的角度整合建筑的功能、使用和成本，最主要的步骤是将成本纳入设计中，该过程的难度超出大多数人的预期。在芬兰和瑞典开展业务的哈赫泰拉（Haahtela）公司基于多年成本咨询和专业工作经验，开发了一种用于集成合适信息的独特方法。

由创始人于尔耶内·哈赫泰拉（Yrjänä Haahtela）和合伙人阿里·彭纳宁（Ari Pennanen）领导的哈赫泰拉公司是运营大型数据库的成本专家型企业。与其他主要建筑成本咨询企业不同，该公司根据客户对建筑的需求和对成本的要求指导设计，而不是仅根据设计估算成本。

多年来，哈赫泰拉公司逐渐认识到，客户价值并不主要是通过设计而实现，而是通过客户所在组织实现战略目标的能力而实现。遵循对目标的理解是哈赫泰拉公司的出发点。哈赫泰拉公司的阿里·彭纳宁帮助客户认识到应用变革的方法可提升客户价值。学生获取新的知识，医院治愈病患，律师解决纠纷，餐馆为人们提供会面的场所等，这些都是增值活动。阿里和哈赫泰拉公司团队成员帮助客户认识到他们的建筑空间应支持的增值活动，从而使客户成为变革的推动者。

哈赫泰拉公司根据使用者的组织和空间活动背景，努力理解业主建筑空间规划。该公司员工基于精益建造理念，坚持以"实地考察"的方式，观察人们在各自空间当前所做的工作，了解人们所需要的变革，并常以绘图的方式呈现客户的活动和工作流程。

一旦理解建筑空间的功能、实际效果及预期用途，哈赫泰拉公司则着手创建"设计前 BIM"。该 BIM 包括系统和组件的质量，并与成本数据库相互连接。建筑空间与功能相互对应，可以反映出业主客户提供促进转型并增加价值的活动。尽管此时尚无建筑设计，但是哈赫泰拉公司能够告知业主交付建筑空间规划的成本，几乎在每一种情况下，成本均可超出可用资金，即目标价值设计实践者所称的"允许成本"。随后，哈赫泰拉公司通常以实现多功能性并增加利用率为出发点，提出建筑空间的修改建议，而业主几乎总是据此修订建筑空间规划，并有时会专项拨款或增加投资。哈赫泰拉公司推动了功能、用途和成本的信息集成，从而使业主能够在高性能的建筑空间规划和合适的目标成本的前提下开始项目的实施。

在设计团队被选定时，成本是一个固定参数，而质量则由哈赫泰拉公司与交付团队共同控制。哈赫泰拉公司积极参与整个项目过程，并对设计方案所对应的成本提供快速反馈，以确保质量与目标成本一致。如果没有集成信息，质量控制和快速反馈的实现难度非常大。

10.5.2 利于设计任务自动化的集成信息

之前的章节描述了最大化贴近现实仿真模型建立的必要性，此类模型的运行能够预测各种可能发生的结果,为项目团队的决策制定提供参考依据。如前所述,设施设计和建造中所涉及的多专业所应用的此类模型,必须拥有共同的信息基础,尽管目前很少有此类实践。随着云计算的发展,可低价租用大型计算机库处理特定程序,项目团队可通过多项设计输入和模型构建,实现设计过程的自动化。

例如一家位于硅谷的初创公司,阿迪塔兹(Aditazz)公司正在利用在电子设计自动化(electronic design automation,EDA)领域成熟的方法生成最优化的功能需求,此需求是建立在通过输入包含诸如位置、人口分布及医院各种职能的工作流程等而生成的数千个模拟基础上,并能够驱动医疗设施的概念布局。建筑师和各咨询公司以往需要数周甚至数月方能完成的工作,应用阿迪塔兹软件系统即"阿迪塔兹实现平台"(Aditazz Realization Platform)则在数天或数小时内即可高质量完成。如图10.5所示,该软件系统集成了客户需求与目标建筑性能数据,可快速迭代和自动生成医疗设施的布局选项,并可在数分钟或数秒内模拟后续的变化及其对应的参数修订所产生的影响。在未来的几年里,运算能力将成倍提高,可同时考虑金融、施工、材料科学、环境、进度、质量、安全等多个垂直领域的更多信息输入,用于生成既可保证高效安全施工,又可保证最大限度实现可持续性的最佳设计。在没有阿迪塔兹软件系统的情况下,使用现有的传统方法,仅仅从碎片化信息中提取必要的设计信息,所耗费的时间远超出阿迪塔兹软件系统完成整个设计周期所需的时间。

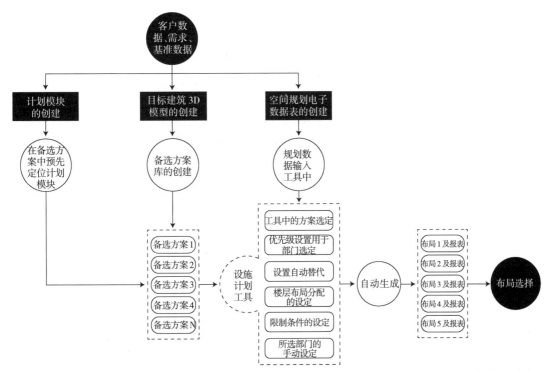

图 10.5 来自客户数据和需求的阿迪塔兹公司实现平台图。© 阿迪塔兹公司,由 DPR 建筑公司利兹·施维格勒重绘

10.5.3 利于实现快速原型的集成信息

只有从成本、质量、范围和其他方面的视角观察，方能发现集成信息的用途。本章至此始终聚焦于数字信息方面。而物理模型、实体模型或原型也是集成信息生成的示例。原型可使项目团队更系统地权衡方案，用于判断已有设计是否具备可建造性、可运维性、可使用性和可持续性，并测试其是否符合相应条件。

原型的组装必须便捷。若需要耗费很长时间方能识别各方案之间的差异性，则原型毫无用处。采用原型的目的是为最终设计提供依据，必须及时创建和审查，并纳入最终决策。

原型既可以是虚拟的（数字的），也可以是物理的（实体的）。开发原型的过程与原型的本身同等重要。通过原型创建的工作，团队不仅可学会协同工作，还可获取包括最终用户和运维人员在内的许多利益相关方的建议。例如，西雅图儿童医院（Seattle Children's Hospital）的项目团队所构建的实体模型，帮助医生和护士重现手术和其他过程，揭示了患者和工作人员的流动情况。位于沃斯堡的库克儿童医院（Cook Children's Hospital），在项目建筑师的协助下，采用纸板和胶带快速搭建的诊所空间的原型，使护士、医生和工作人员可有亲身体验并据此反馈建议，如图10.6所示。

图10.6 库克儿童医院的快速原型图。© 霍华德·阿什克拉夫特

10.5.4 数字化成型以达成共识

2002年，美国总务署（General Services Administration，GSA）计划新建密西西比州杰克逊市的联邦法院大楼，并聘请了H3哈代联合建筑事务所（H3 Hardy Collaboration Architecture）设计占地41万平方英尺（约38090平方米）的该项目；2005年，美国总务署决定将该项目作为实施BIM的试验案例。沃尔特·P. 摩尔结构工程联合公司（Walter P. Moore and Associates）和加法里联合设计事务所（Ghafari Associates）加入了该项目团队，为建筑、结构、机械设备和管道系统建立模型。

在建造新的联邦法院大楼期间，团队常为计划建设的法庭构建一些全尺寸实体模型，以便法官对布局和设计提供建议。此类非常简单的实体模型可使法官更为直观地体验从法官席到陪审团和证人席之间的视线，并大致了解空间的真实情况。[1]

由于通常采用胶合板建造此类没有任何装饰的原型，此类原型存在几个缺陷。[2] 首先，实体模型并不能完全准确地体现最终完成的空间。为了时间和成本的节约，实体模型可存在尺寸和替代物（比如用纸张代替窗户）偏差及组件缺少的情况。其次，实体模型的构建缓慢而繁琐，难以及时修改。换言之，用户短时间内不能收到所提建议或反馈的结果。再次，反馈来源于多个用户小组，在随后的整合过程中，设计师可能难以整合来自不同群体并存有潜在冲突的反馈。

美国总务署委托斯坦福大学集成设施工程中心（Center for Integrated Facility Engineering，CIFE）构建三维计算机辅助设计（computer-aided design，CAD）模型，该模型曾用于华特·迪士尼幻想工程（Walt Disney Imagineering）的计算机辅助虚拟环境（Computer Assisted Virtual Environment，CAVE）。该虚拟环境使观众处于多个屏幕所营造的虚拟中，带来沉浸式体验。法官和在法庭工作的其他人员可根据计算机辅助虚拟环境的共同体验，对设计提出反馈意见。计算机辅助虚拟环境对诸如色彩变化和物件的摆放等反馈意见，可进行即时修改。但对于其他有关的调整（如尺寸调整），则需要滞后一段时间。需要注意的是，本项目有两组集成信息：

1. BIM 结合了所有必要专业，作为未来用户共同的审核基础；审核的关键部分是每个用户对所使用空间的性能预测。

2. 由于所有用户同时观看由同一 BIM 模式创建的同样的场景，使得用户的反馈可用集成方式进行收集。

集成设施工程中心应用已开发的 DEEPAND 框架评估计算机辅助虚拟环境体验的有效性，并确认此类体验比传统的设计评审方法更有成效（Majumdar, Fischer, and Schwegler, 2006）。计算机辅助虚拟环境使得用户能将更多的时间用于预测和建议备选方案等活动，而不是耗费于听取设计的阐释。

10.5.5 设计开发与 BIM 集成

在加利福尼亚大学旧金山分校使命湾医院项目中，项目总监斯图尔特·埃克布莱德强烈主张将设计文件和 BIM 集成，而不是在设计文件之后进行 BIM 构建，以避免生成具有孤立性和可能相互冲突性的信息集。团队领导，特别是作为总承包商的 DPR 建筑公司以及设备、电气和管道（mechanical，electrical，and plumbing，MEP）分包商均同意此意见。斯坦泰克建筑事务所 [当时为安申 + 艾伦建筑事务所（Anshen + Allen / AA）] 和奥雅纳（Arup）工程顾问公司承担了将设计文件和 BIM 集成的工作。

以上各方一致同意参与建造该设施的专业分包商应共同创建项目的BIM模型，并作为团队的行为准则。该准则要求设计和施工团队密切协调，以确保分包商的设计/建模人员理解设计意图，并提供施工最可行的解决方案。

设计方和施工方必须解决正在使用的多种不同软件应用程序之间的互操作性问题，此类程序均拥有独立的对象库，通常由各自的BIM专员制定。该团队的解决方案是采用Autodesk的NavisWorks软件进行互联，并接受某些信息不可避免的丢失。该方案可使模型创建以设计包为单位快速实施，以满足加利福尼亚大学旧金山分校医学中心与加利福尼亚州全州卫生规划与发展办公室（Office of Statewide Health Planning and Development，OSHPD）商定的提交节点，使得OSHPD不必待所有设计文件均审查完成后方允许施工，而是以设计包为单位的审批完成后，即允许相应部分的施工。因此，及时提交设计包是整个项目按计划完成的早期关键路径。

建筑师和工程师必须与BIM建模人员密切合作，其他团队成员同期也不断基于价值工程提出方案和想法，以实现降低约2亿美元预算超支的目标。加利福尼亚大学旧金山分校医学中心的行政管理人员、临床管理人员和设施管理人员及行业专家需要对许多重要决策进行审查商讨，此过程需要一定时间。在开发和完成大型世界级教研设施的设计过程中，设计团队也在不断把变更融入设计中。

加利福尼亚大学旧金山分校使命湾医院团队必须克服看似不可能解决的困难包括：BIM软件之间的互操作性、用价值工程持续改进设计的同时完成复杂建筑群的设计、以构建模型的方式（并按紧迫时间表）提交供审查的可施工设计文件。

该团队的组织结构允许最低责任级别的成员在规定的范围内作出决策。此方式可使设计和建模人员能够在项目联合办公室内，通过直接交谈解决大多数问题。如果需要其他人员参与，或需要其他的专业知识，设计和建模人员可运用所创建的知识共享组织结构，如前面第8章所述的加利福尼亚大学旧金山分校使命湾医院案例分析。项目负责人与"专业集群团队"相互配合，设计和管理该大型项目（包括三家特殊用途医院的综合楼、一个门诊大楼及邻近能源中心）。四个BIM团队（分别负责以上三个项目以及室外工程）与集群团队实地协同工作，任何成员均可将在自己的级别不能解决的问题上报给上级。图10.7显示了上述相互联系的组织架构，该架构的重要性体现于团队圆满地完成了紧迫的施工许可申请提交计划。

下一步是设计一个工作流程以支持扩初设计，同时将价值工程相关的变动内容以及各专业集群的交接工作纳入BIM团队的建模过程，建模按照防火分区划分的楼层分区进行。图10.8显示了设计/BIM工作流程。

根据建立的工作流程，设计师和BIM创建团队成员则确定分项责任人和使用工具类型。表10.1显示了团队成员的职责及其使用的软件应用程序。

10.5 集成信息系统的范例和益处 205

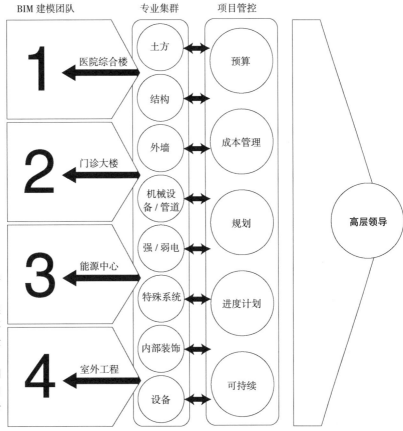

图 10.7 加利福尼亚大学旧金山分校使命湾医院项目团队支持 BIM 团队的组织架构。由加利福尼亚大学董事会代表加利福尼亚大学旧金山分校医学中心授权使用；由斯坦泰克建筑事务所和剑桥建筑管理事务所提供；由 DPR 建筑公司利兹·施维格勒重绘

加利福尼亚大学旧金山分校使命湾医院项目建模职责及工具表　　　　表 10.1

团队	要创建的模型/职责	BIM 工具
建筑师	建筑设计模型 创建 2D 文件交由 OSHPD 和其他机构审查	Revit Architecture 2010 AutoCAD 2010
结构工程师	结构设计模型 创建 2D 文件交由 OSHPD 和其他机构审查	Revit Structure 2010 Tekla Structures
MEP 工程师	设计 MEP 系统模型及标准 创建 2D 文件交由 OSHPD 和其他机构审查	Revit MEP 2010 AutoCAD MEP 2010
MEP 分包商	MEP 系统制造级模型 协助创建建筑师/工程师团队的 2D 文件交由机构审查	CAD Duct CAD Mech CAD Pipe QuickPen 3-D
消防分包商	消防模型 协助创建建筑师/工程师团队的 2D 文件交由机构审查	SprinkCAD
总承包商	各类钢结构细节的模型 干式墙、混凝土、钢筋等自施工模型 协调 MEP 系统	Timberline Navisworks Solibri Tekla Strucsoft Revit Architecture 2010 Revit Structure 2010 Innovaya Visual Estimating

由加利福尼亚大学董事会代表加利福尼亚大学旧金山分校医学中心授权使用；由 DPR 建筑公司提供

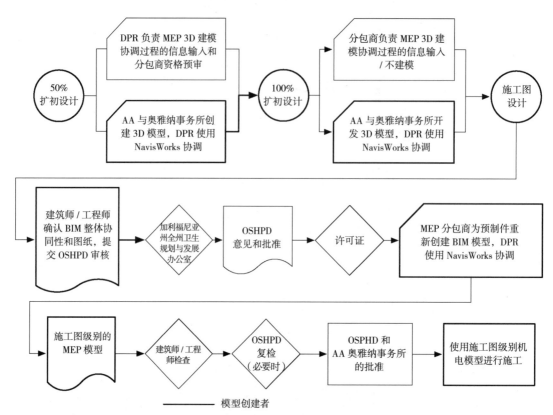

图 10.8 加利福尼亚大学旧金山分校使命湾医院项目设计与建模协调过程图。由加利福尼亚大学董事会代表加利福尼亚大学旧金山分校医学中心授权使用；由 DPR 建筑公司提供

除了 BIM 工具和遵循确定流程的承诺外，团队还需要用一种方式交换以小时计生成的大量数据和信息。设计和 BIM 负责人采用如图 10.9 所示的"联合模型管理"方法，可使远程工作的团队成员将创建的模型提交至资源库，任何需要查看并使用此类模型协调工作的成员均可访问该资源库。

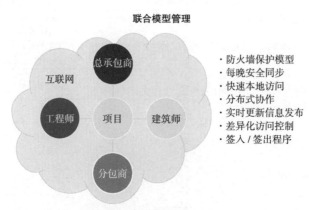

图 10.9 BIM 协作的联合模型管理体系结构图。© DPR 建筑公司

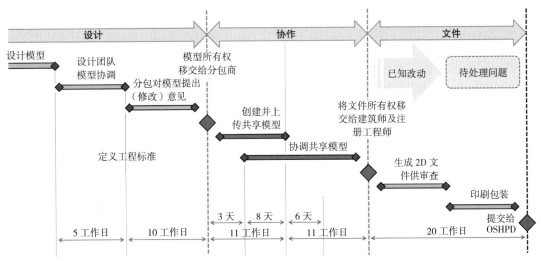

图 10.10 加利福尼亚大学旧金山分校使命湾医院项目模板图,用于设计、模型协调和提交许可申请的准备文件。由加利福尼亚大学董事会代表加利福尼亚大学旧金山分校医学中心授权使用;由 DPR 建筑公司提供

  实现协调设计和 BIM 的下一步工作是选择支持联合模型管理的软件平台。管理人员决定使用本特利软件公司(Bentley Systems)的 ProjectWise 协同工作平台系统,该系统能够将服务器放置于不同地点,设计师和分包深化设计人员可将本地开发的模型存储于硬盘,节约了通过互联网上传和下载的时间,提高了团队成员的工作效率。

  团队成员一旦在策略、过程、职责划分、工具等方面达成一致,即可开发模板计划,并在整体建筑过程的所有级别重复实施,为建模和协调提交设计信息,并随之生成 OSHPD 审查所需的二维图纸。图 10.10 显示了团队成功应用该模板,并按计划交付了高质量文档。在大多数情况下,提交的设计文件均一次性通过 OSHPD 评审人员审核,使施工按照计划进行。仅一次例外发生于加利福尼亚大学旧金山分校医学中心门诊大楼的两层楼方案变动后,需要再次 BIM 建模和再次审核。该方案模板计划变更的高效完成,归功于包括 OSHPD 检查人员在内的每个人都在现场,团队成员能够快速记录所有事宜。团队成员与检查人员之间的公开透明关系以及联合办公室的采用,对项目的成功具有很大贡献。以上所述正是加利福尼亚大学旧金山分校使命湾医院项目所建立的综合信息平台的作用。

10.5.6 利于支持生产的集成信息

  项目建设中常见的问题之一是,并非每人都可按需获得最新信息。只有每位成员均可获得项目的准确完整最新信息,才能称之为成功的项目团队。常可发现项目团队耗费大量时间拷贝信息并打印为纸质版,再将其发送给有关的项目团队成员。作为打印成纸质版并用于分享的信息,已变为信息副本,若有任何变更,打印成纸质的信息副本则失去效用。因此,需要一个集成的信息系统,实现"全网信息实时互通",提供最新和最重要的信息,相关人员利用此类信息一次性完成工作任务。

在加利福尼亚大学旧金山分校使命湾医院项目中，生产主管和工长都配备了iPad，他们可将最新的信息应用到正在安装的系统和组件（即创造价值的地点），此类信息方可产生价值。生产主管和工长及其班组成员均可以PDF文件方式远程访问所有二维图纸，并查看所有信息请求（requests for information，RFIs）。所有的PDF图纸均通过iPad与中央文件资源库同步。此类图纸均标注了最新信息，例如在图纸上方标注最新信息请求。图纸也显示了由BIM生成的现场工作人员所需的信息，包括每根金属龙骨的准确位置、干墙框架、网格线距离及预留洞口的尺寸等，使得相关人员确切知道正在发生的情况以及需要做的工作，而不需要耗费时间搜索对比最新文件以及搜索来自多专业图纸查找墙体和预留洞口的设施信息。所有信息均由BIM协调，并呈现在工长iPad的二维图纸中。接受过三维模型使用培训的主要现场负责人，对于发生的问题，可利用三维模型方式与项目工程师共同查看，并加以解决。

图10.11显示工长在现场使用iPad呈现的深化模型，查看将安装于墙内的框架和设施完成后的状况，为相关人员在正确的时间和正确的地点提供了正确的信息。

图10.11 现场工长查看框架和墙内设施深化BIM模型。由加利福尼亚大学董事会董事代表加利福尼亚大学旧金山分校医学中心授权使用；由DPR建筑公司和镜像数字媒体有限公司（Mirror Digital Media，Inc）提供

图10.12显示了工长在现场通过iPad查看干式墙布局信息。相关人员可实时访问基于已获各级审批的施工图级BIM模型。该方法与二维图纸的区别在于所有尺寸均可按照工长所需的方式呈现。

10.5.7 集成项目和生产进度

加利福尼亚大学旧金山分校使命湾医学中心将项目和生产进度集成。如果参观DPR建筑公司的某个项目，你可能会听到有人说"我们需要合格的人员（right people）在恰当的时间（right

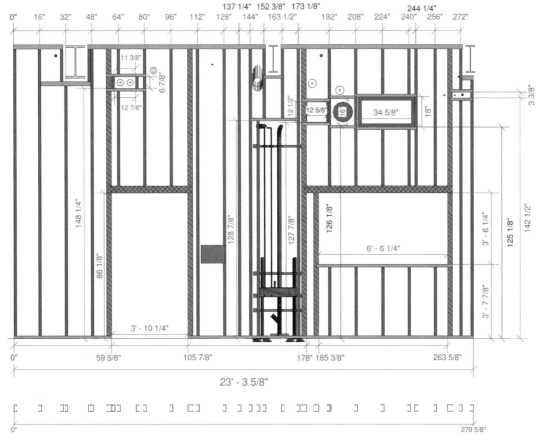

图 10.12　干式墙组装图。由加利福尼亚大学董事会董事代表加利福尼亚大学旧金山分校医学中心授权使用；由 DPR 建筑公司提供

time）用精准的级别（right level of detail）进行规划"，即所谓的"3R"，这也正是作为该项目总承包商的 DPR 建筑公司领导者的理念，并将 3R 作为主要目标带入集成设计和施工中心（Integrated Center for Design and Construction©，ICDC）——加利福尼亚大学旧金山分校使命湾医院项目团队的大型设计和施工的联合办公地点。根据加利福尼亚大学的标准要求，在项目启动时即需要制定详尽关键路径计划，DPR 建筑公司担心这种方式将削弱专业承包商（合适的人）在接近实际工作的时间范围内（合适的细节、合适的时间）规划工作的团队能力。团队需要引入精益管理流程，最大限度提高计划和实施工作效率，但该需求与传统的关键路径法管理技术并不一致，这是 DPR 建筑公司担心的另一个问题。使命湾医院的项目负责人斯图尔特·埃克布莱德曾要求整个项目团队"换角度思考"，以避免在交付项目时出现长时间进度延误，该情况也曾发生于罗纳德·里根加利福尼亚大学洛杉矶分校医学中心（Ronald Reagan UCLA Medical Center）等大型医疗项目。

经过 DPR 建筑公司的项目风险经理迈克·冈德鲁姆（Mike Gundrum）在一系列会议上解释了关键路径计划与末位计划者系统（Last Planner® System）结合的优点之后，学校高管接受

231 了冈德鲁姆所提出的方案替代标准进度计划要求。新方案要求阶段进度计划应在每一阶段工作开始后的两个月内制定，而每一阶段的工作由 6 周的前瞻性进度计划和每周工作计划支持，以确认分包商工长的准备工作完成，员工们能够不间断地开始和完成工作。图 10.13 显示了团队新流程的成功实施。尽管项目规模庞大且复杂，但该项目采用了与其他项目不同的方式，即由总承包商、分包负责人和工长参与计划制定，提高了各管理层的管控能力，使得项目团队能够提前完成项目。

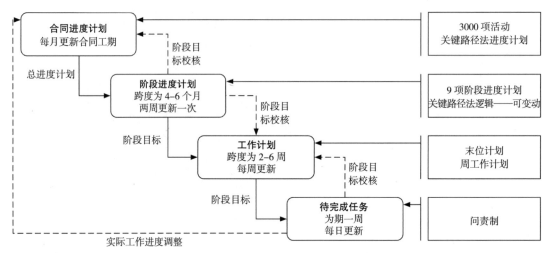

图 10.13　加利福尼亚大学旧金山分校使命湾医院项目用于连接项目和生产计划的框架图。由加利福尼亚大学董事会董事代表加利福尼亚大学旧金山分校医学中心授权使用；由 DPR 建筑公司提供

10.6　重要性

集成信息是集成组织工作的绝对必要条件，是项目团队集成过程的基础，使得项目团队理解成员之间相互依赖的关系，并作出明智的决策。

集成信息是团队各成员集成过程的关键，可增强项目协作力度。本章讨论的用于协调的集成 BIM 或集成成本工作簿的示例，均是源于不同团队成员在实施过程中输出的信息，并将这些信息集成，为项目参与者提供了统一的视角。集成信息系统是支持同地办公的关键，模拟和可视化也依赖于集成信息系统的应用。总之，集成信息是集成项目组织实现高价值建筑的支柱。

232 ## 10.7　启示

集成信息系统的关键特征之一是能够将不同来源的信息集成于项目团队的统一视图中。

该项工作要求各个团队对于所用不同系统之间实现互通协议和互操作性。随着我们向计算机输入过程相关信息能力的增强、云计算资源应用成本的降低，集成信息系统对于集成项目交付的重要性将越加凸显。集成信息与计算机模拟相结合，将创建更加优化的项目。书中之前所述的早期案例，展示了诸如阿迪塔兹公司等企业使用集成信息系统的方式，将传统的手动任务自动化，从而产生优化的结果。项目团队应密切关注在项目中信息系统的应用，单纯的操作使用是不够的，团队还应真正理解该项技术的用途，并积极消除信息孤岛，以实现更好的决策制定。

10.8　小结

集成信息完成了四项任务：

1. 通过数据结构和协议的确立，提供共同语言，实现信息和理念的沟通。
2. 为每位参与者提供其所需的最新而又准确的信息。
3. 使数据可视化。
4. 将多专业信息聚合于信息板，项目管理者可有效自信地控制项目运行。

为有效地完成上述任务，集成信息必须：

1. 使用共同语言分享信息，易于各方理解。需要具备协议、命名和互操作性标准。
2. 便于对信息有需求的人员查询。理想状态下，集成信息存储在有完善管理的数据库中，以便所有信息处于同一空间（可能是虚拟空间）。
3. 具有单一性和重复使用性。数据应反映所有用户的需求，其架构应包含各方所需的不同信息。例如，关于墙体的单一信息源，应包含建筑师、预算人员、墙框架安装人员等其他人员所需的信息。
4. 具有真实来源，以便使用者确定其可靠性。
5. 是源于跨专业信息的聚合，能准确表达项目的当前状态。

为将项目参与者的共同目标体现于虚拟组织，高效信息集成具有重要作用。

注释

1. "BIM 的评估"（Judging BIM），《土木工程》（*Civil Engineering*）杂志，2011 年 3 月。
2. "基于虚拟现实验证模型的概念设计审查"（Conceptual design review with a virtual reality mock-up model），土木与建筑工程计算与决策国际联席会议（Joint International Conference on Computing and Decision Making in Civil and Building Engineering），2006 年。

参考文献

Garcia, A., Bicharra, C., Kunz, J., & Fischer, M. (2003). Meeting details: Methods to instrument meetings and use agenda voting to make them more effective. In *Meeting of the Center for Integrated Facility Engineering*, Stanford (no. TR147).

Majumdar, Tulika; Fischer, Martin; and Schwegler, Benedict, R. (2006). "Virtual Reality Mock-up Model." *Building on IT, Joint International Conference on Computing and Decision Making in Civil and Building Engineering*, Hugues Rivard, Edmond Miresco, and Hani Mehlhem (eds), June 14–16, 2006, Montreal, Canada, 2902–2911.

第 11 章

指标管理

> "只有影响行为的信息才有价值。"
>
> ——史蒂文·斯皮尔（Steven Spear）

11.1 目标的评估与管控及相互关系

正如我们在本书中看到的，一个团队能够而且必须就如何制定和集成其工作流程，如何开展协作以及如何利用技术等方面作出一系列决策。这些决策不仅关系到资源的分配，而且更为重要的是关系到团队的核心诉求，并最终影响到设计方案及其性能，因此，必须对这些决策的效果和可行性进行评估。团队可通过评估对项目的各个具体目标及落实方式进行管控。

评估与管控密切相关。笔者在本书中引入彼得·德鲁克（Peter Drucker）对"管控"一词的定义（Drucker，2008），在此所谓"管控"是动词，作用是将项目引导至所期望的结果。管控应具有前瞻性，并专注于实现需要达到的目标，而不同于项目控制方法。项目控制方法是用于确定项目的过去状态和现在状态的测量与分析手段，可通过项目控制（测量与分析）方法，进行正确的管控（导向），从而更好地管理项目。[1] 管控的难点在于如何明确制定项目各种目标的有关评估指标，为项目管理层提供相关信息，利于对影响项目结果的因素进行更好的控制。

明确项目控制和管控之间的关系，是戴明（Deming）"策划 – 执行 – 研究 – 处置"（Plan-Do-Study-Act，PDSA）持续改进循环的核心。"策划"涉及评估当前状态（即项目控制）——如果不进行评估，就没有改进的基础；"执行"是指实施管控以产生新结果；"研究"是指运用项目控制手段（度量和分析——译者注）来确定管控能否实现预期效果，即是否实现或更为接近了目标；"处置"是指对项目进行成功的管控。由此循环往复这个过程，保持评估/分析和有目的工作之间的一种持续相互作用。

无论是否有意规划，所有项目都会生成某个结果。如果我们不将各项指标归纳成项目目标，没有一个尽量完备的计划，不进行任何评估，不进行结果和预期的比对，不根据评估结果改进计划，则项目的结果只能依赖运气。如果想达到可控性的结果，并确保交付好的项目，则必须利用相关指标指导决策的制定。

11.2 成功的标志

正如第 5 章中所讨论的,项目团队的相关人员必须能够了解和明确客户诉求,并将其转化为具体指标和度量标准。如图 11.1 所示,通常将客户目标生成为项目相关的商务、操作使用、运维等方面的指标。团队还应制定项目总体目标、具体目标及相关指标,实现项目的可建造性,包括成本、进度安排、施工和生产管理相关的具体目标和指标。该项工作的重点在于将影响结果的行动和指标作为可控因素,并利用这些可控因素进行项目管理。

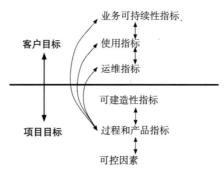

图 11.1 客户目标转换为项目目标、成果指标和可控因素示意图

为实现既定目标,团队领导必须投入时间和资源采用一系列方法和工作,制定一致的具体目标。每一组控制结果的方法和工作的功能,是依据指标评估管控措施是否有效,团队并据此调整管控措施及再次测试,即所谓的"预测-测试-调整"(Predict-Test-Adjust,PTA)周期,该周期由麻省理工学院教授史蒂文·斯皮尔提出,并通过研究和实例证明在工业中具有重要作用。团队成员认识到,创建有价值的建筑,组织集成必须具备:

- 为业主创造价值的评估标准应达成一致;
- 产生价值的方式达成一致;
- 全程评估生产和过程。

业主代表应与团队成员共同探讨达到预期结果的高效工作方式,并达成一致意见。每位团队成员均认识到,通过共同制定并一次性绘制的工作流程图,即可了解实施工作的时间和方式以及工作的移交,可以节约时间成本。团队成员应学会如何为一个集成组织工作,而不是仅为某个公司的利益最大化而工作。

从所有利益相关者的需要出发制定决策,是团队成员应特别关注的重点,此类决策的制定似乎可通过一次特定研讨会即可完成,但实践证明,在设计中人们对需求和机遇的理解有一个逐渐深入的过程,因而,决策的制定需要一个持续完善的过程。决策及其制定方法的确定,

促进了团队进行更多备选方案探讨的工作,一旦决策标准形成一致性后,团队成员可专注于更为重要的事项,避免将时间浪费于对利益相关者无关的事项。

懂得如何基于实际现状作出预测的团队,能很快发现自身不足之处,并调整其流程,确保满足业主的价值需求,从而始终如一地交付高性能建筑。上述团队就是彼得·圣吉(Peter Senge,2006)在著作《第五项修炼》中所描述的"学习型组织"(learning organizations),鼓励团队成员就预期结果和实际成果之间的差异表达关注、提出质疑并暴露问题,并通过有效沟通和解决问题的入职培训,提高团队成员寻找问题根源的能力。团队领导清楚地认识到,有责任为陆续加入项目的成员,包括加入项目最晚的分包商,创建并强化一种企业文化,践行斯皮尔的"预测-测试-调整"方法论。

11.3 项目团队评估和管控交付价值的方式

11.3.1 指标的确定

正如第 7 章所述,只有将项目生命周期中的所有知识加以集成,并运用到设计和施工当中,一栋建筑才能兼备可建造、可使用、可运维和可持续的特性。回顾第 5 章所述,具有可持续性的建筑物(它是项目团队设计与施工活动的结晶)与可持续的建造施工过程(设计的过程或实际的建造施工活动),二者都必须平衡项目的经济性、环保性、社会公平性三项性能目标要求,并实现各项指标的最大化,这通常被称为任何建筑设施都须具备的 3E 特性(economic,environmental,and social equity)。经济性指标包括初始成本、生命周期成本、设施运营的能源成本以及设施带来的收益。环保性指标包括诸如特定物种的栖息地可用性、雨水保持能力、生命周期或特定项目阶段的二氧化碳排放量等指标以及类似的考虑因素。社会性指标可以相当宽泛,可能包括施工安全,满足人的发展需求,对特殊群体的包容,以及社区互动等。其中有些指标表现为货币形式,有些指标表现为其他形式或评价。表 11.1 提供了初始成本、生命周期成本和收益的指标示例。

与初始成本、生命周期成本和所得收益相关的指标样本　　　　表 11.1

	与初始投资、设计和施工有关的初始成本	生命周期成本/周期;20 年、30 年或更长	所得收益(如从受教育的学生、受治疗的病患处每小时人均所得收益)
经济(美元,小时)能耗(千英热单位)	初始成本/平方英尺 施工 kWh/平方英尺	生命周期成本/平方英尺 kWh/平方英尺	产生的收益,生命周期成本/收益 kWh/收益;kWh 产出/周
质量	符合明确规定的设计意图百分比,通过每个质量目标的相对权重归一总结得出	必须对质量缺陷进行弥补的工人生产成本	必须对质量缺陷/收益指标进行弥补的工人生产成本

续表

	与初始投资、设计和施工有关的初始成本	生命周期成本/周期；20年、30年或更长	所得收益（如从受教育的学生、受治疗的病患处每小时人均所得收益）
安全（事故或丧失劳动时间）	每100万平方英尺的平均事故数，工伤保险项目成本	每年每100万平方英尺的运维事故数；运维过程的工伤保险成本；设施运行小时数；人员参与运维小时数	因安全性能所致的设施价值增加
工期	设计和施工服务成本加上贷款利息	达到预期设施性能的速度	由于进度提前（延误）而产生的额外收益（损失）
进度计划一致性（%）	进度变更的不可预见费	预防性维护工作	预防性维修对建筑用户生产效率的提升

由斯坦福大学的马丁·费舍尔提供。

有些指标侧重于衡量设施的成本，而其他指标则侧重于衡量设施所得收益。当决策影响设计、施工、运维和使用时，高价值建筑的设计团队会同时考虑设施的成本和所得收益，这听起来容易，但做起来难。

以一个全球化的拥有诸多设施的业主为例，在很多的设施中，该业主设计、建造和运维许多零售商店（图11.2）。该业主希望通过激励政策刺激零售商店经营者进行节能经营，即低能耗经营。该业主以 kWh/m^2 为单位，测量了商店的年能耗，发现商店B为1个（标准化）单位，应用此指标进行测量发现，处于类似的环境气候下并出售相同商品的零售商店A的年能耗则为1.5个单位（图11.2，左图）。业主要求商店A学习商店B的节能运营之后，对比两家商店收入指标（即每笔交易的 kWh/m^2），发现商店A为1个（标准化）单位，而商店B则为1.8

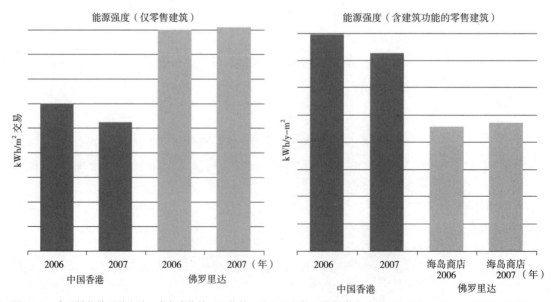

图11.2 查看性能的两种方法：成本或收益。© 华特·迪士尼幻想工程研发公司（Walt Disney Imagineering R&D）

个(标准化)单位;换言之,基于新的指标,商店 A 的效率更高,而商店 B 则需向商店 A 学习,也就是说,获得奖励的是商店 A,而非商店 B。该案例说明,仅关注基于成本的指标,如 kWh/m^2(通常采用这种易于计算的成本指标),可能不会对真正希望的行为起到激励作用。毕竟,零售商店的收入来源于交易能力。

项目控制的首要工作是选择和制定指标,但若想行之有效,必须对信息进行集成和汇总,以便项目管理层能够全面了解项目绩效,通过对项目的整体了解,项目管理层能够统筹处理各指标之间的冲突,并作出与项目目标一致的决策。项目信息显示板有益于信息的集成和汇总,能够减少信息的混乱,创建信息源之间的集成与同步,并为决策提供支持。

11.3.2 利益相关者诉求的优先次序的确定及关联性设计解决方案

利益相关者理念和价值诉求的发现和理解

英国拉夫堡大学的西蒙·奥斯汀(Simon Austin)教授和他的科研同事针对如何处理利益相关者诉求,创立了一种方法,即"设计中的价值诉求"(Value in Design, VALiD;Thomson & Austin, 2006),后来,一家从事设计管理咨询业务的机构即爱德普管理咨询有限公司(ADePT Management Ltd.),对这一方法做了开发完善。设计中的价值诉求包括三个阶段:一是协助项目的利益相关各方明确其个体和团体价值诉求;二是针对具体项目建立评估标准;三是制定评估机制,以便利益相关者根据已制定的评估标准,对成熟的设计解决方案进行评估。图 11.3 显示,一个小组基于绘有有关共同理念的展示图讨论他们对项目的价值诉求(Schwartz, 1992)。

研讨会的第二阶段,利益相关各方制定出价值评估标准,就信息显示板上每张记分卡标明从最小到最大赋值范围的所列目标诉求达成共识,并且赋值范围的划分严格依据设计中的价值诉求对于价值评估的界定标准,即与可支配资源相关的收益减去损耗,如图 11.4 所示。

第三阶段,利益相关者自行判断新设计方案在过程关键点所提供的价值定位,并在集成信息显示板中进行总结,如图 11.5 所示。

图 11.3 设计中的价值诉求第一阶段:理解印第安纳州克劳福德维尔的 J. F. 塔特尔中学(J. F. Tuttle Middle School)人们的诉求。由爱德普管理咨询有限公司的吉米·哈蒙德(Jamie Hammond)提供

第 11 章 指标管理

功能性 > 使用要求

满足用户的空间需求

教师 [斯泰西・格尔德（Stacey Guard）]
利益相关者:学校管理层,学校运维部门,教师,设计 – 施工团队 A，设计 – 施工团队 B，设计 – 施工团队 C

最坏情况

内部空间的尺寸、形状和布局均低于用户要求的标准

	1	2	3	4	5	6	7	8	9	10
当前体验										
目标										
舒适区域										
参数 1										
参数 2										
参数 3										
参数 4										

最佳情况

内部空间超出用户要求标准

该建筑是否便于监管?
每个空间是否足够,是否提供适当的灵活性? （例如,将拟建空间的宽度与学校现有空间进行比较,是否有准备健康膳食和零食的空间,是否有心理咨询和护理空间）
走廊和楼梯间是否敞开,并配有大小合适的储物柜,照明是否良好?
设计是否提供了业主描述的教育性能要求中包含的所有空间和尺寸?

图 11.4　第二阶段：利益相关者价值诉求记分卡。由爱德普管理咨询有限公司的吉米・哈蒙德提供

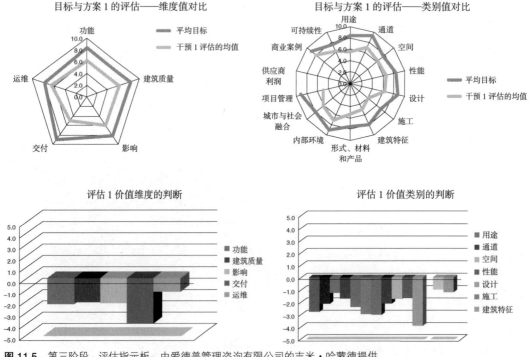

图 11.5　第三阶段：评估指示板。由爱德普管理咨询有限公司的吉米・哈蒙德提供

设计中的价值诉求方法结合了项目利益相关者的价值诉求和判断,并将该信息用于比较备选设计方案时的决策制定。

从利益相关者的角度考虑备选方案

通过在斯坦福大学集成设施工程中心（Integrated Facility Engineering，CIFE）的研究，约翰·海梅克（John Haymaker）获得了两项重要发现。第一，他意识到，设计团队常常参与决策，这些决策与该团队提出的问题直接相关。威廉·麦克唐纳（William McDonough）指出，合理的设计与人们所提出的问题及所做的决策有关。第二，将人们聚集在一起规划、制定和记录决策的实施过程是随机的、低效的，并且在很大程度上是无效的。约翰也意识到，相关团队成员在选择要问的正确问题，收集相关信息以回答此类问题，并据此盲目自信地快速制定决策方面，耗费了大量的时间和价值。

海梅克与博士生约翰·查切尔（John Chachere）进行合作，查切尔来自管理科学与工程系（Department of Management Science and Engineering，MSE），在这里罗恩·霍华德（Ron Howard）教授创建了决策分析方法并将其发扬光大。海梅克、查切尔与斯坦福的资本规划与管理部门以及几个本地的设计和施工团队合作，创建了一种多属性协同设计、分析和决策集成（Multi-Attribute Collaborative Design，Analysis，and Decision Integration，MACDADI）的设计决策方法。图 11.6 是 MACDADI 流程的一种表现形式。

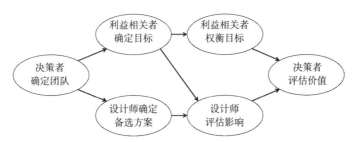

图 11.6　MACDADI 流程概述。由约翰·海梅克提供

协同决策方法的实施困难在于如何收集和整理诸多参与者的决策依据。海梅克创建了名为 Wecision 的在线工具，使人们能够更为容易地制定和共享各种类型的协同决策方法，如 MACDADI 方法、优势选择法（Choosing by Advantages，CBA）和其他方法（设计过程创新，Design Process Innovation，2015）。以下是应用 Wecision 创建决策的简短案例，该决策由一个业主和一家施工公司共同制定，以此决定一个大型海外项目中的预制内容。

在确定要建立什么样的决策模型之后，Wecision 的第一步是甄别项目利益相关者的身份，权衡各方的重要性。图 11.7 显示了在这个决策中需要关注的利益相关者是设计方、业主项目经理、业主施工经理和运维人员。一些项目团队经常提到，对决策所涉及的诸多利益相关者进行身份甄别并权衡其重要性，是一个十分关键、却在实践中常被忽略的步骤。

在完成利益相关者的重要性模型后，各利益相关者需要制定和明确一系列目标，并就制定的目标清单达成一致，然后对清单中的目标根据标准进行优先排序。图 11.8 为利益相关者

第 11 章 指标管理

图 11.7 利益相关者的决策模型示例，该模型用于决定在施工项目中的预制范围。由约翰·海梅克提供

的目标加权模型图，图中显示出利益相关者与其认为最重要目标的对应关系，该模型有助于识别利益相关者群体之间的潜在冲突，是设计团队开始设计的有用起点。

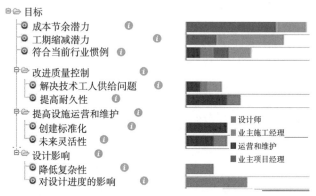

图 11.8 目标加权模型揭示利益相关者的优先级。由约翰·海梅克提供

接下来，设计人员生成并分析备选方案的多专业影响因素。设计人员归纳整理备选方案，使用标准化分数，根据备选方案对目标的不同效能将其分类，以便在不同目标之间用量化指标及特定的比例进行比较。将备选方案对目标的影响乘以利益相关者及其目标的权重，得到其最终价值。如此，在高优先级目标中表现良好的备选方案产生更多的价值，而在低优先级目标中表现良好的备选方案则产生更少的价值。图 11.9 显示的图表，总结了各利益相关者的价值及所有利益相关者的价值总和。

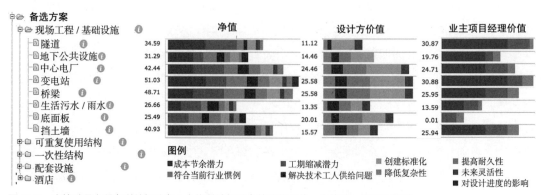

图 11.9 决策过程中所有利益相关者及个体利益相关者的价值评估。由约翰·海梅克提供

阐明决策理由的过程，会以不同方式对不同的项目利益相关者产生影响。利益相关者非常赞同对目标进行明确和阐明的过程，某项目的利益相关者表示"每个项目都应开始于这样的过程"。设计人员为此经常提出质疑，获取决策理由的方法能否跟上设计过程的快速变化和内容定性，他们的质疑使得诸如 Wecision 等工具的开发成为当务之急。决策制定者发现要接受权力的扁平化和决策理由的广泛交流实为不易，但他们必须将其与决策质量的提高和建立共识带来的潜在收益进行权衡。

海梅克认为，有些决策充满着不确定性因素，甚至不如用抛硬币的方式来做决定。而有些决策则定义明确且易于理解，完全可以自动化实施，例如，决定钢材的准确用量，决定项目中最节省材料的部分，决定窗户遮阳板长度以节省能源等等。同时，有些决策需要不同层级的支持，有些需要大量不同的利益相关者群体的参与，有些则需要考虑大量复杂的备选方案，有些需要快速的定性分析，或者只要在一个数量级上相对正确即可，而另一些则需要对不确定性因素进行非常精确的分析和量化。一个新的设计时代正在到来，设计团队和施工团队正学习如何协作，使用有效的决策方法（John Haymaker，personal communication，March 8，2013）。此外，借助有效的决策工具，项目团队能够选择最适合当前情境、团队自身和决策的方法。

在一个项目中，主要利益相关者需尽早协商并创建一种方法，依据各绩效目标或指标，评估设施的设计和其生命周期中的组织和流程，另外还需要建立使用这些绩效目标或指标的框架和流程。团队不可能立即确定所有合适的性能目标和性能预测的方法，但是，如果具备在项目初期建立此类框架和流程的经验，则团队在项目过程中就更容易对此作出调整。经过多个项目的经验积累，以后可驾轻就熟。

11.3.3 绩效目标的确立和相关设计

成本绩效/目标价值设计

随着设计的发展，将设计演化与用户需求进行持续融合的方法主要有两种：目标价值设计（target value design，TVD）和不断调试。目标价值设计要根据用户针对项目经济、环境和社会性等指标要求而提出的特殊需求来进行（Ballard & Zabelle，2000）。听上去这本是理所当然的事情，也是我们在本书中所倡导的，但在实践中却很少做到。目标价值设计的关键在于，它颠覆了设施的设计与价值（包括成本）的关系：传统设计中的成本（有时包括价值），是对具体的深化设计方案进行评估，而得出来的测算结果；在目标价值设计中，成本被当作设计时要考虑的输入因素，而不是被看作设计完成后的测算结果（即输出），例如，根据设施的整体预期目标和设计工作开始前对特定系统的预算分配，来进行整个建筑的系统设计。

一个有关设施性能方面的关键问题需要在此特别强调。设施肯定要达到乃至超过用户对设施性能的期许，满足其在设施里开展活动（例如在教育设施里学习）的需要。在项目的早期阶段,传统的空间设计方案(或简明方案)往往忽略设施与用户活动之间的关联性。正规的工作场所规划,会设法将设施业主的计划、使用者的活动、空间规划、设计解决方案结合起来,并以此为指导,更好地在业主规划、商业活动和所有项目都面临的空间问题之间进行统筹平衡(Pennanen,2004)。

21世纪初,芬兰项目管理公司哈赫泰拉(Haahtela)的领导者意识到,他们必须帮助客户根据商业战略来定义空间,反之亦然(同样,客户也必须帮助他们来定义空间)。他们开发出一种名为"商务策略工作场所规划"(Strategic Workplace Planning)的方法和参数分析软件,将客户的商业计划表示成一系列活动,每个活动需要某种特定特征的空间。实际上,他们找到了将项目设计与建筑物未来用户的商业计划、活动直接联系起来的方法。主要理念是,利用客户指标,包括活动产生的收益、活动所需的空间和预期空间利用率,来制定价值目标。因此,哈赫泰拉公司基于最大化价值活动,制定建筑空间计划,包括以新方式共享空间。在设计开始之前,根据客户能够负担得起的费用,即"允许成本",哈赫泰拉公司能够估算市场成本("预期成本"),并确立目标成本。通过"商务策略工作场所规划",哈赫泰拉公司在帮助实现业主的最高价值诉求方面取得了引人瞩目的成绩。其中一个案例是,利用"商务策略工作场所规划"进行分析,在此基础上建议赫尔辛基的阿卡达理工学院(图11.10)采用多用途空间设计,并通过出租理疗池来提高其使用率。董事会采纳了这一建议,并按其进行设计和施工(Ari Pennanen and Yrjänä Haahtela,personal communication,November 13,2013)。

运维和生命周期性能

随着设施设计的发展,"持续调试"会根据所有用户的价值反复验证设计选项(Laine,Hanninen & Karola,2007),若存在差异,则随时调整设计。图11.11从能源性能的角度阐明了从设计施工直至设施运维的持续调试过程。需要注意的是,BIM应随着设计的深化和施工

图11.10 阿卡达理工学院:因空间未得到充分利用,预算超支700万欧元。由哈赫泰拉公司提供

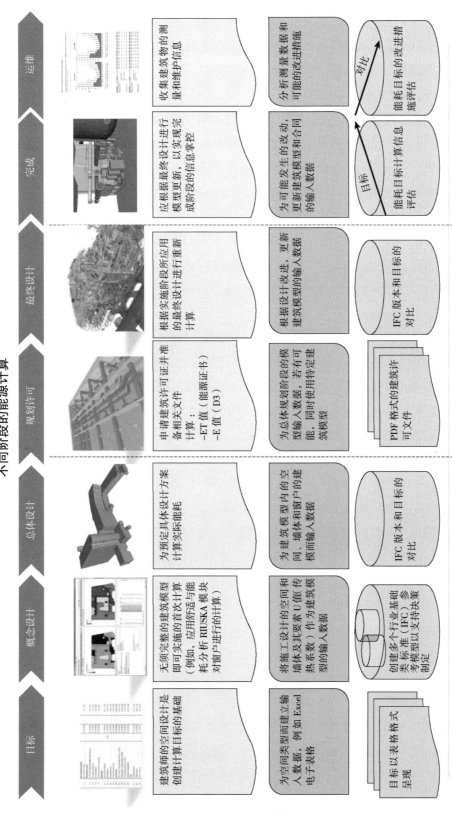

图 11.11 设备能源性能的持续调试。由格兰隆德集团（Granlund）提供

的推进而不断更新,实际上,深化设计应使用 BIM 工具来完成。随着设计的进展,BIM 将依据建筑物性能指标对设计进行评估,调整设计使其满足能源性能目标,或者对性能目标产生新的见解而调整原有的能源性能目标。同样值得注意的是,本节中的此案例和其他相关案例都体现了第 7 章所阐述的过程知识的集成。

团队必须对建筑物预期生命周期的成本进行建模和评估,最好是采取激励措施,尽可能降低此类成本。同时,团队必须对建筑物的实际性能进行详细测算并反馈。尽管此种方法尚未得到普及,但已有一些关于建筑性能的激励措施的先例,例如,科罗拉多州戈尔登市的国家可再生能源实验室(National Renewable Energy Laboratory),在项目投入使用一年后,才将一半的项目费用支付给总承包商(John Andary,personal communication,July 9,2012)。此外,生命健康建筑挑战标准(Living Building Challenge)也是以实际性能为基础的 [国际未来生活研究院(International Living Future Institute,ILFI,2015)]。

性能协调

在项目进展过程中,必须在设计过程考虑施工因素,因为具有施工可行性的设计方案是设计过程的核心产物。没有了解施工的人员参与,设计方案的施工可行性也将无从谈起。

如第 8 章所述,加利福尼亚大学旧金山分校使命湾医院项目团队同时承担了三项主要任务。第一,完成设计的开发和文档编写。第二,在满足大学、医护人员及其他医院员工、病患及家属价值诉求的同时,采用价值工程(value engineering,VE)技术显著降低施工成本。第三,对项目进行虚拟建造,以尽可能提高工作人员首次安装建筑系统时的工作效率。BIM 团队为 93.5 万平方英尺(约 86864 平方米)的空间进行了建模,针对发现的冲突问题进行协调并提出解决方案,然后对解决方案效果进行持续跟踪。团队完全依据指标开展工作,取得了显著成果。图 11.12 展示了当施工图绘制阶段完成时,团队通过建模和协调消除限制条件(即影响项目的碰撞冲突)的过程。当所有限制条件 / 冲突均清除后,团队将整个设计交由加利福尼亚州医院许可机构全州卫生规划与发展办公室(Office of Statewide Health Planning and Development,OSHPD)进行审批。

11.3.4 统筹权衡的理解与决策

设计是一个作出各种智慧抉择的过程,而要在若干备选方案中作出优选,就必然涉及如何在各种竞争性价值诉求中间寻求平衡的问题。例如,尽管所有的设计团队都清楚,项目的生命周期成本至关重要,但他们有时仍然要竭力统筹平衡一些可能更为迫切的其他价值诉求——诸如初始成本或工期。要想作出最佳决策,团队要有能够正确整合团队理念,并包容个人主观能动性的工作流程,还要制定科学合理的决策程序。

参与新健康中心设计的团队成员和利益相关者使用优势选择法,理解多个窗户自动化开

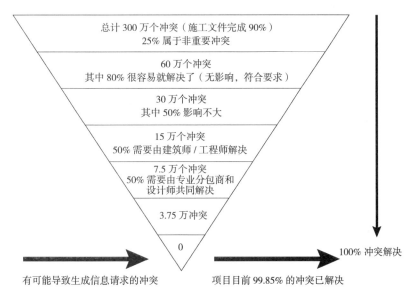

图 11.12 通过建模和协调消除制约因素。由加利福尼亚大学董事会代表加利福尼亚大学旧金山分校医学中心授权使用；由 DPR 建筑公司提供

启备选方案，并找出最具价值的方案（Suhr, 1999）。团队成员非常认可优势选择法在制定决策时的严谨性，在向公司高管阐述其决策的过程中也有据可循。

首先，团队就比较各备选方案所选取的关键因素和标准达成共识，这使得建筑师和机械设备工程师在与利益相关者会面之前，能够收集并填写优势选择法工作表中各因素属性的量化和非量化指标。利益相关者代表、业主方工程师、设施运维人员以及交付团队成员能够将最不具优势的属性与最具优势的属性标记出来。然后，他们将最能代表每个因素的属性，即这一属性是他们认为的"最大优势"，作为评分标准的最高标准。随后，决策者把所有其他因素对应的属性进行赋值，再把每个备选方案的得分相加，进而讨论其是否作出了正确的选择。实际上，该过程经历了四次会议的商讨，也是以上人员进一步推荐在设施第二层和第三层和逃生通道使用自动化可开启窗户（图 11.3 中的备选方案 3）的依据。

通过优势选择法，团队能确保已考虑了与他们相关的所有因素，并评估与该类因素有关的各个备选方案的相对优势。团队最终就相对优势达成一致意见，也就正确的决策达成共识。此外，逻辑分析并没有忽略某些评价的主观性，而是与其他客观数据同时进行评估。优势选择法可被视为一种常用方法，以优化具有诸多（潜在竞争性）因素的决策。有多种方法（设计方案）可用来同时使用可开启窗户和机械设备冷却系统，而通过优势选择法创建的图11.13，可在各方法之间作出权衡决策。图 11.13 中表格的第一行给出了各备选方案。决策"因素"和标准列在最左侧一栏。在单元格中输入对应备选方案和因素的数据（在优势选择法中称为"属性"）。"最大优势"已被圈出并给予最高分值。其他优势均相对于该属性进行评分。总分列在最底端。在优势选择法中，无论考虑初始成本／资本成本还是生命周期成本，优势始终在

与可开启窗户相关的暖通空调系统（HVAC）备选方案评估		备选方案1 不可开启窗户		备选方案2 仅在二层和三层及逃生通道安装自动开启窗户，第四层没有窗户		备选方案3 仅在二层和三层及逃生通道安装自动开启窗户		备选方案4 全部使用自动开启窗户	
手动开启窗户的数量 自动开启窗户的数量 总计		0 0 0		30 48 78		61 48 109		0 109 109	
因素：用户体验 标准：最大化个体热舒适和环境控制	属性 优势	0	0	78 78 更多选项	5	109 109 更多选项	10	109 109 更多选项	10
因素：用户体验 标准：最小化体力消耗和最大化易用性	属性 优势	0	3	–30 30	2	–61 61	1	0 0	3
因素：健康 标准：促进整体健康、保健和舒适的生活方式	属性 优势	0	5	78 78 更多	7	109 109 更多	9	109 109 更多	9
因素：设施运行 标准：最小化手动关窗的人力需求	属性 优势	0 109 更少任务	6	–30 30 更少任务	2	–61 61 更少任务	4	0 109 更少任务	6
因素：设施运行 – 维护 标准：最小化零件更换成本	属性 优势	0 1308 更少零件	9	windows = 窗户 –388 553 更少零件	7	windows = 窗户 –388 947 更少零件	6	windows = 156 窗户 –656 109 更少零件	0
因素：设施运行 – 维护 标准：最小化系统控制/建筑管理系统复杂性（正常运行时）	属性 优势	0 109 更少点	4	–48 61 更少点	7	–48 61 更少点	6	–109 109 更多选项	0
因素：能源消耗总成本 标准：最小化能源消耗	属性 优势	0 耗能最多	0	4 耗能最少	5	4 耗能最少	5	4 耗能最少	5
重要性总和		22		30		30		33	
资本成本溢价				$421,560		$499,000		$793,000	

图11.13 使用优势选择法评估备选方案，并为具有不同供暖、通风与空气调节系统（HVAC）配置的可开启窗户选择最佳方案。由DPR建筑公司的杰森·布伦纳（Jason Brenner）提供；由作者改编

成本之前确定。在这种情况下，确定相对优势后，团队计算了每个备选方案的成本溢价。

阐明利益相关者的目标和相关指标并确定其优先级，使用指标评估设计备选方案以及建立一个透明的决策过程，是IPD项目成功的关键。虽然只有在项目投入使用时，才能最终确定项目具体目标的实际性能，但项目团队仍需要指标和可控因素来指导团队的日常工作。

11.3.5 管控结果的指标应用：可控因素和生产指标

这里所称"可控因素"，指团队为实现预定目标而采取的管理和控制手段。借由可控因素，团队将创意愿景和战略策划从可能变为行动，所以可控因素是实现预定目标的关键所在。先定下来要干什么，然后付诸实践，再对结果进行评估，这样人们就可以从中学习并提高完善。

可控因素一定会将团队采取的行动与对行动产生的效果的评估联结在一起。换句话说，可控因素就像一枚硬币，一面是行动，另一面是指标；一面是运用某种方法、遵循某种程序的工作活动内容，另一面是预期和评估。所有可控因素均包括选择关注某项特定行动、对其

预设目标、将其实施、对其进行绩效评估等实施步骤，这些步骤使学习和改进成为可能。上述是爱德华兹·戴明在20世纪50年代教给日本工业领袖的步骤。

主要的可控因素是团队可以采取的行动，特别是团队如何组织（集成组织和协作）、如何管理过程和生产（集成过程和生产管理）、如何表达设计和施工信息以及如何使用技术（集成信息和可视化/模拟）。

决策制定：收益与时间/成本的关系

项目团队需要决定每天或每周能够和必须控制的内容，并就项目的可控因素达成一致。项目团队必须对此类可控因素进行衡量并在团队中分享衡量的结果，以便团队了解当前绩效并在必要时改进流程。可控因素的示例有：

- 会议参与度（%）；
- 采用三维模型协调的项目范畴（%）；
- 各专业BIM的模型细度（%/LOD）（Level of development，LOD）；
- 项目每个范畴（即部分）基于三维模型的工程量估算（%）；
- 使用三维和四维模型识别限制条件（%）。

项目团队可以决定是否对某一可控因素采取行动。例如，团队可以决定通过一定模型细度的三维模型协调结构与设备、电气和管道系统（mechanical，electrical，and plumbing，MEP）之间的冲突。在作出该决定时，团队认为采取该行动的收益要超过三维建模和协调活动的成本。基于三维模型协调的结果是，能够更快地解决结构和MEP系统之间的空间冲突（碰撞），有助于按时完成设计和施工。诸如解决空间冲突的速度等此类指标，能够用来衡量可控因素对建筑生产的改善程度，进一步说，此类可控因素有助于项目的按期完成（通常说，这是项目目标之一），因此它们又被称作生产指标。

注意团队采取的一系列行动：（1）团队确定其期望控制的项目某个方面，此处是指团队如何使用三维模型协调结构和MEP范围内的空间排布；（2）团队确定一个或多个指标用以表示期望实现的价值，此处是指更快地解决空间冲突；（3）团队每周所跟踪和报告发现的冲突数量和解决冲突的时长。依据上述步骤，团队成员可以在工作推进过程中改善工作过程和效率，而不是在MEP施工完成时，简单地报告因系统冲突而导致的变更数量。无论最后报告的数量多少，一旦变更已发生，做什么都为时已晚。

跟踪应用

要确保实现项目团队的管控目标，就需要对项目某些关键进程的结果进行评估。比如，

252 要以某种方式实现空间的协调分配,就要评估空间冲突问题的解决速度。为了指导项目当前和未来的资源配置,团队还需要跟踪可控因素的部署及其成本情况,即团队是否在项目某个范畴(即部分)中通过三维模型进行了协同,付出了多少(时间和精力)、收效如何。

这些指标应随着项目的进展持续测量,例如每天、每周或每月,测量的频率取决于项目管理的深度,即项目经理期望了解项目性能并进行干预的程度以及项目的信息环境所能达到的报告速度,而信息环境所能达到的报告速度是指将项目信息数据转化为可用于报告性能的指标数据的速度。

目标性改进

项目团队需要为项目预期性能设定指标,也需要为项目所制定的目标确立可接受的(最低)绩效标准。例如,项目团队的目标可能是 80% 的 MEP 场外制造,其中 70% 是最低可接受值。或者是,项目团队的目标可能是施工期间因冲突而产生的变更单数量为零。需要注意的是,其中某些指标,就如同"游戏结束",不会重来一次。也就是说,一旦超标,就无法挽回。例如,在施工过程中,由于冲突导致变更单出现,则零变更单的目标就不会实现。另外一些情况则不然。例如,如果 MEP 场外制造率为 65%,团队仍可以进行设计更改,以增加子系统的预制数量。

图 11.14 显示了项目团队管控下的生产要素之间的联系,包括 BIM、如何管理过程和生产[即项目生产管理(Project Production Management,PPM)]、协作的类别与频次[即集成并行工程(integrated concurrent engineering,ICE)]、项目性能指标(即可建造性)以及业主和用户目标(即可使用性、可运维性和可持续性)。

图 11.14 可按照箭头指示由右向左阅读,也可以由左向右阅读。按照箭头指示,集成项目团队将客户诉求转换为项目目标(如第 5 章所述)。为了在项目结束时更可能实现项目目标,在整个过程中团队需要生产指标进行指导。为有效完成生产,团队需要确定采取何种行动,即明智地选择最有效的可控因素。从左至右阅读,该图表明:对可控因素的选择,可以改善项目在虚拟和实际生产过程中的性能,从而改进项目目标,并最终改进客户价值诉求。

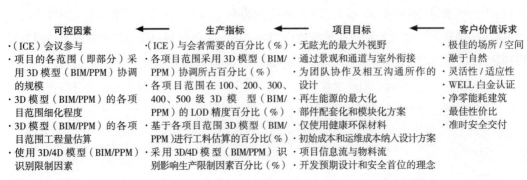

图 11.14 连接生产和客户诉求的指标

如图 11.15 所示，性能指标可通过三种方式进行分类：（1）根据满足性能指标的标准，即可建造、可使用、可运维和可持续；（2）根据项目团队可施加影响的程度，即可控制因素、过程和生产指标、项目目标和客户目标；（3）根据产品－组织－过程（Product-Organization-Process，POP）框架中的类别，即与产品、组织或过程有关的指标。计划完成率（Plan Percent Complete，PPC）=（作业人员在给定时间内实际完成的任务量）÷（工长所承诺完成的任务量）。计划完成率作为一个例子，它是可建造性指标，是过程/生产指标，也是 POP 框架中过程的功能和表现。

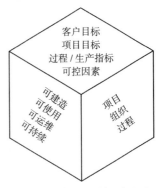

图 11.15 性能指标的分类方法

能耗是可持续性指标，是项目指标，也是 POP 框架中产品的功能和过程。对用户呼叫的响应时间是可使用性和可运维性指标，是客户指标，也是 POP 框架中组织的功能和表现。

正确管控的注意点和工作重点

到目前为止，本书已经介绍了将正式目标和指标引入项目过程和日常工作的方法。接下来，本书举几个有关目标的特定示例，此类目标通常对项目至关重要。

场外制造 MEP 系统的百分比。 尽管团队能够就 MEP 预制的百分比作出决策，并以此将 MEP 预制作为一种可控因素，但将 MEP 预制作为一个生产目标则更为有益，该目标可以用特定的目标百分比来定义（要考虑现场装配可用的时间和空间，以及场外预制的能力和容量）。这些可控因素可由项目团队直接管理，并有助于实现预制目标，这些可控因素包括：利用三维/四维模型对时间和空间冲突进行的识别和分析，某专业范围内利用三维模型百分比，解决空间冲突的集成并行工程会议参与者和会议频率、施工前阶段能够进行基于模型预制的制造商的参与程度等。MEP 预制的百分比可通过以下方式进行测量：预制组件与现场组装组件的重量或成本的百分比，或场外与现场工作时间的百分比，或团队认为有效的其他方法。团队可每日或每周（或以团队希望的测算频率）对 MEP 预制的百分比进行评估，如果预期和所测的 MEP 预制百分比过低，则团队可通过多加关注可控因素或添加新可控因素（如采用管道自动布线方法）等方法，采取纠正措施。

由施工期间冲突导致的变更单的数量。 不同建筑系统之间的冲突会导致出现变更单，许多团队希望将变更单数量保持在最低，甚至设定零变更目标。这可以通过选择和管理适当的可控因素来实现，此类可控因素包括：

- 与所有建筑系统（团队希望施工无冲突的）有关的工程师、深化设计人员、制造商和施工方的参与；
- 及时、详细的系统三维协调；

● 在制造、放线和施工规划中三维信息的使用。

值得注意的是，以上因素均可控，即团队能够决定是否执行以上行为。除衡量以上行为的执行状况（如实际协调的及时性）外，团队还能够衡量"施工期间由冲突产生的变更单"等生产指标。但要注意，"零变更"是不能直接控制的，而是实施可控因素的预期结果。

由安全事故导致的工时损失。最重要的目标莫过于零安全事故。就如同"零变更"目标，"安全事故导致的工时损失为零"这一目标也是用心努力的结果。项目团队需要确定实现该目标所做的工作，例如，只雇佣安全记录良好的分包商，在设计和施工规划期间进行安全分析，让工作人员参与基于四维模型的安全分析，以及召开有效的日常安全会议。进而，团队能够对由安全事故而损失的工作时间进行日常检测，并找出根本原因。

保持在预算成本范围内的预算条目所占总预算的百分比。预算可靠性和一致性是几乎所有项目的重要目标，因为如果所有重要预算条目都有高可靠性，通常该项目的预算分配是合理的。当然，预算超支要尽量避免，预算超支总是意味着要为项目投入比预期更多的资金，或必须削减规划中项目的某方面的预算。但预算结余也并不总是可取，如果很快知道有预算结余，项目团队很可能会将结余的资金分配在其他领域。例如，在一家大型企业园区，业主的设计-施工管理团队担心新园区的建设成本会超支，因此，团队在预算方面过于保守，最终项目预算结余10%。尽管看似团队成员都是"英雄"，但该评价很快就消失了，随着建筑物用户的陆续搬入，他们发现若干预期功能都没有包括在内，也因此降低了新园区的可使用性和可运维性。

与本节中的其他指标一样，预算指标可随着项目的进展情况，按照团队理想的频次进行定期衡量，但该指标同样是团队实施可控因素的结果。例如，对于100项花费最高或风险最高的预算条目而言，可以增加或减少2%的可靠性，实现高可靠性的潜在有用因素有：

● 从已协调三维模型中得到的工程量百分比；
● 预算、采购和施工活动的一致性，以便能与实际数量进行快速比较；
● 在设计会议上明确讨论关键不确定性等。

通常情况下，实现预算可靠性需要一个"三步走"估算和预算验证的过程，以使当前项目的预算尽可能准确，并为下个项目的预算高可靠性奠定基础。第一步，需要有正确的预算条目。第二步，正确预测每个预算条目正确的材料用量和工作量。第三步，每个预算条目的生产率和单位成本需要准确无误。如果不分别了解预算条目的准确性、数量和单位费率，就不可能弄清预算、实际费用和估价基础之间存在误差的原因，换言之，不能从根本上改进预算编制过程。

施工期间的冲突导致的信息请求（Requests for Information，RFIs）。在施工期间，由建筑系统之间的冲突而导致的信息请求数量，是衡量设计协调和文档编制的质量与清晰度的优秀指标。许多团队力争实现零信息请求，且许多团队已经达到或接近此目标。他们通常会选择在可控因素上进行投入，类似于实现零变更和场外预制目标等相关的可控因素。

现场负责人解决 MEP 专业分包间的问题每天所花费的时间。一旦出现问题，许多负责人能够在现场迅速而果断地解决问题，并以此为荣。当然，这是现场负责人的重要素养，但相对于依赖负责人的"救火"能力，尽可能减少 MEP 分包间的问题是一个更佳方法。在近期完成的一个项目中发现，参与设计、深化设计、制造和安装的所有各方，对 MEP 系统进行了详细而及时的协调，缩短了负责人需要在现场解决类似工程问题的时间，从每天的 180 分钟缩减到 20 至 30 分钟。

当问题出现时，现场解决问题的一大困难是，问题的出现很少在计划之列（对应的解决问题的时间成本也没有包括在预算成本中），而且有些问题会暴露管理盲区，从而很可能导致出现其他需要立即解决的问题。此外，可以想象一下，如果现场负责人每天不花 150 分钟去"救火"，而把这 150 分钟用于关注项目的各个方面，项目能够运行得有多好——许多项目采用了本书中概述的策略和方法，并取得了巨大的进步。除了在三维模型中协调的 MEP 系统外，若使负责人现场解决问题的时间缩短，也需要在四维模型中进行制造和安装过程的协调，以便尽早识别和解决问题。

相比总工作时间的返工时间。返工往往需要在很短的时间内完成，且二次施工需要额外的成本。此外，技术工人对各自的工作引以为豪，而替换和重做工作，会降低他们的自豪感。因此，没有什么比大量返工更能打击团队的士气，以及削弱团队在预算内按进度安全地完成项目的能力。基于以上原因，跟踪返工及其原因是实现项目可建造性目标的重要生产指标。如同在本节的案例中讨论的其他生产指标，实现零返工或极少返工取决于项目团队对正确可控因素的选择，比如聘请明显胜任所需工作的工人以及在订购材料之前就彻底完成设计。

使用末位计划者系统（Last Planner® System）中的所有指标。计划完成率是一个过程和生产指标，可用于许多项目。蒂梅丘拉山谷医院（Temecula Valley Hospital，TVH）协调现场工作的团队每周都会查看计划完成率，即计划完成率 =（专业分包人员完成的任务 ÷ 专业分包人员承诺的任务）× 100%。例如，当前一周有 8 项任务需要完成，但只有 6 项按时完成，即计划完成率 =（6 ÷ 8）× 100%=75%。现场负责人和总工长也考虑了"预期任务准确率"（Tasks Anticipated，TA）和"任务准备就绪率"（Tasks Made Ready，TMR）。他们计算下周要计划完成的任务中，来自前一周已计划的任务所占的百分比。例如，如果下周要完成的 10 项任务中，有 6 项在前一周的工作计划中已确定，则预期任务准确率 =（6 ÷ 10）× 100%=60%。能表明项目团队高效地移除影响生产限制条件的最重要指标是任务准备就绪率，即上周施工前瞻计划中的准备就绪的任务占所有任务的百分比。这些任务已经准备就绪，因此分包工长可以安排相关人员开始工作。例如，上周计划的 10 项任务中，本周只有 7 项及时准备就绪，则任务准备就绪率 =（7 ÷ 10）× 100%=70%。图 11.16 反映了跟踪此类指标所引发的问题。

第 11 章　指标管理

图 11.16　预期任务准确率、任务准备就绪率和计划完成率。由 CD 瑞德（CDReed）提供

使用关键绩效指标。在集成设施工程中心的虚拟设计与施工（Virtual Design and Construction，VDC）研讨会（如第 8 章使命湾医院案例分析所述）中，团队领导者决定跟踪响应延迟，以及批准分包所提交材料样品、处理设计问题和潜在变更的速度，此外，领导者还要求团队就安全情况、团队成员特别是分包工长信守并兑现承诺的能力进行报告。表 11.2 显示了加利福尼亚大学旧金山分校使命湾医院项目所使用的指标，又称"关键绩效指标"（key performance indicators，KPIs），用于评估项目组织和过程的绩效。

加利福尼亚大学旧金山分校使命湾医院项目关键绩效指标　　表 11.2

指标	目标
响应延迟	团队应在 30 分钟内处理 80% 的"问题"
	剩余 20% 中的 80% 应 4 小时内在联合办公室解决
	剩余 20% 中的 20% 应在 2 天内解决
潜在变更影响	潜在变更影响应在定价开始后 60 个日历天内获得批准
信息请求	98% 的信息请求应在无须修改或重新提交的情况下得到答复
文件提交	95% 的提交在无须重新提交的情况下得到审核
计划完成率	80% 的任务应在计划日期前完成

由加利福尼亚大学董事会代表加利福尼亚大学旧金山分校医学中心授权使用；由作者提供

关注和评估质量以推动改进。萨特医疗集团伊甸园医疗中心（Eden Medical，Center）团队希望，通过建立项目目标和相应指标，显著提高质量标准。在质量方面，团队成员测量并报告了一次性通过检查的数量。商议合同的集成形式要求交付团队成员证明直接和间接成本的合理性。在估算距离实现成本目标的差距时，团队需要考虑对返工和生产效率的预期值。合同的集成形式和目标价值设计催生了第二个质量指标：实际返工与预期返工的比。该指标需要团队跟踪返工情况，以使其可见。

在全部设计和 78% 的施工完成时，检查的一次性通过率为 97%，返工比预期降低 80% 以上。机械设备的返工率从预期的 7% 降至 0.5%，管道设备的返工率从 10% 降至 2%，电气设备的返工率从 10% 降至 8.5%，框架和干式墙的返工率从 5% 降至 0.5%。唯一无明显降低情况的是修复已完工的墙壁（可能其他工种在施工时对完工的墙造成了破坏）和其他安装。

萨特医疗集团的项目经理迪格比·克里斯蒂安（Digby Christian）和 DPR 建筑公司的施工经理拉尔夫·艾斯里克（Ralph Eslick）将上述成功归功于多个因素，而这些因素都需要交付团队的承诺、不断解决问题和勤奋努力。最重要的是，迪格比让参与设计新设施的每位成员确信：目标是为制造和安装提供无问题的设计和指导，而不仅仅是提供审批通过的图纸。对迪格比而言，要实现项目范围、预算和进度的确定性，消除返工至关重要。

消除返工要求团队在比最初计划的更大工作范围进行建模和协调。DPR 建筑公司的项目工程师开始对一些新的范围进行建模，包括各种金属器件、四种不同的装配级外部表皮系统、屋顶隔热层及边缘锚固，其中大部分是根据供应商的二维图纸生产的。对锥形屋顶保温结构进行建模时，发现了一些重要的防水问题，并对裙房屋顶的坡度进行了重新设计。根据混凝土剪力墙和预埋件的三维模型，DPR 建筑公司的项目工程师，生成了放线图纸，此外，还将表皮系统部件的取芯、电气和管道贯穿件合并在一张图纸上，以协助现场人员。DPR 建筑公司的工程师在该项目中成为生产安装图纸的专家，能满足加利福尼亚州全州卫生规划与发展办公室在 66 个特定部位对墙内衬垫、医疗设备辅助和病患电梯的要求。

衡量增值和重新设计工作过程。 现场工作人员要进行诸多重复安装的工作，在他们对此类工作进行首次操作时，蒂梅丘拉山谷医院项目团队对此进行了拍摄，并分析了工人实际安装工作所花费的时间，远距离处理或搬运材料、等待或修复错误的时间。团队向现场工作人员展示了视频和基于指标创建的饼状图，并询问他们如何更高效工作的想法。现场人员重新设计工作过程，通过"第二轮研究"（Second Run Study），他们总能看到机会并有所改进。最终，生产率得到提高，劳动力成本（施工成本中占比最大）也得以下降。

DPR 建筑公司的南加州内部分包干式墙事业部在其他项目上继续秉承上述做法。在 2015 年精益建造学会大会上，杰森·赫雷拉（Jason Herrera）和安东尼·穆诺兹（Anthony Munoz）报告了有关结果（Herrera & Munoz, 2015）。在医院的部分翻修工作中，两人对框架和石膏工人安装更大、节能的外部窗户所花费的时间进行了分析。他们将框架施工和安装窗户、更换玻璃涂层、安装衬垫和抹灰涂层所花费的时间均视为有价值，即能直接有助于达到客户满意条件（conditions of satisfaction, CoS）的事项。赫雷拉和穆诺兹对以下任务所花费的时间进行测量和分类：规划、准备、处理材料、测量和切割，并将此类任务作为必要但无增值的任务，即不能直接有助于达到满意条件，但却无法避免。此外，两人还跟踪了寻找工具、等待、返工、无效运输、不必要的移动和过量生产所花费的时间。此类工作不能为客户创造任何价值，两人将其归为浪费。

图 11.17 显示了 DPR 内部分包干式墙事业部正在使用的方法。管理人员和工作人员观看视频，简单计算完全属于浪费的工作时间、不可避免但不直接增加价值的任务的时间以及直接贡献价值的任务的时间。对价值的关注有助于工长和工作班组从不同的角度思考工作，尽量在不增值的工作上花费较少时间，并找到完成必要辅助工作的更好方法。由此带来的结果是：更多的时间用于增加价值；缩减工作从开始到完成所需的时间，即"周期时间"。

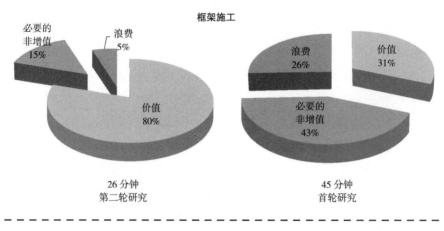

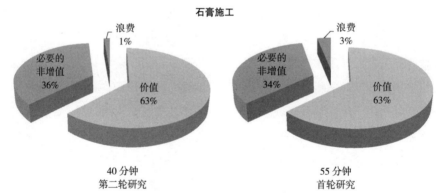

图 11.17 基于典型活动时间的"首轮研究"（First Run Study）法。© DPR 建筑公司的南加州内部分包干式墙事业部

11.3.6 项目团队绩效沟通

图 11.18 显示了受丰田启发的"可视化管理"工作。加利福尼亚大学旧金山分校使命湾医院使用图表展示了在降低成本、寻找创新解决方案、减少等待时间以及增加按计划完成的任务数量（计划完成率）等方面每周取得的进展。各个专业集群团队以错开方式隔周报告一次，每周获取来自一半团队成员的新信息，为领导层会议所提供的预算趋势图①和目标成本实现进展图②，每周更新一次并突出显示，使每位团队成员和来访者一目了然；团队成员依据项目改进与创新（Project Modifications and Innovations©，PMI）方法所提出的建议③是节省资金的

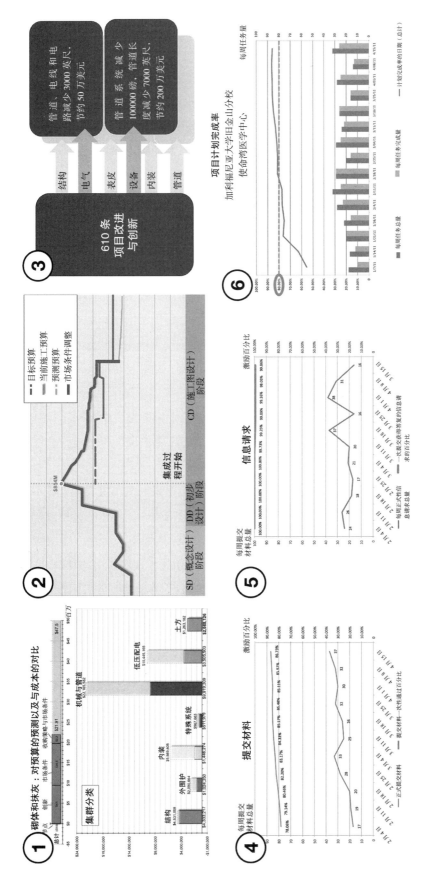

图 11.18 为领导层会议提供并张贴公示的加利福尼亚大学旧金山分校使命湾医院项目的每周"可视化管理"图。由加利福尼亚大学董事会代表加利福尼亚大学旧金山分校医学中心授权使用

主要措施（如第 8 章所述）；属于质量指标的一次提交材料审核通过的百分比④和一次提交获得答复的信息请求的百分比⑤每周更新绘图；计划和完成任务的数量（计划完成率）及其与 80% 目标相比较得出的趋势⑥，以图表形式每周更新一次，使得从事该项目工作的数百人可以联合办公室空间的形式，观察到自身及其他子团队在预算范围内设计和建造该项目所取得的进展。

信息显示板

实际上，指标构成了项目的管理基础，确定了项目管理者和项目团队承担的实际任务，因此，指标不仅是一项工作任务清单，或者不仅是一种确定激励政策、奖金和改进的方式。如果项目团队既拥有充足的指标，并采用一致性的低成本方式收集指标相关的数据，则可通过集成指标的方式深入了解工作过程。

生产指标就如同汽车仪表盘，仪表盘不仅可为驾驶员反馈汽车的状态，而且最重要的是可让驾驶员在大灾难发生前就改变驾驶方式。没有速度表，驾驶员可能会不顾警察监测而超速行驶；没有油量表，驾驶员可能会在没有任何警示之前将油量耗尽；没有发动机温度指示器，没有机油、发动机或者安全气囊等显示装置，则可能会发生更为严重的问题。没有仪表盘，驾驶员没有事前警示，也无法预先调整自身的行为，能够了解自身犯错的唯一方法是经历灾难性后果。

上述汽车仪表盘的比喻也同样有助于理解有效指标的开发。汽车仪表盘上显示的信息仅为目前车辆所收集的小部分信息，而当今车辆已在悬架、底盘、发动机和组件进行了数千次精细改进，并在一致性细化水平上建立了独特性和量化性指标，以提升各个部分的性能，使车辆更安全、更可靠、更舒适。而建筑行业的情况恰恰相反，我们采用的是综合绩效指标，如总体进展计划符合性指标（类似速度表），常常忽略数以千计精细改进指标的建立，而此类精细改进指标可产生整体生产的明显改善。

因此，成功的建设项目必须具备一个实用性信息显示板，以提供实时信息，利于团队在项目进行中调整交付过程。事实上，大多数现代项目已经跟踪了各种指标，随着设计和施工软件在项目各个阶段的广泛应用，数据非常易于获取，并可显示在电子表格、图表和图形中。但是，仅仅为记录而提取数据并不能帮助团队有所改进，而跟踪指标的类型及其细化程度、跟踪指标的解读方式以及团队对指标的响应却具有重要作用。

11.4 重要性

所有流程图（包括前面章节给出的简明框架）的问题在于过于抽象，不能显示动态现实问题。例如，在简明框架中，建立衡量价值的指标仿佛是团队应该做的最后一步工作，与事实并不相符，因为整个过程应从建立指标开始，如帕卡德基金会（Packard Foundation）项目。设施业主和IPD团队应该将明确或验证价值作为新集成组织的首要举措之一，这项工作可在商讨IPD合同时即开始。在推进工作之前，业主、用户和交付团队成员必须就价值的定义及其衡量标准达成一致。另外，IPD团队还应该建立指标和多项关键绩效指标，以评估团队整体及其在各个过程的表现，"绩效评分"可使人们从失败中汲取教训，发现改进机会。建模和仿真将方法和技术组合起来，可使团队能够预测备选方案的效果，有助于作出更好的决策，协作的重要作用是制定决策和作出良好的预测，两者均需要指标，指标是协作的基础。若没有增值工作和浪费指标的建立，则团队在项目的任何阶段均难以管理生产。若没有指标及其评估、将客户和项目目标转化为生产指标和可控因素，则团队交付高性能建筑的可能性将明显降低。[262] 因此，这项工作必须按照"净零能耗建筑"认证的要求，从项目开始即实施，并在过程中不断持续。

11.5 启示

设计、建造和运维设施的新方法，必须以强大的信息基础设施和围绕特定设施性能目标的协同文化为基础，以使项目团队在制定细节决策时对关键问题保持关注。为了实现这一点，团队需要有工具来指导，通过指标和管控，进行项目管控，实现客户和项目目标，同时，团队也需要为之而改变。

要使每一个设施成为高度可持续的高性能设施，就必须改变以往的做法，需要业主、设计方和施工方的共同参与，以克服当前传统工作存在的问题，而此类问题阻碍了建筑物具有高性能。例如，几乎从项目一开始仅关注设施的形式，而没有明确定义和优先考虑项目目标和预期性能约束，这种文化很可能将项目团队引入错误的方向，从初始成本出发以选择设计备选方案的文化，可导致忽略设施设计和建造的初衷。因此，除非初始成本囊括了所有未来成本和价值，例如，空气污染成本应包含在火力发电厂产生大量能源需要的空气净化材料成本中，否则对初始成本的关注可降低对建筑生命周期指标的关注，该指标决定了建筑是否具有可持续性。从业主决定启动项目起，不同专业人员按次序加入到项目中的文化，导致了次优化现象，此种现象不太可能生成一个在全生命周期内有效应用的设施模型。另外，不进行设施实际性能的衡量并将其与设计团队的预测进行比较，限制了学习、创新采纳和长期风险管理的能力。

11.6 小结

航海过程中，人们需要知道前进的方向和管控航行过程，方能顺利地驾船到达目的地。

项目亦是如此，既需要设定目标，也需要衡量项目进展情况，但重点是应该衡量的指标。指标（项目控制）应提供人们可调整项目的可控因素信息，换言之，是对影响项目结果的过程进行管控。一旦确定了目标和指标，就可以运用爱德华兹·戴明的策划－执行－研究－处置（或斯皮尔的"预测－测试－调整"）循环，不断改进工作过程，获得更好的结果。

注释

1. 致谢制定旧金山战略项目解决方案公司（Strategic Project Solutions，SPS）的罗伯托·阿尔布卢（Roberto Arbulu），提醒我们注意这一非常有用的区别。

参考文献

Ballard, G., & Zabelle, T.（2000）. Project definition. *White Paper* #9, Lean Construction Institute.

Design Process Innovation（2015）.*Wecision—collaborative decision models*. Retrieved June 19, 2015, from https://wecision.com.

Drucker, Peter F.（2008）. *Management Revised*. New York: HarperCollins.

Herrera, J., & Munoz, A.（2015）. First Run video studies: Driving continuous improvement. Presentation at the 17th Annual Lean Construction Institute Congress, Boston, MA. Retrieved from http://www.leanconstruction.org/media/docs/2015-congress/presentations/TH18- Herrera.pdf.

International Living Future Institute.（2015）. Living building challenge: Two part certification. Cascade Green Building Council. Retrieved February 16, 2015, from http://living-future.org/livingbuilding-challenge/certification/certification-details/two-part-certification.

Laine, T., Hänninen, R., & Karola, A.（2007）. Benefits of BIM in the thermal performance management. *Proceedings of IBPSA Building Simulation*, 2007, 1455-1461.

Pennanen, A.（2004, April 3）. *Workplace planning*: User Activity Based Workplace Definition as an Instrument forWorkplace Management in Multi-User Organizations. Dissertation for the degree of Doctor of Technology, Department of Architecture, Tampere University of Technology, Finland, Haahtela-kehtys Oy, Helsinki. Retrieved October 7, 2010, from http://www.haahtela.fi/main/Workplace_Planning.pdf.

Schwartz, S. H.（1992）. Universals in the content and structure of values: Theoretical advances and empirical tests in 20 countries. *Advances in Experimental Social Psychology*, 25（1）, 1-65.

Senge, P. M.（2006）. *The fifth discipline: The art and practice of the learning organization*. New York, NY:Broadway Business.

Spear, Steven J.（2009）. The high-velocity edge: how market leaders leverage operational excellence to beat the competition. New York: McGraw-Hill.

Suhr, J.（1999）. *The Choosing by Advantages decision making system*. Westport, CT: Greenwood Publishing Group.

Thomson, Derek S., and Simon A. Austin（2006）. "*Using VALiD to understand value from the stakeholder perspective.*"

第 12 章

建筑性能的可视化和模拟

"愿景是高瞻远瞩的艺术。"

——乔纳森·斯威夫特（Jonathan Swift）

12.1 模拟和可视化的内涵

在建筑物建造前，如何知晓其外观？如何确保建筑按既定用途运行？要解决这两个问题，我们可采用 BIM 对建筑进行虚拟设计、建造和运维。借助 BIM 展示的设计信息，我们可看到预期的建成效果，加深对设计的理解，减少理解偏差。通过模拟建筑的运行情况，BIM 能从成本、质量和进度等多方面对建筑物的性能进行探索和优化。此举能更好地预测建筑性能，对各专业之间的有效协作以及创建最优工作流程具有重大意义（Kindler, DeLuke Rhea & Kunz, 1994）。

"可视化"代表的产品形式对不同的利益相关者来说都很重要，有助于人们了解产品外观及其运作方式。例如，三维建筑外观渲染模型展现了建筑物的外观，可用于讨论建筑物的特性并达成共识。

基于对抽象的产品、组织和过程（Product, Organization, or Process, POP）模型的分析，"模拟"可以评估产品、组织和过程某一方面的表现或综合表现。模拟能涵盖多个场景，但是牵涉的工作量大，所以计算机被广泛应用于模拟计算中。例如，能源模型可以评估建筑物在不断变化的入住率、季节等情况下的能源使用情况，是评估建筑物实际能源使用情况的一种模拟模型。

模拟还有助于评估设计备选方案。迈克尔·施拉格（Michael Schrage）（2013）在其开创性著作《严肃游戏》（*Serious Play*）中，呼吁企业和团队利用原型和模拟进行创新，从而更好地为客户创造价值。施拉格认为，原型和模拟对评估所有系统的性能都是必要的，即使最简单的模拟模型也不例外，能够帮助人们作出较好的决策。模拟带给人们的是全新的视角，改变了团队交流和创新的模式。

虚拟设计与施工（Virtual design and construction, VDC）采用建筑项目的多专业性能模型，其中包括产品（设施）、组织和业务目标的工作过程。前言中提到的马丁·费舍尔教授对虚拟设计与施工进行了解读，如图 12.1 所示。

图 12.1 马丁·费舍尔教授讲解虚拟设计与施工。由 CD 瑞德（CD Reed）提供

教授解释说，我们必须使用计算机，必须意识到设计和施工决定了大部分的生命周期成本。每个项目组织都须听取所有利益相关者的观点，了解业务目标，然后将收集的信息转化为可以定量或定性衡量的项目目标。其次，团队必须组建一个集成组织，负责实施虚拟和精益工作流程，模拟和测试诸多备选方案，以便从优择取。最后，团队必须采用虚拟技术集成设计方案，构建高性能建筑的集成系统。

虚拟设计与施工将 BIM 和生产管理准则整合到协作团队中，用以构建产品、组织和过程模型，从成本、质量、进度、能耗、生命周期成本等方面评估建筑物的性能和项目团队的表现。此举不仅能完善建筑物本身，还能优化建造过程（Kunz & Fischer, 2012）。

12.2 成功的标志

若整个团队和利益相关者就建筑物本身及如何建造达成了共识，则可视化即为成功；若能够准确评估建筑性能和团队绩效，并优化项目解决方案，则模拟即为成功。此外，若可视化和模拟能够使团队更有效地沟通并作出更好的决策，则两者均为成功。

然而，很多团队并没有获得成功，这些团队往往不明确建筑性能和理解客户的需求。如图 12.2 所示，古印度有个寓言故事叫"盲人摸象"。一群盲人要描述一头大象，摸到象腿的盲人说大象像柱子；摸到大象尾巴的盲人说大象像绳子；摸到象牙的盲人说大象像根结实的管子。这个故事告诉我们，每个人的视角不同，他眼中的世界就不同。虽然每个人都在摸象，但每人摸到的部位不同，对大象的认识也就不同，可是离开的时候他们依然对自己信心满满，以为自己摸到的就是大象的全部。

图 12.2　印度寓言：盲人摸象。由 CD 瑞德提供

同样的道理，在大型的复杂施工项目中，大多数项目团队成员很难从自身外的角度来看待项目，难以了解项目整体状况。若不了解项目的整体状况，优化设计和施工则无从谈起。

上述问题对用户和业主而言更为严重，通常在竣工验收时，业主或用户会沮丧地表示，这根本不是所想要的或者想要的是另外一种效果，这是我们所面临的现实问题。通过与业主沟通，项目团队以为业主已理解了他们的想法，但实际上还是与业主的期望存在偏差，仅采用二维效果图或图纸远远不足以对最终产品产生充分的理解。没有可视化和模拟，我们观察项目就如同盲人摸象，而通过可视化，我们能够与项目参与者达成共识，并通知利益相关者在合适的时间作出正确的决策。

三维可视化、比例模型、精确效果图、四维模拟、基于模型的成本估算和节能评估，使更多的团队成员加深了对项目的理解，并为各成员提供了从多个角度审视项目并达成共识的机会。在确保设计符合业主需求和目标的同时，快速反馈为整合所有利益相关者的知识和经验提供了前所未有的机会。此外，在上述的模型和可视化工具的帮助下，团队能够在艰难的权衡中作出明智的决策，并在项目的限制条件内实现价值的最大化，还有助于项目团队在早期准确预测决策所产生的影响。借助可视化和模拟，团队能够全面、真实地了解整个项目，再也不用"盲人摸象"。

建筑学的效用

建筑学既是一门艺术，也是一门科学，既为人们创建空间体验，也借助光线辅助人们的活动。用户的活动以建筑的某种特定功能为基础，如何发挥该功能以及如何进行空间体验就构成了建筑学的效用。

功能是客观的，人们的体验是主观的，两者是阴与阳的关系。用以传达建筑学效用的语言，既需要传达用户的实际需求已得到满足，也需要传达人们乐于使用空间的意愿。这种语言就是模拟和可视化。

工程图纸（如平面图、剖面图）是描述建筑功能的一种可视化形式；效果图展示建筑物的外观效果和内部设计，并协助业主和施工团队设想建筑物的外观。

建筑学是一门相对较新的专业，该词源于希腊语"arkhitekton"一词，意为"首席建造者"。在古代和中世纪，主要建造者为工匠和石匠，他们承担着设想新建筑物外观并传达愿景的任务。直到近代，伴随着纸和笔的普遍应用，才产生由专业人员绘制的设计图纸。即使在古代，要让利益相关者在会议中就设计空间的观感达成一致，可视化也必不可缺。某一事项既需要服务多个群体，又需要为个人福祉创建合适的环境，而要清楚描述该事项并非易事。在长达几世纪的历史长河中，艺术和建筑一直致力于通过可视化来实现这一目标。

如今，计算机能够创建精确的三维模型和逼真的渲染图，以模拟设计空间的外观。尽管在这个过程中，计算机功能逐渐强大，但许多人也对此提出批评，计算机大大提高了建筑物的渲染精度，却限制了主观对设计的理解。

随着计算机技术的发展，对用户活动和建筑物其他功能的模拟逐渐成为主流，同时，计算机渲染图的应用越来越支持主观想象力的发挥。无论采用何种技术，可视化和模拟对于描述建筑学效用的各个复杂环节仍至关重要。

——亚当·伦戴克（Adam Rendek）DPR 建筑公司的 BIM 业务经理兼 LEED 认证专家[1]

12.3 实现方式

如前文所述，高性能建筑具备可建造性、可运维性、可使用性和可持续性。为了解建筑性能和项目交付过程，必须能够预测建筑物是否达到上述标准。虚拟设计与施工可以根据上述性能标准来预测建筑性能。项目交付团队可构建三维渲染模型，测试建筑物是否可交付使用、是否满足客户期望的美学和美感要求，此外，还可以使用同一模型从使用性的角度来模拟建筑性能。为测试建筑物是否具备可建造性，团队可采用三维模型或建构四维模型进行施工能力分析，以了解如何最高效地施工。此外，基于三维模型以及对建筑物入住率、用途的预测，团队还可以对能耗情况进行分析。

接下来的各节将介绍各种模拟和可视化技术，以预测项目团队在上述方面的表现。具体来讲，可运用上述工具和方法达到下列目的：

- 理解设计意图；
- 模拟建筑功能；

- 分析施工顺序和物料运输；
- 模拟建筑用途；
- 成本建模；
- 优化设计和施工解决方案。

12.3.1 运用可视化了解设计

可视化是逼真的建筑形式的三维展现。通过精准翔实的三维模型，团队之间、团队与业主之间的沟通更明确、更高效。许多业主缺乏设计和施工经验，无法理解复杂的二维图纸。业主经常说："这可能是我要求或认可的，但这并不完全是我想要的。"三维模型看起来更接近实际建筑物本身，因此更易于理解。也正因如此，三维模型可以让业主更好地理解设计中的建筑，也可以在设计过程中向设计师提出反馈。有了可视化的帮助，业主会说："这就是我认为你在设计的东西，这是我想要的。很棒！"图12.3是病房区某层护士站的数字渲染图，由德文尼集团（Devenney Group）创建。项目完工后，从同一位置拍摄的实景照片，与渲染图几乎相同。

图12.3 萨特伊甸园医疗中心医疗四层护士站/大厅的渲染图。
由萨特医疗集团和德文尼集团有限公司建筑师事务所提供

此类渲染图可以让项目利益相关者在建造之前就了解建筑物的设计空间。在整个团队中，要达成对未来实际情况的共识，像BIM等虚拟设计与施工工具起着至关重要的作用。

三维模型也可以在计算机辅助虚拟现实环境（computer-assisted virtual environment，CAVE）中实现可视化。在CAVE中，模型投射到多个屏幕上，屏幕围绕着用户，形成一个小空间。CAVE为业主提供沉浸式体验，让业主更好地了解拟建空间。图12.4显示的是宾夕法尼亚州立大学校园的CAVE，用来展示某个法院的内部场景，以便项目参与者对法院内部构造达成共识。

图 12.4　在宾夕法尼亚州立大学建筑工程中心的计算机辅助虚拟现实环境中，利益相关者正在观看三维空间图。由 DPR 建筑公司提供

> **跨界融合有助于理解设计**
>
> 近年来，应用 BIM 的虚拟设计与电子游戏产业结合的发展势头迅猛。随着计算机硬件和显卡功能的不断强大和成熟，电子游戏环境中的三维实时渲染格外引人注目。电子游戏中的环境是固定且预先高度细化的，而虚拟设计中的三维环境随着设计的进展而不断变化。然而，游戏产业近期开发的渲染技术变得十分高效，可以快速加载建筑信息模型，并渲染出精准的灯光和材料效果。通过此种方式，设计团队和建筑物业主能够在逼真的动态演示中审查最新的设计选项。事实上，这种与游戏中沉浸式体验相结合的方式，几年前就曾在 BIM 中采用过。
>
> 要表示出光线、逼真的材料和建筑外观，需要大量的计算。也因为此，10 年前电子游戏和渲染软件主要以模拟逼真的光学环境为基础，而不是以计算光照及其对材料反射的真正效果为基础。功能更加强大的计算机改变了上述情况。如今基于光照物理特性的实时计算可以构建逼真的建筑渲染模型。
>
> 虚拟现实耳机（Virtual reality headsets）正成为表现动态逼真的三维环境的媒介。CAVE 是虚拟现实的早期示例，已经体现出沉浸式模拟的潜在优势，这会与下一代虚拟现实耳机更加无缝衔接。
>
> ——亚当·伦戴克，DPR 建筑公司的 BIM 业务经理兼 LEED 认证专家

12.3.2　模拟设计功能

基于三维模型的模拟能够预测设想结构的运作方式。建筑师和设计师通常根据自身的经验来设计特定的设施结构，如商务大楼某一层的办公室和会议室的布局。之后，根据业主和

用户对性能目标的要求，对上述设施结构进行测试和调整。要事先了解和验证某一特定形式是否真正满足所需功能近乎不可能，在实际建造之前，可能无法清楚了解建筑物的实际性能。

现代工程中几乎所有的领域都会在制造产品前预测产品的性能和功用，这已经变成了行业惯例。例如，半导体设计师很清楚计算机芯片耗用多少功率、产生多少热量以及制造前芯片如何装入计算机（Lam，2005）。再如，汽车企业能预测汽车的油耗，手机制造商能预测电池的续航时间等。然而，在建筑、工程和施工（architecture, engineering, and construction, AEC）行业，我们在作出设计决策时通常并不了解该决策对建筑性能的影响。有人认为，我们很难预测建筑将来的用途，也就难以确切地预测它未来的性能。这种说法也不算错，但即使工具不完美也总比没有的好，甚至只提供定性结果的工具也可帮助我们作出更明智的决策。模拟的一大优势是引导我们对影响建筑性能的参数进行讨论，激发我们作出更好的决定。即使是不完美的工具也可以实现上述目的，如果再结合多学科项目团队的经验和知识，结果就可以获得显著改变。

基于BIM的模拟，团队可有效预测能耗、使用状况、业务流程的运转以及其他性能参数，也可以模拟建筑物的预期性能，并在获得测量结果后，与实际性能进行对比。例如，医院团队可以通过模拟患者流动，确定患者在就诊前需要等待多长时间，或者患者步行到最近的可住病房需要多长时间。除此之外，BIM还可以用来评估建筑物是否符合《美国残疾人法案》（Americans with Disabilities Act，ADA）中有关净空的规定（Han, Kunz & Law, 2001）。

运用模拟技术，团队可对多个设计方案进行比较。例如，长短跨度钢结构、预制结构和木结构系统可以与合适的设备、电气和管道（mechanical, electrical and plumbing, MEP）系统一起发挥作用；能对分散式和集中式的机械设备方案以及空间、能源和自然光线的使用情况进行综合计算和分析。通过模拟，团队能在实际建造之前进行虚拟建造，通过测试许多不同的原型和方案，根据尽可能多的可靠证据作出正确的设计决策，而不是仅仅依靠主观判断。

随着计算成本急剧降低以及计算速度飞速提升，团队可以开发语义模型，这种模型能够尽可能逼真地展现实际情况，还可以测算相当复杂的场景，而过去这只能在超级计算实验室才能实现。计算机可以模拟和评估几千、几万甚至数百万的设计方案，并确保在不同标准下实现最佳设计。

模拟建筑物的安全性能

创建可行性设计是集成设计团队的一项关键任务，因此将运行知识（即设施如何运作）纳入设计阶段同样重要。设施用户的健康安全以及设施的运行效率是测试设施运行良好程度的主要关注点。基于用户的模拟展现了用户使用建筑的情况，并为建筑布局的可用性提供有用建议（Höcker, Berkhahn, Kneidl & Borrmann, 2010）。同样，交通模拟可以测试交通网能否容纳预期交通流量（Wedel, Schunemann & Radusch, 2009），而工厂模拟可使设计团队研究特定工厂布局的高效性（Kühn，2006）。

273　　图 12.5 是罗得岛（Rhode Island）某夜总会疏散模拟的屏幕截图，该夜总会于 2003 年遭受毁灭性火灾。[2] 上排两张图显示，在撤离过程中，人员主要集中在某几个出口，仅有少数人或根本无人使用其他出口。下排两张图显示了夜总会疏散的基于个体的模拟（Law et al.，2006）。

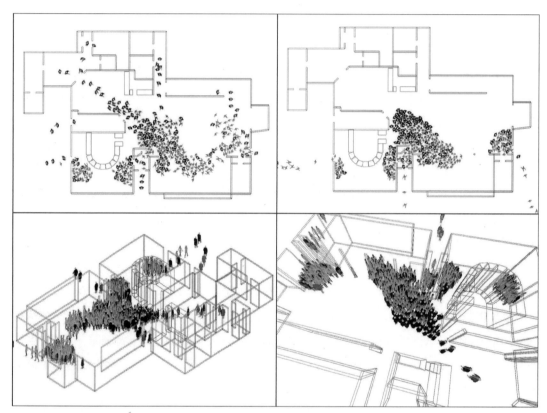

图 12.5　夜总会疏散模拟图。由 Xiaoshan Pan 博士提供

12.3.3　通过施工模拟（四维）了解施工顺序和物料运输

四维模拟将模型中的建筑元素与进度信息联系起来，以揭示建筑在何时、何地由何人采用何种材料建造。换言之，四维模拟是一种及时展现建筑物实时状态的三维建筑模型。最终，四维模拟以动画形式显示施工顺序，表明实际进度，并帮助团队识别时间与空间冲突（Collier & Fischer，1995）。

274　　对所有项目而言，大部分成本几乎都集中在现场具体施工过程中。施工计划人员的一项主要任务是确定施工活动的顺序，以便合理配置资源，避免专业分包工序的重复。施工现场是最有可能提高生产效益的场所，而四维建模能够优化施工顺序和物料运输。甚至在施工开始前，团队就能够解决有关问题，如时间和空间冲突、堆放区的可用性、设备安装路线以及安全隐患等问题（Haymaker & Fischer，2001）。

　　四维模拟可以向所有项目参与者有效传达期望的施工顺序。凭借丰富的专业经验，优秀的施工经理能够预见施工的流程和顺序，但一直缺乏传达见解的工具。传统的做法是通过甘特图和关键路径法（Critical Path Method，CPM）传达施工顺序，但是这两种进度表都有不足，它们无法使整个团队预见时间和空间冲突对进度表的影响。在传统方法的指导下，人们对施工现场的具体工作安排见解不同，容易忽视很多问题。四维模拟可以使团队了解施工顺序，并创建多种场景，以便在施工前就进行研究，从而团队可在一开始即可优化资源配置和各专业之间的工作流程。

　　根据正在研究的施工顺序的粒度级别，四维模拟技术可分为截然不同的两类。"宏观"的四维动画传达整个现场的施工流程，通常是对涵盖数月或全年施工流程的模拟。该模型用来分析现场物料运输的整体情况，从中可了解相关的问题，如道路封闭、紧急通道、与不参与施工的利益相关者（如在翻新或扩建期间仍旧营业的医院）进行沟通等。

　　在帕洛阿尔托医疗基金会（Palo Alto Medical Foundation，PAMF）山景中心项目中，总承包商创建了宏观的四维模型，为医生及医院其他员工、社区居民以及项目团队成员等利益相关者解释施工顺序和物料运输计划。

　　图12.6是帕洛阿尔托医疗基金会山景中心的宏观四维模型示例。截图显示了外饰面和单元玻璃系统的进展情况。就协调履带吊车的使用和最大化利用场地而言，运用四维模型来分析上述工作至关重要。该模型常被广泛用来与项目承包商进行沟通。四维模型在初步设计（design development，DD）100%完成时创建，于施工图（construction documents，CD）完成50%时进行更新，并于施工图模型创建100%完成后进行再次更新。宏观四维模型揭示了重要的物料运输问题，如车辆停放、对邻近建筑的影响，以及如何安排主要交接等。宏观四维模型也能有效地向不参与施工的利益相关者展示整体施工顺序。

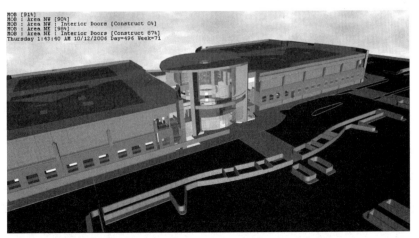

图12.6 帕洛阿尔托医疗基金会山景中心项目施工顺序截图。由萨特医疗集团和DPR建筑公司提供

"微观"四维模拟以动画形式展示较短时期（4—6周）的工作流程。运用微观模型，现场工作人员可以了解诸如堆放区域、时间或空间冲突等问题（Staub French, Khanzode, 2007）。运用BIM作出短期进度表的一个示例是KanBIM系统（Sacks, Barak, Belaciano, Gurevich, Pikas, 2013），该系统采用BIM将拉动式计划和末位计划者系统（Last Planner® System）结合起来作出短期计划。KanBIM系统的实验性应用是以色列某大型住宅项目，并取得了良好效果，现场团队报告说，该系统的使用，不仅提高了团队可视化工作的能力，而且减少了无序工作的浪费。图12.7的截图展现出运用KanBIM系统对某层住宅楼的干式墙工作人员的分配情况。

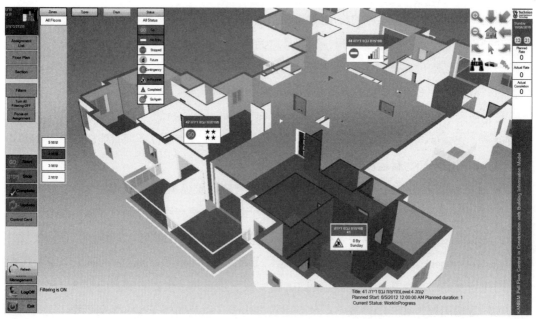

图12.7 KanBIM系统中的干式墙人员分配。© 以色列理工学院国家建筑研究所虚拟建筑实验室副教授拉斐尔·萨克斯（Rafael Sacks）

任何使用进度计划和BIM的人都能够创建四维模型，但四维模型必须反映团队的施工经验（和智慧）。若直接负责交付和建造的专业人员不为四维场景提供数据输入，生成的模型将毫无用处。此外，模型必须根据最新的进度计划信息不断更新，此举是四维模型与项目团队保持联系并有益于项目团队的唯一方法。

12.3.4 模拟项目组织工作

由不同的企业和个体共同创建一个项目组织是一门艺术。在大多数项目中，创建项目组织交由各企业的最高代表或组织的设计顾问完成。项目组织可能基于可用的人而非基于最佳人选创建。通常，团队成员之前未曾共事，没人真正知道所组建的团队是否就是处理当前工作的合适人选。如果项目陷入困境，会有经验更加丰富的人员去"补齐"短板。由此产生的项目组织更多是环境的产物，而非设计的产物。虽然这很常见，但并非必然。

组织设计研究为设计项目组织的虚拟设计与施工方法提供了建议。斯坦福大学虚拟设计团队的研究（Levitt，2012）以及模拟视窗（SimVision®）的后续发展，不仅有助于项目团队模拟成员工作，以了解瓶颈产生的环节以及最需要额外支持的团队成员，而且也能够帮助通常处于隐藏状态的协同工作可视化。

进度计划和资源加载工作计划可用于创建项目组织。但是进度计划中的大部分工作并不能真正代表个体与他人协调所做的实际工作。组织结构应反映沟通和协调的模式。模拟视窗运用基于用户的组织模拟评估不同的场景，从而评价特定进度计划对项目团队的影响。可以借助上述分析来设计适当的团队组织，而不是依靠经验和运气。

图 12.8 显示在模拟视窗中模拟项目组织绩效，以展示其对若干子团队的影响。

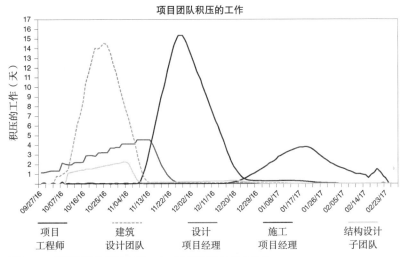

图 12.8 模拟项目组织的表现。由 ePM 有限责任公司提供

12.3.5 施工成本建模

项目团队能够交付的最大价值就是为业主提供与其投资额等值的高性能建筑。运用 BIM 可以快速对各种成本场景进行比较，确保正在考虑的一个或多个设计均在业主预算之内。此外，运用 BIM 自动生成成本估算，调整项目范围，可大幅减少设计迭代与成本反馈之间的延迟，缩短施工前准备工作的进度计划。上述做法产生了更精益的方法，能最大限度地减少精力浪费，并使价值最大化（Tiwari，Odelson Watt & Khanzode，2008）。

基于模型的成本估算，是集成设计者的三维模型与造价人员提供的成本信息的过程。三维模型中与成本估算相关的目标属性与造价人员数据库中的成本信息相关联，由此得出的成本估算比二维图纸中的粗略估算更为准确，而且估算过程更快、更可靠、更易于审计，因遗漏或他人失误导致的错误也更少。

基于三维模型的成本估算，还能为团队就备选设计方案或变更提供快速的成本反馈。人工估算缓慢而繁琐，难以达到基于模型的缜密评估。三维模型在设计方案的可建造性和成本可行性方面可得到近乎实时的、定期的信息输入，团队由此可以作出更明智的决策。

为真正集成成本和设计，造价员必须与设计师协同努力，开发出能让估算软件识别的BIM。设计过程的所有项目参与者（包括供应链中的供应商）都必须通过模型提供成本反馈，确保最准确的结果。但知易行难：不仅软件必须兼容，而且造价员必须经过软件方面的全面培训并运行测试案例，确保基于模型的估算准确可靠。

在正式确定成本信息、成本信息与BIM结合、配备工具以及培训方面，基于模型的估算过程需要大量投资。在没有高层管理人员支持的情况下，全面实施上述估算过程并非不可能，但异常困难。估算过程也必须得到团队领导和业主的支持，他们对速度和精确成本估算做出的绩效预期，是确保项目顺利过渡到基于BIM的估算的基础。该过程的成功实施既受组织和合同的影响，也受实际软件解决方案的影响。

12.3.6 模拟能源使用

能源模型可预测性地模拟既定建筑设计的能源性能。这类模型利用团队成员的综合知识，引导团队作出明智的设计决策，从而对建筑整个生命周期的能源绩效产生影响。能源建模是确保设计中的建筑成为高性能建筑的关键方法之一。

为使能源模型尽可能准确和有效，数据输入必须来自负责人、分包商，特别是终端用户和运维经理。有关特定设备及实际使用负荷的信息对开发精准的能源模型至关重要。

然而，能源模拟并不是一门完美的科学。建筑用户的行为是一个重大变量，往往难以把握。目前还无法准确得知建筑系统如何与用户的行为和使用相互影响，以及用户如何调整行为以适应各种系统（Maile, Bazjanac & Fischer, 2012）。因此，必须通过更多实验室（如劳伦斯伯克利国家实验室）的研究，进一步完善可预测性的模拟方法。

> **关联设计意图与建筑运维**
>
> 在项目的设计和施工中，能源模拟过程往往着眼于未来，并在本质上具有可预测性。最理想的能源模拟过程，可以帮助设计团队确定关注重点，衡量目标是否实现，最终掌握项目真正耗用多少能源。在整个过程中，随着输入信息的更加明晰，设计决策的确定，能源模型由此得到调整和更新，正是这种不断的调整，使模型与在建工程更加契合。
>
> 项目完工，用户入住，能源模型的角色就发生了转换，实际建筑通过不断调整更加接近模型。这是符合逻辑的，毕竟最终能源模型是设计意图的体现，也是用来运作设施的理想工具。

校准模型中运行的有关终端能源的细分数据，能够用来验证能源绩效，并能作为有效的诊断工具来优化持续的运维。能源的使用对比情况可通过数字显示屏可视化。建筑的预期性能会自动随着天气、时段和其他因素的变化而改变，建筑物的能源信息系统可提供实时的能源使用情况。

以浅显易懂的方式提供可影响将要发生的行为的信息，为最有效的信息。例如，能源消耗超出预期，刻度盘指针就会指向红色区域，用户可迅速查找原因，并通过深入了解数据获取更多信息，利于运维经理确认能源趋势偏离预期模式的时间，提示设备可能需要维护或调整。上述在运维方面的影响，有助于管理建筑设计和竣工后建筑全生命周期的能源使用情况。

——马特·格林贝格（Matt Gringberg），注册工程师，建筑能源建模专业认证（Building Energy Modeling Professional，BEMP），循证设计认证（Evidence—based Design Accreditation and Certification，EDAC），LEED 认证专家[3]

调整能源使用预期

在斯坦泰克建筑事务所（Stantec Architecture）工作期间，我和马特·格林贝格主持了一个持续多年的研究项目，探索如何优化 BIM 和净零能耗建模之间的联系。斯坦泰克建筑事务所曾为国家可再生能源实验室（National Renewable Energy Laboratory，NREL）研究支持设施中心进行过复杂的能源建模工作，从中所获取的经验推动了我们的研究。我们惊讶地发现，优化 BIM 和能量建模连接的真正难题与技术无关，而是与各利益相关者之间的沟通不足有关。对协调会上需要沟通或传达的内容，设计师、能源建模人员和业主通常有着不同的预期。

目前，要准确预测净零能耗建筑设计的能源使用情况并不容易，而且需要投入大量资源，但在过去几年中，软件行业已取得长足进展，相信技术问题不久也将得以解决。然而，利益相关者之间的不同期望主要基于企业文化的差异，这一问题需要通过恰当的设计过程和工作流加以解决，以保证每个人（包括业主）就目标以及实现目标的步骤达成共识。为此，我们开发出一个工作流简易工具，可以显示某人在某次协调会上所传达的信息，并可显示互换信息的进展程度，以消除由于人们对数据在特定方面的不同假设所造成的分歧。

我们与 DPR 建筑公司合作，正在研究如何将设施运维的 BIM 与组织构建相结合。明确目标的设定和跨专业的协调过程，对于建立有效的能源标准和保证建筑的高效运行至关重要。

——亚当·伦戴克，LEED 认证专家，DPR 建筑公司 BIM 业务经理

12.3.7 创建模拟模型以选择最佳解决方案

随着云计算的进展，运用大规模并行计算机资源选择最优方案成为可能。专业人员已习

惯通过云端服务存储、共享和访问数据。实际上，所有软件供应商正努力使自身软件在云端以及与云端数据一起运行。但是云也可用作计算中心，让愿意计时付费的人们使用大规模并行计算。长期以来，多专业设计优化（Multidisciplinary Optimization，MDO）方法为完善飞机和其他工业产品的设计方面起到了关键作用，云计算为施工项目团队采用该方法创造了机会。

例如，斯坦福大学集成设施工程中心（Center for Integrated Facility Engineering，CIFE）（Welle et al.，2011）的一项实验，研究了数千个设计备选方案的采光性能，即办公室的自然光照射及其对建筑物供热、制冷负荷的影响。在这些备选方案的分析中，综合考虑了主办公楼三栋翼楼的朝向以及上下楼层的玻璃和遮阳设施，经过大约 200 小时的设置时间以及在云中使用 4000 台计算机（称为节点）的 12 小时运算之后，设计团队深入了解了所有可行的备选方案。由于主办公楼三栋翼楼四面的上下楼层有数千种玻璃和遮阳装置的可行组合，因此，项目团队不可能单凭直觉或分析少数备选方案就能确定最佳方案。

在该集成设施工程中心的另一项研究中，福雷斯特·福拉格（Forest Flager）采用多专业设计优化方法，对屋顶钢结构进行分析，快速生成了 12800 个屋架设计方案，而传统做法只能生成 39 个设计方案。在符合性能标准的情况下，多专业设计优化方法将屋顶两侧的钢材用量由 1414 吨降至 1146 吨，节约了 500 万美元的费用（Flager，Adya & Haymaker，2009）。

在并行处理系统出现之前，设计团队只能分析几个备选方案，研究所有可行设计方案的性能是难以想象的。但是，通过在云中使用并行处理系统，仅用 5000 美元的计算费用（包括准备时间），研究团队就能评估数千备选方案。通过该方法，项目团队将不再局限于研究少数设计备选方案，而是能够从多个角度优化设计，权衡利弊，更快作出优秀的设计决策。

云计算的技术基础：

- *参数化 BIM*。虽然某些结构复杂的项目已经使用参数化 BIM 技术（Shah & Mäntylä，1995；Lee et al.，2006），但这仍然是一项相对较新的技术，并为大规模自动化和优化设计提供了基础。目前项目中 BIM 工具的代表性作用主要为实施碰撞检查等任务，在设计阶段 BIM 工具的主要作用体现在，某些设计参数的改变，需要相关专业人员手动更改其他设计参数。与之不同的是，参数化 BIM 工具允许专业人员创建设计的逻辑模型，以便某些参数发生变化可导致其他设计参数进行自动调整，参数化 BIM 将使设计能够通过云计算得到更充分的研究和优化。
- *并行计算*。将某个设计或问题分解成并行的任务流，使用多台计算机（或云中节点）并行执行任务，从而大大缩短设计和分析时间。利用参数化 BIM，并行计算可缩短开发新设计方案或分析设计方案的时间，从数小时缩短到数秒。正如上述采光性能研究的案例所示，云计算使得人人都可负担得起并行计算，不需要投入数以百计的计算机来获得计算能力和速度。

参数化 BIM、并行计算和云计算的结合，使多专业设计优化方法可应用于建筑项目，项目团队借此可采用多种标准（数十个而不是数个）探索更多的设计方案（数千项而不是目前传统方法的数十项），尽可能发现最佳设计。如下文中的案例研究所示，基于云的多专业设计优化方法将成为优化建筑和基础设施性能以及设计真正可持续建筑的关键工具。在某些案例中，采用目前领先方法生成最佳设计的某些专业项目团队，采用基于云的多专业设计优化方法后，工作效率提高了 20%。

12.3.8 生命周期成本/碳足迹优化

某设计施工团队应邀为某个生活工作一体化园区的三到四栋多户住宅建筑寻求最佳设计方案（Del Monte，2012），业主要求设计能够使建筑的碳足迹和 30 年的生命周期成本最小化。对于更习惯于开发最小化施工成本的设计施工团队，满足此标准有一定难度。业主所建造的三到四栋建筑，没有朝向的硬性规定，并提供了一份可接受的立面选项清单，只要建筑物的使用面积、建筑间距符合要求，可以灵活选择楼板形状。根据此种需求，包括建筑长度、宽度和楼层数等可能的变量，能够生成 1460 亿种备选设计方案。

根据业主所要求的建筑性能，确定设计变量空间之后，设计施工团队制定了一个基本设计方案和两个备选设计方案，均能改善生命周期成本绩效和碳足迹绩效（图 12.9）。需要注意的是，难以判断上述三个方案的优、良、差，也难以确定再耗时和耗资开发第四种设计方案是否会有回报。

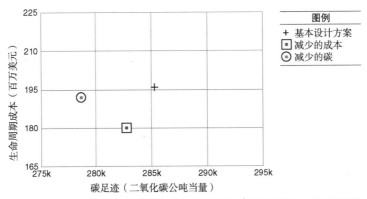

图 12.9 三种设计方案的生命周期成本与碳足迹。[4] 由福雷斯特·福拉格和约翰·巴斯巴吉尔（John Basbagill）提供，两人与得克萨斯州达拉斯的贝克集团（Beck Group）联合绘制

图 12.10 显示了具有自变量（建筑数量、楼层数量、建筑长度参数 a 到 e 以及建筑朝向）和因变量（生命周期影响因素和生命周期成本）的三种设计方案的对比。

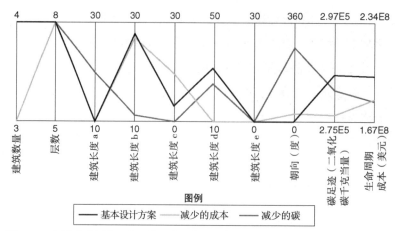

图 12.10 具有自变量和因变量的三种设计方案的对比。由福雷斯特·福拉格和约翰·巴斯巴吉尔提供,两人与得克萨斯州达拉斯的贝克集团联合绘制

与此同时,使用设计施工团队同样的 BIM 和分析工具,研究团队创建了多专业设计优化过程(如图 12.11 所示)(Flager et al., 2009)。

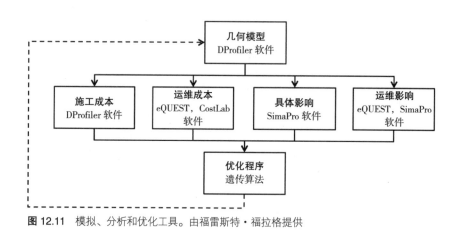

图 12.11 模拟、分析和优化工具。由福雷斯特·福拉格提供

应用 BIM 展现每个设计方案,多专业设计优化环境允许改变自变量(建筑数量、楼层数量、长度参数以及建筑朝向)。由 BIM 的参数驱动对自变量的分析,可以快速计算大量设计备选方案的性能。应用优化技术缩减了备选设计方案的范围,通过考虑"仅仅"21360 个备选设计方案(来自 1460 亿个可能的备选设计方案),多专业设计优化环境选出了近乎最优的设计方案。当然,这 21360 个设计备选方案,要远远多于设计施工团队使用当今的常规方法所能考虑到的所有方案。将上述设计方案绘制成图表,使驱动建筑高性能的参数清晰明了,即低碳足迹和低生命周期成本(图 12.12 所示的黑线 / 灰线)。此图显示了对建造高性能建筑过程至关重要的参数,业主和设计施工团队对这种利于设计生成的呈现方式非常认可。

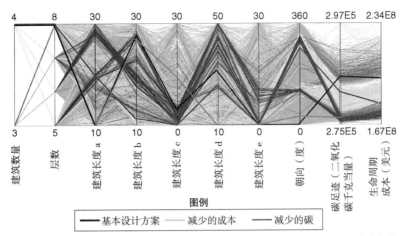

图 12.12 多专业设计优化过程的结果。由福雷斯特·福拉格和约翰·巴斯巴吉尔提供，两人与得克萨斯州达拉斯的贝克集团联合绘制

对基于 BIM 的"手动"常规设计过程和多专业设计优化过程的成本和结果进行比较，我们发现尽管常规过程所用的时间节约近 25%（约 160 小时相对于 210 小时），但是多专业设计优化过程所耗用约 70% 的时间是用于设置多专业设计优化软件环境。然而，用于下一个类似的问题或项目时，设置时间会显著降低，并且多专业设计优化过程所选出的最佳设计方案优于常规过程所选出的最佳设计方案，可减少 10% 的生命周期成本，减少 3% 的生命周期影响因素。图 12.13 显示了 21360 个设计方案并特别注明三个基本设计方案的生命周期成本与碳足迹。

目前正在研究类似的方法创建施工进度计划（Dong，2012）。基于云的多专业设计优化方法模拟，极大提高了项目团队筛选大量备选设计方案和备选进度计划的效率，增强了团队制定近乎最佳解决方案的能力，并熟悉了能够实现高性能建筑设计的参数设置和能够限制建筑最佳性能的参数设置。

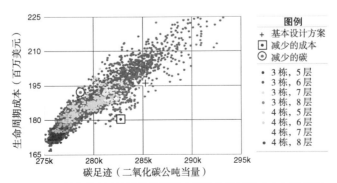

图 12.13 显示了 21360 种备选设计方案的生命周期成本与碳足迹。由福雷斯特·福拉格和约翰·巴斯巴吉尔提供，两人与得克萨斯州达拉斯的贝克集团联合绘制

> **可视化与模拟中的大数据**
>
> 可视化和仿真的基础比以往任何时候都更加复杂。几十年来，熟练的专业人员能够依靠他们的知识和经验来解释和整合各种客观和主观的输入信息，并一直以绘制图纸的形式来呈现这项工作。但是，随着数字时代的来临，人们接触的数据已远超自身所能理解的范畴。
>
> 随着新建筑中的各种传感器所产生的大量原始数据，需要人们收集、存储、分类并最终转化为有用的信息，导致所输入的信息成倍增加。由于上述因素，建筑行业正面临着大数据所带来的变革式影响。
>
> 建筑项目的大数据收集，提高了可视化和模拟手段的未来用途和性能的可信度和可靠性。然而，建筑业主和项目团队能够从大数据中获益却具有极大挑战性。
>
> 该领域需要不同学科和专业跨界融合的创新。相对于天气预报、交通模拟、疾病预防和经济方面的科学家，建筑行业的专业人员处理大量输入数据所需要的时间较短。其他领域所用模式识别和得出有用结论的数据模型和方法，可以为未来建筑师、承包商和建筑业主提供参照示例。
>
> ——亚当·伦戴克，LEED 认证专家，DPR 建筑公司 BIM 业务经理

12.4 案例

12.4.1 帕洛阿尔托医疗基金会山景中心

作为帕洛阿尔托医疗基金会（Palo Alto Medical Foundation，PAMF）和萨特医疗集团的一部分，卡米诺医疗集团（Camino Medical Group）需要在加利福尼亚州山景城（Mountain View）建造一座新的医疗办公楼。工程始于 2005 年 1 月，由总承包商 DPR 建筑公司、霍利·彼得森和斯奈德建筑事务所（Hawley Peterson and Snyder Architecture）以及设备工程商 Capital 工程顾问公司（Capital Engineering Consultants）进行施工。业主与建筑师、工程师和承包商一起选择设备、电气、管道和消防（mechanical，electrical，plumbing，and fire，MEPF）分包商，并通过三维和四维模拟工具进行协同办公。

团队希望集中精力处理施工期间相互制约的工作，目的是避免返工并最大限度地提高生产力。项目总监拉尔夫·艾斯里克（Ralph Eslick）分别咨询了三个设备、电气和管道分包商的工长和总监，确认他们承诺完成的工作内容、工作顺序以及如何在项目现场流水作业。他们将场地划分为四个区域，并确定每个区域的安装顺序。

图 12.14 显示了项目东北区第二层的管道系统和墙体框架的施工顺序及管道系统。从右上角顺时针方向依次为：(1) 全高优先施工墙体安装；(2) 中压管道系统；(3) 中低压管道系统；(4) 排气系统及其他管道系统和消防喷淋头。基于项目分包工长的详细输入数据，确定了施

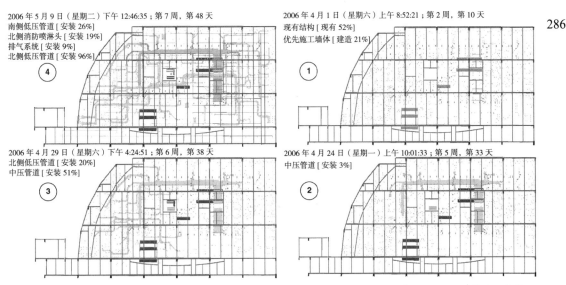

图 12.14 帕洛阿尔托医疗基金会山景城医疗中心四维室内施工模拟截图。由萨特医疗集团以及 DPR 建筑公司提供

工顺序,开发了 BIM 和四维模拟。

通过将四维模拟工具与严格使用末位计划系统相结合,生产主管在三个月内仅耗时不足 5 个小时用于处理现场问题,而在同类项目上,处理同样问题则需要每天耗费 2—3 个小时。在 233 个信息请求中,只有 2 个与现场安排冲突有关;现场冲突导致的变更单为零;203448 个工作小时内只有 1 起记录在案的工伤;所有分包商提前完成基本工作。设备分包商估计,管道工程和金属薄板工程的施工效率分别提高了 5% 和 30%。

12.4.2 萨特医疗集团伊甸园医疗中心成本估算

位于加利福尼亚州卡斯特罗谷的新医院,共有 6 层,130 个病床,造价 3.2 亿美元,萨特医疗集团伊甸园医疗中心项目团队曾对该医院进行基于模型的成本估算。该团队使用目标价值设计,与 11 个签署方签订了集成格式合同(integrated form of agreement,IFOA),并承诺落实精益和集成实践。

伊甸园医疗中心为总承包商和 BIM 工程师建立了跨职能小组,由建筑师、工程师和预算人员组成,目的是让项目的成本估算过程自动化,并随着设计的变更,每两周对估算进行更新。此类早期集成节省出大量时间,使预算人员在两天内(大约是传统估算用时的五分之一)即可从三维模型中生成最新估算(Tiwari et al.2009)。

图 12.15 显示了萨特医疗集团伊甸园医疗中心项目团队基于模型估算(model-based estimating,MBE)的过程。随着设计的进展,BIM 中的构件通过中间系统与估算软件中的组件成本数据相关联,为团队提供快速成本反馈。例如,BIM 中耐火等级一小时的墙体映射到耐火等级一小时墙体的组件中。从 BIM 中引入数量参数,用于计算组件成本数据中的劳动力、材料、设备和其他成本,最后生成估算。

第 12 章 建筑性能的可视化和模拟

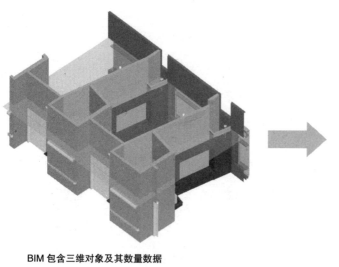

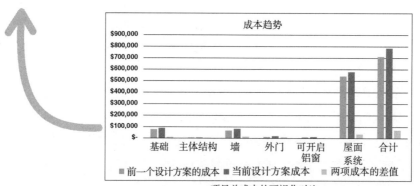

图 12.15 基于模型的估算过程。© DPR 建筑公司

该团队认识到,尽管在现有技术和过程工作流中存在挑战,但模型估算的优势已远超启用该流程所需的前期时间和精力。团队发现,可利用工料估算等任务自动化所节省出的时间,进行更多项目内容的模拟而完善设计,提高可施工性。如图 12.16 所示,造价人员制作的饼图可反映出业内设计过程中估算方式的现状。造价人员认为,直接来自 BIM 的成本数据比例越高,设计方案就越完美。

12.4.3 萨特医疗集团伊甸园医疗中心可视化设计

在萨特医疗集团伊甸园医疗中心项目中,团队在模拟和协调过程中广泛使用 BIM,并在每两周的设计评审会议上与全体人员一起在智能白板(SmartBoards)上评估设计进度。

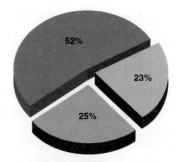

图 12.16 现如今的估算方式占比。由萨特医疗集团、DPR 建筑公司和西蒙·埃尔德里奇(Simon Eldridge)提供

该团队在 BIM 中进行设计，设计精度达到制造/安装级别。工程师模拟能源使用和采光，将性能指标与目标进行比较，对于病房内的每一寸空间必须加以考虑，实现在极小的偏差范围内协调安装工作。模型需要进行反复调整，直到系统之间的冲突消除或减少到不影响安装为止。

业主的高级项目经理迪格比·克里斯蒂安咨询设计师和建筑商，如果在没有模型协调信息的情况下，如何确保没有问题发生？例如，他们如何能够确定未建模的外饰面预埋件与建模的机电系统立管之间没有冲突？因此，对预埋件进行建模具有必要性。最终，以迪格比为首的核心团队同意拨出预备金支付额外的建模费用，除四种类型外的所有组件均成功建模。

图 12.17 采用 BIM 协同设计评审。由萨特医疗集团和加法里联合设计事务所（Ghafari Associates）提供

图 12.17 显示了在萨特医疗集团伊甸园医疗中心进行的设计评审会议，设计人员、专业分包商的建模人员及其管理人员与其他专业人员一起，在现场办公室对协调的 BIM 进行仔细审查，以便了解设计的进展情况。该会议在设计阶段每两周举办一次，全体人员到场参会。

12.4.4 萨特医疗集团伊甸园医疗中心安装精度检查

在萨特医疗集团伊甸园医疗中心，团队应用激光扫描检查建造的实物是否与模型一致。公用设施一旦安装完成，施工团队则应用激光扫描，将该设施与 BIM 进行对比，以确保依据模型的准确安装。施工团队在室内施工中仍继续沿用此种做法，在墙板安装之前，所有墙体和顶棚上方的公用设施都已经过激光扫描。原始的点云文件作为真实的竣工记录交付给医院运维部门。图 12.18 显示了萨特医疗集团伊甸园医疗中心墙体和顶棚上方公用设施的激光扫描点云图像。

图 12.18　激光扫描点云。由萨特医疗集团和 DPR 建筑公司提供

图 12.19 显示了叠加在 BIM 上的激光扫描点云图像，以便检查萨特医疗集团伊甸园医疗中心墙体和顶棚上方公用设施的安装精度。

图 12.19　BIM 叠加激光扫描点云。由萨特医疗集团、DPR 建筑公司和加法里联合设计事务所提供

12.5　重要性

运用集成产品、组织和过程信息的计算机模型进行可视化和模拟，是预测建筑和项目团队运作的关键方法。可视化和模拟能够使项目团队达成共识，是项目团队决策过程的关键。集成信息是模拟和可视化的基础，只有将产品、组织和过程相关的信息进行集成，并用计算机模型来展现，方能进行可视化和模拟。此外，两种技术还需要一个集成组织，以便在预测建筑物性能的模型中将不同利益相关者的所有关注点都展现出来。模拟和可视化也是表现高性能建筑既定性能的关键方法。

12.6 启示

本章讲述了协助集成项目交付的可视化和模拟工具的应用,同时重点讲述了这些工具在当今实践中的主要用途。我们预计,可视化和模拟工具将在未来几年得到更广泛应用,实现更多的性能目标,如生命周期评估、碳足迹、维护成本等。正如在使用模拟优化设计的章节所述,云计算的最新发展、廉价计算资源的获取以及向计算机描述设计问题的能力变为现实,使我们能够生成数以千万计的设计备选方案,并参照有关标准进行探索和遴选。因此,集成项目交付团队始终可以跟踪他们是否按照业主的预期来设计和建造高性能建筑。

随着人们向计算机描述问题的能力不断提高,以及不断普及的大规模并行云计算的使用,模拟方法将变得越来越先进。此外,还有许多建筑物正在使用大量传感器来跟踪建筑实际性能,这些传感器可以跟踪入住率、能源和用水等所有情况。广泛运用传感器捕获的数据,有助于校准预测建筑性能的模型,使模型变得更为精确。笔者相信,建筑行业已为采用模拟和可视化的方法做好准备,以交付值得自豪的真正的高性能建筑。

12.7 小结

可视化是以更容易理解的方式来展现信息的过程。二维平面图、立面图和剖面图或许包含了描述建筑足够多的信息。但是,三维数字模型或实体模型能更有效地传达上述信息,并且,数字模型具有连续更新性和互动性,利于用户对整体模型的理解,而不会受限于设计者所绘制的部分视图和截面。

可视化也会影响对关系和可能性的理解。例如,相对于数字列表,数字化图形可以更清晰地显示关联性、趋势和预测。同理,相对于带有注释的平面图,排水管坡度的可视化模型能够更直观地显示硬冲突和软冲突。

项目团队可使用模拟仔细推敲拟建建筑的使用和建造情况。仿真模型是建筑的数字原型,可使团队测试不同的设计备选方案及建造方案。

此外,模拟还为数字优化提供了可能。设计人员很少有能力考虑多种备选方案,但应用计算机,特别是并行处理技术,可根据一个或多个参数值(如能效)分类,快速生成成千上万种方案。正在研发的系统可通过对建筑物性能的模拟,创建最符合建筑功能的设计。

注释

1. 亚当·伦戴克获布达佩斯技术与经济大学(Budapest University of Technology and Economics)建筑学和建筑工程硕士学位之后,移居旧金山,开启了他的设计和施工职业生涯,他参与过欧洲和美国众多大型项目,包括布达佩斯的艺术宫和旧金山的加利福尼亚大学旧金山分校使命湾医院项目。2006年获世界不动产联盟(FIABCI)卓越项目奖。除了本职工作以外,亚当·伦戴克还在加利福尼亚大学伯克利分校开设了有关数字化呈现和 BIM 的系列讲座。他与劳伦斯伯克利国家实验室合作,并与 IDEO、Adobe Systems、Autodesk 和 Graphisoft 公司共同开发建筑、工程和施工行业的相关产品。亚当·伦戴克还参与了一项探寻能源模拟工作流优化的研究,为建筑生命周期管理和运维制定解决方案。亚当·伦戴克发表过若干篇论文,参编了有关 BIM 和能源模拟的书籍,并出席过美国和欧洲的许多重要会议。目前,他正代表 DPR 咨询公司(DPR Consulting)致力于一个大型公共机构的 BIM 实施问题,主要职责包括组织客户利益相关者的参与和制定技术实施策略。

2. 车站夜总会(The Station nightclub)火灾,2012 年 3 月 27 日检索自 http://en.wikipedia.org/wiki/The_Station_nightclub fire。
3. 作为设备工程师和注册专业工程师,马特·格林贝格十余年来始终专注于能源模拟和可持续建筑设计。他曾主持诸多项目,并协助设计了众多获奖作品,包括 LEED 铂金认证的项目,如 Windrush 学校和加利福尼亚大学戴维斯分校管理研究生院的项目。马特·格林贝格参与过科罗拉多州国家可再生能源实验室的研究支持设施中心的项目,负责能源分析,帮助团队将可持续选项集成于净零能耗设计之中。他曾获得 2014 年《工程新闻记录》(Engineering News-Record,ENR)20 名卓越贡献奖的 40 名候选人(Top 20 Under 40)的提名。此外,马特·格林贝格还一直致力于绿色建筑,是国际建筑性能模拟协会组织委员会成员,并加入美国绿色建筑委员会(U.S.GREEN BUILDING COUNCIL,USGBC)北加州分会。他参与过 LEED 的许多审核工作,包括美国绿色建筑委员会的 LEED 官方审查。作为合作研发工作的成员,马特与他人合作开发出一个帮助协调项目设计团队和能源建模人员的工作流绘制工具,就相关主题发表过若干论文,并出席了美国和欧洲的许多重要会议。目前,马特在旧金山一家技术公司负责产品战略和设计。
4. 这张图与后面四张图由集成设施工程中心的福雷斯特·福拉格、约翰·巴斯巴吉尔和迈克·勒佩赫与得克萨斯州达拉斯的贝克集团联合绘制。

参考文献

Collier, E., & Fischer, M.(1995). *Four-dimensional modeling in design and construction.* CIFE Technical Report No 101, Stanford University, Stanford, CA.

Del Monte, Rick.(2012). The Beck Group. Advanced BIM Applications. Presentation at the Annual Industry Advisory Board meeting, Center for Integrated Facility Engineering, Stanford University, October 18, 2012, Stanford CA.

Dong, Ning.(2012)"Automated Look-ahead Schedule Generation and Optimization for the Finishing Phase of Complex Construction Projects." PhD diss., Stanford University.

Flager, F., Adya, A., & Haymaker, J.(2009). *AEC multidisciplinary design optimization: Impact of high-performance computing*(pp. 1-8). CIFE Technical Report Number 186, Center for Integrated Facility Engineering, Stanford University, Stanford CA.

Han, C. S., Kunz, J. C., & Law, K. H.(2002). *Compliance analysis for disabled access.* In W. McIver Jr. & A. K. Elmagarmid(Eds.), *Advances in digital government*(Vol. 26, pp. 149-162), *Advances in Database Systems.* New York: Springer US. Retrieved from http://dx.doi.org/10.1007/0-306-47374-7_9

Haymaker, J., & Fischer, M. (2001). *Challenges and benefits of 4D modeling on the Walt Disney Concert Hall Project*. CIFE Working Paper 64, CIFE, Stanford University, CA.

Hocker, M., Berkhahn, V., Kneidl, A., & Borrmann, A. (2010). Graph-based approaches for simulating pedestrian dynamics in building models." *eWork and eBusiness in Architecture, Engineering, and Construction, Proceedings of the European Conference on Product and Process Modeling*, K. Menzel & R. Scherer (eds.). Boca Raton, FL: CRC Press, Taylor & Francis Group, 389-394.

Kindler, C., DeLuke, R., Rhea, J., & Kunz, J. (1994). *Development and demonstration of an agent-oriented integration methodology*. CIFE Technical Report No. 97.

Kühn, W. (2006). Digital factory: Simulation enhancing the product and production engineering process. *Proceedings of the 38th Winter Simulation Conference*, ACM, 1899-1906.

Kunz, J., & Fischer, M. (2012). *Virtual design and construction: Themes, case studies and implementation suggestions*. Center for Integrated Facility Engineering (CIFE), Stanford University, Stanford, CA.

Lam, W. (2005). *Hardware design verification: Simulation and formal method-based approaches*. Prentice Hall Modern Semiconductor Design Series. Upper Saddle River, NJ: Prentice Hall PTR.

Law, K. H., Latombe, J.-C., Dauber, K., Pan, X., & Peng, G. (2006.). *Computational modeling of nonadaptive crowd behaviors for egress analysis*. Retrieved March 27, 2012, from http://eil.stanford.edu/egress/

Lee, Ghang, Rafael Sacks, & Charles M. Eastman. (2006). "Specifying parametric building object behavior (BOB) for a building information modeling system." *Automation in construction 15* (6), 758-776.

Levitt, R. (2012). The virtual design team, designing project organizations as engineers design bridges.*Journal of Organizational Design*, *1* (2), 14-41.

Maile, T., Bazjanac, V., & Fischer, M. (2012). A method to compare simulated and measured data to assess building energy performance. *Building and Environment*, 56, 241-251.

Obayashi, Shigeru. "Multidisciplinary design optimization of aircraft wing planform based on evolutionary algorithms." In IEEE International Conference on SystemsMan and Cybernetics, vol. 4, pp. 3148-3153. INSTITUTE OF ELECTRICAL ENGINEERS INC (IEEE), 1998.

Sacks, R., Barak, R., Belaciano, B., Gurevich, U., & Pikas, E. (2013). KanBIM workflow management system: Prototype implementation and field testing. *Lean Construction Journal*, 2013, 19-35. http://www.leanconstruction.org/media/library/id9/KanBIM_Workflow_Management_System_Prototype_implementation_and_field_testing.pdf

Schrage, M. (2013). *Serious play: How the world's best companies simulate to innovate*. Boston, MA: Harvard Business Press.

Shah, Jami J., and Martti Mäntylä. (1995). *Parametric and feature-based CAD/CAM: Concepts, techniques, and applications*. New York: John Wiley & Sons.

Staub-French, S., & Khanzode, A. (2007). 3D and 4D modeling for design and construction coordination:Issues and lessons learned. *ITcon*, *12*, 381-407.

Tiwari, S., Odelson, J., Watt, A., Khanzode, A. (2009). *Model based estimating to inform target value design*. AECBytes: Building the Future. Retrieved from http://www.aecbytes.com/buidingthefuture/2009/ModelBasedEstimating.html

Wedel, J. W., Schunemann, B., & Radusch, I. (2009). V2X-based traffic congestion recognition and avoidance. *10th International Symposium on Pervasive Systems, Algorithms, and Networks (ISPAN)*, 637–641.

Welle, Benjamin, Haymaker, John, and Rogers, Zack (2011). ThermalOpt: A Methodology for Automated BIM-Based Multidisciplinary Thermal Simulation for Use in Optimization Environments. Technical Report Nr. 200, Center for Integrated Facility Engineering, Stanford, CA, available at http://cife.stanford.edu/sites/default/files/TR200.pdf (last accessed on February 4, 2013).

第 13 章

集成项目中的协作

> "一般人认为杰出的建筑出自天才的灵感,我却认为它是许多人长期协作的结晶。"
>
> ——约书亚·普林斯-拉莫斯(Joshua Prince-Ramos)

13.1 协作难以实现的原因

浏览所有设计和施工领域企业网站,几乎每一家企业都强调其协作文化,标榜"我们坚持协作""我公司因协作文化而闻名"和"协作融于我们的企业基因"等等,然而事实果真如此吗?

众所周知,设计和施工行业充斥了纠纷、索赔和所谓的"谷仓效应"*。英国诺顿罗氏律师事务所(Norton Rose Fulbright)年度诉讼趋势的调查发现,在过去的一年中,53%的工程和建造类企业都面对过仲裁(Norton Rose Fulbright,2014),在所有被调查的行业中排名第三。各方均被限定于"谷仓效应"当中。在众多合同法当中,美国建筑师协会《A201合同法》(2007)产生了最重要的影响。该法第4.2.4条款规定:业主和总承包商的沟通须通过建筑师;与分包商的所有沟通须通过总承包商;与建筑师的顾问的所有沟通须通过建筑师。有一句谚语提到,"人们因友谊而聚,因敌意而散",或许我们并不真的是所标榜的那样协作。

回头看,我们该如何描述那些确实成功的项目和每个人都投身其中的项目呢?我们的感受是,这些项目似乎具有一种魔力,大家协同一致地工作并从中得到快乐,我们将此称之为"协作"。

在本章中,我们将探究具有魔力的协作究竟是什么,更重要的是,该如何确保实现协作。

---

* "谷仓效应"亦称"筒仓效应",指企业内部因缺少沟通,部门间各自为政,只有垂直的指挥系统,没有水平的协同机制,就像一个个的谷仓,各自拥有独立的进出系统,但缺少了谷仓与谷仓之间的沟通和互动。——译者注

13.2 协作的内涵

协作是指一个团队为实现共同目标而实施的协同性工作。就一个项目而言，团队主要由设计方、承包商、分包商、供应商和业主组成，团队的整体含义应该包括终端用户、设施运维方和监管机构；从广义的角度来讲，团队涵盖了能对项目成果产生重要影响或能从项目中获取收益的任何一方。项目参与者、利益相关者及监管机构的协同工作可使项目，尤其是复杂项目顺利实施。

协同工作要求所有参与者之间达成一种默契，即不仅要努力完成自己的工作，还应支持他人取得成功。作为一个团队，不仅要有自己的人才资源，还要将其整合到共同利益上，使大家有一个共同目标。参与项目的各方应就为什么实施该项目、采取什么措施以及如何推进等问题达成共识。

通过范例或许可更明确说明协作的含义，以阿米什人（Amish）的谷仓搭建为例，社群成员都了解新建谷仓的必要性及其必须达到的要求，为此每位成员都发挥出自身的特长，包括木工、屋顶建筑工、谷仓布置者及厨师。尽管特长各不相同，但每位成员为实现共同目标而相互协助，他们的工作方式即是所谓的协作。

阿波罗13号在登月任务中发生严重故障，营救宇航员的过程体现了协作的重要性。氧气罐爆炸后，需要返回地球的太空船严重受损，宇航员吉恩·洛威尔（Gene Lovell）即刻告知指挥中心，报告说"休斯顿，我们遇到问题了"，这是一句为人熟知的话。太空舱需要解决的问题不能仅依赖宇航员或火箭设计者，而是需要依赖全体团队成员。需要解决的最重要问题是，太空舱二氧化碳过滤器容量有限，不足以支撑宇航员返回地球，尽管登月舱配有二氧化碳过滤器，但与太空舱接口不配套，无法应用于宇航员所在的太空舱。在这种状况下，整个团队的明确目标是确保宇航员能够安全返回地球。美国国家航空航天局地面团队迅速集结，共同探讨解决方案，提出建议，快速建立相应原型，及时为宇航员制定出应急解决方案，这只是团队共同化解的众多危机之一，这种工作方式才是真正的协作。

13.3 成功的标志

工作忙而有序。在面对问题时，没有人说"这不是我的工作"，而是共同协作有序地处理问题。如同免疫系统对抗感染一般，参与者首先确定解决问题的必要人选，之后群策群力寻找解决方案。参与者均清楚地知道将要实现的目标，并且为实现共同目标各尽所长。

沟通无处不在。参与者积极加入彼得·圣吉（Peter Senge）所谓的"深度汇谈"（Senge，2006）。深度汇谈并不是普通的沟通交流或争吵，而是共同的讨论，甚至是辩论，目的就是要制定超越任何发言者设想的解决方案。

作出并履行实现目标的承诺。计划完成率（plan percent complete，PPC）指标可显示预测的准确性和完成的状况，目标承诺日志可显示出实时的工作进度。团队共同负责计划制定，计划执行者负责协调和安排进度，每位成员都对此约束性日志负责。

及时纠正错误。错误可能难以避免，但对于发生的错误不应掩盖或推卸责任，而是应将错误及时公开并讨论，使项目团队迅速找到错误发生的原因并加以解决。另外，团队需要共同决策以实现各项目标。

于是，协作可使工作更加顺利。

13.4 实现方式

13.4.1 信任和透明

协作的基础是信任，但不是盲信或轻信。"信任"是指费尔南多·弗洛雷斯（Fernando Flores）所讲的"真正的信任"，即通过人与人之间的互动和沟通而形成的一种有意识的选择（Flores，2013），而正是这种选择建立了信任者与被信任者之间的协作关系，这种选择并不是一种状态，而是一种行动。

> 信任是人们作出的一种决定，是人们作出并履行自己的诺言。人们相互理解，并彼此抱有期望，并对这些期望的实现或挫败有充分的准备。信任并不是"与生俱来"的东西，也不是工作媒介或氛围，信任需要通过言行表现出来，需要我们去营造。彼此选择信任决定了群体的特质及其生活方式（Flores，2013）。

互信的团队不但提高了工作效率，还鼓励了团队成员的责任担当，信任既可促进信息共享，又可提高生产能力（Robbins and Judge，2012）。在《信任的速度》（*The Speed of Trust*）一书中，史蒂芬·科维（Stephen Covey）(2006) 指出培养诚信和信任是高效率组织的基础。如果没有信任，一方面企业效率会直线下降，另一方面企业会承受"信任税"之苦，因为"信任税"将增加合规成本并降低生产效率。尽管其他因素也很重要，但令协作真正运转的是信任（Prusak，2011）。

> 相互信任团队的建立，可使成员之间彼此信任，协同工作更加高效自如。信任团队的成员，则更愿意为预期回报付出更多的努力，而团队之间的彼此信任，则更愿意共享知识产权而不拘泥于法律条文的框架规定（Evans & Wolf，2005）。

信任是通过改善人际关系、公平待人和履行承诺建立起来的。弗洛雷斯（2013）提出，协调和承诺可以通过"行动对话"（conversations for action）实现，"行动对话"可以简单概括为四种单独的言语行为：

- 要求或给予；
- 承诺或认可；
- 宣布完成；
- 满意度公示。

通过明确作出承诺、创建满意条件以及确认满意度等，上述言语行为使协作得以真正实现，避免了沟通的意外终止，如避免了因承诺人出于误解所做出不能完全符合受诺人需求的反馈，而产生令人不信任的感觉。

信任体现了对团队能力的感知，团队需要依靠其成员的信息和建议，无论团队成员多么开放和诚实，如果他们提供准确信息和建议的能力受到怀疑，则他们的建议就不会得到信任。对团队能力的感知是基于先前历史和声誉的结合，但也是基于团队获取信息的准确性。团队的能力需要通过持续的互动得到测试和验证。

信任也与相似性和透明度有关。你更容易相信你认识的人和与你相似的人。这种基于身份的信任，是建立于能对他人意图相互理解并彻底认同他人的需求和愿望的基础之上（Robbins and Judge，2012）。如果人们不太了解对方，彼此建立互信就比较慢，容易形成信息"转移障碍"（Hansen，2009），而信息的囤积会影响彼此之间的信任，从而形成防御反应，初期的"谨慎信息控制"可逐渐导致团队的整体功能障碍。

在存在内部竞争的情况下，透明度难以实现。零和博弈时，信息保护是一种有效甚至必要的策略，而在试图合作时，此策略会弄巧成拙。在罗伯特·阿克塞尔罗德（Robert Axelrod）所著的《合作的进化》（Evolution of Cooperation）一书中，应用一个有趣的案例——"囚徒困境"来证明，对许多普遍且复杂的情况而言，只要他人与你共同工作，合作就是最佳协商策略（Axelrod，2006）。由于合作是协作的前提，罗伯特的发现对IPD至少有四点启示：

- 双方选择协作策略，项目整体价值会最大化；
- 进行协作需要理解对方发出的信号，即判定对方是否乐意合作。因此，清晰度和透明度必不可少；
- 增加互动频率和持续时间，协作情况会得到改善；
- 回报影响协作。可采取风险/激励机制以促进协作。

> **囚徒困境**
>
> 囚徒困境是对一些常见和有趣情形的抽象表述,在这些情形中,对个人最有利的选择会导致对双方最不利的选择,而如果双方选择相互合作,则结果应该会更好。在囚徒困境中,两个小偷被警察抓获以后,分别关押在不同的屋子里。警察告诉每个囚犯:如果一人揭发而另一人沉默,则揭发者从轻判决;如果都选择揭发,则两人会得到同样的正常判决;如果都选择沉默,则两人会得到较轻的判决,如表13.1所示。综上,其中一种策略的有效性——选择揭发还是沉默,取决于另外一个囚犯所采取的策略。
>
> **囚徒困境策略和结果** 表13.1
>
> | 囚犯A的策略 | 囚犯A的判决(年) | 囚犯B的策略 | 囚犯B的判决(年) |
> |---|---|---|---|
> | 揭发 | 0 | 沉默 | 5 |
> | 揭发 | 5 | 揭发 | 5 |
> | 沉默 | 3 | 沉默 | 3 |
> | 沉默 | 5 | 揭发 | 0 |
>
> 阿克塞尔罗德提出一个问题:如果反复博弈,哪种策略可取得最好的结果?从他主持的国际竞赛中可以找到答案,只要对方合作,那么合作就是最佳策略。

如果没有面对面的互动,要完全理解彼此意图异常困难,有研究表明,关于态度和情感的面对面交流,说话内容仅传达了7%,说话方式传达了38%,肢体语言传达了55%(Covey,2006)。因此,如果当事人不在现场,这些信息就会丢失,如果只进行虚拟互动,作为信任关键因素的真诚感就会减弱,同地办公之所以重要,就在于其提供了频繁而直接的面对面交流机会。

13.4.2 明确的目标和价值理念

在集成项目交付团队的章节中,探讨了明确的目标在激励和管理团队方面的重要性。本章将从另一个角度讨论目标和价值理念。

如果选择协作,那么协作的内容是什么?为了有效协作,需要了解为什么建造、要建造什么以及如何建造。

"为什么"在协作中意义深远,原因在于其明确了团队目标。若"为什么"是为了激励学习,则所建学校必须满足这一需求;若"为什么"是为了减少疾病或促进健康,则所建医院必须有助于卫生保健专业人员更加高效。了解"为什么"让成员明确了协作所必需的共同目标。

在《构建协作企业》(*Building a Collaborative Enterprise*)一书中,阿德勒(Adler)、赫克舍(Heckscher)和普鲁萨克(Prusak)(2011)强调了共同目标的作用。

专注于第四种选择（即共同目标）是协作团队之间实现信任和形成组织凝聚力的基础，共同目标比个人利益具有更强大的驱动力，比传统方式更具拓展性，而且比史蒂夫·乔布斯（Steve Jobs）、拉里·佩奇（Larry Page）或马克·扎克伯格（Mark Zuckerberg）的个人魅力更为持久。

*****

共同目标并不是对企业基业长青精髓的表述，而是对每位企业成员努力所做之事的描述。共同目标指导着各个层面的工作，从最高管理层的商业战略，到企业独特劳资合作伙伴关系的联合规划，再到基层团队为改进流程所从事的工作（Adler et al.，2011）。

"为什么"还指引了团队的方向。无论是跨职能团队、集成并行工程（integrated concurrent engineering，ICE）会议，还是小型会议中，项目成员需要作出很多决定，而清晰的价值理念和目标为这些决定提供了方向。例如，团队运用优势选择法来评估备选方案，目标和价值理念可为优势的比较提供分类依据。

此外，"为什么"也可以实现步调一致。如果都理解项目目标，则团队成员可以并行工作，以实现共同目标。尽管成员之间的沟通很重要，但在团队会议间隔期间，对价值理念和目标的清晰理解，可使成员朝向同一个目标努力。

有许多方法可确定项目的价值理念并使之成文。下文讲的方法是召开价值理念研讨会，对项目的关键价值理念达成共识。然后，项目管理人员对主要价值理念进行细化，建立与其一致的目标，制定衡量目标的指标，构建实现标准。此外，在项目的整个生命周期，主要项目价值理念也可作为指导项目决策的标准。其他方法包括通过利益相关者和参与者之间的深入讨论，从而生成满意条件、章程或与价值理念相关的其他声明。最为重要的是在整个虚拟组织中实现相互理解和制定共同目标。

价值理念研讨会

本书的一位作者采用研讨会的形式确定项目的价值理念，并展示团队的促进/领导原则。根据不同的背景和专业，将参会者按照5到7人一组的形式进行分组，每组人员尽量具有不同的背景和专业，分配给各组每位成员一叠空白卡片，按照下列程序进行小组活动：

- 选择一位小组会议协调人；
- 在不与任何人交谈的情况下，每人填写最重要的5个项目价值理念，一张卡片写一个；
- 随后，由小组会议协调人带领小组成员完成相关工作；
- 小组成员将各自的卡片递给左边的人；

- 卡片接收者阅读并解释其所认为的每张卡片所填写的价值理念的意义，最好举例说明；
- 协调人询问其他成员对于此价值理念意义的理解；
- 接着，协调人询问填写卡片者自身对此价值理念意义的理解；
- 小组成员对价值理念进行深入讨论，直至小组成员对此价值理念形成清晰的理解；
- 以同样的方式完成每张卡片；
- 协调人询问是否有意义相同的卡片。在讨论之后，将"相同"卡片分类装订；
- 就各个价值理念的相对重要性，协调人引导小组成员深入讨论，直至小组成员对这些价值理念进行从第1级到第n级的划分；
- 在讨论进行期间，研讨会主办人用胶带在墙上粘贴出多行表格形式，要求将价值理念类别置于顶部，按照重要性等级依次放置所填写的价值理念；
- 每个小组代表按照重要性等级，在墙上粘贴价值理念卡片，并解释价值理念的意义。参见图13.1；

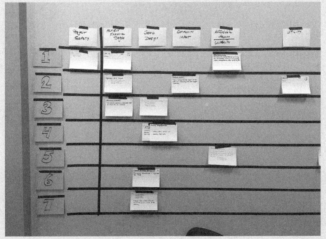

图13.1 张贴价值理念卡片的表格。© 霍华德·阿什克拉夫特（Howard Ashcraft）

- 每个小组代表再依次走到墙边，重新摆放卡片顺序，并对于价值理念的相似性、差异性及其意义进行讨论。研讨会主办人采用提问的方式引导讨论；
- 在所有卡片重新摆放完成后，研讨会主办人引导参会者对每行表格进行分析，寻求程序价值（程序价值是独立于通过结果体现出来的价值——译者注）与结果的区别，并充分理解差异性和相似性的原因；
- 最后，研讨会主办人阐述团队决策过程中存在的潜在障碍，并讲解如何利用团队规模、个性化创意、反思性倾听、辩论、去个性化分析、量化和可视化管理等手段，提升决策所实现的效果，也讲解了会议参与者如何在团队中使用类似的方法。

虽然不同的成功团队确定和记录价值理念的方法不同，但努力了解项目价值理念的团队比忽略这一环节的团队更为专注，也更加成功。

帕特里克·伦乔尼（Patrick Lencioni）指出，确保整个组织了解核心价值理念是管理层的责任，如果只是将许多流行词语引入市场营销方案或任务陈述中，很难实现这一目标。帕特里克·伦乔尼在深入分析，并在解决以下六个问题的基础上，提出了一套严谨的理解项目核心价值理念的方法。

1. 组建团队的目的是什么？
2. 团队如何运行？
3. 团队应做什么？
4. 团队如何取得成功？
5. 目前最重要的工作是什么？
6. 个人职责是什么？

但是，管理层的责任并不仅是确定清晰的目标，而且应反复利用信息（密集沟通），进一步强化目标的清晰性（Lencioni，2012）。

IPD 项目具有若干强化价值理念的方法，比如，在许多项目中，核心价值理念被展示在联合办公室显著的位置，A3 报告或优势选择法评估也是强化核心价值理念的方法之一，项目信息板可以根据核心价值理念跟踪进度。有些团队采用定期问卷的方式，评估项目运行是否偏离了核心价值理念。

正如伦乔尼所指出，必须对核心价值理念进行传达和强化，特别是对于团队人员频繁流动的设计和施工项目尤为重要。如果团队的后期成员并未接受初期成员所形成的团队意识、协作意识和共同价值理念，可导致由不了解并不致力于实现项目价值理念的成员组建的团队负责项目的实施。在管理良好的项目中，清晰价值理念的强化应贯穿于新员工入职培训的整个过程，该过程涵盖了新员工致力于项目协作过程和价值理念的承诺。

13.4.3 交谈性沟通

人与人之间有三种沟通方式。单向性沟通是指信息发送者与接收者不产生交互性沟通，如新闻广播和施工公告。这里的信息通常是指传递给需求方富有价值的资讯。动员性沟通，是指信息发送者期待接收者采纳其观点的沟通。在这两种沟通方式中，发送的信息质量受到发送者知识的限制。

IPD 虽然也采用单向性和动员性的沟通，但它更依赖于第三种沟通方式——交谈性沟通。在交谈性沟通（彼得·圣吉称之为"深度汇谈"）中，双方都是积极的参与者。此外，沟通的目的不是动员，而是达成共识，与单方视角和智慧相比，多方的综合更具有洞察力和创造性。以理念而非以自身为中心的讨论，甚至是激烈的辩论，能够加深对理念的理解。

并不是每个人都擅长沟通，可以采用由顾问或项目成员作为协调人的方式，可以将沟通方式由动员性沟通引导为交谈性沟通。应用此种有效的决策方法，可将沟通的重点聚焦于所关注的问题而非针对个人。同地办公或其他类似方法可以增加沟通频率，并促进自发的交谈性沟通。

13.4.4　强化整体意识

在协作的项目中，各参与方均致力于项目的整体成功。在传统的项目中，专业分包商仅满足于严格执行自身相关工作的计划和具体要求，并不关心项目整体目标能否实现。但在IPD项目中，各参与方的利益与项目成果紧密相关，只有实现项目的整体目标，各方才能获益。上述内容可以简单地总结为萨特医疗集团五大理念中的中两个理念：协作（真正的协作）和整体性优化。

事实上，整体意识的强化意味着整体即是个体，单一参与方的问题均事关项目的整体利益。[1]

尽管整体意识是一个相对简单的概念，但要克服固有认知和传统思维却并不简单。简单示例通常可以更好地说明局部最优和整体最优的区别，例如，在资源使用方面，若被问及剪叉式升降机（scissor lift）、前端式装载机或类似设备的需求量，各专业分包商通常会根据自身的需求回答需求量。但整体项目的剪叉式升降机或前端式装载机实际需求量，则很可能与各专业分包商的估算数量之和大相径庭。

关于各参与方的工作分工，也应以整体优化原则进行讨论确定。前期设计何时结束，深化设计何时开始？支吊架的安装应由一家或三家企业负责？场地清理应由总承包商或专业分包商负责？专业分包商间的工作交接是否有利于专业分包商或整体项目？如何实现项目的整体而非单方工作的优化？

整体意识的强化可促进大量良好决策形成，这些决策往往来自未承担相关任务的参与方，而并不是来自承担直接相关任务的参与方。例如，在库克儿童罗斯代尔办公大楼项目（Cook Children's Rosedale Office Building Project）中，该项目目标是创建具有拓展性的空间，该空间的再次重构可以满足将来的预期需求，负责团队先前已决定采用移动性墙体方案，并配置固定式自动喷淋防火系统。随着项目的进展，其中一个参与方的成员指出，一旦需要移动墙壁，则必须对固定式喷淋装置重新定位和安装，并建议将喷淋装置以软管形式安装（如图13.2所示），以利于后续的调整，负责团队采纳了此种建议。该成员既不是消防喷淋设备承包商，也不是设备工程师，而是IPD团队中来自海沃氏（Haworth）公司负责办公用具和相关材料的成员。

13.4.5　拉动式计划

制定拉动式计划的目的是为了改善工作可靠性和优化工作流程，但也具有强化整体责任的功效。各方必须从项目整体的角度出发，共同制定项目进度计划，通过该计划，各方可以

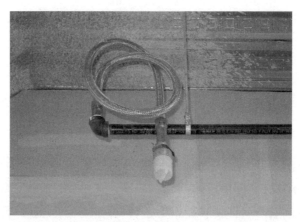

图 13.2 灵活的喷淋装置。© 霍华德·阿什克拉夫特

及时发现自身工作进度对他人和项目整体产生的影响。在许多案例中,笔者多次听到拉动式计划会议的参与者由衷地感慨,"原来你是这么做的",或者"原来这就是你需要它的原因"。拉动式计划促进了团队之间的相互理解,强化了整体意识。

13.4.6 入职培训

尽管入职培训很重要,但人们通常不认真对其进行计划和安排,这是非常严重的问题。为实现高性能项目,持续性入职培训是最具有经济效益的方法之一。

加强新员工之间、新员工与企业之间以及新员工与工作之间的紧密关联性非常重要,而新员工在企业中的最初几天是建立这种关联性的最重要、不可重复的最佳时机,然而,大多数企业对新员工入职培训的方法并不正确,将这种时机浪费在处理行政/人力资源事宜、计算机培训和了解工作制度方面。在新员工入职培训中,应将这个重要时机用于传递企业的使命、价值理念,并教育新员工/参与者如何进行有贡献的工作。IPD 项目新员工的入职培训也应采用此类方法。关于项目的入职培训,笔者据此理念建议如下:

①重视项目的建设原因。例如,在医院项目中,应重视项目的何种建造方式更有利于医生和护士诊治患者。可采用邀请护士或类似人员参与最初讨论环节的方式,或采用各参与团队之间进行价值理念交互讨论的方式,以明确项目目标。随后,将获取的各种数据与项目使命或价值理念进行对照,确保团队所有成员能够理解项目团队的整体目标。

②阐述 IPD 项目的含义、采用 IPD 模式的原因、IPD 项目与传统项目的区别。

③重视新成员个人对项目的贡献,掌握新成员具有的个人经验和技能,了解新成员的个性是否适应团队的工作,将团队成员为团队作出贡献的案例在新成员之间分享,并引导新成员推测(带有某种指向)他们将可能所付出的各种努力。

④开展团体训练,选择有代表性的主题,例如,如何有效完成工作的主题,引导团队成员分析任务和提出改进意见,明确个人工作与整体项目结果的关系,并致力于持续改进。在

此过程中，可使用模拟方法、末位计划者（Last Planner™）系统和"教学时刻"（teaching moments）系统，提高领导高绩效团队的能力。学习本身就是主动性体验。

⑤引导团队成员列举出他们在以往项目中的成功、平淡甚至失败的经历。以分组练习的方式，让团队成员以实际参与者的身份，寻找避免失败并有助于成功的方法。如有可能，将具有 IPD 项目经验的人员插入小组中，并讲述在项目中亲身经历的"印象深刻的故事"，这种讲述最好具有让团队成员感兴趣的关注点。

⑥注重管理细节。

⑦建立对各团队的短期回访机制，评估是否有团队发生倒退到传统工作方式的情况，了解各团队的项目运行理念是否与入职培训一致。基于回访信息，对培训内容进行调整以及相应改变。

编写通用培训材料、视频及其他可重复使用的资料，可以提高新团队及其成员的入职培训的效率，并增强了培训信息的一致性。让新团队观看早期成员参加培训的视频剪辑（根据相应的培训内容）有可能让他们加深理解，使培训更有效。需要指出的是，并不是每个人都擅长对新员工进行入职培训，因此，应该选择专门的成员负责入职培训，或培养一批培训教员。

13.4.7 项目文化与企业文化

另外一个挑战是，项目团队的各参与方来自不同企业，而这些企业又具有不同的管理体系、激励政策和企业文化，这些企业加入某个集成项目的同时，也带来了上述方面的差异。由此看来，IPD 模式与企业合并相类似，如果合并成功，各个企业会成为具有共同目标、规范和文化的紧密联系的组织。但是，由于文化冲突，常常导致这种合并的失败，其中的典型案例是美国在线（America On line，AOL）与时代华纳（Time Warner）的合并[2]（Mahavidyalaya，2012）。IPD 团队的成功组建体现了对文化冲突问题的完美解决。

企业文化强化了员工的行为规范和信仰，有利于吸引志同道合的新员工加入企业，而这种强化和自我选择的结合又不利于企业变革。企业文化决定了大部分员工的行为方式，并极大地影响着团队的工作效率。在某些企业中，企业文化可提高团队的效率，而在另一些企业中，由于企业文化的冲突，则可导致团队效率的降低。如果项目和企业文化不同，员工则可由于规范的不一致性而处于无所适从的境地。

尽管可以创建项目文化，但应注意的是，如果参与团队的各企业所拥有的企业文化与项目价值理念一致，并相互兼容，则更容易组建成功的项目团队。业主应要求各公司自行组建项目团队，并通过审查各公司提供的资质申请及其对项目目标的反馈，进行提升组建团队的各企业文化兼容性的工作，而不是通过指定企业的方式组建 IPD 团队。有意愿参与合作的企业，特别是曾有过协同工作经历的企业，他们的企业文化可能更具备兼容性。另一个组建团队的有效策略为淘汰式团队选择方法，团队中的重要企业参与审查和选择即将加入团队的其他企业，这种方法重点在于考察新团队成员能否融入现有的团队，合同中应规定，业主有权替换不能与团队很好融合的企业。团队组建的策略既应考虑企业能否融入 IPD 团队，又应考虑他们的主观能动性和核心竞争力。

如果在文化兼容性方面，无法选定合作企业，很可能某些 IPD 成员企业并没有协作文化，则需要耗费时间和精力打造项目文化。尽管这种方法存在导致团队成员处于两种文化碰撞之间的缺陷，但这种方法的效果优于将不同的文化理念带入同一团队。

创建项目文化的首要任务是创建核心理念，项目领导层必须在项目初期即清晰表达价值理念及愿景，并以此为中心进行工作。领导层必须制定行为规范，树立并激励与价值理念一致性行为的典型，及时修订偏离规范的行为。

任何建立并强化共同认同感的行为均有助于项目文化的创建。例如，使用项目徽标和标牌取代单个企业的标识，举办项目集体活动，如烧烤、社区志愿活动、募捐、项目运动队或来自不同企业员工的任何集体活动等，均可有利于促进共同认同感。设立员工共同用餐的非正式午餐区域可促进共同文化的发展；认可所取得的成绩，即使是非正式的认可，也可增强项目的共同意识；项目规范及其细则的共同制定，可提升团队对规范的执行力。

同地办公增加了创建项目文化的机会，同地办公为员工提供了独立于所属企业的工作空间，减少了所属企业文化对员工的影响，并增强了员工对项目文化的认同。工作区域按跨职能团队的群组进行划分，而非按成员所属企业划分，在未经仔细询问的情况下，将无法得知员工所属的企业。

项目可开展集体性活动提升共同认同感，项目的集体性活动方式可包括资助或指导一所学校或一个班级、共同参与仁人家园（Habitat for Humanity™）或类似项目、在一个娱乐性体育俱乐部中组织成员成立一支球队、举办"家庭日"自助烧烤活动等。由项目组织的活动必须具有兼容性，而活动内容并不重要。

新兵训练营的方式可在项目开始之初即创建项目文化，军方采用此种方式历史悠久，将人们从原环境隔离，强迫人们进行高强度的集体训练，并创建集体认同感。同样，即使不采取军队式的严格措施，只是将团队成员集中于相对独立的工作场所，打破企业界限而进行重组，要求成员参加相关的培训或工作实践，也可促进成员形成对项目的共同认同感。

团队应尽可能由具有相似企业文化背景的成员组成，若不能实现，项目领导层应积极创建由项目参与者认同的项目文化。

13.4.8 工作故障的及时报告

经典的精益理念要求员工在工作中一旦发现故障，即有权叫停整条生产线。生产线员工可通过开启故障信号灯的方式，立即通知现场负责人其已发现故障。若故障不能立即排除，应停止生产线的工作，防止产生进一步的损失，若故障被消除，则可重启生产线。团队可运用根本原因分析法（root-cause analysis）确定故障发生的原因，提出解决方案并测试该方案的效果，若测试成功，则可重启生产线。

继续生产并修复（或丢弃）有缺陷的零部件看似更容易并可减少浪费，但事实上，不断分析并确定故障的原因可更大地提升整体质量、减少返工、提高产能。

尽管上述过程已在精益制造中得到了充分的阐述，但在精益生产过程中却往往被忽视。如果精益生产过程不能正常运转，流水线工人必须有权采用开启信号灯的方式"及时报告工作故障"，IPD 团队领导者必须对此作出反应，及时解决问题，并采取措施从根本上消除产生故障的原因。

在此必须明确协同工作的重点，该重点并不是人们之间的一团和气，而是基于事实的交流。在 IPD 项目中，进行交流的人们应该彼此尊重，但交流的内容必须全部基于事实，否则将毫无作用。尽管真相性交流有时使人难堪，但各参与方必须实话实说。为了形成坦诚交流的氛围，IPD 项目必须形成激励坦诚交流的机制，消除相互指责的现象。

在 IPD 项目中，合作、深度汇谈、可靠承诺、诚信、透明度、同地办公、集成并行工程、虚拟设计与施工、目标价值设计、拉动式计划以及类似过程，均是理念和信息的"装配线"。在几乎每个 IPD 项目，尤其在面临巨大工期压力的 IPD 项目中，某些团队成员可能会退回至阻碍 IPD 流程的传统方式。此类情况发生时，其他团队成员需要以开启故障信号灯的方式，及时报告此种现象，使此类团队成员重新关注项目实施原因、实施内容，并直接地告知他们正确的工作行为。

13.4.9　敏捷开发和 Scrum 流程的应用

许多改善设计和施工过程的最佳想法，都受到其他行业解决类似问题的启发。正如前文有关企业文化中所提到的，有关企业合并的经验可能有助于 IPD 项目的设计，因为 IPD 项目中不同公司的组合类似于企业合并。同样地，IPD 项目实施之初与产品开发类似，可以从软件行业如何解决协作问题中吸取经验。

如同项目的设计和施工前阶段，软件开发也受到许多相同类型问题的困扰。常规的项目是通过管理系统和进度计划调度系统进行管理，例如，采用"瀑布式"甘特图[*]或关键路径法（Critical Path Method，CPM）对产品的详细规格参数和离散任务加以组织并进行管理。完成的相关软件必须通过强制性质量测试体系，尽管体现了人们对软件功效、逻辑规划及质量验证的关注，但软件项目仍会出现预算过高、交付延迟、达不到用户预期要求等问题。

---

[*] 传统的"甘特图"比较直观地展现了以命令和控制为主的管理模式，首先定义并解释了每一件必须做的事情，然后以环环相扣的方式展示整个项目的各个部分，每一个步骤、每一个里程碑式的事件以及每一个交付日期都详细地列了出来，整个示意图就像一道瀑布一样倾泻而下。但这往往无法得到真正落实，一方面由于详细而严格的计划进度缓慢，进展往往滞后于计划，造成预算超支；另一方面由于突发事件的发生、需求的改变、政策的调整等内外部因素共同发力，可导致"甘特图"成为一张废纸，原有的意图要么被延后，要么被更改。——译者注

大约 20 年前，某些程序开发组织开始尝试以自我组织和自我管理为基础创建小型跨职能团队，对工作进行量化，以满足团队的组建形式和有限时间的要求。团队利用快速原型技术，探索解决方案并测试其有效性，产品团队在小批量软件开发后立即对其进行测试，而非在整个项目完成以后才开始测试。

此种灵活的工作方式取得了成功，并促进了敏捷方法的开发和应用，如敏捷开发方法和 Scrum* 流程，其核心是由专注于满足客户需求的小型跨职能团队实施的精益流程。虽然在建筑行业有些概念需要进行修订，以适应项目的设计/施工前阶段，但程序开发人员的成功经验，为寻求更好的基建项目交付方法的人们提供了启示。

敏捷开发不是一种具体的实践，而是一种理念，是一种增强组织质量，促进人们提高适应能力、反应速度、持续学习、不断改进的品质，即敏捷的品质，目标是使人们在商业竞争中获得成功、快速交付具有经济价值的产品和知识。尽管人们经常谈论敏捷的实践，但敏捷并不是具体的实践，而是一种理念（Larman & Vodde，2008）。敏捷软件开发的九个主要原则与高效的精益设计的内涵非常相似。

- 向客户交付有价值的产品；确定客户需求；
- 培训可靠的利益相关者；
- 采用领导层协作的方式；
- 建立有能力的协作团队；
- 共同制定团队决策；
- 使用简短、有时限的迭代方式，快速交付个性化产品；
- 提升适应能力；
- 激励技术创优；
- 注重交付结果，而非常规流程。

对设计而言，敏捷开发的三个原则值得重视。第一个原则是满足客户需求，为了缩短交付时间，敏捷团队在特定的时间范围内 [时间框或冲刺周期（time boxing or sprints）]** 致力于特定的应交付产品。通过调整批量大小（另一个精益理念）降低可变因素影响，提高产能，可合理利用批量规模避免死锁（gridlock）*** 的发生。第二个原则是注重新型软件开发而非合

---

* "Scrum" 是橄榄球运动的一个英文专业术语，表示"争球"的动作。在此表示可使团队高效工作的流程。敏捷开发中的 Scrum 是一种软件开发流程，强调快速反应、快速迭代、价值驱动。——译者注

** 时间框：特定事件或活动提供"固定长度"时间段；冲刺周期：实现一个分解目标的周期，一般需要 2—6 周时间。——译者注

*** "死锁"是指在资金转账或证券转让系统中，由于一些转账指令不能执行，如因为没有足够的资金或证券余额，而产生阻碍其他参与者的大量其他指令完成的情况。——译者注

同文件，结构设计的最终产物是建筑物，而非图纸或模型。从这个角度来看，设计的委托方是承包商，设计应具有被"拉动"性，换言之，设计方案应包含承包商的需求信息，并体现承包商的设计意图。第三个原则是检测并不是在最终阶段实施，而应渗透于设计过程的每个步骤。因此，质量保证（quality assurance，QA）/质量控制（quality control，QC）不是一个单独的阶段，而是连续贯穿于整个设计阶段。

Scrum 是通常用于敏捷软件开发的一个迭代式增量软件开发过程，特别适合于小型跨职能的自我管理团队，一般由具备不同专业背景并担负不同职责的 7 名人员组成。此外，Scrum 开发流程本身并不设置"领导者"，而是由富有才智并善于沟通的成员（Scrum 管理员）进行引导，其负责经验分享、培训指导和资源利用。团队从按优先顺序排列的产品待办事项列表（product backlog）中选择冲刺阶段（sprint）*内完成的项目，随后确定实现目标的最佳方法。

Scrum 开发流程的可见环节之一是 Scrum 每日站会，每位成员在站会中需要呈报三点内容：从昨天的站会到现在，完成的工作；从现在到明天的站会，计划完成的工作；阻碍工作进展的制约因素。站会可能有简要的问题澄清和回答，时间不超过 15 分钟，但是不应该有任何话题的讨论。有意见或建议的相关成员可在会议结束后进行小范围的讨论。站会期间仅讨论共性问题，不设个人的主题发言。站会既不是向管理层汇报，也不是向产品负责人汇报，而是团队内部的沟通会议，确保成员对现状有一致的了解，使工作能够更好地运转，因此，某些站会不允许管理者参加。团队成员根据冲刺任务列表（sprint backlog），每天重新估算完成当前任务所需的时间，以小时为单位计算冲刺周期剩余时间，并将进度以冲刺燃尽图（sprint burn-down chart）**的形式呈现，项目的目标和进展是完全透明的。

如同敏捷开发，Scrum 开发流程的一些价值理念对设计与施工也有指导意义。

- 承诺——愿意为某个目标作出承诺。Scrum 开发流程为人们提供了履行承诺所需的一切条件；
- 专注——将所有精力和技能集中于所承诺的工作；
- 开放——Scrum 开发流程将项目的一切工作公开透明化；
- 尊重——每位成员具有不同的专业背景和经历。团队成员之间的相互尊重十分重要；
- 勇气——具备作出承诺、付诸行动、开放透明以及寻求尊重的勇气。

设计和施工行业已从一系列技术与实践方面获得了收益，诸如精益、预制、跨职能团

---

* "Sprint"中的"冲刺"是指所有工作必须完成的一段时间，规划时长应限制在每周两小时以内。要求团队一直保持极速状态以提供可工作的软件，与此同时还需要不断学习和提高。在开始行动前，需要设置冲刺的相关条件：例如要决定时间周期的长度、冲刺目标以及从何处开始行动。——译者注

** "燃尽图"是指在项目完成之前，对需要完成的工作任务的一种可视化表示。它能形象地展示当前迭代中的剩余工作量和剩余工作时间的变化趋势，是反应项目进展的一个指示器。——译者注

队和 BIM 技术等，然而，此类技术与实践早在建筑、工程和施工（architecture，engineering，and construction，AEC）行业采用之前已广泛应用于其他行业。敏捷开发和 Scrum 开发流程将效率关注点从合同文件生成转向价值创造，短期时间限定的冲刺过程迅速提升了产能，减少了不必要的工作，提升了对交付有价值产品的关注。设计质量的控制与保证贯彻于整个过程中，团队被赋予实现客户所需结果的责任。

13.5 案例：缅因综合医院的新院区

缅因综合医院（Maine General）是缅因州中部最具优势的急救医疗服务机构。2009 年，该医院决定建设 64 万平方英尺（约 59458 平方米）的新院区取代现有的两个独立院区，投资约为 3.22 亿美元。除急救医疗设施本身所具有的复杂系统问题外，缅因综合医院项目团队还面临着一些特殊的挑战。第一，缅因州的严冬限制了项目的施工时间，缅因综合医院所在地区的年平均降雪量达到 71.3 英寸（约 181.1 厘米）。第二，该项目将是缅因州最大的项目，可显著提升当地的相关就业率，但大多数人认为，该项目需要从波士顿和纽约引进技工负责进行该项目的复杂施工。作为与当地社群密切相关的地区性医院，缅因综合医院决定使用当地的劳动力。第三，该工程是缅因综合医院的一个非常重要的项目，同时该医院近年并没有建造大型医院的经验。面对上述挑战，许多高管会坚持使用传统方法，但缅因综合医院首席执行官查克·海斯（Chuck Hays）认为该项目建设应该使用最佳的方法，并通过对各种备选方案的研究，查克·海斯最终确定了采用 IPD 模式。

缅因州规定医疗系统建设新医院之前，必须申请医疗项目规划许可。在申请规划许可的过程中，缅因综合医院必须完成四项单独的成本估算和进度计划。因此，计划结果的真正实现必须依赖于风险型项目管理方法对成本和进度的可靠估计。

尽管缺乏 IPD 方面的经验，但缅因综合医院项目团队完全接受了协作的理念，该项目的承包商是罗宾斯和莫顿建筑公司（Robins & Morton）和 H. P. 卡明斯建筑公司（H. P. Cummings）的一家合资企业。设计由波特兰市的 SMRT 建筑事务所主导，并得到波士顿的 TRO 公司 [原名为 TRO 荣 | 布兰恩公司（TRO Jung|Brannen）] 的大力支持。而一些存在竞争关系的当地分包商，则成立了合资企业，以保证拥有足够的能力执行该项目（超过 90% 的贸易额留在了缅因州中部）。

在设计和施工前阶段，团队采用了同地办公方式（前面章节已有论述）。团队在计划成本内完成了该项目，并增加了许多附加价值。此外，整个过程中仅发生了由业主原因所导致的五处变更。以上成果令人瞩目，最大的成功之处在于通过协作缩短了项目工期。

加快进度

生产进度是缅因综合医院项目所面临的一个重大问题，每月项目的常规费用和融资费用约为 160 万美元，项目工期的缩短可加快医院的投入使用，也可更早获得收益。虽然某些困难影响了工程进度，但团队仍然在 25 个月内完成了施工（比计划提前 9 个月完工），相当于每月完成面积为 25600 平方英尺（约 2378 平方米）的建筑，承包商团队（罗宾斯和莫顿建筑公司是富有经验的医疗保健建筑承包商）创造了交付大型急救医疗医院的最快速度。该团队认为若不采用 IPD，则无法加快项目进度。

现举例说明项目取得的这一巨大进步，缅因综合医院项目开始前不久，罗宾斯和莫顿建筑公司在 25 个月内完成了建筑面积 48 万平方英尺（约 44593 平方米）的得克萨斯医院项目，月均完成 19200 平方英尺（约 1784 平方米）。罗宾斯和莫顿建筑公司之前已在其他几个面积超过 30 万平方英尺（约 27871 平方米）的空旷场地项目中取得了成功。基于这些经验，该公司认为，每月完成 15000 到 20000 平方英尺（约 1394 平方米到 1858 平方米）的大型医疗项目是一个极具挑战性的目标。

在缅因综合医院项目中，罗宾斯和莫顿建筑公司制定了月均完成 20000 平方英尺（约 1858 平方米）的目标，另外增加两个月用于应对极端天气和当地该时期劳动力短缺的问题。整个项目的总工期估算是 33 个月，这是罗宾斯和莫顿建筑公司及其合资伙伴 H. P. 卡明斯建筑公司获得此项目 IPD 合同的前提条件。

缅因综合医院项目首先面临着几个重大难题，在传统设计 – 招标 – 建造（design–bid–build）交付模式中，此类问题常会导致延期索赔、成本超支、大量变更单和纠纷。由于缅因综合医院项目的融资进度延迟，原定 2011 年 4 月动工的项目推迟到 8 月，因而错过了最佳施工时期，土质条件变得十分复杂，并导致了施工效率降低。IPD 合同所规定的成本加提成的条件促进了负责现场土方的分包商连续加班，而无须等待一份价值超过 100 万美元的变更补偿。

项目面临的另外一个问题是，在打桩过程中发现了地下存在先前未探测到的多个巨大石块。依据传统交付模式，桩基承包商可提出索赔，并由此耗费数周甚至数月的时间商定索赔数额。IPD 模式下，罗宾斯和莫顿建筑公司能够与结构工程师、材料检测公司和桩基承包商紧密合作，不仅避免了工程进度的延误，并在预算内提前完成了桩基施工。

IPD 不仅为克服困难打下了良好的基础，而且为编制信息丰富并又切实可行的进度计划提供了良好的氛围。在项目初期，主要承包商在施工开始前一年即参与了前期设计，他们清楚地了解项目整体过程和所有关键路径的工作。项目工期随着设计的进展而随之调整，在施工前阶段，不仅周密制定了施工进度计划，而且每位项目团队成员均参与了该计划的制定，并承诺严格执行该计划，而无须担心以后的索赔或存在的隐患。

同样重要的是利用"精益"建造原则，不断提高施工过程的效率。在传统项目模式下，每个分包商工作的目的，只是尽可能提高各自施工范围的工作效率，付出努力也是为消除各层面的制约因素，包括从材料采购到工作流程的所有方面的制约因素。基于 IPD 模式下的密切合作关系，业主、施工方和设计方形成一种理念：可能偶尔需要牺牲次要专业分包商的工作效率，而实现整个项目工作效率的提升，即所谓的"花一毛钱省一块钱"的理念。基于上述认识，项目团队制定了各种措施和方法以提高工作效率。同时，对设计及业主职责进行优化，他们兼有满足施工进度需求的职责，关注施工进度不再是总承包商单方的责任，而是整个团队的责任。

缅因综合医院项目的业主、建筑师、工程师和承包商均在现场进行同地办公，及时处理问题、消除影响因素、接受挑战、抓住机遇。通过采取所有必要可用资源迅速作出回应，立即解决问题已成为项目常态。同地办公避免了进度延误，满足了业主的需求。业主可实时观察现场施工情况，施工人员可以根据业主的建议立即进行整改。

IPD 激励密集交流、相互支持和持续改进，从而制定出精确而可行的计划以优化整体项目。罗宾斯和莫顿建筑公司确信，项目如果采用其他合同方式，则不可能实现如此之快的工程进度。

一次成图

缅因综合医院项目的高效还来自团队致力于实践"一次成图"流程。

通常的设计和施工方法是，设计人员向分包商和制造商交付设计图纸，再由分包商和制造商重新绘制（实体的或数字的）图纸以满足施工和制造需求。缅因综合医院项目团队认为此种做法并不高效，既降低了质量，又浪费了时间。项目团队制定了"一次成图"的原则，要求设计人员与专业分包商的密切合作。

"一次成图"流程要求设备和管道承包商建模和设计施工详图，而不是由建筑师/工程师完成。设备和管道承包商通过各自软件生成设计施工详图，建模团队在项目工程师的直接监督下完成建模。事实上，施工详图设计的大部分阶段，分包商的建模人员在建筑师/工程师办公室联合办公。模型达到符合审核的标准后，即生成二维图纸，由注册工程师审核并签字盖章。随即建模人员与其他专业分包商的密切配合，继续改进模型直至达到制造标准，并直接交由制造部门。

尽管"一次成图"面临着建模人员的缺乏以及不同建模软件之间的不兼容等问题，但最终通过设计整合和工作协同的方式，实现了缩短工期的目标。此外，设备承包商通过"一次成图"方式能够更好地掌控产品的交付，降低了生产成本。制造商和设计人员的密切协作也有助于项目团队更好地理解所建造的建筑，从而减少了耗资较大的现场调整和变更。

设计和制造协作的优势之一体现在钢结构设计阶段，IPD 框架下的结构设计团队与钢结构制造商的密切合作，促进了钢结构团队致力于消除从设计到安装阶段所存在的不足之处。两个团队共同研究了钢结构设计和细化的整体方案，充分发挥两个团队每位成员的能力，突破常规，进行创新性探索。

"一次成图"的首次应用是在医院结构的框架设计阶段，团队成员对各种横向支撑备选方案进行了充分讨论，包括具有低成本优势的柱间剪刀撑和能够充分利用楼板空间并具有未来拓展性的力矩框架，力矩框架另外还具备连接方式的可选择性的特点，包括传统现场焊接、端板现场栓接、上下法兰板现场栓接以及专有加劲肋（SidePlate）系统。团队成员将设计软件数据输入框架制造商奇韦斯公司（Cives）所提供的专用估算软件中，并生成了不同类型的支撑系统分析模型，包括加劲肋系统分析模型，并将这些分析模型直接发送至制造商进行价格比较，而无须准备任何图纸。依据制造商提供的对比结果，项目管理团队（project management team，PMT）通过项目成本和设施利用率之间权衡，合理选择支撑系统方案。

"一次成图"的另一次应用是在简化内部绘图流程方面，团队利用 IPD 提供的协作优势，将设计草图直接发送至钢结构制造商，简化了内部绘图的流程。制造商利用草图验证了设计的施工可行性，并针对深化设计过程提出了价值工程理念。随后，建筑师/工程师、SMRT 建筑事务所及 TRO 荣 | 布兰恩公司将制造商提供的详细信息导入建筑师/工程师 REVIT 模型进行潜在冲突检查，同时对加工图中的信息进行预检。预检显著改善了审图流程，缩短了反馈时间，大大减少了以往审查过程中的纠错量。

设计人员和施工人员的密切协作以及集成设计施工进度计划的使用，使制造商比预定计划提前 6 周获得了所需信息，生成了一系列具有精益理念并富有协调性的结构图纸。实践中的一个变化是，从结构图纸中删除了非结构性的深化设计，每个人都了解"深化设计存在于模型之中"，此种节约 6 周时间的建模方式值得特别指出。结构工程师和钢结构制造商/安装商之间的密切协作也将力矩连接由焊接改为螺栓连接，提高了安装速度。此外，运用细长剪力连接板或定位板连接钢结构，安装工无须将钢梁进行倾斜和旋转，节约了悬吊钢梁所需的大量时间。经过设计团队、施工经理、钢结构制造商、钢结构安装商和业主的共同努力，此种设计和安装方法得以实现，这是 IPD 真正优势的体现。

价值提升

缅因综合医院项目工作流程的目标之一是在预期成本内提升建筑价值，例如该项目计划获得 LEED 银级认证，但最终获得了 LEED 金级认证。随着项目的推进，团队在预期成本内提前完工，并提升了项目价值。

该项目最初的设计是仅为 5 个翼楼的其中 3 个建造屋顶设备用房，而预期成本也依据 3 个设备用房而制定。但项目团队认识到，增加额外两个屋顶设备用房将会提高机械设备的使用寿命并有助于后期维护。团队最终在其他方面节约了成本，从而实现了额外两个屋顶设备用房的建造。

制冷机组的蓄冰系统（Chiller Plant Ice storage system）也与上述情况类似，该系统利用低能耗制冰，并利用冰为建筑物降温，从而补偿了高能耗电动制冷的成本，此种制冷方式通常被认为在医院运转中可有可无。然而，紧密集成模式下工作的设计人员和承包商通过精准的成本估算，在项目早期 IPD 团队即确定了可在预算内增设该系统，如果依据工程过程中节约的成本，再决定增设该系统，则错过了增设时机。

在适当的时间提升产品的价值能够验证团队成员之间所建立的信任度。在传统的项目中，即使有预计的预算经费结余，非业主方也不希望业主收回结余的经费，因其需要将结余资金作为预备金以应对后续可能出现的问题。但在本案例中，团队公开分享信息，从而使人们对估算的准确性充满信心。此外，团队知道如果发生问题，成员（包括业主）会相互支持，共同解决所出现的问题，处于密切协作氛围的团队可以为项目价值的提升作出应有的贡献。

13.6 重要性

在简明框架中，协作既是促成因素，也是必然结果。之所以说协作是促成因素，是因为协作的团队能够更有效地促进集成组织和集成过程目标的实现。之所以说协作是一个结果，是因为模拟和可视化、集成并行工程和生产管理等工具旨在帮助项目团队更好地协作。

13.7 启示

许多因素可以促进协作，按照协议标准共同创建的信息，可提高 BIM 技术等数字系统的工作效率，缅因综合医院项目的"一次成图"案例，说明了复杂技术的运用需要协作。可持续性也需要协作，因为正如简明框架中所述，实现高性能建筑需要整个设计和施工过程的集成。同样地，除设计人员外，精益建造需要施工方的早期参与。总之，当前的项目需要比传统项目更深层次的协作。

项目交付方式必须对应协作的需求，传统的设计－招标－建造交付方式无法做到这一点，虽然可提供施工前期服务的风险型项目管理方法可部分实现协作，但只有通过完全的集成项目交付方式，方可达到未来项目所需的协作程度。总之，行业必将朝向全方位的集成模式，或类似于 IPD 模式的虚拟集成模式的方向发展。

13.8 小结

协作是 IPD 的核心和灵魂。在 IPD 模式下的团队协作，可促进各项工作更加高效，这种协作可使不可能取得的成就变为现实。但协作并非理所当然，真正的协作需要：

- 团队成员在诚实、诚信和承诺的基础上建立的高度信任，形成了坦诚沟通的氛围和勇于担当的精神。
- 尊重每位成员的知识和技能，秉持相互尊重并致力于共同实现最佳解决方案理念的讨论，即使是激烈的争论均具有积极的促进作用。
- 对项目目标和价值具有清晰的认识，每位团队成员均应理解项目的建造原因、建造方案以及建造内容。
- 具有集体意识，每位团队成员均应认识到自己是一个强大的、富有价值的整体中的一员，肩负着整体项目获得成功的自身责任，并将从这种成功中获益。

注释

1. 项目的共同所有权应有别于法律责任或法律意义上的合作伙伴关系。在 IPD 项目中，各方保留对第三方的传统法律责任。但是基于项目结果产生的利润，各方对整个项目的成功均有获益的权利。
2. 在表面上看，时代华纳公司和美国在线公司的合并属于天作之合。时代华纳公司拥有庞大的资源库，美国在线公司拥有无与伦比的数字化分销能力和庞大的客户群。但这次合并是一场灾难，很大程度上是因为传统公司（时代华纳）的"西装"文化和互联网公司（美国在线）"极客"文化之间的差异。

参考文献

Adler, P., Heckscher, C., & Prusak, L.（2011, July–August）. Building a collaborative enterprise. *Harvard Business Review*, 89（7–8）, 94–101.

American Institute of Architects.（2007）. AIA Document A201™, General Conditions of the Contract for Construction.

Covey, Stephen MR.（2006）. *The speed of trust: The one thing that changes everything*. New York: Simon and Schuster.

Evans, P., & Wolf, B.（2005, July–August）. Collaboration rules. *Harvard Business Review*, 83（7–8）, 96–104. Norton Rose.（2014）. Fulbright litigation trends survey report. Retrieved from http://www.iam-media.com/files/Norton%20Rose%20Fulbright%20Annual%20Litigation%20Trends.pdf.

Flores, Fernando.（2013）. *Conversations For Action and Collected Essays: Instilling a Culture of Commitment in Working Relationships*. CreateSpace.

Hansen, M.（2009）. *Collaboration: How leaders avoid the traps, create unity, and reap big results*. Boston, MA: Harvard Business School Publishing.

Larman, Craig & Vodde, Bas.（2008）. *Scaling lean & agile development: thinking and organizational tools for large-scale Scrum*. Pearson Education India.

Lencioni, Patrick.（2012）. *The advantage: Why organizational health trumps everything else in business*.

Hoboken, NJ: John Wiley & Sons.

Mahavidyalaya, S. S. (2012). Cultural dimension analysis of AOL-Time Warner Merger. *Journal of Applied Library and Information Sciences*, *1*(2), 39-41.

Prusak, Larry. (2011). The one thing that makes collaboration work. *Harvard Business Review*, July. Retrieved from: https://hbr.org/2011/07/one-thing-that-makes-collaboration (last accessed on October 18, 2016).

Robbins, S. and Judge, T. (2012). *Essentials of Organizational Behavior*. Boston: Prentice Hall.

Senge, Peter M. (2006). *The fifth discipline: The art and practice of the learning organization*. New York:Broadway Business.

Solomon, Robert, and Fernando Flores. (2003). *Building trust: In business, politics, relationships, and life*.Oxford: Oxford University Press.

第 14 章

提高绩效的同地办公

"4个人组队可以产生强大的能量,但如果能让65个人保持统一节奏共同工作,所产生的能量将是质的飞越。"

——查克·曼焦恩(Chuck Mangione)

14.1 同地办公的综合优势

同地办公是集成项目中最有效的工具之一,如同阿司匹林可有效治疗多种疾病,同地办公可以解决许多难题。同地办公具有以下优点:

- 从根本上减少等待时间(即减少决策制定所用的时间);
- 当面讨论和反馈的方式提高信息交流的准确性;
- 不同视角和理念碰撞提高创造力;
- 促进设计师全面了解设计结果和备选方案;
- 促进项目价值、目标和现状的共识达成;
- 通过工作的可视化提升项目管理;
- 加强团队成员之间的联结;
- 改进决策方法(如集成并行工程和蜂群式协作);
- 在同地办公的基础上促进远程的沟通方式;
- 提供可视化管控的空间。

尽管同地办公有着巨大的优势,但是有些团队或成员并不愿意采用同地办公,他们认为这种做法成本太高,特别是在小型项目上,但此观点并未考虑到同地办公增加的所谓成本,远低于非同地办公导致的项目额外成本增加以及绩效的降低。如此看来,更值得讨论的是项目能否承受不采用同地办公的后果。

同地办公的确会产生一些实际问题,在制定同地办公计划时必须对这些问题加以考虑。

无论采用何种程度的同地办公,目标都是获取既定成本和人力资源的收益最大化。

14.2 同地办公的内涵

同地办公是指项目团队关键成员在同一地点共同工作,多数情况下,该地点是项目团队新建或改建的实体场所。虚拟协同工具可以强化同地办公的效果,但虚拟协同不能替代同地办公。

> 通过围绕一个问题将不同的公司集成到同一地点办公,集成设计和施工中心(ICDC)为我们提供了增强协作的机会。这里有两个关键词:协作和集成。
> ——斯图尔特·埃克布莱德(Stuart Eckblad),
> 加利福尼亚大学旧金山分校(UCSF)医学中心基建副总裁

如同丰田公司将多专业团队集中到同一地点办公以加强沟通和创造力的做法,同地办公的实体空间也被称作"联合办公室"(big room)。同地办公或联合办公室可以采取多种形式来满足特定项目和团队的需求,在小型项目中,联合办公室可以只是一间项目使用的会议室,用于小型团队的共同工作,仅需用白板和墙壁显示项目目标、状态和其他相关信息,而无须更多的技术设施。对于大型项目,联合办公室可采用完全集成的信息技术(information technology,IT)架构、项目功能所需的开放工作区、电话和视频、与集成信息基础设施相连的服务器、显示模型所用的大型显示器、子团队使用的分组会议室或工作区等。尽管上述同地办公设施差异巨大,但两者均具有改善沟通、增强创造力和促进协作的共同目的。

14.3 成功的标志

所有项目关键成员均在联合办公室同地办公,同地办公的主要作用是进行策划而非实际生产,这里的所谓"策划"是指为确保项目顺利实施而采取的各项管理工作。同地办公主要负责设计决策的制定、物流和生产计划的制定、施工模拟、任务安排和成本管理等工作。本书描述了成功的同地办公所采用的各种实施过程。

在项目启动时的设计研究阶段和后期生产的计划制定阶段,同地办公的工作重点不同,但最终目的都是为了更好的协作,以实现项目目标。

在一间中等规模的同地办公联合办公室,墙面上均为项目信息的图表,包括状态更新、组织结构图、模型图和效果图,也可具有显示项目现状和需要改进地方的状态板。同地办公的人员身着印有公司标志的衬衫或没有标志的衬衫,身着不同标志衬衫的小组成员聚集在显示器前，显示了来自不同公司的专业人员正在共同研究项目的设施系统。

早会上，团队成员讲述自己当天的工作计划。会议结束后，有些小组聚在一起共同讨论早会中的某些事项。

工作区是多功能和多专业的，在此，有些人更新模型、绘图、进行成本测算，有些人聚集于大屏幕前，共同讨论三维模型中存在的问题及改进措施。

在联合办公室内，很难分辨出哪些是领导，哪些是普通员工，然而却没有任何混乱的感觉，所有人都在有序工作，如同一个有机整体，偶尔会传出几声表示工作愉快的笑声。

14.4 实现方式

本书第9章和第13章详细阐述了提升协作能力和组建高水平多专业团队的方式，这些章节中所描述的很多成功方式均是以同地办公为基础。本章将重点关注同地办公的空间设计和管理，并提出相关建议。本章也将讨论局部同地办公的策略和虚拟协同设施的使用，并阐述同地办公时所必须考虑的人文因素。

14.4.1 尽早开始

> 如果我要做些与众不同的事情，我想应该提前一步……更早一点建立体系。
> ——辛蒂·利马（Cindy Lima），
> 加利福尼亚大学旧金山分校医学中心使命湾医院项目执行董事

团队工作所具备的缺陷之一是，在设计或施工前阶段后期才开始进行同地办公，产生这种情况的原因有时是团队尚未找到更好的办公地点。其他的原因是，各子团队先后加入项目，在整体团队组建之前，已完成大量的工作，导致了团队成员难以摆脱传统工作方法的束缚。通过后期采用同地办公方式，并发现其优势的团队方能体会到，同地办公开展较晚可导致提升效率的许多重要节点的错失。

14.4.2 整体利益优先

人们通常认为同地办公需要一定的投入，需要创建适当的办公区，人们需要集中于联合办公室统筹安排工作，需要长时间开会讨论项目实施方案。这种在工期紧张的情况下而不进行"实质工作"的状况，通常令人难以接受。人们习惯性认为利用现有的工具和资源独立工作，可比同地办公的工作效率更为高效。

必须抛弃上述错误的认识，同地办公的目的不是提高个人或公司员工的工作效率，而是改善项目整体的进展和流程。在联合办公室内花费 1 个小时协同工作对项目产生的影响,远大于各自独立工作 8 个小时。

不应仅考虑同地办公的投入或对个人效率的影响,而更应该考虑其对项目整体的贡献。在进行传统的独立性工作之前,人们应首先考虑:这种方式将对项目造成多大的阻碍?将产生多少额外的浪费?将失去什么机会?如果在个体利益与整体利益休戚相关的 IPD 合同框架下,能否承担不最大限度地采用同地办公而错失的利益与机会?

14.4.3 实体先于虚拟

几乎所有的同地办公设施一定程度上都使用了虚拟协作设施。这些设施可以是简单的电话和视频会议,也可以是网络会议,或者是完全交互式的视频会议和虚拟协作环境,比如 Bluescape walls(可视化协作平台——译者注)。使用虚拟协作设施的功能是让不能亲临现场的人参与进来,从而扩大同地办公的覆盖范围。

应用虚拟协作的三项注意事项:

1. 面对面的协作效率优于虚拟协作,尤其在需要调动整个团队积极性获得创造性成果时。

2. 建立于面对面沟通关系基础之上的虚拟协作效率会更加高效。彼此熟悉的团队成员,可以更有效地进行虚拟互动。因此,在创建团队之初,即使是临时团队,也应在进行虚拟协作之前创建一个团队成员可协同工作的实际办公场所。

3. 根据所需的沟通方式选择虚拟设施。

- 多于两到三人的电话沟通效率较低,电话所传递的信息较少,最好仅限于交换基本信息,如安排会议或事项确认等。
- 缺乏语境的电子邮件不适宜讨论问题,使人难以理解各自表达的观点。此外,需要仔细阅读晦涩难懂的冗长邮件,方能完全了解某个事项,并且,电子邮件的各种附件难以发现。电子邮件的优势在于整理和记录决策,或者打包发送附有注释的文档。
- 嵌入协作系统的即时通信系统支持将信息编组成对话,在一定程度上解决了电子邮件的弊端。其具有强大的信息标记、组织和搜索功能,但仍未解决类似于电子邮件的语境问题。
- 网络会议有利于信息(例如分析和报告等)的展示,但不适用于讨论或辩论。
- 视频会议,尤其是高清视频会议与网络会议相结合,具有更好的交互性和视觉环境,尽可能多地提供相关语境,以激发创造力。

> **模式和语境很重要**
>
> 传播学研究人员很早就发现,人际交往的大部分信息是在语境中,而非讲述的词句。在《诚实的信号》(*Honest Signals*)一书中,亚历克斯·彭特兰(Alex Pentland)(2008)

> 依据现有研究得出结论：非语言线索是值得我们信任的"诚实的信号"，团队只使用这些"诚实的信号"而无须语言就可以作出决定。面对面协作更具优势，麻省理工学院彭特兰团队将这种认识提升到了新的水平，他们用监测设备记录人们互动的频率以及与情感有关的信息，而未记录任何交流的内容。但是通过对上述沟通模式进行分析，即可预测哪些团队会取得成功（Pentland, 2012）。

14.4.4 优化同地办公区域的布局

按专业而非按企业布局

同地办公旨在通过创建多专业的互动，提高团队的创造力和内部沟通水平。同地办公的区域划分与专业工作有关，以设备为例，无论人员的公司隶属，负责设备系统的人员均应处于同一区域的邻近工位，包括设备工程师、设备承包商、业主的运维经理、供应商等。相关专业集群，如电气专业集群，应与设备专业集群直接相邻，理想情况下，所有可能参与该专业互动交流的人员都应该处于同一或相邻的区域中。

对于小型项目的同地办公，上述相关专业可以合并成一个专业集群，例如设备、电气、管道和消防（MEPF）。而对于大型项目，则可对专业集群进行更多更细的划分，形成一个较大的"邻近办公区域"（如 MEPF 工作组）。

人员工位的设置相对独立，但应避免设置妨碍对视交流的过高隔断。

墙壁空间的充分利用

可视化管理要求充分利用墙壁空间，展示团队状况、计划（如拉动式计划）和目标等信息，以利于团队之间的沟通和合作。应为头脑风暴预留可共同使用的绘图墙面。例如，在预留的墙壁上固定大白板或粘贴绘图纸，团队成员以此进行概念的探索和备选方案的讨论。

为解决"墙壁空间不足"的问题，一个团队研发出可移动的活动墙板。活动墙板为"A字形框架"设计，由现场现有的材料制成，下面装有万向轮，两面都可以使用，可从存放地点移动至所需的专业集群工作区域。

另一个团队研发了可滑动拉动式计划墙板，以解决"墙壁空间不足"问题。每段可滑动墙板以时间阶段呈现工作内容，例如以一周为一个时间阶段，展现 6 周滚动进度计划。项目随着时间的进展，呈现早期工作的可滑动墙板被擦除并被移动至最末位置，用以呈现未来的工作内容，实现了在相对较小的空间创造了"循环往复"的日历，始终展现未来 6 周的计划。

高科技也可用来扩展墙壁的使用空间。SMART 显示器和 Bluescape 可视化协作平台是交互式数字空间的较好设施，团队（用户）可利用此类设施显示协作和操作信息。可视化协作平台的大型数字面板支持在多个位置和多个设备上同时交互信息，并且具有放大或缩小信息，往复展现工作细节或整体的功能。此类设施使信息交互更为便利，促进了项目团队或各专业集群的信息交流。

相对于信息的电子展示，实体的信息展示方式也有自身优势。尽管电脑有进度安排和任务提醒功能，但大多数人偶尔也会将便利贴粘贴于显示器上，"真正"提醒需要做的事情，体现了无论电子检索信息多么便利，可见信息比不可见电子信息具有更大的影响力，因为其随时直接可见。

小型洽谈区

团队成员常常需要进行自发性互动，此类互动需要一些可以会面的小型洽谈区，这些区域可以是小会议室或开放区域。在某项目的一个联合办公室中，"邻近办公区域"之间的圆桌即为小型洽谈区，在需要时团队成员聚集于此进行问题的讨论。各团队也可利用具备长沙发、椅子和显示 BIM 信息的大型显示屏的休息区域，进行设计或 BIM 工作的共同讨论评估。

尊重不同工作习惯

尽管多数人适合于开放式的办公环境，但也有些人更适合于安静的工作环境，某些人的精力集中依赖于有音乐的环境，而某些人则依赖于安静环境，这些都是个性化的合理差异，在能够实现共同讨论并达成解决方案的前提下，应该充分尊重这些差异。可采用白噪声发生器的方法，在维持开放的工作环境的前提下抑制其他噪声。需要依赖于音乐环境集中精力的人员可采用戴耳机的方式，以免音乐影响他人的工作。

最适合的技术

即使项目预算可以支持使用现有的各项新技术，但并不意味着应该全方位地使用各种新技术，精益流程的本质是选择最合适的技术。例如，实现拉动式计划的最好方式是需要作出承诺的各专业团队采用"便利贴"的方式积极协作与沟通。与此相反，对于设计意图的深入理解，则需要广泛使用可视化技术，甚至是沉浸式三维虚拟成像，如迪士尼将设计信息可视化的数字沉浸式展厅（digital immersive showroom，DISH）。工具类型影响团队的交互方式，如同木工和机修工知道采用何种工具更为适合工作的顺利完成，协同工作也是如此。

14.4.5　同地办公管理

合理安排独立工作时间

同地办公的关注重点是协作、开会、讨论、辩论和决策，但也应关注成员自身的独立工作。项目管理工作应合理安排独立工作时间段，以便人们有充足的时间进行独立工作。

合理安排会议

每周的会议计划安排应在同地办公联合办公室中进行公布，并确保各团队成员可通过团队所使用的任一数字化协作工具获得。如前所述，会议的安排应留出个人的工作时间，保持会议安排的规律性，并尊重参与者的时间。如果根据专业种类安排会议日程（例如周二的结构/基础专业会议），每周会议日程应保持不变，以便人们能够合理安排自己的工作。与会议主题密切相关的各专业团队会议应集中安排，以提高时间效率。总之，项目管理人员应合理计划参加同地办公会议的人员及时间。

一旦安排完会议，项目管理人员应获得需参会人员的承诺，确保准时到会。如果有个别应到会人员不到场，则决策无法达成，浪费了到场人员的时间。同样，预定好的会议应该准时开始和结束，要求参会人员应准时到会，不得在会议工作完成或会议计划结束时间之前提前离场。

日程安排软件可以根据预定设置无限重复的会议安排日程，但不应仅根据日程计划而安排会议。虽然规律性会议日程安排非常便利，但并不意味着必须根据预定会议日程安排不必要的会议。为避免每个人的工作日程上占满有可能取消或没有必要的会议，每次就近安排几周会议的日程是最佳的会议管理方式。

每日站会

每日工作安排应从当天的简短例会开始，此种例会通常是站着进行，因而称为"每日站会"，这种方式既可避免会议处理过多事务，又可缩短会议时间。每日例会的主要内容：

- 表明自己身份，除非团队成员之间彼此熟悉；
- 陈述当天计划要做的工作；
- 重点陈述正在解决的难点问题。

每日站会不是进行广泛讨论的时间，如果团队成员需要与某个特定成员讨论某项内容、关于某个问题的信息或建议，应在站会结束后单独讨论，以避免整个团队浪费时间听取仅与个别成员相关的讨论议题。

每日站会是非常有效的方式，可以使工作更加明晰，促进了协作并避免了浪费，如果有人正在从事非必需的工作或优先级较低的任务，即可在每日站会上及时发现而不是数周后。

不能亲临会场的人员，也应该通过视频参加会议。

明确会议议程

同地办公会议，包括所有的项目会议，都应该明确会议的议程，可使人们了解会议讨论内容以及是否有必要参会。如果需要在会议中作出一些决策，最好应将这些决策事项列入会议议程，以确保相关决策者出席并进行必要的准备工作。对于后续会议需要继续讨论的下一步工作，最好将其列为本次会议的最后议程，以保持会议之间的连续性，并明确项目团队下次会议之前需要完成的相关准备工作。

会议记录/A3 报告

同地办公会议需要相应的组织模式，应具有明确的议程，记录并跟踪所作决定和承诺的实施状况。会议应建立问责机制，会议记录应明确问题负责人，并跟踪所作承诺。所有的会议记录应采用相同格式，并及时公布，以便团队成员查阅。记录所作承诺的专项纪要用于确保责任落实，并可采用 A3 报告方式记录决策。

确保合适的成员参加合适的会议

同地办公的一个缺点是"会议病"，将过多的时间浪费于没有成效的会议。最大的时间浪费体现在与会议议题毫不相干的人员出席会议，或与会议议题密切相关的人员未出席会议——此类人员拥有会议决策所需的知识或专业技能或者是讨论事项的决策者。

在会议开始时，主持人首先确认是否有人缺席会议，这对完成会议任务非常重要。如果有人缺席，应明确这些人的缺席是否会影响会议任务的完成，如果影响或严重影响，则应当休会或择日召开。另一个需要解决的问题，应排除与会议主题不相关的人员出席会议，如果有此种人员参会，则可请其自行离场。如果对出席会议人员是否与议程相关有任何疑问，则应提出质询。

注重人员的参会时间比重

有时需要某种专业的成员参与会议某阶段的议程，而其不需要参与会议的整个议程，应注重此类人员参会的时间比重。可安排会议议程首先讨论与此类人员相关的事项，讨论结束后他们即可自行离场，或在会议中安排特定的时间段，邀请此类人员出席会议并参与讨论。

工作的具体实施和整体规划策略

项目可被视为依据一系列决策而实施的相关工作。对于工作的具体实施，需要在会议之前做好充足的前期准备，以制定合理的问题解决措施。对于整体规划策略的制定，应优先讨论对项目进程影响较大的工作，例如，当亟需解决施工场地问题时，讨论室内装饰问题没有任何意义。因此，会议议程应根据项目实际进度计划进行安排，并需要在两次会议期间预留足够的时间来完成工作。例如，某周的会议议程是讨论设备、电气和管道（MEP）的成本问题，而下一周的议程则是讨论结构/围护成本的问题，以便 MEP 团队针对性处理相关问题，而不需要每周都耗时汇报成本问题。

"停车场列表"形式的会议记录

人们常有以下参会经历：有人在会议中提出了一些对其很重要但却未列入议程的问题，也有人在会上提出了很好但偏离会议主题的想法，如果会议时间充足，最好应将这些问题以"停车场列表"形式进行记录，并在会议最后阶段进行讨论。如果会议时间不充足，但此类问题又很重要，应将其列入另外会议的议程中。

集成并行工程！！！

重大问题和重要节点的问题应通过集中多专业人员参加的系列会议进行讨论。集成并行工程（Integrated Concurrent Engineering，ICE）是一种行之有效的方法，该方法要求所有必要的专业人员和决策者进行高强度分析、快速建模/模拟并制定决策。项目期间应倡导集成并行工程会议模式。

模型应用

即便是设计专业人士，也很少有人能轻易地将二维图纸设想为三维（或四维）立体图像，而非专业的项目利益相关者几乎无人具有此种能力。

三维模型更容易理解，可以降低团队内部对图纸产生误解的概率，通过将进度和成本信息添加进模型，团队能够直观了解施工顺序并对比不同备选方案的工程量（在某种程度上对比成本）。

沉浸式三维可视化，通过佩戴三维眼镜或进入三维可视化房间，业主和团队成员能够"进入"模型并体验功能。此外，正在研究的一项新技术不仅可使人们直观地体验模型，而且可通过参数调整、模型修改进行交互式体验。

建模的过程就是搭建建筑原型的过程，可以使团队了解正在建造的内容，并进行测试、改进，实现在项目实际建造之前进行多次的虚拟建造。研究表明，有效使用模型的会议比不使用模型的会议更有效率；在有模型的会议中，参与者解决了75%的问题，而在没有模型的会议中，此类相关问题无法得到解决（Liston，2009）。

14.4.6 部分同地办公策略

到目前为止，相信大家已经确信同地办公是有价值的，并且明白了应该如何组织同地办公。但在浏览了上述内容之后，或许有人认为它并不适用于"小型"项目。其实，同地办公同样适合小型项目，但需要改变一下方法，然而，在作出改变之前，首先应该了解反对同地办公的观点。

反对同地办公的两个常见观点
个体化工作的效率更高

> 最初,我们没有安排整个团队同地办公,仅有建筑师与我们在办公室内频繁互动,习惯于随时进行思想交流……在组建联合办公室的初期,仅有部分团队成员进入,效果并不理想。
>
> ——劳雷尔·哈里森(Laurel Harrison)

第一个论点是"在自己的办公室我个人的工作效率更高",如果只关注个体化工作效率,这种观点可能是对的。在办公室内,个人仅利用自身资源从事多个项目的工作,其他人不会进入办公室咨询问题,打扰个人工作。或许人们认为,这种方式工作效率更高,继而推断同地办公也应采用此类个体办公方式,从而提高整体项目的工作效率,但事实并非如此。

在《这就是精益》(This Is Lean)书中,尼古拉斯·莫迪格(Niklas Modig)和帕阿·赫斯特罗姆(Pär Ahlström)指出了个体化的高效工作可产生整体工作协调性不足的问题。从工作的角度来看,个体化的高效工作可导致整体工作进展缓慢,主要原因如下:

如果为了保持个人工作饱满而在多个项目之间来回转换,很有可能需要批量处理每个项目的工作以创建足够的工作存量来保持工作饱满状态。一旦完成一项批量工作,则开始处理另一项批量工作,的确实现了个体化的高效工作。然而,单方的项目工作往往需要与另一方的项目工作衔接,个体化批量处理工作的方式,将延迟项目其他人员工作的启动。因此,此种个体化的高效工作,使得项目整体工作效率降低。如同 IPD 合同的要求,公司的利润与项目的整体效率紧密相关,所谓的个体化的高效工作实际上降低了项目的整体工作效率,从而减少了公司的利润。

仅注重个体化的高效工作还有另一个不利因素,随着单一资源利用率的提高,可导致整体系统的效率下降。如同高速公路的状况,随着汽车数量的不断增加,汽车的行驶速度则开始下降直至龟速移动。如果任一车辆的行驶速度发生变化(无论如何努力尝试,人们驾驶的速度总会有所不同),则可使高速公路的整体车流速度忽快忽慢,人们均在高速公路上经历过类似状况,刚提升行驶速度就不得不减速。最为糟糕的是,这种车辆流通量降低不是线性下降,当高速公路利用率超过 50% 时,车辆流通量开始呈指数下降。这就是高速公路利用率在不到 75% 时,就出现交通堵塞的原因。因而,注重个体化的高效工作可导致项目整体工作的迟缓。

成本过高

第二个论点是同地办公成本太高,创建联合办公室需要配备相应的技术设施,人们需要从异地办公室进驻联合办公室,成本较大。但是,异地办公的成本为多少?各团队工作的不协调所产生的浪费有多少?因没有在同地办公的充分讨论丢失的杰出创意有多少?因各团队处理问题的顺序不一致或工作安排与团队工作进度不一致所造成的返工有多少?因异地办公导致的设计和施工生成的浪费有多少?如果未评估异地办公所造成的损失,则不能断言同地办公成本太高。

14.4.7 最大化同地办公的价值

与其争论为什么小型项目不应采用同地办公,不如重点讨论我们如何有效利用资金实现同地办公,并利用现有资源通过同地办公获取最大收益。本节接下来将讨论如何有效利用预算实现同地办公的一些策略。

流动式同地办公

在欧特克建筑、工程和施工行业的沃尔瑟姆项目(Autodesk AEC Waltham)中,托奇建筑(Tocci Building)公司作为项目的承包商,在设计/施工前阶段即进驻建筑设计公司的办公室[Kling Stubbins 建筑设计公司,现为雅各布工程集团(Jacobs Engineering Group, Inc.)的子公司]进行同地办公。根据建筑师的设计文件,承包商对同一模型进行同步深化设计。主要分包商也在建筑设计公司的办公室同地办公,为设计提供本专业的信息。项目开始施工后,模型被转移到托奇建筑公司的办公室,建筑师以及部分咨询公司人员进驻托奇建筑公司的办公室开展同地办公,对于设计出现的问题,即刻共同研究解决并制定决策。尽管没有专用同地办公的空间或设施,但同地办公的大部分目标均已得到实现。

其他团队也采用了类似方式,早期在一个参与方的办公室进行同地办公,然后搬迁至联合办公室或另一家公司的办公室。这种方式也可以实现整体工作的重点协调,例如,在设备和电气系统设计期间,同地办公地点迁移至设备工程师的办公室。

间断式同地办公

根据项目的进展情况,团队可两周或四周进行一次同地办公,而不是持续进行同地办公。这些间断式同地办公方式类似于集成并行工程研讨会,目的是制定决策,并进行后续工作的准备。某些团队成员可在同地办公间隔期间进行会面讨论,在此期间,团队成员可利用虚拟工具(如视频会议)或利用项目协作应用程序及项目专用网站进行沟通。

需求式同地办公

可通过制定日程表确定团队成员参与同地办公的时间,而无需所有成员始终在联合办公室内工作。因此,可能在周一召开所有团队成员参与的周工作计划会议,周二召集结构系相关的成员在联合办公室开会，而周三则是设备/电气系统相关成员参与的会议等。如果采用"需求式"方法，各团队成员必须将参与同地办公视为一项重要职责，若仅在自身方便的时候才参与会议，则同地办公体系将失效。

场外式同地办公

在施工期间，将同地办公地点设置在临近或位于项目现场至关重要，但在设计/施工前阶段却并非如此。在某些情况下，在设计/施工前阶段的同地办公，团队可选择方便工作的地点，直至施工开始时再搬至项目现场。

远程同地办公

在同地办公地点可以从事其他项目的工作，许多公司允许甚至鼓励员工居家远程办公，居家办公能够从事多个项目工作，在同地办公地点也可从事同样的工作。如果需要结构工程师一直在同地办公地点工作，则应允许他们在此进行其他项目的工作。

为价值所做的付出

如果人们参与到同地办公对项目是有价值的，那么团队应该愿意承担可能因员工个体工作不饱满而造成的一定损失，截至目前，笔者尚未发现这种损失，但在确实发生损失的情况下，则需要承担这种损失。

虚拟增强技术

如前文所指出的，仅使用虚拟协作工具并不能实现同地办公。但是，一旦团队建立了密切的关系，视频会议、可视化协作平台和类似的技术会则可为同地办公带来一定的益处。然而，虚拟协作技术具有局限性，应该将其视为提高同地办公效率的技术，而不是完全取代同地办公。

14.4.8 存在的问题

在本章有关部分同地办公策略的相关内容中，笔者讨论了因个体工作的高饱满度而导致一些负面影响。但实际情况是，一些项目参与方，特别是专业人员，需要保持合理的个体化工作的高饱满度才能为所属公司创造利润。在大型项目中，专业人员的个体化工作时间得到了充分利用，这种问题并不是十分突出；但在小型项目中，团队成员必须意识到对工作的高饱满度要求，有可能导致专业人员需要离开同地办公地点，返回至自己的办公室工作。对于此种问题需要坦诚面对并高度重视，在本章所讨论的部分同地办公策略可能是解决该问题的方法。

同地办公存在的另一个问题在于可能影响参与者的生活。如果团队成员均居住于同一地区，则在此地区内同地办公对成员的个人生活影响较小。但如果项目距离某些参与方的公司较远,尤其是一些团队成员需要长时间异地工作,成员可能难以接受。主要原在于团队成员需要承担抚养、教育子女等家庭责任,同地办公方式可能给成员及其家庭带来压力。本书探讨的是集成项目交付而不是人力资源方面的内容,但项目团队需作出适当调整,以利于有价值的员工在不完全牺牲家庭生活的情况下为同地办公作出贡献。

14.5 案例:缅因综合医院的新院区项目

背景

缅因综合医院是缅因州中部领先的急救医疗服务机构,两个院区的原有独立运营模式效率低下,而且医院的设施老化,需要进行升级或重建。缅因综合医院决定将医疗院区整合成一座 64 万平方英尺(约 59458 平方米)的现代化医院,预计投入 3.22 亿美元。缅因综合医院的 CEO 查克·海斯(Chuck Hays)经过对新医院各种交付模式的研究,最终确定了采用 IPD 模式。

缅因州中部地区 IPD 交付模式尚属空白,主设计方为缅因州波特兰市的 SMRT 建筑事务所,其与缅因综合医院和波士顿 TRO 建筑事务所(前身为 TRO 荣 | 布兰恩建筑事务所)具有良好的合作关系,而 TRO 建筑事务所通过康涅狄格州的一个小型项目的建设拥有了一些 IPD 经验。该项目团队选择了由罗宾斯和莫顿公司(Robins & Morton)和 H. P. 卡明斯建筑公司(H. P. Cummings)组建的合资企业作为施工管理方。罗宾斯和莫顿公司是位于亚拉巴马州伯明翰市的美国顶级医疗保健建筑承包商,而缅因州的 H. P. 卡明斯建筑公司是一家规模虽小但知名度颇高的承包商。

两家承包商均未承建过 IPD 项目,他们选择的分包商和相关咨询公司几乎全部位于缅因州。该团队拥有各项目参与方,并且签订了 IPD 合同,但是他们是真正的 IPD 团队吗?

过程和实例

项目团队首先采取的步骤之一是制定协作实施项目的计划。根据对其他项目的调研,特别是对以往医院 IPD 项目的调研,项目管理层确信,同地办公对于将有能力的个体参与者整合为高效的 IPD 团队至关重要。IPD 合同 [缅因综合医院所采用的瀚盛律师事务所三方协议形式(three-party Hanson Bridgett form)] 授权项目管理团队(Project Management Team,PMT)可为改进项目协作实施方法制定投资决策,因而,项目管理团队决定在项目场地附近租赁一栋建筑作为同地办公场所,该场所可以容纳团队主要成员进行工作和举办会议。

该场所配置了高带宽互联网,并为身处波士顿市的建筑师和其他人员远程参与会议安装了视频会议系统。同时该场所拥有足够的空间,可用于搭建病房样板间和其他相关的实体模型。

同地办公场所是交流与协作的中心,通过该中心设置的类似交通信号灯的方式,团队成员可及时了解项目的预算和生产进度。偏离目标为红色，需要关注为黄色，目标可控为绿色。项目成果的直观实时呈现和开放式办公环境的布局，真正体现了"我们是一个整体"，一切工作均以项目为导向。如果打电话给该中心，人们将会听到"下午好，这里是新院区项目，有什么需要帮助吗？"项目团队将该中心简称为"CO-LO"，中心拥有专用地址和标志，如图 14.1 所示。

图 14.1　缅因综合医院联合办公室地点标志。Alfond 健康中心 IPD 团队提供

在联合办公室内就进度计划进行了早期的协作，设计团队成员与各专业分包商充分协作，实现了确定进度计划的精益过程。图 14.2 显示了 1 号联合办公室。

图 14.2　1 号联合办公室中进行的进度计划和工作流会议。由 Alfond 健康中心 IPD 团队提供

此类大型项目需要项目管理团队与业主的用户群组共同制定大量的计划，用户群组的会议是计划过程必不可少的环节，而联合办公室的集成理念极大地促进了这一过程。施工团队成员参加了全部用户群组会议，实时反馈影响项目现场物流和成本的问题。用户群组通过在联合办公室内直接查看项目预算状态和主要进度指标，加深了对问题的理解，并提供了相应的支持，从而使决策过程更加高效。

在与业主用户群组共同制定计划的同时，项目管理团队组建了由设计团队和相关各专业承包团队组成的项目实施团队（多专业团队），这些团队（图14.3显示了团队之一）定期在同地办公地点开会，听取总承包商的成本反馈和业主意见，并共同改进设计方案。联合办公室集成过程可使团队协同工作以开发实现项目价值最大化的方案。若其中某个分项的成本增加，协作团队即通过降低其他分项的成本以综合平衡项目成本。由于所有参与方共同审核项目规模、成本和进度计划，项目团队所作出的决定得到了各参与方的认同。

图 14.3 在 1 号联合办公室中的多专业 / "项目实施团队" 视频会议。
由 Alfond 健康中心 IPD 团队提供

同地办公的理念延续至施工阶段，为了利于工作，同地办公场地搬至距离项目更近的位置。安全会议、IPD/ 精益管理负责人每周例会、联合调度会议以及项目实施团队（PIT）例会均在 2 号联合办公室进行。

项目现场的临建工作地点设置了一个中心区域，具有联合办公室的类似功能，业主代表、设计师和承包商在此协同办公。该区域设置了可移动隔墙和具有视频会议功能的大型会议室，以利于上述人员能够与临近的项目团队和业主进行会议研讨，充分发挥集成优势。大型会议室也是项目的信息中枢，提供诸如楼层平面图、进度计划等信息。

挑战

同地办公方式面临两大挑战和住宿问题。第一个挑战是建筑事务所不在项目现场附近，TRO 建筑事务所位于波士顿市，而 SMRT 建筑事务所虽然位于波特兰市，但距离项目现场仍有三个小时的车程。

该团队通过采用定期同地办公（不是全时段参与）的方式，克服了距离上的挑战，并安装了高质量的视频会议系统，将 1 号联合办公室及后来的 2 号联合办公室（虚拟地）连接至建筑师的办公室。在初步设计阶段，每个建筑事务所均配备了一名金属板材大样设计人员，以利于供暖、通风与空气调节系统（HVAC）大样设计人员与设备设计师之间的快速协调。在每个建筑师的办公室内实现了有效的小型化联合办公。

另一个主要挑战来自技术方面。团队通过模型进行协同工作，但不同的软件平台的集成具有很大挑战性。此外，由于联合办公室的高带宽网络安装存在延误，项目参与者只能在各自的信息技术平台开发初始模型。

开放式办公的布局促进了项目参与者之间的协作，但现实情况是此种办公环境较为嘈杂，对于部分参与者需要适应这种环境。为了减少会议产生的噪声，团队将会议区设置在远离工作区的区域。

成就

尽管存在一些挑战，但同地办公发挥了重要的促进作用，拉近了各参与方之间的距离，加强了习惯于各自独立工作的企业之间的沟通和协作。毫无疑问，业主、设计和施工团队的同地办公是发展共同决策文化的关键，而这种文化促使各方超越简单的合作，形成了一个目标和利益一致的集成团队，从而取得项目成功。缅因综合医院的 IPD 项目团队如同一家企业，各参与方均专注于共同的目标。

缅因综合医院项目团队取得了重大成就。相较于由各竞聘承包商为项目规划许可获批而制定的各种进度计划，项目实际工期缩短了 9 个多月，以每月 100 万美元的融资费用和 60 万美元的常规费用计算，这是一笔可观的结余。项目工期中的 18 个月，设计和施工穿插实施，大大加快了项目进度。同地工作所带来的密切合作，增进了团队成员之间的相互信任，使得部分设计尚未生成的情况下，施工团队就已提前进驻现场。IPD 团队利用项目结余的资金，增加了冰冷却系统、额外的顶层设备间和雨水回收系统等设施，提升了项目的价值。团队将项目的 LEED 银级认证目标提高至金级认证，最终项目交付成本低于目标成本，并且为团队创造了额外的收益。

14.6　重要性

同地办公与 IPD 团队和协作密切相关，是创建集成组织的一个因素，并需要集成信息的支撑。在多专业团队中工作，可以实现通向集成系统的集成过程，IPD 的各个方面几乎都与同地办公息息相关。

14.7 启示

IPD 的各个环节最终都与同地办公相关联。无论项目的目标是实现可持续性、精益设计施工，还是 BIM 高效应用，都需要协同工作。未来一定能够解决虚拟协作存在的弊端，创建一个具有面对面协作同等高效的系统。但在此种新系统问世之前，高绩效团队仍需要重点实施大量的面对面工作，而实现多专业团队面对面沟通的最佳方式是同地办公。

14.8 小结

同地办公是非常有价值的协作方式，将多专业团队聚集在一起，可以增进沟通，增强创造力，并发展与融洽协作所需要的人际关系。虽然协作需要一定的投入，但其产生的价值远大于投入。若不能实现完全同地办公，可采用部分同地办公或通过数字化设施实现同地办公的相似效果。但也必须认识到，同地办公对参与公司及其员工提出了更多的要求，他们必须适应这种方式，方能取得项目成功。

参考文献

DPR Review.（2011，Spring-Summer）. Q&A: Building a great Big Room. pp. 1–4.

Liston，K.（2009）. A Mediated-Interaction Approach to Study the Role of Media Use in Team Interaction. Ph.D. dissertation，Stanford University，CA.

Modig，N.，& Ahlström，P.（2015）. *This Is Lean*. Stockholm，Sweden: Rheologica.

Pentland，A.（2008）. *Honest signals: How they shape our world*. Cambridge，MA: MIT Press.

Pentland，A.（2012，April）. The new science of building great teams. *Harvard Business Review*，90（4），pp. 60–69.

第 15 章

集成团队的生产管理

"忙碌并不总是意味着真正的工作。所有工作的目的是生产产品或完成工作,而要达到这两个目的的任何一个,人们必须有预见性、有系统性、有计划性、有目的性,并在一定的知识储备之上勤奋地工作。否则,看似忙碌,其实什么也没做。"

——托马斯·阿尔瓦·爱迪生(Thomas A. Edison)

"不要把行动和成就混为一谈。"

——约翰·伍德(John Wooden)

15.1 集成生产管理的内涵

集成生产管理的主要内容是团队成员界定工作,并将工作分解为与可用资源相匹配,易于管理的工作模块方式,使项目工作不偏离目标,并具有方向性、高效性、安全性地推进。正确的方法可以参考 2013 年 7 月竣工的南加州医院的真实案例。该医院案例的成功归功于项目的全面集成生产。

15.2 成功的标志

在蒂梅丘拉山谷医院项目这一成功案例中,负责制定生产计划的主管、总工长和工长们对成功的项目内涵有明确的认识,他们认为衡量项目成功的标准不是通常的"好项目,而是将所有可能实现的目标变为现实"。

在这个成功的案例中,各班组在准确的时间、按照正确顺序一次性地完成工作,履行工长在生产计划周会上作出的承诺目标,班组之间按照承诺顺利交接工作。各班组运用恰当的工艺和设备,安全地开展工作。依据准确清晰的作业文件,在没有任何未解决的设计或变更问题的情况下,各班组在整洁并畅通的作业区域内开始工作。员工们具有安全意识,并采用了适当安全措施,防止人身安全事故发生,并根据质量目标制定工作计划,确保工作结果符合预期标准。所需材料的放置,利于使用并不妨碍他人的工作。各班组具有充足的时间,以保证工作的顺利完成。对于出现的问题，负责人应立刻召集员工们讨论，并根据讨论的情况及时告知问题可能得到解决的时间。

15.3 实现方式

新建或改建建筑的目的是为业主/用户创造价值。从精益的角度来看，为实现这一目标，制定计划的工作属于必要的非增值活动。图 15.1 展示了集成生产管理的要素及其关系，价值创造从①开始。箭头显示发自战略计划⑤的信息流向，该计划距离价值创造最远，是所有其他类型项目计划的前提条件，我们把总体进度计划置于图的最上方，与生产管理工作进行区分。步骤①、②、③和④是实现生产管理的方法、过程和实践，这些步骤在满足业主/用户需求并交付有价值的高性能建筑方面是必不可少的。

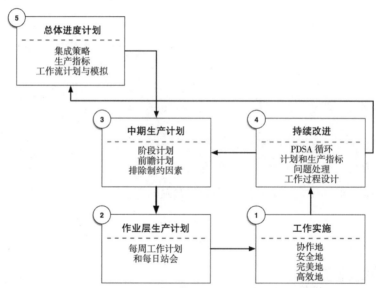

图 15.1　生产管理蓝图

图 15.1 显示了生产管理持续循环的过程。若要准确地实施这一过程，我们必须制定有效的作业层生产计划。而制定有效的作业层生产计划依赖于中期生产计划的制定。要制定中期生产计划，我们需要了解工作执行情况，方能不断提高绩效，同时，必须根据总体进度计划进行合理衔接。若要制定管控项目的纲领性总体进度计划，我们还必须将所掌握的知识融入持续改进的过程中。

15.3.1　实施工作，创造价值

只有满足下游需求方的需求，工作才能创造价值，为实现该目标，必须具备以下所需的

所有要素：当前工作之前的所有工作已实施完成；安全意识高；预防措施到位；场地清洁；规模适中，员工训练有素；材料准确到位；设备合适可用；质量标准明确易懂。此外，工作批量和班组规模结构必须匹配，两者必须能够满足在目标成本内交付项目。

15.3.2 作业层生产计划

每日制定各项施工计划，方能保证安全、优质、及时地开展工作。在大多数情况下，工作流末位计划制定者多为工长，在末位计划者系统（LPS）中称其为末位计划者。生产主管和末位计划者每天开会汇总班组完成情况，并关注影响工作流的事宜，他们第一时间即可获得全部所需信息：关于建筑和工程图纸的最新设计文件、建筑信息模型、组装和施工图、明确的质量完工标准以及安装说明。每日站会的记录应包括基于当前工作进展的作业层生产计划、材料交付、检查及工作勘误等内容。在这个过程中，需要信息透明和态度坦诚。即使是自己所在公司引发的问题，末位计划者也必须公开披露相关事宜。没有准确的生产信息，分包商无法将自己的工作与他人的工作顺利集成。承诺"尽力而为"是不够的，因为这无法保证工作顺利进行。唯一有用的回答是"是的，我能做到"或者"不能，因为执行工作的条件不具备"。

15.3.3 中期生产计划

只有在了解总体进度计划所需的生产进度，并认为该进度是切实可行的情况下，计划生产的人员，即生产管理团队，方能着手制定中期生产计划。生产管理团队必须对工作顺序进行规划，确保每个班组拥有足够的工作空间和时间，进行安全、合理的施工安排。根据工程量、所需设备，在某段时限内（通常以日为单位计算）指定作业面的班组生产进度，分配流动工作区域。指定作业面工作量最大、耗时最多的班组是制定生产计划的决定因素。生产管理人员必须提供相关工序的准确实施日期，以便适时订购和提供所需材料的准确数量，避免过早订购和交付材料，导致材料由于天气或其他原因造成的损坏以及施工前不必要的二次搬运。生产管理人员应根据各班组的需要，分配数量合理、技能熟练、经验丰富、经过培训的员工，掌握各班组工作内容及落实到位的情况，以利于各班组之间的工作衔接。此外，生产管理人员需要考虑提供较为充足的人员、材料和时间，以减少或缓冲工作流变化带来的影响。

15.3.4 持续改进

中期生产计划必须反映当前条件下的实际生产能力，该计划的制定者必须建立一个快速反馈机制，能够根据工作的实际开展情况，把项目中获得的知识融汇于生产计划。生产计划制定者必须了解各班组是否实现了生产、安全和质量目标，需要采用指标对完成的工作进行评测，确定计划实施情况、量化生产效率、工伤率、产品合格率、返工率。生产管理团队必须将工作标准化，以及时发现生产偏离指标的根本原因，依据量化结果了解隐藏在生产中的问题，特别是生产顺序和进度方面的问题。在发现问题的情况下，管理人员和生产主管需要深入了解问题产生的根源，可通过"五问法"，也可通过不同角度和专业知识审视问题的方法，寻找问题发生的根本原因。应用首轮研究（First Run Studies）*方法改进工作，要求班组成员依据视频显示的工作状况，改进工作方式，并依据量化指标了解每次改进是否有效，在掌握新的信息之后，再次重复这个过程。

15.3.5　总体进度计划

总体进度计划在各重要节点为中期生产计划确立了目标。从交付节点开始倒排工作，团队确定施工、制造、采购、许可和设计的主要交付内容，项目各参与方必须参与讨论。特别是打算采用新方法时，团队成员不可避免地需要借鉴自身和他人以往的经验，应注重听取意见，并根据具体情况加以分析，鼓励团队成员各抒己见，积极参与讨论。

总体进度计划并不需要涵盖具体细节，该计划的制定通常采用关键路径法，以利于团队理清工作的顺序，但是工作安排不能过于细化，以免计划的逻辑架构变成了纠缠不清的迷宫。由于目前各层级的进度计划方法和工具还是主要依赖于人工制定，若在不了解现实工作状况和制约因素的情况下，提前数月或数年安排具体工作，很可能会造成潜在的危害，并势必造成浪费。因此，总体进度计划应当根据生产计划和进度实时变更，而不是机械地规定如何执行具体工作。

15.4　案例

在蒂梅丘拉山谷医院项目开建之前，作为业主的环球健康服务公司的时任设施副总裁的比尔·希德（Bill Seed）明确表示，要选择致力于精益集成项目交付的项目团队，并确信该项目可取得如同萨特医疗集团和美国其他医院采用该模式所获得的良好效果，因而，该项目团队从一开始即认识到该项目所采用的模式与以往不同。

比尔·希德鼓励新组建团队的成员学习乔治·泽特尔（George Zettel）（团队领导者之一）将精益生产作为一种使命的理念，并邀请注册建筑师和精益建造顾问克里斯汀·希尔（Kristen Hill）在设计期间与团队共同工作。新组建团队的第一项工作是学习精益生产管理方法以及如何将该方法贯彻于工作中，并在项目开展的第二年，团队组建了内部的实践社团（community of practice，CoP），以提高对精益实践的理解和应用。值得关注的是，精益教员和实践社团引导全部团队成员关注耗费 70% 工作时间的三个方面：生产、等待和转运，并杜绝在这三个方面的浪费。

---

* 首轮研究是指在工程项目的改善过程中，由一个跨职能/多专业团队对第一阶段工作过程的分析，进行问题识别，过程改善，并建立新的作业标准。首轮研究是遵循爱德华兹·戴明所建立的"策划－执行－研究－处置"循环，评估目前的施工方法、工具、设备以及生产效率，分析存在的问题，通过讨论及创新理念的激发确定改进方向，建立新的作业标准，并按照新的作业标准进行小范围施工，以检验新标准作业的可行性。——译者注

比尔·希德和精益建造专家提出了一个特定词汇表,以供项目团队成员进行术语和词汇的学习和使用,主要用于描述面临的问题及其解决方案。设计方和施工方共同学习了以下五个专用术语:

- *满意条件*(Conditions of satisfaction,CoS)。比尔·希德起初将需求方的满意标准描述为"成功的标准",后改用为"满意条件"这一常用的精益术语。在 IPD 所有合作伙伴参加的首次会议上,团队了解了环球健康服务公司的满意条件,对这些条件的含义进行了讨论,并认识到每个需求方都需要了解自身的满意条件,而每个人又是承诺责任关系网中的需求方。
- *浪费*(Waste)。不能直接为客户提供使用价值且没有市场的产品都属于浪费。在该案例中,只有医院的设施和场地能够具备各个方面的相应功能,客户才愿意买单。设计、预算、计划和项目管理充其量仅是支持创造价值的工作,而这些工作本身并不直接创造价值。精益专家引导每个人认识到由大野耐一(Taichi Ohno,1988)首次提出的大规模生产过程中的七种浪费。大野耐一是丰田总工程师,公认的丰田生产系统(Toyota Production System,TPS)的发明者。管理人员、生产主管和工长认识到,在真正需要之前而盲目地提前生产可造成产量过剩,并导致等待、库存过量、人员和材料的不必要流动、无效工作、返工、信息和交接过度处理等浪费现象。通过深入学习,团队进一步认识到,不能充分开发员工的潜能是第八大浪费现象。精益教员采用"大野耐一圈"[*],教育新员工如何发现浪费,即通过让新员工站在所画的一个圆圈内一整天,观察并报告所发现的浪费现象的方法,促进团队成员认识到观察是真正能够发现浪费及其根源的唯一途径(Liker,2004)。
- *拉动式计划*(Pull planning)。团队成员掌握了让所有负责实现可交付成果的人都参与每一步计划制定的方法,即从实现目标所需的最终一项任务开始,倒排到起始任务。相对于仅依赖少数人尽力思考所有问题,在电脑上创建关键路径进度计划而言,通过认真听取各方意见,鼓励团队采用便利贴提供建议的方式,所制定的计划更佳。
- *末位计划者系统*。精益教员指出班组工长是一系列计划中的末位计划者,是减少员工生产工作波动的关键因素。末位计划者熟悉现场状况,了解是否具有清晰准确的信息、人员与材料是否恰当以及班组之间的工作是否交接顺畅(Howell,2011)。精益教员要求团队成员需要实施独特的计划过程,即末位计划者系统。末位计划者系统授权末位计划者规划某个阶段的工作顺序,编制每周的班组任务计划,预判未来数周可能出现的问题,通过每日例会的方式对计划进行必要的调整,以助于班组工作顺利实施(Ballard,1994)。
- *策划 – 执行 – 研究 – 处置*(PDSA)。精益教员阐述了个体和团队如何遵循 PDSA 循环实现持续改进,爱德华兹·戴明在 1950 年已将该循环引入了日本科学界和工业界。"策划"

---

[*] "大野耐一圈"是指大野耐一为培养管理人员的观察力,采用在工厂地面上画一个圆圈,要求被培训人员站在中间,用心观察生产活动,设法找出其中隐藏的浪费的方法。——译者注

（Plan）是指创建目标和流程，实现针对性的改进，从而建立更完整、更准确的规范。"执行"（Do）是指在收集信息的同时，根据既定流程进行生产。"研究"（Study）是指对照计划中设定的目标，分析实际结果。"处置"（Act）也可称为"调整"（Adjust），是指在分析根本原因的基础上，针对计划目标和实际结果之间的重大差异采取纠正措施（Latzko & Saunders，1995）。

15.4.1 应对挑战

团队如何应对所面临的挑战？通过一段时间的学习，项目负责人认识到在项目工作中面临着双重挑战，即创建工作流程和消除浪费。所有工作均应有利于在预算内达到质量要求，并能够严格按照环球健康服务公司的规定安全及时地交付设施，杜绝任何不利因素。工程材料的供应和使用以及各系统组件的安装应紧密衔接。

通过对精益建造和末位计划者系统的深入学习，大多数的团队成员形成了全新的理念，并应用于发现和解决工作流程中所面临的挑战（Ballard，2000）。团队的理念是积极管控而不是应对错误，以PDSA循环的方式运行工作，根据末位计划者的建议，在明确划分医院建筑各楼层工作区域的基础上，对工作进行排序。各班组的工作顺序和移交节点是由专业总工长负责制定，而不是由总承包商的项目管理人员和生产主管制定，以消除班组工作的无序交叉，从而解决了工程质量差、安全隐患多、生产效率低下等问题。

该团队深刻认识到应将发现以下问题作为工作的重点，这些问题包括可导致作业班组工作的中断，各个工作区域衔接不流畅等现象，这些现象以往并不被团队视为浪费现象，而是被视为正常现象。而已接受新理念的团队积极努力消除此类现象，包括等待、非必要的材料二次搬运、办公室的重复性工作，从而减少或消除浪费。

团队成员充分认识到，为了确保项目的利益，必须加强团队成员彼此对解决问题的意愿和能力的信任。团队领导应促进所有团队成员之间，特别是负责现场施工的成员之间信任的建立，这项工作应作为整个项目中的使命性任务。

15.4.2 组织、沟通和新实践

工作实施

步骤1，善于交流和学习价值创造理念。 团队领导层以切实可行的方案向新员工，特别是技工表明，能够为高质量生产的安全提供一切必要保障的信息，以切实措施保证尽可能快速地完成通车道路和停车场，并搭建完成了首个能够容纳100人的90英尺×150英尺（约27米×46米）的张拉式薄膜帐篷，此帐篷具有遮阳、避雨、抵御当地狂风的功能，为各专业团队提供了交流学习和增强彼此信任的场地。

为改善施工期间的室内作业条件，为员工们配备了垃圾运输通道、手推式地面吸尘器，以保持工作区域清洁。

根据对电气施工人员的调研，电气工程项目负责人认识到，相关人员并未真正理解项目团队的精益理念，项目总监汤姆·麦克科雷迪（Tom McCready）和项目经理布伦特·尼科林（Brent Nikolin）采用每周五邀请相关专业员工在联合办公室共进午餐的方式，共同讨论工作状况，听取意见，以达到改进工作，实现精益生产的目标。

步骤2，提供准确信息。 在楼承板的施工完成后，团队立即安装无线网络，并改进了配有电脑和打印机的可移动任务调度平台，作为每个作业楼层的员工信息交流站。根据需要，所有员工均可利用此平台查看和打印最新虚拟模型的视图和图纸，并可通过云端软件检查、调整工作计划，核对生产进度，记录工作中的差错和缺陷。主管、工长和班组长无须到办公室，寻找工程师获取相关信息，而是直接通过查阅该平台的信息请求（requests for information，RFIs）、变更单的状态及设计公告，获取相关信息，同时，这些信息也可以在iPad上获取，项目中所有的合作伙伴和许多指定分包商均为其工长配备了iPad。

步骤3，提供合适的设备和工具。 任何主管或工长均可依据蒂梅丘拉山谷医院团队制定的统一租赁计划，从选定的设备租赁公司的现场库存中，租用剪叉式升降机和叉车。租赁的流程为通过专用平板电脑的APP下单，再到办公室领取设备钥匙，并直接使用相关租赁设备。

依据管工的建议，项目团队耗资对螺母扳手进行了改进，使其更加适用于不同规格的螺母。团队为在狭小工作空间内的员工提供了充电式无绳直角钻，方便了员工的工作，避免了线路绊倒员工的隐患，节约了布线时间，整体上加快了各专业的生产进度。

为了提高施工效率，项目生产主管为剪叉式升降机的员工设计并制作了看图板，取消了将图纸挂于安全护栏上的方法。同时，IPD合作伙伴的干式墙承包商，提供了移动式切割锯。

步骤4，库存减少和材料方便获取。 IPD各合作伙伴的总工长一致同意，除金属龙骨和墙板外，仅允许小批量材料运送至生产作业面，并放置于轮式货架，制定了30/30要求，规定所需的材料、工具及技术资料，必须置于具体作业人员周围的30英尺（约9米）之内或其在30秒内可获取的位置。材料分包商对此方法非常认可，并积极配合项目的此种要求。

步骤5，重新设计作业方法。 干式墙分包商认为应在病房区内设置施工出入口，使得设备、电气和管道（MEP）专业人员具有更开阔的工作面，可在尽可能的长度内安装管道支架和风管。在设计过程中，干式墙分包商积极倡议，并使持怀疑态度的团队成员确信，每道干式墙骨架的建模都具有价值。依据管道和干式墙系统的细化建模，干式墙分包商可在中期生产计划的初期制定作业方法，即排水、排污和排风铸铁管道的安装优先于墙框架的安装。这种作业方法可使管道与干式墙分包商的工长明确管道和金属龙骨的安装位置，在不影响干式墙安装成本的前提下，极大地节约了管道安装的工程量，显著降低了项目成本。

由于缺乏在金属楼承板上预留孔洞或现场打孔的工作经验，消防喷淋设备分包商的此类工作均由其他团队负责实施，但是消防喷淋设备审批时间较长，通常导致错过金属楼承板上预留孔洞的时机，只能采用在金属板上打孔再加固定件的传统方法。该团队通过全站仪读取建筑信息模型（BIM）数据，由一个班组专门负责标记设备、电气和管道系统的所有金属板孔洞预留和打孔位置，既缩短了工期，又提高了工作质量。通过医疗设备墙背衬装置位置的建模，干式墙团队可为不同的房间类型制作皮数杆（story pole），节约了为每个房间墙背衬装置测量与确定尺寸的工作量。

在施工初期，IPD团队采纳了干式墙分包商在地面层预制外墙板的建议，采用BIM技术呈现墙体框架，并进行钢结构和设备、电气和管道系统的模拟协调安装，干式墙团队尽量将墙体拆分为尺寸相似的墙面，以减少不同尺寸墙面的数量。在尺寸相似的墙面设计完成的基础上，干式墙建模人员/深化设计人员即开始设计带有编号和详细信息的组装图，详细信息包括龙骨尺寸、规格、预留口尺寸以及用于衔接的特定龙骨尺寸。根据现场情况，干式墙团队对组装图进行了审查，确保施工前期的准备工作充分，避免出现任何遗漏情况。根据完成的设计，订购所需的材料，为进场材料和预制成品划定存放区域，并制作框架胎具工作台。

预制墙板的成功经验，坚定了干式墙团队预制离地5层高的复杂穹顶结构的信心。根据全州卫生规划与发展办公室批准的预制计划，该穹顶的桁架结构由一家桁架公司负责预制，干式墙团队唯一负责的设计工作是加固穹顶的额外设计，以确保穹顶结构的顺利吊装。在桁架结构交付并放置于专门清理的区域内之后，干式墙团队如同高空作业一样，按照规定要求进行穹顶结构的地面组装。不同的是，所需材料无须运送至5层楼高的作业面，使得施工更安全、更迅速。在地面组装工作完成后，干式墙框架工程师与安装人员在施工现场协同工作，利用现场准备的材料"加固"穹顶结构，进行吊离地面的试验工作，以选择性价比最佳的设计。干式墙团队与司索员（rigger）及相关专业工程师共同讨论，并确定吊装索具固定点的设计，该项工作属于加固设计的第二部分。在该项设计完成并通过验收后，安装屋面板并准备起吊穹顶。最终，按照预定计划，穹顶结构实现了快速、安全、精准的成功安装。

步骤6，严格遵守工作流程。参与团队的各方一致认为应遵守中期生产计划的工作流程。除了偶尔的疏忽，各班组均应遵守承诺，按计划进行生产、不影响其他班组的工作，但是做到这一点并不容易，需要纪律性约束，不能仅考虑自己的短期利益。该项目的工长们迅速达成了共识，应在不影响其他班组工作的情况下，充分利用自身的时间和空间提高生产效率。团队成员一致认为应将剪叉式升降机留在刚完工的区域，以利于后续班组继续使用，此种举措避免了各班组升降机交叉运行，减少了等待升降机的时间，提升了各班组的工作效率。

作业层生产计划

步骤1，任务完成情况的日常检查和问题发生原因的查找。 每日下午，现场生产主管和塔吊主管与总工长、工长进行10到30分钟的站会。在站会中，工长需要汇报承诺任务的完成情况、施工中的员工表现、材料的移交、工作计划的检查、需要返工和存有缺陷的工作反思。业主聘用的注册检查员（inspectors-of-record，IORs）也参加每日站会。

例如，末位计划者利用每日站会的方式，协调底板上方金属楼承板的施工问题。由于环境的原因延迟了基础施工的启动，钢结构在底板设施完成之前已具备了安装条件，因而，项目团队决定在底板设施完成之前安装钢结构和金属楼承板。然而，上方的龙骨架与金属楼承板的焊接工作，对于金属楼承板下方铺设输送管道和电缆管道的工人具有安全隐患。在此期间，工长通过每日站会的方式，非常明确告知了上方焊接工作在未来24小时内的工作进程和工作地点，据此，参会人员积极协调金属楼承板下方施工物资和人员的生产流程。末位计划者通过此种方式进行工作计划的微调，保证了施工人员的人身安全，并在不影响上方焊接工作的基础上，极大地提高了下方管道铺设的施工效率。

如果班组没有按期完成工作，工长则将问题列表排查，确定关键问题所在，并制定了新的作业层计划。依据工长呈报的问题列表，团队领导审查发生问题的根源，将生产进度、问题根源及相应的调整输入生产计划软件中，并反馈至工长。而工长则利用末位计划者系统软件计算计划完成率（Plan Percent Complete，PPC），即已完成所承诺任务的百分比。如果工长承诺在一周内完成10项任务，但只完成7项，班组的计划完成率则为70%。每位员工均可了解自己和所在班组完成所承诺计划的可靠程度。

基于云计算的工程软件，可使调整后的作业层生产计划立即在各作业楼层信息交流站的计算机和iPad中得到显示。

步骤2，潜在问题的每日检查。 依据工长呈报的问题列表，注重分析制约工作流程的问题。比如，是否存在安全隐患？班组人员是否充足？是否为员工高效安全的生产提供了适当的设备？员工是否拥有必需的清晰和完整的信息？是否已提供相应的物资？各班组存放的物资或设备是否相互影响？施工之前的准备工作是否及时而准确地完成？

要求最适宜解决问题的团队成员作出承诺并及时解决相应问题。对于末位计划者无法解决的问题，则提交至联合办公室，由项目管理人员或项目工程师负责制定解决问题的方案，并及时采用无线传输或当面传达的方式，将确定的方案通知至受到问题困扰的班组。

管道工程工长肯（Ken）和消防工程工长格雷格（Greg）的对话体现了这种解决问题方式的效果。肯向格雷格提出喷淋系统的支管妨碍了管道的安装，影响了管道安装班组的工作效率。格雷格马上明白了问题所在，并立即表示只要将支管向上旋转移开即可轻松解决该问题，并承诺在第二天上午9点前安排熟练工人完成此项工作。

中期生产计划

步骤1，工作流程的规划。 在项目尚处于设计早期阶段，IPD团队刚成立5个月时，项目总监汤姆·麦克科雷迪即要求合作伙伴指定任期为直至项目结束的项目总工长（general foremen，GFs），并规定总工长必须参加每周两小时的生产调度会议。

在首次会议上，汤姆·麦克科雷迪要求总工长与计划工程师克里斯·奥德怀尔（Chris O' Dwyer）共同制定项目的中期生产计划。克里斯建议使用计划软件按照工作区域规划工作流程。连续14个月，每周克里斯主持了由总工长参与的生产管理团队会议，参会人员共同讨论并制定中期生产计划，建立切实可行的工作流程，并获得了主要合作伙伴的认可。

起初，总工长所制定的中期生产计划与总体进度计划没有什么差别，但是随着生产管理团队每周会议的连续深入讨论，作为比末位计划者高一级的总工长开始着手细化中期生产计划，并考虑若在明确施工区域内且提供所有必备条件的班组的生产效率，并随着设计的细化和BIM的应用，总工长对项目的目标有了更加清晰的认识。根据工程量需要的材料数量，总工长为各班组划分楼层的作业区域，并据此制定预制计划、确定人员规模。

通过合作，总工长们增加了彼此间遵守共同制定协议的相互信任，并意识到每项工作均不需要留出缓冲时间。在4个病房楼层的四个工作区域中，各区域的施工时间由10天缩短至7天。随着互信度的增加，总工长在自己班组的工作时间的后期主动与后续班组共享工作空间，进一步缩短了整体施工时间，最终整体工期缩减了6个月，真正体现了各个分包团队成员成为计划的制定者和执行者。根据帕洛阿尔托医疗基金森尼维尔中心项目团队划分工作区域的类似方法，总工长们制定了工作流程（图15.2），明确工作区域、工作进度，并规定任何班组人员不得提前进入施工区域或提前放置材料与物资。

步骤2，需求方和供给方的拉动式计划。 精益教员指导每位成员应将自己既作为要求供给方提供满意产品的需求方，又作为能够为需求方提供所需产品的供给方，使总工长和工长们更进一步理解清晰表达自身满意条件的必要性，并使每位成员认识到最大的浪费是不能在需求方需要时准确地交付所需的产品。实践社团辅导员传授和指导了协商和作出可靠承诺的技能。

总工长和工长们认识到拉动式计划利于班组之间的工作交接，促进了交接班组移交符合接受班组所期望的工作，并认为"拉动"是可以替代总承包商管控的管理方法。IPD合作伙伴的总工长和工长根据总体进度计划中的一个或多个主要节点，为实现特定的生产目标，通过拉动式方式制定各重要阶段性工作计划。初期的计划制定会议通常持续约3个小时，但是随着团队的进步，会议时间逐渐缩短。总工长和工长们采用在白板上粘贴专用便利贴的方式，进行拉动式管理，便利贴的上半部"需求"（I Get）区域供班组填写需求的工作，便利贴的下半部"提供"（I Give）区域供班组填写交付的工作，并按照计划要求的顺序粘贴。图15.3显

15.4 案例 **315**

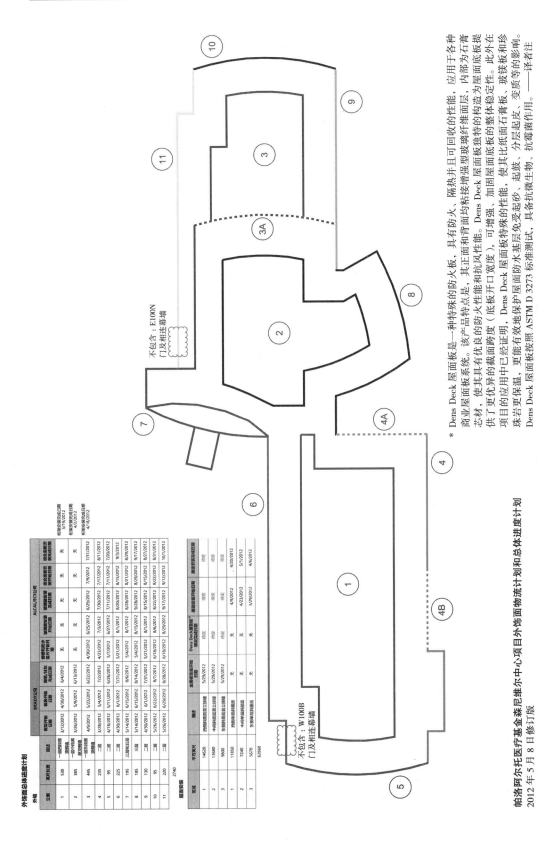

* Dens Deck 屋面板是一种特殊的防火板，具有防火、隔热并且可回收的性能，应用于各种商业屋面板系统。该产品特点是，其正面和背面均粘接增强型玻璃纤维面层，内部为石膏芯材，使其具有优良的防火性能和抗风性能。Dens Deck 屋面板独特的构造为屋面底板提供了更优异的截面跨度（底板开口宽度），可增强、加固屋面底板的整体稳定性。此外在项目的应用中已经证明，Dens Deck 屋面防水保护基层免受起砂、起鼓、分层起皮、玻璃板和珍珠岩更保温，更能有效地保护基层免受起砂、起鼓、分层起皮、变质等的影响。Dens Deck 屋面板按照 ASTM D 3273 标准测试，具备抗微生物、抗霉菌作用。——译者注

图 15.2 帕洛阿尔托医疗基金森尼维尔中心外景平面图。2012年5月8日修订版 由萨特医疗集团和 DPR 建筑公司提供

图 15.3　用于拉动式计划的"需求/提供"便利贴。© DPR 建筑公司

示了 DPR 建筑公司的"需求/提供"便利贴和工长的拉动式计划会议。

在联合办公室会议之前，每周二的总工长和工长例会讨论"前瞻计划"6 周工作中新增加的任务，并根据所了解的工作状况，包括交付材料的落实和人员规模的确定，对近期将开始的工作，进行进一步的确定和工作批量的细化。在该计划得到相关末位计划者的认可后，各工长依据此计划安排各自任务，并输入基于云端的作业层生产计划应用程序，使得每位员工均可了解计划任务。

步骤 3，前瞻性查找并解决潜在问题。周二例会之后，末位计划者们将在同一天的晚些时间与参会的 IPD 项目管理人员和业主共同讨论所制定的前瞻计划。末位计划者首先汇报上周完成和未完成的工作情况以及本周预计完成的工作，继之，参会者共同讨论前瞻计划 6 周工作中的影响因素，并根据末位计划者的意见和建议，设计和施工经理在会上及时与末位计划者针对这些因素和问题进行沟通。

总承包团队认识到应尽早尽可能多地解决工作中存在的各种问题，实现可预测的工作流程。为此，团队跟踪预期任务准确率（tasks anticipated，TA）和任务准备就绪率（tasks made ready，TMR），每月通报一次更新的信息。根据两周或三周之前的前瞻计划安排的本周任务数量和末位计划者本周实际需要安排任务数量的差异性，计算前瞻计划的预期任务准确率。如果两周或三周之前的前瞻计划安排本周工作计划有 5 项任务，而实际本周需要安排 9 项任务，预期任务准确率则为 55.6%（5÷9），未能准确预测本周需要安排的其他 4 项任务。预期任务准确率显示了团队在制定前瞻计划中任务数量的预测能力。任务准备就绪率是指前瞻计划中准备就绪的工作数量，任务准备就绪工作的目的是解除生产的约束因素，促进末位计划者进一步强化自身要求和自查工作，致力于完成纳入周计划的任务。如果前瞻计划中承诺准备就绪的 9 项任务仅完成 4 项，任务准备就绪率则为 44.4%（4÷9）。任务准备就绪率显示了团队实施准备工作的能力

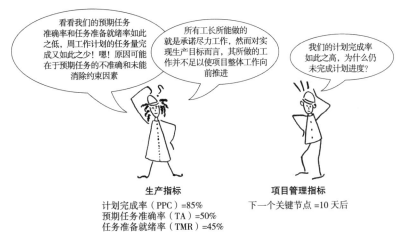

图 15.4 末位计划者系统所具有的多种指标。由 CD 瑞德提供

（Hamzeh, Ballard & Tommelein, 2008）。任务准备就绪率可使总承包商团队更为清楚地了解自身的工作对于各专业施工班组工作的影响。图 15.4 说明了末位计划者系统必须同时应用预期任务准确率、计划完成率和任务准备就绪率，而不仅是应用计划完成率的原因。

具有末位计划者系统丰富实践经验的业内人士均明白此种逻辑关系，即末位计划者的周计划安排的工作较少，会使完成承诺工作的计划完成率较高。然而，所完成的工作可能是次要工作，也就是说，这种计划方式无助于按照优先级顺序完成工作。较高的计划完成率，可使管理者以为项目工作进展顺利，并认为项目正在按计划进展。较低的预期任务准确率和任务准备就绪率说明了末位计划者的预期任务不准确，并表明项目的设计、施工经理及现场管理人员（项目总监、分包项目经理、总包生产主管）的准备工作不足。上述因素可导致两种情况发生，第一，由于仅提前一周制定的生产计划，使得材料、设备及合理的劳动力不能及时抵达作业现场，导致项目处于危机管理状态；第二，由于准备工作未就绪，并不能预计准确的准备工作就绪时间，导致末位计划者无法承诺先完成高优先级的工作。因此，高绩效团队应在上述三个指标中都具有良好的表现，以合理顺序和优先级有效地开展工作，从而实现项目进度目标。蒂梅丘拉山谷医院团队在末位计划者系统中应用了上述三个指标和生产率指标以全面掌控项目生产进度。

步骤 4，致力于交付。在联合办公室会议之后，总工长和工长立即致力于推进各班组完成下周生产计划安排的工作，在会议结束的工作餐期间，生产管理者们即采用"走动管理"（gemba walk）的方式，与末位计划者共同查看各自负责的现场情况。

持续改进

蒂梅丘拉山谷医院项目的领导们认识到持续改进工作的基础是掌握工作现状，而现状的掌握必须通过实施工作的考察和考核以及规划工作流程。

步骤1，计算计划完成率。在联合办公室周会和每日站会中，蒂梅丘拉山谷医院项目的管理人员跟踪实际完成任务量与周计划任务量，根据工长汇报的任务完成量，生产计划软件自动计算计划完成率，并绘制连续的计划完成率曲线。该团队认为计划完成率是评价生产进度的最佳指标，也可作为评价计划可行性的指标。该项目13个月的工作平均计划完成率为83%。

步骤2，计算劳动生产率。自2012年3月起，蒂梅丘拉山谷医院项目团队要求IPD合作伙伴汇报劳动生产率。该团队认为应采用各专业均认同的此重要指标，对照同一时间段内班组人员的数量，以了解工作批量和班组规模的关系。通过对比同区域各班组的任务完成量的方式，经理和主管可以深入了解改变班组工作顺序和各班组协同作业对进度的影响。

通过分析劳动生产率，生产主管和总工长可以对工作进行必要调整，该方法促进发现并解决了铺设管道生产率低下的问题。减少了铺设管道的工作批量，避免了对电气工人的墙内管线预埋的影响。依据跟踪劳动生产率和分析整个团队的相应数据，总工长们制定了在架设框架之前安装铸铁排水、排污和排气管道的正确决定，在不增加干式墙框架劳动力成本的前提下，显著提高了管工的劳动生产率，并同时发现了安装铸铁管的班组人员最佳规模。应用跟踪的劳动生产率的数据，管道总工长使IPD项目管理者确信按照正常计划的医用气体管线工作在年底假期之前难以完成，因为劳动生产率显示，在没有其他班组工作影响的时候，该班组的劳动生产率显著增加。劳动生产率的跟踪和分析还证实了生产主管和总工长的预判，即年底假期期间的劳动生产率将低于预期值。

DPR建筑公司的南加州干式墙事业部继续推行"首轮研究"，结合末位计划者系统，并将研究结果展现在用于呈现生产率信息的显示屏上。按照蒂梅丘拉山谷医院项目管理的要求，干式墙事业部的管理人员通过与其他IPD合作伙伴配合，编制了月度报表，如图15.5所示。

步骤3，首轮研究。蒂梅丘拉山谷医院项目团队遵循PDSA循环，将首轮研究作为每月改进工作的首要方法。实践社团采用了"大野耐一圈"方法，要求工人站在车间地板上所画的圆圈内，如同观看商场橱窗的方式，观察并记录周围发生的事情。除了现场观察之外，录像也是观察和分析工作流程的一种有效方式，通过观看和分析录像，现场管理者与工人共同制定新的作业标准，以提高生产率。在楼承板搭建完成后，干式墙作业工人开始进行外墙框架的安装工作，现场管理者对该工作过程进行了录像，原本担心录制工人的工作过程会给工人带来被监视的不适感。事实上，这种担心是多余的，工人们对此毫不介意，因为他们知道这是个特殊的项目。现场管理者与工人一起观看录像，寻找在付出同样的努力下能够完成更多工作的方法。这一举措效果非常明显，在第二阶段的首轮研究后，第三阶段外墙框架安装工作的生产率提高了67%，完全消除了返工现象。该项目团队总共进行了100次的首轮研究。

步骤4，采用"五问法"，查找问题的根本原因。蒂梅丘拉山谷医院项目团队采用"五问法"查找严重问题或反复出现问题的原因（Ohno, 1988）。例如，导致加湿管安装返工问题的根本原因是某些部位防火涂层过厚以及导致管道安装高度错误的施工偏差。蒂梅丘拉山谷医院项

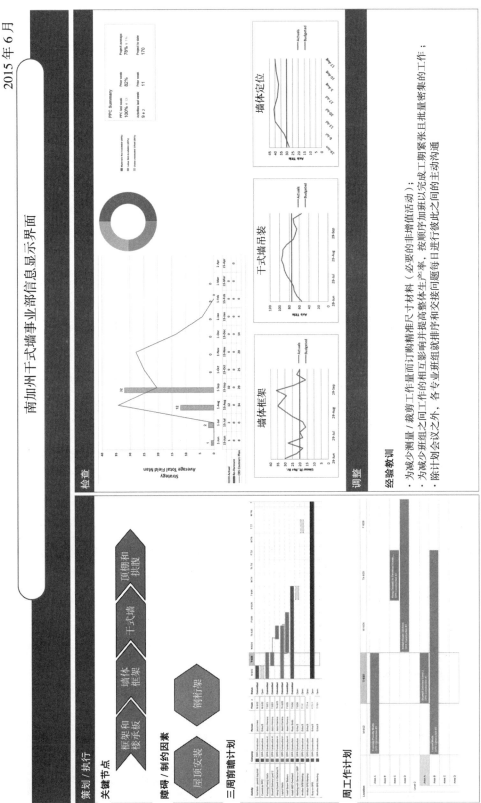

图 15.5 DPR 建筑公司干式墙事业部作业层生产计划及生产率显示界面。由 DPR 建筑公司南加州内部分包干式墙事业部提供，© DPR 建筑公司

目团队认识到，要充分发挥"五问法"效果，相关人员必须参与电话会议或会议室会议，进行共同分析与讨论。因此，项目管理者将供暖、通风与空气调节管道系统总工长和防火涂层工长召集在一起，讨论并解决了加湿管的破裂问题。另一个体现"五问法"效果的案例是发现了门窗洞口留置错误的根本原因在于三维模型没有随着门窗一览表的变化而及时更新，门窗制造商仅根据门窗一览表制作了产品，并不知道现场是基于 BIM 进行洞口留置。在此种情况下，负责门窗洞口施工的木工、BIM 深化设计人员、门窗制造商通过共同协商解决了该问题。

步骤 5，促进改进的蜂群式协作。在不具备协作技术或认知科学专业知识的背景下，蒂梅丘拉山谷医院项目团队采用一种"蜂群式协作"[*]方法，提高生产率并解决问题。团队常常召开临时决定的非正式会议，要求相关人员必须参会，利用参会人员拥有的指标数据和多年经验积累而形成的敏锐直觉，实现了"蜂群式协作"的效果。团队成员认识到，只有相互鼓励与帮助，尽全力做好工作，而不是相互指责，方能使所有合作伙伴获得收益。

总体进度计划

步骤 1，利用团队经验。设备、电气、管道和消防（MEPF）工作伙伴加入团队后所接受的第一项任务，是比尔·希德要求该伙伴在没有任何设计文件的情况下，按照自身的经验估算项目成本，而估算人员完成此项工作又必须依赖于项目总监汤姆·麦克科雷迪对工期的准确预估。在兼顾考虑工期过长会增加常规成本和工期过短并不现实的情况下，作为没有精益建造经验的汤姆利用从业经验，以所有工作实施顺利为前提，制定了生产进度计划。该计划的制定基础是，每位员工在具备必需条件、不受设计或任何客观限制因素的影响下，按照合理顺序完成工作所需的时间，并预留出处理意外情况发生所需的冗余时间。

步骤 2，实现重要节点的可交付性。在该项目中，汤姆拥有一支经验丰富的专业团队，并注重每位成员的意见反馈。在与 IPD 专业承包商负责人讨论制作与采购周期、任务持续时间和施工顺序的基础上，汤姆依据在其他医院的建设经验，为主要构件和各子系统的构建和安装，分阶段有序地制定生产流程，并利用所掌握的关键路径法软件，对该计划进行了可行性验证。该项目与以往所有医院项目不同，汤姆认为对该项目的进度掌控既不需要将计划细化至各过程的具体实施级别，也不需要外部顾问将实际进度与几个月前的计划进行比较的每月例行进度检查。汤姆和团队后来深刻体会到，使用末位计划者系统进行计划和管理生产即可实现对进度的有效管控（Ballard & Howell，2003）。

汤姆·麦克科雷迪认为末位计划者系统具有重要作用，充分调动实地实时了解现场情况的工长的积极性可有利于作业层生产计划符合总体进度计划的要求。事实上，汤姆已决定了下步工作的重点，即激励 IPD 分包伙伴的总工长为项目制定出比现有计划更可行的计划。甘特图（图 15.6）

---

[*] 蜂群式协作是一种工作风格，其特点是有意愿并能增加价值的人员快速组队的集体行动，主攻一个方向，工作完成后迅速解散。——译者注

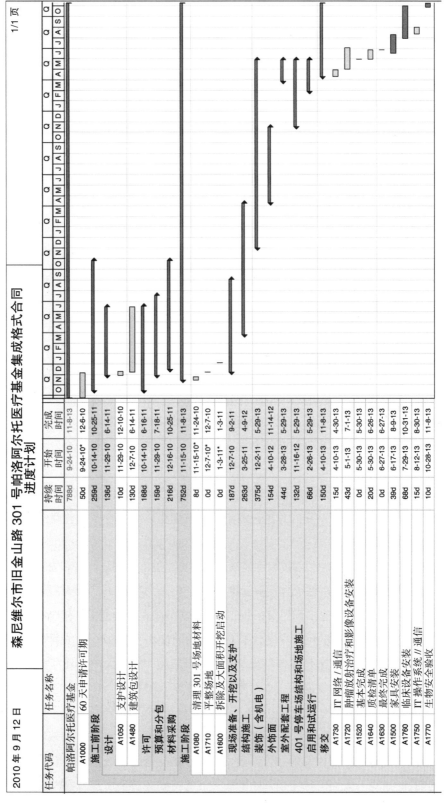

图 15.6 帕洛阿尔托医疗基金森尼维尔中心项目总体进度计划。由萨特医疗集团和DPR建筑公司提供

呈现的项目重要节点的计划完成时间体现了汤姆努力的显著效果，所有团队成员都认为该进度计划是合理可行的。图15.6显示了类似的总体进度计划，该计划是由DPR生产主管布莱恩·奥凯利（Brian O'Kelly）与IPD合作伙伴为帕洛阿尔托医疗基金森尼维尔中心项目而制定，并列为集成格式合同（integrated form of agreement，IFOA）和合同进度计划的附件。

步骤3，促进施工方优化工作流程。汤姆·麦克科雷迪要求IPD分包合作伙伴公司，为该项目的各工种指定全职总工长，总工长必须每周至少两个小时用于计划精益工作流程。事实上，总工长讨论班组作业顺序并制定进度计划的每周例会，持续了14个月。通过汤姆与总工长们共同讨论并制定的作业顺序和进度计划，将项目初期的27个月总工期缩短至21个月。半年工期的缩短节约了大量的常规成本。

步骤4，总体进度计划工作进展的通报。项目管理团队通过"蒂梅丘拉山谷医院项目月报"（Temecula Valley Hospital Monthly Update）及时通报总体进度计划要求的主要节点任务和相应的实际工作进展。该月报类似于时事通信，所有人员均可从中了解项目进度和预算的状况，并了解团队的改进和创新措施。

15.5 重要性

IPD合同将传统的总承包商进度计划和分包商生产率之间的零和博弈，转变为生产率的提高可使各方共同收益的状况，同时合作伙伴协作的失败将导致共同成本增加和潜在的共同利润损失。传统上，各专业分包商的利润取决于劳动生产率，只有努力为自身的工作制定最好的工作计划，方能使自身获取较好的利润，而各专业分包商工作进度的独立制定，通常以牺牲其他专业分包商和整体项目进度为代价。IPD框架为所有伙伴提供了财务激励机制以助于彼此间的高效沟通，实现共赢。总承包商已不再有理由以牺牲专业分包商的劳动生产率为代价来推动整体项目进度。

由于实现了设计文件、质量和性能规范、预算、进度计划、制造和安装说明的集成和合作伙伴之间的共享，各团队无须再重新创建上述文件，也避免了应用过时或错误的信息进行工作的风险。在现场的各专业工长们和在办公室或在家的项目经理们能够随时利用和查看相同的文档和三维模型，制造商也可实时查看末位计划者对周计划工作的承诺、交付、问题和审核等情况。

消除浪费的最佳方法是在各系统构件首次组装时，施工人员在现场实际工作前进行虚拟安装，既可验证组件的正确性，也可测试安装方法和顺序的合理性，避免了仅凭经验进行施工的缺陷。

多专业/跨职能团队的建立，可促进领导层对工作的整体协调，实现团队成员以共同目标为中心的真正协同工作。同地办公促进了计划和信息流的有效沟通，极大降低了由于问题无法得到及时解决，人们依赖主观判断的施工或等待问题解决所造成的失误和时间延误。施工方和运维方较以往更早地参与设计，可以促进团队提升设计方案的可建造性和可运维性。该方式促进了利益相关者及时提出和解决问题，避免了延迟到施工和交付阶段此类问题才被发现和解决的情况的发生。

只有遵循爱德华兹·戴明的 PDSA 循环方法进行持续改进，方能进行精益生产和管理。实施持续改进需要设定绩效目标和量化考核标准，应用预期任务准确率、任务准备就绪率和计划完成率等指标，考核团队的计划能力、准备工作能力和计划执行能力。班组的单位时间内材料使用量体现了该班组的生产率；一次验收通过率及返工率体现了班组的质量保证能力；延误工时事故数量和工伤事故数量体现了班组保障安全生产的能力。对上述指标进行持续的、经常的和综合的分析是 PDSA 循环中"研究"环节的基础，并用于指导该循环中"处置"/"调整"环节的有效调整。

15.6 启示

集成生产管理对利益相关者和行业的发展具有重要意义，集成生产管理如同任何经济和社会变革，都可能出现成功者和失败者。能够利用任何机会学习精益理念并付诸实践的人们，必将处于行业发展的领先地位，而不能掌握这种机会的人们只能寻找到利润微薄的有限市场。

人才是变革的关键因素。要想取得更显著的成果，必须加大投入引进合适的人才，采用新的方式培训，促进他们成长为精益生产管理者。技术也同样重要，恰当的技术引进可促进人才的成长，提高人才的工作效率和管理效率。但不能仅注重成果的引进，必须首先立足于确定自身的人才培养、文化的建立，以及工作过程的优化。如果对精益理念没有深入的理解，则不可能充分发挥精益工作的作用，并实现工作过程自动化。如果真正地理解了该理念的内涵，则可充分利用各种技术增强团队的内部沟通，实现真正的团队协同工作。

现行的许多施工管理理念和方法已经过时，难以应对目前项目和将来项目可能发生的问题（Koskela & Howell，2002），与生产脱节的设计也面临着同样问题，需要人们学习和运用新的方法和技能。集成团队领导者的主要作用是建立和维护团队的共同目标和利益，而不是着重照顾团队中某个成员的利益。对于生产主管的奖励依据的重点，不是在于危机管控的能力，而是在于其激发各专业分包合作伙伴共同创建和执行成功工作计划的能力，使项目在预算内安全有序地如期完成。注重培训每位现场工人，使其不但能够熟练地执行工作，还能够出色地构想、设计工作过程。每位员工都可通过平板电脑、智能眼镜等信息设备查看最新的工程信息、工作计划和相关视频。

最佳成果的取得必须依赖于具有智慧的团队，而不能依赖于各步骤都在浪费时间和精力的团队。具有智慧的团队均应具备如此的理念，即场外和现场工作人员是实现价值的关键因素，项目经理和现场主管应积极促进每位员工尽可能安全高效并顺利地从事自身的工作。

15.7 小结

在传统项目中，总体计划由总承包商独立制定，并很少听取专业分包商的意见，而作业层计划是由各分包商分别制定。在集成项目中，中期生产计划和作业层生产计划是整个团队的共同责任。关键节点作为可交付成果，整体团队据此采用拉动式方式计划各项工作的实施。

支持价值交付的生产管理的关键步骤如下：

1. 实施产生价值的工作，即下游需求方所需的工作。
2. 专人（通常是工长）负责使用末位计划者系统，协同工作执行和衔接工作计划的制定。
3. 生产管理团队必须根据总体进度计划安排工作顺序和调整工作节奏。
4. 在生产过程中，团队采用 PDSA 循环方法，分析工作流程和效果，通过查找问题根本原因和制定改进措施，解决所存在的问题。
5. 依据项目关键节点，核查生产进度，促进关键节点转化为项目管理和生产团队的可交付成果。

参考文献

Ballard, G. (1994, April 22–24). *The Last Planner.* Monterey, CA: Northern California Construction Institute. Retrieved from http://www.leanconstruction.org.

Ballard, G. (2000). *The Last Planner System of production control.* PhD thesis submitted to the Faculty of Engineering, University of Birmingham, Birmingham, UK.

Ballard, G., & Howell, G. A. (2003, August). An update on Last Planner. *Proceedings of the 11th Annual Conference of the International Group for Lean Construction*, Blacksburg, VA.

Hamzeh, F., Ballard, G., & Tommelein, I. (2008). Improving construction work flow: The connective role of lookahead planning. *Proceedings of the 16th Annual Conference of the International Group for Lean Construction* (pp. 635–646). Manchester, UK.

Howell, G. (2011). *A conceptual history of LCI—plus some thoughts on the rationale and history of "Lean Construction."* Lean Construction History. Retrieved December 31, 2013, from http://www.leanconstruction.org/about-us/history/.

Koskela, L., & Howell, G. (2002). The underlying theory of project management is obsolete. *Proceedings of the PMI Research Conference 2002* (pp. 293–301). Project Management Institute, Newtown Square, PA.

Latzko, W. J., & Saunders, D. M. (1995). *Four days with Dr. Deming.* New York, NY: Addison-Wesley. Liker, J. K. (2004). *The Toyota way.* New York, NY: McGraw-Hill.

Ohno, T. (1988). *Toyota Production System beyond-large scale production.* New York, NY: Productivity Press, 1988.

第 16 章

传统合同缺陷的规避

> "当你的敌人犯错误时,千万不要打断他。"
>
> ——拿破仑·波拿巴(Napoleon Bonaparte)

合同架构至关重要,是简明框架的基本前提。构建团队、组织信息及安排工作的方式均可对项目成果产生重要影响。集成项目交付(IPD)合同是简明框架的支撑架构,能够推进简明框架要素体系中的每一个要素有效实施。

IPD 合同与传统的设计施工合同具有本质区别,有关 IPD 合同的内容将在下一章详述。

虽然现在有许多组织正在努力改变采购方式,但是,真正的 IPD 模式不但需要改变采购方式,还需要重新构建自身的业务模式、合同模式。有些人认为在传统的合同模式下也能够实现 IPD 所需的行为转变,因而不愿作出根本性的变革,另一些人则将变革的阻力归因于采购、法律或实施团队方面。虽然在传统合同架构下,工作行为和管理过程可有一定的改进,但传统合同架构下的组织结构与预期工作行为并不一致,传统合同架构本质上限制了团队工作能力的充分发挥。即使团队工作绩效能够达到预期,但合同要求与工作行为之间的不一致性将会增加各方法律风险。

另一种观点认为,在传统合同中,可通过添加附录或附加条款来仿效 IPD 架构。该方法与常用的连带责任合同方法在理论上可行,但在具体实践中,却很难确保多个合同不同条款之间的合理性。传统合同条款之间几乎都存在内容不一致的情况,意图借助附录或附加条款以满足 IPD 模式运行需求,需要超乎寻常的努力和法律敏锐性。相比之下,单一的 IPD 合同方式更加简单、清晰和有效。

下一章将探讨完整 IPD 合同的构成,其中包括备选的商业模式和合同模式等。在探讨如何制定 IPD 合同之前,有必要先剖析传统合同不适用于 IPD 项目的原因。IPD 合同的制定需要花费大量精力,但其优势值得为之努力。

16.1 传统合同制造内在的对立氛围

固定总价合同(Lump-sum)和最高限价合同(guaranteed maximum price,GMP)会使业主、

设计方和施工方产生利益冲突。在对固定总价项目进行投标时，为了中标，承包商必须尽可能地以最低价格投标。如果招标文件存在漏项，则此类漏项的建筑成本不包含在投标报价中。项目中标后，在实施过程中，承包商会利用设计变更流程，主动发现并逐一记录设计错误或遗漏（以减少自身损失或增加收益）。设计方也知道承包商可能采取激进手段进行竞标和项目管理，所以会进行防御性地超标准设计，并试图通过需要大量查证、协调和条文解释的设计说明，将设计风险转移至承包商。以上均不符合业主利益最大化。

尽管最高限价合同与 IPD 合同具有很大的相似性，例如，新型的最高限价合同模式兼具施工前服务和共享节余等特点，但是项目各参与方之间仍然存在矛盾。承包商担心施工成本超出最高限价，通常以施工文件不完整或存在缺陷为由向业主发起索赔，以提高最高限价。作为回应，业主会辩解此内容已包含在原始合同中或隐含其中，设计方同样也会对有关设计缺陷的指责进行辩解。最终，各参与方对成本超出最高限价的担忧，导致了他们之间的对立行为。

在多数合同中，对变更问题的处理方法也是一个值得思考的问题。例如，如果发生合同要求与现场情况不同时，传统合同会作何要求？几乎无一例外，传统合同要求承包商应立即就当前情况发出通知，否则，由此产生的任何额外费用或时间损失均由承包商承担。相比之下，高效的工作方法则会（通过合同或商业模式）要求各方关注问题的解决而非索赔程序。

简言之，传统合同更多关注的是项目各参与方的责任划分，而非促进各种问题的有效解决。

16.2 传统合同是以计件为基础的商业模式

在多数传统设计和施工合同中，利润的多少取决于销售量。例如，如果设计方的利润根据设计人员耗费工时的特定百分比来计算，因而，设计耗费工时越多，利润就越高。施工行业更是如此，施工方可从劳动力、材料和设备的费用中获得一定比例的利润，同理，使用量越高，利润则越高。因此，在此类合同模式下，由于低效率意味着高利润，导致了人们工作效率低下。

固定总价招投标亦是如此，设计方不会主动与承包商（在设计有效完成之前，承包商可能尚未选定）协作以减少其设计工作量，承包商也不会主动提出设计优化建议。投标时，设计方和承包商根据预估的工程量、包含利润的综合单价制定投标总价。即使采用竞争性报价也不会"防止"低效，原因在于竞争性报价并不是保证工程顺利实施的最低报价，而是投标方谋求中标的最高报价。多数建筑市场的投标人数量有限，因此建筑市场更像是寡头垄断市场，而非"经济高效"市场。

高效率意味着人工、材料和设备数量的合理最小化，这在传统合同模式下很难实现，因为设计和施工方为提升利润，需要将销售量增加而不是减少。

16.3 传统合同按角色严格分工

在传统合同中，项目各参与方的角色和责任被严格划分，由此产生出自我强化的动力，原因在于判例法、承保范围和行业法规等实际上起到了将项目合同进行分拆的作用，并为责任划分不断创造理由，这种合同分拆和责任划分又进而反映在保险、行业法规和责任划定中，形成一个闭环。美国建筑师协会发布的《施工合同通用条款》（*General Conditions for Construction*）（AIA A201）中的两项条款对这种责任划分进行了说明。[1]

> 除非合同文件另有特殊说明，承包商应全权负责并管控施工方式、方法、技术、工序和程序，以及协调本合同范围内的所有工作（AIA A201，第 3.3.1 条）。

> 建筑师不承担因承包商未能按合同文件要求进行施工所产生的任何责任。对承包商、分包商、代理商/员工或任何其他执行部分工作的个体或实体的作为或不作为，建筑师不具有控制权或管理权，且不负有任何责任（AIA A201，第 4.23 条）。

同样，承包商不对设计文件负责。因此，建筑师和承包商均不对项目的整体性能负责，也没有提出建议或指出问题的动力和责任。通过鼓励沟通与合作，将自身利润与项目结果挂钩，以及豁免各方之间的法律责任，IPD 模式消除了上述不利因素。

我接触 IPD 的过程

早在 21 世纪初，我就开始研究一项新技术——面向对象*的计算机辅助设计（CAD），即 BIM 的前身，后来我参与编写了美国《国家建筑信息模型标准》（*National Building Information Modeling Standard*）。该标准规定，为实现多种用途，可以不断重复使用公共数据库，这一规定令人振奋。运用不同的工具，设计、估算、物料运输、施工模拟、功能模拟和楼宇自动化系统可以访问单一数据流，以显示适合用户需求的数据图表。尽管这种理想化愿望很好，但也存在一些问题：能够实现完全互操作的数据标准并不存在，虽然当时的软件显示出此种可能性，但却无法真正实现。最重要的是，当时设计和施工行业的架构不支持以集成方式构建和使用信息。

为使数据有效应用于成本计算、进度安排或施工模拟，需要将数据以正确方式组合并录入数据库。用户（分包商和总承包商）需要明确所需信息，以及如何将信息整合到模型中以便提取。设施管理人员和运维人员同样需要参与数据库创建。但在当时标准的设计和施工模式下，设计在承包商确定之前就已经完成，致使数据用户（分包商和总承包商）无

---

* 在面向对象的程序设计中，对象所指的是计算机系统中的某一个成分。对象包含两个含义，其中一个是数据，另外一个是动作，对象是数据和动作的结合体。对象不仅能够进行操作，同时还能够及时记录下操作结果。——译者注

> 法参与数据的设计和开发。事实上，由于设计和施工存在巨大的差异，设计师过去（现在也是）不愿考虑可施工性，承包商也不愿参与设计。结果，当时的项目交付模式完全不支持这项技术的发展。更为糟糕的是，我还协助构建了该项目交付模式。
>
> 由此产生两种趋同认识。一种认识是，技术的发展并不依赖于传统的项目交付方式，没有任何情况可阻碍它的持续向前发展，并且此类阻碍必将被人们抛弃。因而，人们需要发展适合于 BIM 技术充分发挥作用的商业、运营和合同模式。另一种认识是，在从事 20 多年建筑律师工作之中，我的日常工作一直是在寻求一种共性模式以解决职业生涯中存在的问题。尽管很多有识之士为此付出诸多努力，但并未得到真正的进展。直到 2006 年，人们才寻找到了启动探索这种新模式的关键点。
>
> 自此我开始接触并最终投身于 IPD。
>
> ——霍华德·阿什克拉夫特（Howard Ashcraft）

16.4　传统合同沟通方式的限定和低效

再次引用 AIA A201 中的条款：

> 除非合同文件另有规定或经特别授权可以直接沟通，业主和承包商应通过建筑师就合同引起或就合同有关的事宜进行沟通；与建筑师顾问的沟通也应通过建筑师；分包商和材料供应商之间应通过承包商进行沟通；独立承包商之间应通过业主进行沟通（AIA A201，第 4.2.4 条）。

传统施工合同也限制了参与方对他人开发或提供的电子信息的信赖。例如，美国工程师联合合同委员会（Engineers Joint Contract Documents Committee，EJCDC）对电子信息作出非常保守的规定，禁止依赖彼此交换的电子信息。[2]

AIA[3] 和 DOCS[4] 的最新合同文件允许在特定情况下信赖他人的电子信息，由此改善了沟通流程，但依旧未能消除电子信息日益增加导致风险扩大的担忧。因此，尽管制定出依赖电子信息的途径和标准，但合同文件本身并不能消除沟通中的不利因素。

IPD 合同致力于缩短沟通路径，鼓励信息快速交换，减少信息缺失或误解，激励变革和创新。为此，需要消除传统合同文件中限定且高度固化的沟通路径以及责任问题对沟通的影响。

16.5　传统合同激励个体绩效而非整体绩效

传统施工合同促使个体追逐自身绩效。例如，由于受风管尺寸的制约，本应首先安装干式设备和生命安全系统的工作，但是为了提高自身生产率从而增加利润，签署固定总价合同的管道分包商会不顾其他工种抢先施工。

同样在传统合同模式下，如果可以采用变更对价格进行调整，那么承包商在施工前或投标过程中不会指出设计错误，否则在中标后，将失去利用变更获取更高利润的机会。在考虑设计文件的可施工性方面，设计方毫无动力，因为设计方不会从施工效率提升中得到任何收益，而且可能增加法律责任。由此可见，传统合同中的补偿条款带来的是各自为政而非共同合作。

将一个完整项目的建造合同拆解成若干相互独立、相互竞争的合同，是导致项目各参与方对立和效率低下的另一根源。如果每份合同相互独立且利益指向不同，则会经常出现相互抱怨，并受到其他合同利益相关方干扰的情况。在一个典型案例中，某大学实验室走廊顶部存在明显的空间冲突问题。各专业分包商均抱怨设计方预留的设备和电气系统的安装空间不足，并抱怨受到其他专业分包商工作的干扰，无法进入工作地点和顶部空间。设计方则抱怨，如果施工经理处理得当，空间本可满足施工要求。施工经理又指责设计方和专业分包商工作不到位。由于各参与方仅关注各自利益而非项目整体利益，引发或激化了参与方之间的对立，而在 IPD 模式下，各参与方共同对项目整体利益负责，不会发生上述问题。

如前文所述，在传统合同模式下，由于利润的高低取决于人工、材料和设备使用数量的多少，项目各参与方低效的工作，反而带来更高的利润。归根结底，激励个体绩效导致项目整体效率低下所增加的费用，最终由业主承担。

16.6 无 IPD 合同保障的协作导致风险增加

在未采用 IPD 合同的情况下，某些项目采用了 IPD 的运作方式并已成功交付。此类项目常被用来证明不必改变合同模式也能很好地完成项目交付，不过此认识存在三个主要缺陷：

第一个缺陷是，项目的成功若是以无重大事故发生为标准，则毫无例外，几乎所有工程项目均会顺利开展，但项目成功的真正标准应是检测在不利情况下项目能否顺利推进。针对这类（未采用 IPD 合同）项目，应检测在不利的情况下，项目参与方倾向于孤立并确保自身利益行为的动机是否大于面对以后的工作而维持良好协作关系的动机。在这种情况下，精心制定的 IPD 合同可促进团队的紧密团结，而传统合同则可导致甚至激化团队的分裂。正如一项近期研究表明，"协作能够打破传统交付中典型的筒仓效应，尤其在成本或进度不利的情况下，通过协作，IPD 团队表现出较大的韧性"（Cheng, et al., 2016, p.37）。

第二个缺陷是，无人关注项目在 IPD 合同下能否会更加成功的问题，即 IPD 合同能否让成功的项目更加成功。2016 年的一项研究数据表明，采用 IPD 模式的项目，其最优项目与典型项目的比率明显优于其他传统交付模式项目中的此类比率（Mace，et al.，2016）。

　　第三个缺陷是，假使项目团队独立实施工作，那么一切仍将可正常运转，至少不会很糟。但实际情况是，如果行为与合同要求不符，则可导致严重问题。例如，一个项目团队面临需要协作处理的问题，但可能并未依照传统合同规定而发出书面通知，实际上意味着采取这种做法的一方放弃了在（传统）合同项下自身所需要的权利。在没有书面通知或其他程序要求的情况下，当事方所处理的变更，法院可认定相应变更纠纷的索赔请求权利已通过实际行为放弃，这种未依照合同要求提交和处理的信息，可导致责任判定不合理。尽管（传统）合同可能会细化明确业主、设计师和建筑商的责任，但如果项目的参与各方以密切合作的整体团队工作，并可能共同开发和管理 BIM，则可促进各参与方对彼此和第三方负责，尽管此种行为并未与传统合同要求完全一致。承包商可能认识到其具有不在保险范围内的设计责任，而设计方也可能对施工方法和方式负有责任。因为在整个项目过程中的参与度增加，业主也无需再完全依赖设计和施工方。

　　IPD 合同是变革的催化剂，更是安全网。通过解决协作团队的实际需求，IPD 合同为团队的工作创建更为安全的"沙箱"。如果没有 IPD 合同，团队就如同高空走钢丝。

16.7　如何解释传统合同模式下的某些成功案例？

　　精心设计的施工合同大多用于公共工程承包合同，旨在主动转移风险、执行固定总价合同（或至少保证最高限价），且文本严谨规范。如果这是一个成功的策略，为何此类合同并未提高工作效率？

　　更重要的是，高性能项目的 IPD 合同的具体作用如何？本书将在下一章进行讨论。

16.8　小结

　　如果传统项目交付方式及合同能够确定成本与生产进度，并保证质量，避免浪费，那又如何解释在传统项目中的成本超支、进度延迟、诉讼、索赔以及过度估算等问题？

　　实际上，传统合同加大了项目各参与方之间的距离并相互分离，单独计算各方的盈利，并且与整体项目结果无关。传统合同并未构建风险共担、规避和降低项目整体风险的管理体系，而是进行责任转移。通常将责任转移到议价能力较弱的一方，即使该方控制风险的能力很弱甚至为零。

　　总之，传统合同的模式阻碍了项目集成和高价值 / 高性能建筑的实现。追求更高绩效的团队，应该审视其业务及合同架构，以确保没有为高绩效设置障碍。

注释

1. 借用 AIA 例子的目的不是批评 AIA 合同文件。之所以借用 A201 举例，原因在于其试图准确地反映现有的行业规范。AIA 近期发布了一系列旨在支持 IPD 项目的施工文件，此类文件减少了繁琐架构，增加了协作性（www.aia.org/ipd）。
2. EJCDC 文件 C-700，第 3.06 条，电子数据：
   A. 除非补充条款另有规定，业主或工程师向承包商、承包商向业主或工程师提供的有效资料副本仅限于书面印刷本（也称为硬拷贝）。在文档、数据、图形或其他类型等电子介质格式中的文件，仅供接收方使用。接收方自行承担使用电子文件的任何结论或信息而产生的风险。若电子文件与书面文件之间存在差异，则以书面文件为准。
   B. 在未经创建者授权的情况下，电子介质格式文件可能会损坏或被无意或以其他方式修改，为防止此类情况发生，电子文件的接收方应在 60 天内执行验收测试或相关程序，若接收方在 60 天内未作出回应，则视为其接受该电子文件。若在 60 天的接收期内发现任何错误，由发送方予以纠正。
   C. 对于以电子媒体格式传输的文件，发送方对接收方由于其软件应用程序包、操作系统和计算机硬件与数据创建方不同而导致的长期兼容性、可用性及可读性的问题不承担任何责任。
3. AIA 文件 E-201 数字数据协议附录以及 E-202 建筑信息建模协议附录。
4. ConsensusDOCS Documents 200.1 电子数据传输协议和 200.2 建筑信息模型附录。

参考文献

Cheng, R., Allison, M., Sturts-Dossick, C. Monson, C., Staub-French, S., Poirier, E.（2016）*Motivation and Means: How and Why IPD and Lean Lead to Success*. University of Minnesota，Retrieved from http://arch.design.umn.edu/directory/chengr/.

Mace, B., Laquidara-Carr, D., Jones, S.,（2016），*Benchmarking Owner Satisfaction and Project Performance*，Retrieved from http://www.leanconstruction.org/learning/.

第 17 章

集成项目合同的创建

> "我们不应只关注建筑物的外在美,能真正经得起时间考验的是建筑物的基本结构。"
>
> ——戴维·艾伦·科(David Allen Coe)

17.1 概述

集成项目交付(IPD)合同既明确了项目参与方之间的关系,又明确了指导其行动的流程;既体现了项目目标,又明确了参与方与项目成功或失败相关的结果。IPD 合同将控制权交予项目各参与方,使各方共同对整个项目结果负责,而不仅是对个体绩效负责。无论是从价值、美学、功能性还是可持续性方面进行衡量,合理制定的 IPD 合同,能够激发提升创造力、提高生产力、减少浪费以及带来更好结果的行为。

IPD 合同为项目的特定目标专门制定,并能适应不断变化的情况。

> 项目交付系统必须适应各自的客观条件,并应视为策划的成果。此策划不能在项目开始时全部完成,而必须在整个项目执行过程中逐步实施,并根据出现的新变化作出调整。此外,尽管强烈敦促建筑行业制定更为完整的项目交付系统标准,但以客观条件为基础的策划,即使不理想,也可以从既定项目情况中获得最佳结果(Ballard, Kim, Azari & Kyuncho, 2011)。

如同章程一样,IPD 合同对角色、责任、架构和过程进行规定,但并未指示如何实现目标。通过制定协作工作计划、同地办公计划、BIM 实施计划以及与合同架构相关的类似详细说明,各方经过联合协作扩展了 IPD 合同的准则。IPD 合同为随后的成就奠定基础。正如下文所述,IPD 合同明显不同于传统设计与施工合同,传统设计与施工合同更倾向于破坏而非加强协作。传统合同模式及其造成的困难已于第 16 章探讨。

> 未签订 IPD 合同，也可进行协作，但不会达到高绩效水平。为便于信息交流和打破工作边界，IPD 合同规定连带责任豁免或责任限制。非 IPD 合同中并无此类规定。因此，若项目未遇到任何阻碍，其结果可能很好，而一旦出现严重问题，当事各方均会牵扯其中。以往合作经验表明，没有合同约束的期望并不可靠。

17.2 IPD 合同的必要性

近期，来自明尼苏达大学、不列颠哥伦比亚大学、华盛顿大学和 Scan 咨询公司（Scan Consulting）的研究人员，在芮妮·程（Renée Cheng）的领导下，对 10 个成功的精益 IPD 项目进行了深入研究（Cheng, et al., 2016）。研究人员试图找出 IPD 成功的原因，并根据自身和他人的研究得出结论：在项目市场成本和进度交付方面，精益 IPD 取得卓越的成果。上述 10 个项目与该结论的情况相符。尽管所调查的 IPD 项目数量有限，但此项研究是迄今为止对 IPD 项目的最详细研究。

研究人员得出的若干结论证实普遍持有的观点：团队成员的素养、培训和标杆树立、精益流程的使用深度、初始计划的广度以及同地办公的有效利用，均对结果产生积极影响。研究人员认为，作为架构的 IPD 和作为实施过程的精益，两者相得益彰。

研究人员得出其他结论，尤其是关于 IPD 合同的价值，能够对意见不一的问题作出阐明。研究人员发现，制定和解读合同的过程，对于认同合作伙伴商业模式之间的差异等基本团队文化的建立颇具价值。共同起草合同的团队认为，该合同建立了信任和尊重的牢固基础，并可深入了解合作伙伴的商业需求和习惯做法。尽管许多团队淡化了合同在项目成功执行中所扮演的角色，但研究结果表明，IPD 合同将团队紧密团结为一个整体，既增强团队面对挑战时的韧性，又防止团队陷入不断指责和相互防备的恶性循环。

研究团队还发现，超越常规范围的协作最常见于分享激励池的各方（即签署 IPD 合同的各方），并与不分享激励池的各方形成鲜明对比，尽管有案例显示协作文化已超越激励池的范围。

最终，关于 IPD 合同，研究者得出结论，IPD 合同的编制过程是用以培训和保持一致的方法；风险共担/利益共享、责任豁免的理念使更深层次的合作得以实现；IPD 合同增强团队面对困难时的韧性。因此，IPD 合同是完整集成架构的一部分，但正如上述研究和本书所述，若无其他过程和行为，仅 IPD 合同并不能保证项目成功。

17.3 交易第一，合同第二

施工合同谈判往往是当事方交易目标、交易内容、所签合同之间的博弈。IPD 合同试图协调三者并使之成为统一的整体。IPD 合同明确组织架构，而架构又影响行为和结果，因此，让组织架构与组织目标、交易内容保持一致非常重要。

每份合同都是特定项目或特定项目类型的反映。使用制式合同或以前项目合同，将以前项目架构强加于新项目，会导致各方常常偏离项目目标，原因在于每个合同是专门为特定项目或项目类型而制定。

更好的方法是在编制合同文本之前制定关键的目标和条款。一旦确定商业条款和关键过程，就可以起草合同，以记录此类合同，强化预期行为。交易第一、合同第二，才能带来更好、更实用的合同。

17.4 IPD 合同理念

IPD 旨在鼓励产生卓越项目性能和价值的行为。精心起草的 IPD 合同通过以下方式强化目标：

- 激励沟通、协作和创造的行为，并为其消除障碍；
- 使参与方对项目目标有充分的理解和共识；
- 鼓励和奖励能够增加项目价值的行为。

IPD 合同结构必须包含上述特点。在实践中，这意味着所有合同内容都应与 IPD 驱动因素保持一致且符合 IPD 的价值。IPD 合同与传统的施工合同有根本性区别。

传统合同要向 IPD 合同转变，需要在如何制定合同方面进行理念转变。传统合同具有规范性特点，起草者试图设想所有可能的场景，并精心组织语言，告知各方在各场景中必须或禁止的行为。

传统的思维方式存在两个严重错误。第一个错误，认为可以精准预测所有可能发生的事情，以便识别和处理一切重要情况。另一个错误，认为团队不可能提出比合同起草者更好的解决方案，尽管团队专业能力强且经验丰富。上述两种认识均不切实际。传统承包方式过分重视"如何避免错误"，而不够重视"如何才能成功"。

相比之下，IPD 合同兼具灵活性和授权性。IPD 合同的出发点是，配置合理且激励得当的团队，能够对如何实现项目目标作出最佳决策。若试图预测一个有创造力的团队会如何发展，或告知其必须或禁止做什么，不但徒劳无功，而且结果也会事与愿违。相反，IPD 合同重点关注协作的项目架构、强化沟通、为创造力提供机会和激励措施。[1]

传统合同要向 IPD 合同转变，还需要将谈判从零和博弈转变为基于原则[2]的共赢。为此需要明白，能够改善项目结果并拥有合理架构的合同，应从多方角度而非单一角度理解交易。例如，理解各方的财务和会计问题，并形成重要节点分配方式，从而为业主提供保证，同时兼顾参与方合理的现金流。又如，公共机构的业主倾向于使固定预算内的工程价值最大化，然而，有投机性的开发商则倾向于使界定范围内的工程成本最小化。理解各方的关切点，方可巧妙地解决问题。

从根本上讲，商业交易必须是公平的。如果获得收益的机会和潜在的损失风险分配不合理，各方就不会有合作的动力³，最终会导致抱怨而非合作。财务目标和基于风险的利润目标应合理设定，以便激励团队成员，而非打击士气。

总之，IPD合同理念聚焦于如何创建强大且适应性良好的架构，合理考虑参与方的利益，以改善所有参与方的成果。对许多参与方而言，这与以往的做法不同，各方的宝贵经验实际上可能成为谈判的绊脚石。当学习新理念时，需要努力暂时忘却既有理念。一旦掌握新理念，将新的视角与以往经验相结合，定会激发更大的能力。由于转变理念比较困难，初次实施IPD项目时，团队应考虑聘请具有IPD经验的导师，以帮助成员共同构建坚实的项目架构。

> **实例：谈判是协作行为的第一步**
>
> 业主向新的IPD项目建筑师和承包商团队发出需求建议书（request for proposal，RFP）。几个完全具备资格的团队对此作出回应，并接受业主的当面考察和排序。由于团队排名相近，业主很难抉择，最终选择了排名第一的团队。能与该团队合作，业主对此感到兴奋，因为组成团队的每个公司都有各自不俗的业绩。
>
> 项目团队开展IPD合同研讨会，并就合同的商业条款开始谈判。拟定合同连同需求建议书一起转发，并注明不考虑重大变更。业主和法律顾问立刻就能发现每个公司之间、业主和拟中标团队之间缺乏沟通。各方似乎无法理解彼此的想法，也看不到IPD过程与传统项目交付的区别。谈判不断继续，分歧也随之扩大，直到排名第一的团队与业主之间、团队每个公司之间的合作难以为继。最终，业主转向排名第二的团队。
>
> 两个团队之间的差别非常明显。排名第二的团队不仅熟悉IPD方法，看似还能将其完美融合。新团队集思广益，形成了更适合项目的架构，该架构不仅有利于团队自身，更有利于整体项目，合同谈判也随之继续。项目IPD导师开始注意到承包商在解决设计问题，而建筑师也在关注承包商的问题。在项目实施期间，承包商和建筑师配合默契，两者没有改变各自原本的角色，而是以新的方式互动。项目完成时，承包商的项目经理和建筑事务所的项目工程师均认为，从未在一个项目上如此努力，而且迫不及待地想再次合作。这是一次出色的协作行为，回顾过去，团队领导者一致认为，合同谈判是协作行为的第一步。

17.5 新型商业模式

IPD项目应以项目整体为中心。若出现问题，约定的商业模式应促使各方解决问题，而非推卸责任。此外，商业模式应使各方与项目共同目标保持一致，并摒弃任何为追求个体利益而放弃项目成果的动机。尽管在不同项目中商业模式确实且应该有所差异，但精心设计的模式具有以下四个特征：

- 固定利润；
- 可变成本据实调整；
- 基于项目结果的利润；
- 有限的变更单。

17.5.1 固定利润

传统项目的利润与完成的工作量有关。费用以工作成本为基数，较低层次的细节工作由主要工作加上一定百分比来定价。对于设计人员而言，利润与工作小时数挂钩，利润随着工作时间增加而提高，进而导致低效率。在 IPD 项目中，各方约定固定预期利润，该利润与实际劳动力、材料或项目成本无关。

固定利润创造了降低可变成本以增加各方利润的激励模式。可变成本（劳动力、材料和设备）占项目成本的大部分，因此降低此类成本可让业主直接受益。此外，各方工作范围的调整不会影响其固定利润，因此工作很容易在各方之间转移。例如，若一方能够有效安装设备、电气、管道和消防所需的所有支吊架，那么可以将工作全部移交给该方，没有人需要用争取工作范围的方式来维持自己的利润。使得项目团队可以明晰项目所需资源、消除资源浪费并提高效率。

17.5.2 可变成本据实调整

固定总价合同、最高限价合同（guaranteed maximum price，GMP）或 NTE（not to exceed）合同，至少从纸面上看，会将项目超支的风险转移给承包方。若此做法行之有效，项目则不会出现变更或诉讼问题。实际情况是，承包方将不可预见费计入总价，以避免成本超支，之后利用变更单和索赔条款以摆脱固定总价合同、最高限价合同或 NTE 合同的制约。更糟的是，将不可预见费计入总价的做法，会出现在各层级的合同中，因为各分供商合同也是固定总价。最终导致多重不可预见费，累加起来数目庞大。该做法还将不可预见费限定范围，仅供特定参与方使用，而非用于整个项目。此外，还可能产生另一种情况，即业主将为该超支风险支付三次费用：最初过高的定价、随后项目实施期间的变更单以及最后解决索赔的诉讼费。

在 IPD 商业模式中，业主同意支付据实调整的可变成本（而不是利润）。由于可规避许多超支风险，大多数项目无须承担过多的不可预见费。此外，IPD 项目通常使用基于目标成本的设计方法,因此,也不必考虑不可预见费。最终,业主仅支付项目实际成本,而无须支付因各方过度预测风险所增加的费用。没有约定成本上限的做法看似冒进,但通过对变更单的严格限制,以及利用团队利润缓冲超支,可弥补不设置成本上限的不足。综上所述,固定总价和最高限价无法防止成本超支和索赔。

17.5.3 基于项目结果的利润

固定利润取决于项目结果。若未实现项目目标,项目利润则会降低甚至消失。若超预期完成项目目标,项目利润则会增加。各方根据在项目利润中的占比分享利润,实现 100% 承担风险。此举不仅可以增加对超支的缓冲,而且能够维持利润和可变成本的分离。因为个体的利润只能通过提高整个项目的绩效来保持或增加,参与方之间的一致性也得到加强。

项目结果通常以成本或进度表示,下面关于合同架构的章节探讨了风险/回报计划中的可能变量。但是除了此类财务模式,回报还可以与非财务目标挂钩,如设计和施工质量、可持续性目标或项目功能性。关键一点是,所用模式应与业主和团队的目标保持一致,并有助于实现目标。

> 在近期一个为印第安人组织实施的项目中,实现社群价值和尊重当地环境,比实现成本和进度等常规目标更重要。因此,团队回报与实现此类非财务目标密切相关。

17.5.4 有限的变更单

许多 IPD 项目均设有零变更目标,而且大多数项目的变更比传统项目少了很多。随着问题的出现,与联合项目管理相融合的商业模式,可以重新调整预算以应对新变化,而不是发布变更单。此外,精心准备的 IPD 合同,应使 IPD 团队在掌控范围内不产生变更。例如,设计错误和遗漏,在传统项目中,是承包商索赔的良机,而在 IPD 项目中,是团队共同管控的风险,而不是增加变更的理由。同样,承包商工期延迟也不是设计人员收取额外管理费的理由。对变更单的限制迫使团队周密计划、紧密协作,并在出现问题时迅速作出反应。

上述四个特征,创建了各方之间的新平衡,并与 IPD 合同架构相结合,打造了一个持久、高性能的合同平台。

17.6 新型合同结构

> "我们必须调查深层次结构,此类结构可以影响个体行为,并可为事件的发生创造条件。"

——彼得·圣吉

IPD 合同的目的是实现特定且更好的结果。确定 IPD 合同架构的过程是：首先，明确要达到的结果；其次，决定达到结果所必需的行为和过程；再次，设定合同的限制条件；最后，设计合同架构。在此过程中，IPD 合同架构为项目结果服务。

在图 17.1 的影响图中，实现项目成果需要融合某些行为（如椭圆形中所示）。图中所示的五个关键要素鼓励并塑造此类行为。在完整的 IPD 合同中，五个要素均存在其中，并与项目目标保持一致。此类要素的重要性如下所述。

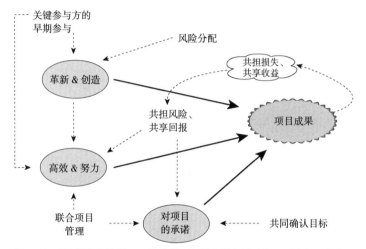

图 17.1　IPD 要素和结果。©霍华德·阿什克拉夫特（Howard Ashcraft）

17.6.1　关键成员的早期参与

关键成员（指对项目结果影响最大的参与方群体）的早期参与是 IPD 成功的关键因素。如果项目成员能够传授可提高设计有效性或可施工性的知识，或者与其他组织的互动可以提高项目生产率，则可以极大影响项目的成功。不同的项目有不同的关键成员，除了业主、设计方和总承包商之外，关键成员通常还包括设备、电气和管道设计方和承包商，因为上述各方的知识对设计有极大影响。这些成员必须紧密合作，让项目顺利进展。根据项目的不同，钢结构安装商、木框架安装商、幕墙分包商、主要设备供应商等同样可能成为关键成员。

关键成员多样化的观点可以在许多方面改善项目绩效。与商业环境中的创新有关的研究表明，具有不同背景成员的团队更有创造力。

> 管理者扼杀创造力的常见方式是组建同质化团队。这种做法诱惑力很大。同质化团队通常能更快速地找到"解决方案"，且整个过程阻力更小。另外，此类团队往往表现出很高的士气。但是同质化团队很难增强专业知识和提升创造性思维。每个人都带着相似的理念开会，并带着同样的理念离开（Amabile，1998）。

多元化团队的丰富经验也有利于目标价值设计。设计人员了解各种概念的有效性和可施工性，能够更准确地选择系统和布局，从而高效地实现项目目标。此外，关键专业分包商可以提供更新、更准确的价格信息，有利于控制成本，减少大幅波动。最后，当共同参与项目设计时，各方会对整个项目负责，而不是仅对自身部分负责。

关键成员参与的时机也很重要。关键成员的参与有利于项目时，应参与进来。参与的时机比传统承包方式更早，提及"早期"就是为了突出这种实际变化。这并不意味着所有关键成员同时加入，在大多数项目中，随着项目的进展，其他关键成员陆续加入，核心团队会逐渐扩大。换言之，选择参与时机的原则是，关键成员应该在"恰当的"时间参与进来，即对项目结果会产生最大影响的时候。

17.6.2　基于项目结果的风险共担、回报共享

IPD 合同将回报与项目目标的实现结合起来。尽管回报与目标的构成大相径庭，但项目的绩效与参与者的利润息息相关。如果实现或超出项目绩效，利润可能会增加。个体利润与完成工作量或个体生产率不成比例，而是与整个项目的成功成正比。

将利润与项目绩效挂钩，可以阻止与优化项目结果不一致的个体行为。此外，回报共享、风险共担加强了各方对项目的承诺，达成了相互间同舟共济，帮助其他团队成员也是为自身获益的共识。因此，各方共同致力于优化整个项目，而不仅仅是优化单个系统或某个部分。

回报共享、风险共担也有助于各参与方与项目目标保持一致。如果回报是以实现项目目标为基础，有必要让每一方都能准确理解项目目标，以及如何更好地实现目标。

共享回报不仅使团队抗风险能力更强，还为选择 IPD 项目提供了合理的理由。由设计和施工经理组成的研讨会总结道：

> 根据既定目标的绩效调整参与方的回报，是最重要、也是最有效的驱动方式——为协作提供了财务方面的理由（American Institute of Architects, California Council, 2009）。

回报共享、风险共担是四个部分的均衡:（1）减少的责任（将在下文单独讨论）;（2）有限的变更选项;（3）由业主保证的直接成本;（4）与项目结果挂钩的利润。

在 IPD 项目中，变更应限于团队无法管控的问题，例如不可抗力事件，或业主对施工范围的变更。诸如施工文件质量或现场作业班组生产率等问题是团队的风险，不能作为变更的依据。变更的常用依据包括:

- 业主对施工范围的变更；
- 业主暂停或终止项目；
- 项目启动后法律法规的变动；
- 现场条件的变化和不可抗力；
- 调整风险准备金。

除此之外不允许其他任何变更。这一规定看似苛刻，但并非如此，因为业主已经保证了不含利润的直接费用。因此，如果存在变更，如设计文件中有遗漏，业主将承担遗漏项的成本，但不会支付任何额外利润，增加的成本可能会降低团队的利润分配。

风险/回报系统应该反映项目目标。事实上，风险/回报系统均应根据项目结果增减利润，但结果指标可能与纯成本指标不同。结果指标能够以价值诉求、生命周期成本、可持续性、功能性甚至美学为基础。此外，不同的风险/回报模式还可以解决成本确定性、现金流以及其他实际问题。系统成功的关键在于，确定最重要的结果，让风险/回报指标与结果保持一致。

从根本上讲，风险/回报模式以支付项目所产生的直接成本（不含利润）和固定利润为基础。固定利润额根据项目总直接成本与目标成本的差额进行调整。如果实际成本超过目标成本，利润将以相同金额减少，直至减完为止。如果实际项目成本低于目标成本，一部分节余将增加到利润中。不管是哪一种情况，可用利润按照团队各自的收益比例进行分配。该方法以图的形式展现，如图 17.2 所示。

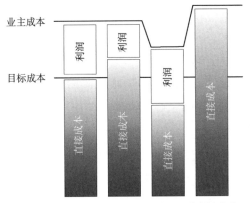

图 17.2　基本回报模式。© 霍华德·阿什克拉夫特

利润的增减取决于最终的实际成本、共享节余率和利润损失率。一种常用方式是，当利润增加时，与团队分享 50% 的节余；当利润减少时，逐渐降低团队利润，直至利润池中没有利润可分。图 17.3 生动展现了该方法。为了更好地调整该方法以实现目标成本之外的结果，对特定因素（通常是非财务因素）的评估可用来调整共享节余比例，从最小调到较大比值。

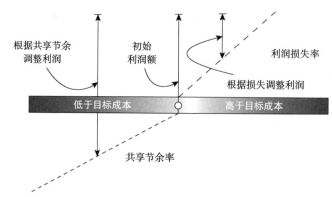

图 17.3 基于共享节余的风险利润。© 霍华德·阿什克拉夫特

任何模式下，工作行为和结果都会受到目标设定时间的影响。目标设定过早，很可能需要过多的不可预见费来对冲不确定性因素；而目标设定太晚，则可能失去大量创新和目标价值设计的机会。对于项目目标设定的时间而言，没有明确的规则可适用于所有项目。对于拥有类似项目成本数据的简单项目，可早期设定目标；对于复杂且紧急的项目，则应在适当时期设定目标。

有几种应对复杂且紧急项目的策略。一种策略是，将项目分解成若干任务包，每个任务包都有单独的目标，逐步实现每个单独目标，累加以实现项目整体目标。另一种策略是，利用补贴将项目未知部分与已明确部分区分开来。

还有一种策略是，提早设定目标，但需要使用中间区域来降低业主和项目团队的风险。在图 17.4 中，如果团队交付的项目成本超过风险临界值，目标利润会面临风险；如果项目成本低于共享节余临界值，团队会分享低于该临界值的所有节余。如果项目成本在中间区域范围内，那么目标利润既不增加，也不减少。使用中间区域，一方面降低了团队风险，因为团队并不承担中间区域的成本超支；另一方面降低了业主的风险，因为业主保留了中间区域的成本节余。只有项目成本低于共享节余临界值时，业主才会支付给团队"奖金"，因此，可以降低目标成本设定过高的风险。

如果不确定性因素会妨碍早期目标的设定，则使用中间区域比较妥当。但是中间区域范围应该尽可能缩小，因为区域的扩大会稀释激励和风险的积极作用。

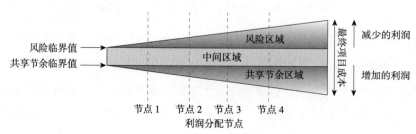

图 17.4 中间区域的风险/回报。© 霍华德·阿什克拉夫特

尽管成本很重要，但对业主来说，项目价值可能更重要。许多机构更喜欢在预算内获得最优项目，而不是满足基本需求的最低成本的项目。建筑物需要使用数十年（或更久），因此，质量和功能性是最重要的考虑因素。

在传统项目中，预算内扩大项目范围往往比较困难。即使对节余进行了安排，各方（受固定价格或最高限价的约束）仍希望控制节余，以应对意料之外的情况。在将各方均可接受的节余向业主公布时，可能已经错过利用节余扩大项目范围的机会。

图 17.5 所示的价值成本模型在规划（设计/施工前）阶段激励创新，如果能够增加项目范围，则为团队提供潜在的利润增长。然而，一旦范围确定，项目则用施工效率替代设计创新。通过这种方法，价值成本模式使得业主既可以对潜在成本节余进行再投资，并可以通过减少施工过程中的设计变更来提高施工效率，从而让项目顺利实施。

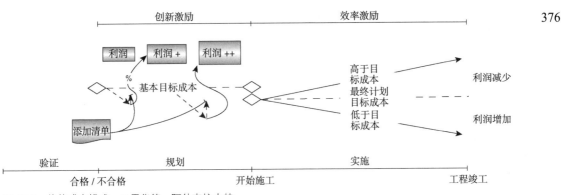

图 17.5 价值成本模式。© 霍华德·阿什克拉夫特

以上仅是几个可能风险/回报的模式，但展示了如何调整模式方可实现特定的结果和管理特定风险的方法。开发合适的风险/回报模式、何时以及如何设定目标、确保透明度以及明确恰当的指标大有学问。若无丰富的 IPD 经验，承包方最好寻找有开发合适风险/回报模式经验的第三方进行协助/咨询。

17.6.3 项目联合管控

项目联合管控需要各参与方之间进行真正的沟通。为了达成共识，各参与方必须从各自的角度清楚地阐明问题，并倾听他人的观点。通过增进了解，各方均对问题有了更为清晰的共识。虽然也有理解错误的情况，但发生概率很小。

项目联合管控还加强了项目的团队属性。不再是"个体项目"，而是"共同项目"。此外，联合项目管控平衡了各方的利益，并设置了检查机制，防止出现偏袒某方利益，这也反映出基本的公平。在 IPD 项目中，各方共同承担基于项目结果的风险，自然应该在有关影响风险的决策中具有发言权。

除影响风险本身外，项目联合管控也影响了风险感知。风险感知研究表明，不可控风险远比其可控风险更令人恐惧（Slovic, 2000）。如下文所述，恐惧会降低创造性，产生防御行为。此外，恐惧会导致预备过多的明确或不明确的不可预见费以对冲风险。因此，联合管控有助于减少防御行为，避免不必要的不可预见费。

在IPD项目中，项目联合管控通过项目管理团队来完成。项目管理团队至少由业主、承包商和设计方组成，被授权管理项目，以实现既定目标。因此，项目管理团队的每位成员必须有权约束各自的实体，各方必须信赖与其他方达成的合同。

共同达成的决策通常是最终决策，不再接受随后审查。此类决策由最熟悉数据的各方制定，并符合各方的不同观点和利益。项目管控与项目运营保持紧密联系，加快了决策制定和项目进度。此外，高级管理层的"事后诸葛"具有破坏性，意味着必须废弃根据之前的决策所完成的工作。更糟糕的是，"事后诸葛"可能会让项目管理层瘫痪，因为管理层可能觉得其决策会在之后被推翻，制定决策也就毫无意义。

对许多业主而言，项目联合管控是一个重大的范式转变。按照通常习惯，业主项目代表充当业主的"眼睛和耳朵"，但并不积极参与制定设计或施工解决方案。相反，承包商或设计方提出选项和解决方案，经由业主项目代表汇报后，由业主的高级管理层决定批准与否。

相比之下，IPD项目的业主积极参与可选项的分析和解决方案的制定。事实上，业主的积极参与和管控是IPD的一大主要优势。在任何其他项目交付方式中，业主在保证项目满足需求方面均无如此强大的作用。但这种优势也意味着业主有责任投入足够的、有能力的人员并授权作出更可靠的决策。业主习惯上赋予其项目代表极少的权利，因此要在实践中作出这样的改变尤为困难。

项目联合管控并非不需要领导者。IPD项目成功的关键在于，参与方必须能够自由交换信息并对彼此的工作提出意见或建议，认真讨论各种观点，充分表达不同意见。最后，需要制定决策，并进行记录，只有如此，项目才能向前推进。整个过程需要领导者。

IPD项目的领导权可能属于某个人或某一方，也可能根据项目进展情况或主导专业在各方之间进行分配。在项目早期阶段，业主自然而然地倾向于进行领导，但随着需求和价值转化为初步设计方案，领导权转移到设计方。随着实体施工的启动，施工方通常可能成为领导者。此外，领导权也可以根据机械设备或结构等系统进行分配，各系统领导者向协作管理团队和整体项目领导者进行汇报。不同项目之间的领导结构可能有所不同，但对高效领导力的需求相同。

IPD的领导者需要进行指导、促进和问责，而不是命令与控制，因为领导者必须鼓励自下而上的创新。此外，IPD领导者应懂得何时将讨论转化为行动、如何达成共识。IPD建立在互相支持的基础上，以顺利实现项目结果。如果支持程度未达预期，无论是由于缺乏团队合作、未能履行约定义务、缺乏透明度还是团队内部有分歧，都必须采取措施予以纠正，或从团队中移除不愿改正的一方。

与在其他项目交付方式中的作用相比，业主在IPD中的作用明显不同。如前所述，IPD项目的业主必须积极参与项目过程的每个阶段，不仅仅是审核者或批准者，还是设计和施工团队的贡献者。因此，业主也担当特殊的领导角色。在认可其他各方合法权益的同时，必须不断传达自身的需求和愿景。通过与其他各方合作并为其服务，业主能够期望各方为项目工作，以实现业主的愿景。

尽管所有现行的IPD合同都存在一定程度的联合项目管控作用，但各参与方的详细决策过程和最终授权存在千差万别，因为鉴于特定项目和参与者的需求，差别是在所难免的。联合项目管控旨在协助处于风险中的各方对其所承担的风险具有一定的控制权，并加强各方对整体项目的承诺。如果偏袒某一方，则可能会破坏IPD试图创建的基本公平。

17.6.4 责任风险的降低

责任限制的主要原因在于增进沟通[4]，培养创造力，减少过多的不可预见费。

> 信息共享和协作对创造力的三大要素大有裨益。对于专业知识的获取来说，人们交换想法和数据越频繁，越有助于获取专业知识。在提升创造性思维方面，让员工接触各方解决问题的方案，也是提升创造性思维的一种方法。在提高内在动力方面，除了固执的自我封闭者，人们通过信息共享和协作增加工作乐趣，从而提高内在动力（Amabile，1998）。

自由交换信息有时会导致更大的责任。例如，美国许多州[5]允许根据《侵权行为法重述（第二版）》(*Restatement of Torts, Second*) 第552条对过失失实陈述采取行动。[6]根据该准则，提供错误信息的一方应对信赖该信息的另一方造成的损害负有责任，导致了为避免增加责任而有意隐藏信息，削弱了创造力和绩效。责任豁免可以消除这种顾虑以增强创造力。

此外，责任豁免通常有助于减少对失败的担忧。在创新型项目中，必须对异议提出者有安全保护制度。担忧的氛围不但不利于创造力，而且会破坏内在动力（Amabile，1998）。

责任风险通过增加不可预见费而直接增加项目成本。理性的谈判者会在评估自身企业面临的风险时，尽量将风险量化，并在项目成本中设置风险准备金。每个参与方都会重复这一理性行为，最终的结果是，各方累加风险准备金可超过项目所需的实际不可预见费。此外，将不可预见费分散支配不利于项目应急管理。

对责任的担忧可产生隐性成本，而隐性成本由防御性设计和不愿采用新材料、新技术引发。传统做法看似可靠而又安全，但既昂贵又低效。

责任豁免还可以降低诉讼成本，仅凭这一点，责任豁免合乎情理。但正如前所述，责任豁免的主要优势在于，可以增进沟通、提升创造力，减少不必要的不可预见费。

17.6.5 联合制定和审批的目标

联合制定的目标是各方的第一个协作成果，记载了各方关于目标的约定，并确认这些目标是可以实现的。此外，目标既是调整回报的衡量标准，又是目标值设计的依据。因为目标由各参与方联合制定，所以各参与方都认可并努力实现这些目标。

联合制定和审批的目标是 IPD 项目的使命宣言。

17.6.6 多方合同或联盟合同的选择

五个要素可以置于多个合同架构中。在多个相关联的合同中处理五个要素是可能的，但很复杂，需要额外的起草时间，还会存在合同之间不一致的风险。比较常见的方式是业主、主要设计方和承包商使用一份合同（多方合同），或者，让所有风险／回报方签署一份合同（联盟合同）。

如图 17.6 所示，在多方合同中，利润有风险且有资格获得奖励的各方属于风险／回报群组。各主要参与方（业主、设计方和承包商）签署主合同，风险／回报咨询公司和风险／回报分包商分别与设计方、承包商签署专门的子合同。激励、管控、争议和责任分配的关键条款通过此类合同向下传递。通常，某些不属于风险／回报群组的咨询公司和分包商，会签署传统合同。

多方合同将分包商关系的管理移交给承包商，将咨询公司关系的管理移交给主要设计方。多方合同反映出传统的管理安排，并利用主要设计方和承包商的能力管理各种关系。这不但

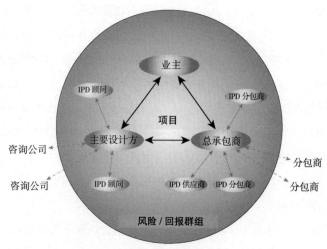

图 17.6　多方合同。© 霍华德·阿什克拉夫特

有助于业主可以在更高层面上关注项目，还减轻了业主的管理负担。在首次接触IPD时，由于对多方合同相对比较熟悉，许多团队更喜欢采用该方式。某些情况下，承包群组中要额外增加一方，增加的一方在该群组中的项目占比较大或特别重要。这种情况下，增加的一方通常与主要设计方或承包商结盟，并且必须与结盟的一方共同作出决策，以维持业主、设计方和承包商之间的平衡。

如图17.7所示，在联盟合同中，风险/回报群组的所有各方共同签署一份IPD合同。合同的签署可以在项目初始阶段完成，其他方可采用加入合同的方式陆续进入联盟。风险/回报群组以外的各方与主要设计方或承包商（视情况而定）签署传统咨询合同。

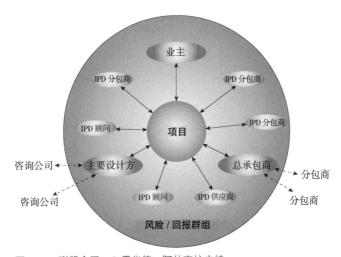

图 17.7　联盟合同。© 霍华德·阿什克拉夫特

联盟合同的透明度很高。业主可以直接与所有关键参与方接触，关键参与方也可以与业主接触，各方都站在平等的合同基础上。这可以提高分包商与咨询公司的沟通和承诺水平，并确保其在项目管理中具有发言权。联盟合同在管理上比多方合同更复杂，因为业主必须同时管理很多关系，包括行政事务，如处理发票。联盟合同不分层级，改善了沟通，加强了承诺，但也产生了领导力方面的挑战，此类挑战必须先由业主应对，之后由其他参与方应对。

17.7　IPD合同协商

至少在当前的发展态势下，必须精心创建IPD项目，使之与特定的工程项目及其团队相匹配。在当前的实际操作中，IPD合同通过合同协商制定（常常有第三方的指导或协助）。与传统的合同谈判不同，IPD合同由多方以高度透明的方式同时协商而制定。各方不但需要公开讨论各自的目标和关切，而且需要信任未来队友提供的信息。由于IPD合同的基本原则与传统施工合同截然不同，因此，合同协商会议应由一名或多名具有丰富 IPD 合同经验的律师指引或直接参与。有些项目中，IPD 团队聘请一名项目顾问来指引合同协商会议。该顾问是由所有参与方共同聘请的律师担任，以促进合同协商，制定 IPD 合同。[7]

17.7.1　合同协商会议

合同协商会议通常有两个阶段：IPD 主合同协商；加入合同或 IPD 子合同和咨询合同协商。

《协商 IPD 合同》（*Negotiating an IPD Agreement*）（Ashcraft，2010）对影响 IPD 合同的原则、议题、所做选择进行了全面探讨。没有参与协商 IPD 合同经历的各方，在签署 IPD 合同之前，应查阅此书或其他类似文件。此项工作应比研究个体合同案例更重要，只有在清楚理解合同条款的前提下，方可放心接受或修改此类条款。

需要解决的首要议题是确定协商人员。签署合同的每个实体都应参与协商，但在某些情况下，承担风险的重要分包商和咨询公司也可能参与协商，因为其可能需要就主合同中的商业和法律条款达成共识。

协商会议[8]应关注影响预期工作行为的议题。重大议题列表及其相对优先级因项目而异。有一系列议题可以集中讨论，但要突出最重要的议题：

- 何类参与方属于风险/回报群组？
- 合同属多方（业主、主要设计方和承包商）合同还是联盟（签署一份合同的所有风险方）合同？
- 风险资金池的规模和资金来源？
- 风险资金池的分配是在项目竣工点还是在节点？是否有所截留？
- 项目如何管理？
- 决策制定的授权人和责任人？
- 目标如何及何时确定？如何衡量？
- 不可预见费是否明确？若明确，如何使用及何时必须使用？
- 准备金的作用是什么？
- 通胀百分比纳入目标成本的方式？
- 目标未实现的后果是什么？
- 如何防止或阻止非协作性行为？
- 何种事件证明改变目标成本是合理的？
- 何种责任不可豁免？
- 如何处理担保和为担保划拨资金？
- 保险如何与未豁免责任相关联？

17.7.2　分包商、咨询公司和加盟合同

承包商和设计方极少执行合同范围内的全部工作，一般将许多工作委托给分包商和咨询公司。设计方可能保留不到一半的设计工作，有些承包商将工作全部分包出去。若要激励一线工作的人，毫无疑问，IPD 必须让分包商和咨询公司参与进来。此外，若 IPD 为业主应对成本超支而提供足够的缓冲，分包商和咨询公司，或至少是关键参与方，必须参与风险/回报体系。[9]

IPD 是建立在信任基础上的相互协作的交付方式，所选择的咨询公司和分包商不仅必须能够欣然接受 IPD，而且必须与其他各参与方密切合作。因此，在大多数 IPD 架构中，由业主、设计方和承包商组成的团队共同选择分包商和咨询公司，或该团队有权面试、否决设计方和承包商首选的咨询公司和分包商。[10]

将没有签署 IPD 主合同的关键咨询公司和分包商纳入其中，有两种方式：子合同和加入合同。

在子合同方式下，关键 IPD 要素通过主合同（设计方或承包商）添加到子合同（咨询公司或分包商）中。关键要素包括风险/回报关键条款、责任限制和豁免。分包商或咨询公司的风险收益是各自主合同所规定的收益一部分。几乎所有情况下，子合同的商业架构体现了 IPD 合同的商业架构，不同之处在于，在项目管理层面，子合同中的分包商和咨询公司较少参与项目管理，没有表决权或具有有限的表决权。

在加入合同的方式下，关键分包商和咨询公司签署一份合同使其成为合同方，该合同是对 IPD 合同的修订。各关键分包商或咨询公司相继加入，风险/回报条款随之修订，以便反映新增一方的风险/回报金额。如果所有各方都签署一份合同，IPD 合同必须能够对条款进行调整，如项目管理流程，以适应已变化的参与方特性和数量。

IPD 团队必须决定如何选择分包商和咨询公司。在某些情况下，设计方和承包商被视为一个现有团队，可能会与首选的分包商和咨询公司进行商谈。在其他情况下，团队需要制定某项流程，以确保选定的分包商和咨询公司彼此之间、与整个 IPD 团队之间，能够进行有效合作。

常有些分包商的选定是以固定价格或以时间－物资为基础。此类参与方不在 IPD 合同的风险分担和责任豁免条款范围内，此类参与方的合同总价应计入目标成本，包含在参与 IPD 合同的主体的可偿付成本条款中。

17.8　IPD 合同格式

规划 IPD 项目的团队可以选择使用标准格式合同或定制合同。尽管没有可靠的数据统计，但似乎使用定制合同的 IPD 项目数量与签署标准格式合同的数量同样多或更多。而且，标准

格式合同在未做修改之前均不能使用，很多情况下，应该对其进行大量修改方能使用。因此，标准格式协议可以减少谈判时间和起草时间的这一优势可能并不现实。无论如何，使合同符合团队实际管理项目的商业模式和程序，要好于项目被迫适应不合适的合同。

本节将简要介绍当前可用的标准格式合同和最有影响力的两个内部合同，这两个合同是美国和加拿大各地使用的自定义合同范本。范本阐述了各合同如何解决 IPD 的关键议题。应该使用这些信息与专门从事 IPD 合同的律师相配合，帮助团队确定最适合于团队和项目的方式、在特定项目合同中需要修改之处，或自定义合同是否更可取。

17.8.1 协会合同简介

1. ConsensusDOCS 联盟制定的 CD-300 条款

ConsensusDOCS 联盟，美国总承包商协会（the Associated General Contractors，AGC）与其他许多组织共同努力，达成了一项 IPD 多方合同。这是受到萨特医疗集团 IPD 项目的集成格式合同的重大影响，所制定的第一个 IPD 标准格式合同。CD-300 条款是面向由业主、设计方和承包商组成的最小型的核心管理团队的条款，它并非明确的多方或联盟条款，而是精益和传统方法的混合形式。其突出特点之一是将复选框方法用于许多关键决策，如责任限制、付款以及争议问题。CD-300 条款于 2016 年进行修订，吸收其他合同中的某些特点，并删除了已证明难以应用的某些自创的特性。

2. 美国建筑师协会 C195 系列合同

美国建筑师协会 C-195 系列合同最不寻常之处在于，使用有限责任公司的方式，将业主、设计方和承包商集成在一起。此方式虽比多方合同或联盟合同复杂，但在责任限制情况下更为可取。此方式依赖于一个独立的法律实体，需要更多法务和会计方面的参与。另外，该方式具有独特的项目管理方法（是有限责任公司结构的反映），在收益分配方面完全不同于其他的标准格式合同。

3. 美国建筑师协会 C191 多方合同

美国建筑师协会 C191 合同是遵循《AIA/AIACC IPD 指南》（AIA/AIACC IPD Guide）基本原则的多方合同。C191 合同具有与 C195 合同相同的突出特点之一是设置了"完成奖金"，该奖金和基于目标成本的项目绩效无关。C191 合同是多方合同（业主、设计方和承包商），并纳入 AIA 合同文件系列中。

4. 美国建筑师协会 A195/B195/A295 过渡型"IPD"合同

尽管美国建筑师协会在 IPD 文件中列出了此类合同，但此类合同与传统合同非常类似，包括业主——设计方合同（B195）、业主-承包商合同（A195）和两个合同共用的一套通用条款（A295）。2008 年，美国建筑师协会首次发布此类合同时，此类合同被视为"过渡型"文件，而不是实际的 IPD 文件。

17.8.2 内部合同

许多（很可能是大部分）IPD 合同是内部专用格式，是根据特定项目和客户需求定制的，通常仅用于某一客户的项目。但是，此类合同已在业内流传，并对 IPD 合同的发展产生了重大影响。两个最具影响力的合同是萨特医疗集团的集成格式合同和瀚盛律师事务所的 IPD 合同。

1. 萨特医疗集团的集成格式合同

萨特医疗集团是采用 IPD 和精益项目交付的先驱者。威尔·里希蒂格（Will Lichtig）与麦克唐纳·霍兰 & 艾伦（McDonough Holland & Allen）[11] 律师事务所的其他律师，共同制定此集成格式合同。该合同的 2008 年版本已在各种会议上广为讨论，成为其他 IPD 项目的典范，尤其在卫生保健方面。萨特医疗集团的集成格式合同影响了最初的 CD-300 发展。尽管萨特医疗中心卡斯特罗谷项目起初采用多方合同，但最终以具有 11 方（联盟）集成格式合同的方式交付。萨特医疗集团集成格式合同具有其他不同版本，反映了对特定项目的协商和调整，随即萨特医疗集团项目的集成格式合同也不断升级。2015 年，萨特集成格式合同由瀚盛律师事务所重新改写。然而，由于初版集成格式合同应用广泛，其仍然具有较大的影响力。

2. 瀚盛律师事务所 IPD 合同

位于旧金山的瀚盛律师事务所开发了一系列不同版本的多方和联盟 IPD 合同。各类不同版本在美国和加拿大得到了广泛应用。多方合同的早期版本影响了美国建筑师协会 C-191 的发展。该版本采用两级管理结构、严格责任限制、有限的变更单和特定的风险/回报/激励计划，并用通俗易懂的商务英语格式编写。

17.9 类似方法：英国的经验

IPD 最初的框架很大程度上归功于项目联盟方法（Project Alliancing approach），该方法由英国在北海石油勘探项目中开发。英国从业者认识到，由于行业内的分裂和对立，设计和施工充斥着低效和浪费。在评估 IPD 时，重新审视这一认识和所采用的关系型合同具有指导意义。虽然与 IPD 不同，但项目联盟方法在英国的商业与法律环境中，也有类似的关注和响应。

17.9.1 问题的识别

1994 年，迈克尔·莱瑟姆爵士（Sir Michael Latham）领导一个特别工作组，发表了极具影响力的《构建团队：英国建筑业采购和合同安排行业审查政府最终报告》（*Final Report of the Government Industry Review of Procurement and Contractual Arrangements in the U.K.*）（Latham, 1994）。该报告认为，英国建筑业有很大的发展潜力，但严重落后于其他行业。莱瑟姆工作组提出30项建议，旨在提升行业30%的绩效。该报告的建议受到广泛好评，并产生新的努力方向和激励机制，但同时也面临采纳速度缓慢、采纳内容不完全的阻力（Cahill & Puybaraud, 2008）。然而，向行业挑战的号角已经吹响。

莱瑟姆报告发表不久，一份题为《反思建筑》（*Rethinking Construction*）（Egan, 1998）的报告在约翰·埃根爵士（Sir John Egan）的主持下发表。该报告明确指出英国建筑业当时的状况，并提出改进策略。该报告发现，尽管个别企业能力很强，但建筑业仍然难以营利，在研发方面投入极少，常令客户失望。该报告对相关调查进行了讨论，调查发现，超过三分之一的客户对承包商和咨询公司的表现不满意，客户认为通过集成设计和施工可以显著提升价值、降低成本。来自美国、斯堪的纳维亚半岛和英国的研究表明，施工返工量30%，劳动力效率仅40%至60%，事故占施工成本的3%至6%，材料浪费大于10%。该报告对上述研究进行了总结。最终结论是，当时的建筑业相对分散、恶性竞争、效率低下。

埃根工作组建议在项目理念、项目架构和项目实施上进行彻底改变。尽管埃根报告中的某些建议（与莱瑟姆报告中的某些很相似）只适用于英国的现状，但很多建议与IPD的原则和实践完全一致。该报告的以下摘录展示了此类相似想法：

> 34. 若要在整个建筑业推广性能改进的最好经验，必须从定义集成项目过程开始。该过程充分发挥整体建造团队的力量、所有参与方的技能，向客户交付有价值的产品。集成项目过程明确且透明，使参与方及其客户易于理解。
>
> 35. 集成过程开发的根本原因是，项目交付的效率目前受制于将项目在很大程度上割裂成多个过程，通常包括项目规划、设计和建造，这些过程反映了行业的碎片化结构，并保持着契约性和对抗性文化。
>
> 50. 率先贯彻"精益思想"的公司所取得的巨大成功令人印象深刻，相信这一理念也为建筑业带来了希望。事实上，精益思想已经成功地应用在美国的一些建筑公司，建议英国建筑业也应采用精益思想作为持续改进性能的手段。
>
> 58. 正如所强调的，以往的经验是，只有在现场施工中多花费时间和精力，方能使设计方案更具实施性。埃根工作组指出这正是该行业的一个根本问题，即设计与项目的其他过程相互割裂。大多建筑在使用灵活性、运营和维护成本以及可持续性方面表现不佳。工作组认为，必须对典型项目进行根本的重新平衡，以便在现场发生问题之前，在设计和规划阶段对此予以更多重视。换言之，设计需要与建造和使用性能进行适当集成。时间花费在勘察设计阶段是有价值的。
>
> 59. 由此可产生一系列实际效果：
>
> ○ 供应商和分包商必须全程参与设计。在制造业中，"为制造而设计"的概念是交付效率和交付质量的重要组成部分，同样建筑也需要一个类似的"为建造而设计"

的概念；

○ 新的项目需要借鉴已完成项目的经验。除几个特例,建筑业在该方面毫无经验。通过了解客户满意度,获取技术信息,如控制系统的有效性或组件的耐用性,可以获得重大收获；

○ 设计必须以质量为导向。在现场工作开始前,需要在计算机上发现设计存在的缺陷和问题。"一步到位"是指建筑物及其组成部分的设计无差错性交付施工；

○ 设计方应该在项目过程中与其他各参与方密切协作。设计方必须更清楚地了解组件如何制造和装配,以及在整个过程中如何充分发挥创造和分析能力。基于项目成本按比例计取设计费的机制不复存在,这一机制对高效建造缺乏激励；

○ 设计需要考虑整个生命周期的成本,包括能源消耗和维护成本,可持续性具有同等重要性。越来越多的客户认为,应该将建筑作为整体进行设计和成本计算,包括使用成本和最终报废成本；

○ 客户也必须对有效设计负责。往往在获得规划许可后的当天,客户便迫不及待地使项目开工。但要高效优质地交付产品,行业应帮助客户认识到将资源集中在项目前期的必要性。

64. 在建筑及其组成部分的设计和整个建造团队设计信息交流的领域,新技术大有用处。例如,在消除浪费和防止返工方面,从使用最新的 CAD 技术到建筑原型,包括快速交换设计变更信息,可带来巨大收益。设计更新应该在计算机上而非施工现场进行。

以上建议显然十分符合 IPD 架构。

17.9.2 关系型合同

莱瑟姆报告建议使用关系型合同,如 NEC3。[12] 尽管旨在增加项目协作,但 NEC3 并没有通过合同将项目团队集成到虚拟组织中。而 Be 协作合同(Be Collaborative Contract)由 Be [建筑和房地产论坛](Building and Estates Forum)创建,Be 还与其他组织共同创建"建造卓越"网站(Constructing Excellence)。[13] Be 协作合同主要是购买方和供应方之间的合同,可能包含设计责任并被视为具有子目标成本的最高限价合同。尽管明确地朝着 IPD 的方向发展,但 Be 协作合同的灵活性可催生各种各样的项目架构。

戴维·莫西博士(Dr. David Mosey)代表英国咨询建筑师协会(Association of Consulting Architects),创建出合伙人合同(partnered contract)[14],该合同在很多方面类似于 IPD 合同(PPC2000)。合伙人合同中的"合伙"(partnering)一词与美国的实际情况不同,因为协作在 PPC 合同中是各方的合同义务,而在美国 IPD 项目章程中是非强迫式的主动意愿。此外,

PPC2000合同是多方合同，关键各方均签署同一份合同。PPC2000合同支持关键参与方的早期参与和核心群组的联合管理。最终，项目团队共担风险、共享收益。

PPC2000合同适用于英国特定的设计和施工领域，自然不同于美国的实际情况。此外，PPC2000合同依赖于伙伴合作引导者的加盟，引导者不仅帮助团队创建基本项目架构和合同，而且在整个项目过程中为团队提供帮助。该合同允许但不规定风险限制。基本业务架构也存在不同，尽管可能共享节余，但仅有合同价格而无目标价格。管理层与美国的IPD实践也有所不同，管理团队（核心团队）不包括业主，业主有单独的代表。PPC2000合同并未明确采用精益建造（但也并未禁止），也未提及诸如BIM等新技术。

英国和美国在协作项目交付方面虽存在差异性，但在变革的原因、弥补缺陷的建议、提议的架构等方面的相似性远大于差异性。

17.10 重要性

IPD合同是简明框架所有要素的基础。IPD合同如同骨骼，为如同肌肉的简明框架的高效工作提供了支撑。IPD合同既消除了协作和沟通的障碍，又使各方的商业利益与项目目标保持一致，创建了一个注重效率而非数量的经济模型。

17.11 启示

需求无限，资源有限。套用20世纪70年代的一句话：建筑要么是解决方案的一部分，要么是问题的一部分。虽然可能无法预测项目交付的未来发展方向，但项目成功必定是高度协作和紧密集成的结果。即使现在，集成的紧迫性也在不断增加：精益需要集成，可持续性需要集成，BIM需要集成，简明框架表明从高价值/高性能的建筑到设计和施工过程的开始阶段均需要集成。

实现完全集成的商业模式和合同模式并非易事。有人可能坚持传统的承包方式，但对集成的需求终将战胜阻力。未来成功的合同模式，如IPD合同，将促进和加强协作，而非扼杀协作。

17.12 小结

IPD合同整合了一种商业和合同模式，该模式使各方的商业利益保持一致，消除了沟通和协作的障碍，提升了创造力和参与度，有利于风险转移问题的解决，并将项目关键参与方融入与项目目标一致的虚拟组织。

新的商业和合同模式的关键要素是：

- 关键参与方的早期参与；
- 与自身单位成本分离的利润；
- 完工时支付无利润的成本费用；
- 根据既定结果调整的利润（共担损失、共享收益）；
- 目标的共同设定；
- 联合项目管控；
- 团队成员之间的责任豁免。

注释

1. 拉尔曼（Larman）（2010）的书中包含了关于承包系统方法的启发性讨论。在国际合同和商业管理协会（International Association for Contract and Commercial Management）的一项研究中，拉尔曼指出，企业法律顾问关注的十大合同条款中，没有一条可能会影响项目的日常运转，也没有一条涉及合同的基本目标，而基本目标正是合同的关注点。
2. 基于原则的合同谈判在费希尔（Fisher）和尤里（Ury）的《谈判力》（*Getting to Yes*）（Penguin，1981）的书中进行了阐述。
3. 阿克塞尔罗德的（Axelrod）《合作的进化》（*The Evolution of Cooperation*）（Basic Books，1985）书中指出，即使在简单的游戏中，合作也是一种最佳的策略。此外，如果各方能够预测彼此的策略，从而可以理解对方即将作出的决定，合作会更有效。在 IPD 背景下，各参与方需要理解他方利益，明确自身目标，并值得他人信赖。只要存在反复互动（在建筑行业是必然现象），对个体来说最佳策略就是协作。
4. 在为美国建筑师协会 2005 年的 B141 和 A201 文件的 2007 年修订版提交的"智能建筑模型及其在下游的应用——建筑实践咨询组的技术评论"中，对责任问题及其潜在的危害进行了清晰的总结。"我们担心，对责任和保险性的正常担忧会出现一种趋势，阻止建筑师如此使用设计数据。正如我们所认识到的，这种趋势是错误的，可能会危及建筑业未来的发展。……应清除项目参与方之间影响数据自由流动的障碍，以便建筑师事务所向客户交付充满价值的工作，并获得相应的回报。"
5. 例如，见比莉诉亚瑟·扬公司案。加利福尼亚第 3 卷，第 4 册；1992 年：第 370 页（Bily v. Arthur Young & Co.，3 Cal. 4th 1992:370）。
6. 第 552 条，给他人提供失实信息
   （1）在商业往来、职业生涯或就业过程中，或在其他任何有经济利益的交易中，因指导他人进行商业交易而提供错误信息的任何人，如果在获取或传递信息时未能采取合理的谨慎注意义务，应对他人因合理信赖该信息而造成的经济损失承担责任。
   （2）除非第（3）款另有规定，第（1）款所述的责任仅限于下列损失：
   （a）为信息接收者的利益或为其提供指导，信息提供者意图提供信息或知道信息接收者会将信息提供给他人，从而导致信赖此信息的任何人或特定群组中的任何人遭受损失；
   （b）信息提供者意图使用信息影响交易，或知道信息接收者也有此打算，或在实质类似的交易中，任何人因信赖该信息所遭受的损失。

（3）提供信息者负有公共责任，该责任被明确延伸至依赖该信息而遭受损失的所有层次的利益相关者，旨在确定信息提供者负有为利益相关者在交易中所遭受损失提供补偿的责任。
7. 律师通常代表一方当事人，并有义务仅代表该方采取积极行动。根据适用的职业道德，律师不能代表多方进行谈判，除非得到书面的权益冲突放弃书。在双方决定使用共同律师之前，应先解释共同代理的含义。
8. 如前所述，由具有丰富 IPD 项目经验的人来领导合同协商会议，对所有 IPD 参与方都大有裨益。
9. 一般而言，风险 / 回报结构内应包含至少一半的预期施工成本，当然越多越好。
10. 另外一个选择是，每一个新的项目参与方均由之前的整个团队进行面试。该选择可能适用于小型项目，但随着项目参与方数量的增加，此方法可能较为繁琐。
11. 麦克唐纳·霍兰 & 艾伦律师事务所于 2010 年停止运营，其建筑集团与瀚盛律师事务所合并，里希蒂格先生随后加入博尔特建筑公司（Boldt Construction）担任管理职位。
12. http://www.neccontract.com/about/index.asp
13. http://www.constructingexcellence.org.uk/aboutus/
14. PPC2000 是一套合同文件的一部分，该套文件包括定期合同、专业承包商合同以及与英国实际情况联系不密切的国际版本。

参考文献

Amabile, T.M.（1998, September–October）.How to kill creativity. *Harvard Business Review*, 76（5）, 76–87, 186.

American Institute of Architects California Council.（2009）.Experiences in Collaboration:On the path to IPD, 9. American Institute of Architects, AIA California Council.

Architects, Association of Consultant.（2003）. *Guide to ACA project partnering contracts PPC2000 and SPC2000.* Tatsfield, Kent Association of Consultant Architects.

Ashcraft, H.（2010）. *Negotiating an IPD agreement.* Retrieved from http://www.hansonbridgett.com/Publications/pdf/~/media/Files/Publications/NegotiatingIntegratedProjectDeliveryAgreement.pdf.

Cahill, D., & Puybaraud, M.-C.（2008）.Constructing the team:The Latham Report（1994）.In *Construction Reports 1944-98*（pp. 145–160）.Blackwell Science Ltd.

Cheng, R., Allison, M., Sturts-Dossick, C, Monson, C, Staub-French, S., Poirier, E., *Motivation and Means:How and Why IPD and Lean Lead to Success*,（2016）University of Minnesota, Retrieved from http:// arch.design.umn.edu/directory/chengr/.

Egan, J.（1998）. *Rethinking construction.* London, UK:UK Construction Task Force to the Deputy Prime Minister, John Prescott.

Ballard, G.Kim, Y.W., Azari, R., & Kyuncho, S.（2011）.Starting from scratch:A new project delivery paradigm. *Construction Industry Institute Research Summary* 271（11）.

Larman, C., & Vodde, B.（2010）. *Practices for scaling Lean & agile development:Large, multisite, and offshore product development with large-scale scrum.* New York: Addison-Wesley.

Latham, M.（1994）. *Constructing the team.* London, UK.

Slovic, P.（2000）. *The perception of risk.* Risk, Society, and Policy Series.Sterling, VA:Earthscan.

第 18 章

高性能建筑产品的交付

"未来已来，只是不均衡地分布在当下。"

——威廉·吉布森（William Gibson）

18.1 高性能建筑产品的内涵

前面的章节已重点介绍如何运用集成项目交付方式建造高性能建筑，简明框架展示了如何将设计和施工的各部分整合到一个虚拟组织中，虽然所提供的最终产品是建筑本身，但是项目团队还为客户提供了有价值的服务。

设计方提供设计服务，甚至称设计方案为"服务工具"，总承包商/施工经理主要提供管理服务。传统的施工保修条款仅确保质量无缺陷，并符合合同要求，但却没有条款保证建筑达到预期性能目标或按预期目标运转。恰恰相反，按照传统的建筑法规，业主应向承包商提供充分的设计和规范[1]，各方均按照专业和行业标准执行，但并没有要求必须达到建筑的预期性能。

同样，汽车也由不同企业设计和制造的部件组成，但从顾客角度来看，汽车并非服务的集合，而是完整的产品。顾客期望汽车可以满足里程、维保、空间和款式等方面的要求，所有零部件均能彼此协调运行。事实上，顾客希望在整个漫长的保修期内，甚至超出保修期，制造商仍可保证汽车的上述品质，并为此提供服务。

如果高性能建筑是一种产品，那么对业主而言，将意味着什么？业主理解的是建筑应如"广告所言"一样运转，并希望建筑不仅符合规范要求，而且可满足需求。从业主的角度来看，业主购买的是可以整体性运转的建筑，否则，业主希望销售方能够为之改进。

如果高性能建筑是一种产品，那么对项目团队而言，将意味着什么？最重要的，这意味着项目团队负责建造能够满足业主需求的产品，而不是尽可能地满足。此外，这也意味着项目（现在可称之为"产品"）团队需要准确地实施简明框架的要素。由于保证产品结果的团队必须能够准确地理解业主需求，并且其所提出的方案可以满足业主需求，为达到这个目的，数字化原型、反复优化、可视化和模拟使用尤为重要。

将高性能建筑作为产品交付,也给项目/产品团队带来了机会,服务本质上是以成本为基础。业主为项目支付服务成本和合理的利润,而产品的购买者则根据产品的价值支付费用。产品利润是基于产品价值的销售价格和成本之间的差额,对技术娴熟而又敬业的产品团队而言,价值是最好的经济指标。

> **案例:能源改造**
>
> 能源改造是产品定价的一个案例,供应商设计并创建解决方案,确保节能,并获取能源节约所带来的部分收益。利润是价值(能源节约)与实际成本之间的差额。

值得注意的是,自20世纪四五十年代以来,许多公司一直在做预制建筑或批量生产房屋,笔者并不是在提倡此类建筑。相反,笔者倡导满足业主特定需求的定制化高性能建筑产品,制造业称之为"大规模定制"。每个产品都是独特的,但仍然是完整的产品,并非单纯的服务堆积。

虽然将高性能建筑作为产品进行交付尚未真正实现,但本章将介绍几种方式,通过这些方式,可将高性能建筑作为产品交付给有特殊需求的业主。如此一来,高性能建筑会类似于飞机制造商或船舶制造商销售的复杂产品,而不是与汽车相似的标准化产品。正如现实案例所示,目前有些先驱者正在部分建筑领域中探索,并开始将高性能建筑产品的理念变为现实。

18.2 成功的标志

建筑物的业主在约定的日期、以约定价格获得即可使用的预期产品,产品的质量、范畴与交付团队在项目竞标时的承诺完全相符。在项目过程中,无安全事故、无环境污染。项目团队应根据合同标准保证产品的运营性能和适用性。

项目交付团队全权负责所采用的方法和措施,并完全透明化。在建筑的整个生命周期,业主或用户的设施主要管理人员能够将注意力集中在利益相关者的关注点和建筑性能上。许多情况下,项目交付团队是一个虚拟组织,由能够理解房地产总监或基础设施总监建设新设施的意向的若干公司组成,相当于IPD团队。其他情况下,交付团队是由设计和施工公司构成的合法合资企业,具备设施管理、运维和融资等职能。在此两种情况下,大多数团队成员已经在多个项目共事过,彼此了解,并知晓如何利用简明框架的所有要素,具有改进项目之间甚至公司之间的工作流程的能力。来自不同专业的项目经理将领导和管理项目,这些项目经理"应具备团队建设能力、组织管理能力、人员评估和应变能力以及战术战略的相关能力"(Seed, 2014)。

通过结构化的流程,如第11章"设计中的价值诉求"(Value in Design, VALiD)所述,项目交付团队将探索并确定利益相关者和项目的价值,利益相关者和团队能够应用约翰·海梅克（John Haymaker）倡导的（或其他类似的）方法，使利益相关者了解彼此的价值，从而将价值转化为一系列连贯的项目目标。继之，业主和项目团队将注意力聚焦于性能，以实现三重顶线和底线的可持续性、高使用性及高运维性。业主和项目团队的任务是，将利益相关者的目标转化为易理解、可量化和可持续评估的标准化指标。项目团队应熟练掌握集成过程知识、集成信息、模拟以及协同的能力，这些是团队能够实现交付的基本能力。

团队成员应秉持循环生命周期的理念，始终致力于使用在建筑生命周期结束时仍可重复使用的健康和可持续的材料（McDonough & Braungart，2010）。更为重要的是，团队成员将践行"预测/测试/调整"循环，从而设法预测性能并设计更短的反馈周期，以利于将性能与所制定的指标做比较（Spear，2010）。团队成员将问题的出现作为学习和改进的机会，团队的目标是增强整体才智，并日益提高。团队通过创造一种"包容失败、鼓励尝试"的学习氛围实现这一点。领导者和设计施工团队成员明白，失败和尝试对创造创新而言必不可少（Catmull & Wallace，2014）。在早期的价值定义和设计阶段，团队将实施方案迭代，以利于创造性互动。

> **产品研发**
>
> 新产品和新服务的产生，不是来自对消费者的询问，而是来自生产者的知识、想象力、创新、冒险、反复试验。生产者要有足够的资本，以支持产品或服务的研发，并在推广的艰难时期能够维持经营。
>
> ——爱德华兹·戴明（W. Edwards Demming）

交付团队开发、模拟和分析用于可持续性、可使用性、可运维性和可建造性方面的解决方案。交付团队提出满足利益相关者目标的多套设计解决方案，并与利益相关者共同审核这些方案，双方更深入地交流和理解需求、愿望、约束及可实施性，优化解决方案。最终，选择一套方案及一系列备选方案。在概念设计和标准设计完成阶段（Eckblad et al.，2007），团队将制定最终方案，其重点在于建筑如何实施方能满足业主目标。

每位团队成员均应明确，信任是真正协作的先决条件，应明白如何作出可靠承诺，并确保准时兑现。团队成员应坦诚分享经验与教训，安排时间加以反思，并将绩效与目标进行比较，正如加利福尼亚州太平洋医疗中心（California Pacific Medical Center，CPMC）范内斯 & 吉尔里（Van Ness & Geary）医院项目团队成员所做的一样（Lostuvali，Alves & Modrich，2012）。团队选择以丰田原则和产品开发系统特征作为基准，这些基准似乎非常适合于将建筑作为产品进行交付（Morgan & Liker，2006）。一篇名为"未来的工作日：自发、创新、可靠"（*Tomorrow's Workday，Spontaneous，Creative，and Reliable*）（Fischer，2007）的论文，对未来进行了鼓舞人心的展望。正如文中所述，对问题的坦然面对并加以研究，是富有挑战性和有意义工作的重要组成部分。

集成产品团队成员应秉持精益理念,致力于信息和资料在个人、工作群组和施工班组之间流动。团队成员应是虚拟设计与施工(virtual design and construction,VDC)方面的专家,并应对每项性能进行建模和模拟,包括各自的组织流程和工作流程。团队成员不允许同一信息有多个不同版本,并为设计要求和所有绩效数据,包括初始预算、生命周期成本、质量和进度安排,建立真实的单一信息源(single sources of truth,SSoT)。项目设立实时集成信息显示板,其综合了不同的施工和计划过程,包括招标、采购、工作任务包、前瞻性场景、现场生产效率等,从而使产品团队能够更好地控制供应链和现金流。

业主可选择接受固定总价或拒绝,该总价包括业主对于项目范围可能变更的定价(这是通过事先协商好的变更选项及其价格来定义的),变更选项的不同影响着变更注资。在某些情况下,交付方会为变更的设计甚至施工费用买单。其他情况下(大多数是在初期),业主是根据交付方显示了建筑可以满足性能要求的前提下,阶段性支付资金。无论如何核算,只要能够获得更多价值,业主和用户就有动力改变其现有的工作方式。

财务的成功完全取决于产品团队交付价值的能力,利润周转率是财务成功的重要标志,应用此类方法的公司能够比竞争对手更快地交付产品。客户和供应商,即产品交付团队/业主,应认识并承担其法律责任。提供集成高性能建筑产品的高层管理人员应明确自身的职责,该职责会在新型的产品交付合同中明确阐述。

产品与服务责任

设计和施工的服务在法律上不同于汽车或量产房屋的产品。一般来说,如果服务的提供方由于疏忽或违反与业主的合同,提供方应承担责任。而从产品的角度来看,在保质期(隐含或明确)内的产品造成的损失,特别是涉及人身伤害或财产损失,即使产品提供方无过错,也应对损失负责。此外,产品提供方应对分销流程中的每个人负责,包括经手方和最终购买者,甚至是因产品而受到伤害的第三方。消费者保护法规对产品的针对性更强(即该法规更适用于产品而非服务)。

批量生产的建筑(如大型住宅小区的大片房屋)具有更多的产品属性而非服务,长期以来在法律上被视为产品[See Kriegler v. Eichler Homes, Inc.(1969)269 Cal.App.2d 224.]。一般来说,产品的重复性越高,被视为服务的可能性就越小。相比之下,完全定制的独建建筑,处于明确的服务和明确的产品之间的灰色地带。但是,交付过程自动化越高、重复性越强,所交付的成果归类为产品的可能性越大。

产品附加的延伸责任需要认真研究保修条款和购买适当的保险。此外,定制生产可能会引发专业许可问题。例如,如果设计由计算机算法生成,应由哪方的具有专业许可的工程师进行最终审批并签字?产品的提供方/卖方如果是制造商,那他们还需要总承包商的资质吗?

尽管对设计和施工专业人员而言，从服务转型到产品的相关法律问题可能比较陌生，但这类问题在其他行业已得到成功解决。它们并不是服务向产品交付过渡的不可逾越的障碍，而是应在过渡进程中需要考虑并解决的问题。

——霍华德·阿什克拉夫特（Howard Ashcraft）

18.3 实现方式

如果我们把产品营利能力定义为价值和成本之间的差值，那么了解如何能使客户的价值最大化，并确保能够在不超过成本的情况下实现此价值，甚至创造更多价值，是至关重要的。因此，需要准确地为客户评估和量化价值，进而验证价值能否实现，这需要确定当前工作范围内以及项目范围内的工作方式。在当前工作范围内，需要确保充分策划了要完成实际工作所需的每件事情。例如，在钻孔桩施工之前，项目团队是否周全地考虑到了每一件（需要做的）事情？在项目范围上，团队是否进行了充分的规划和数字模拟，以投入资源用于建造产品？对确定性的需求不仅要求对产品进行验证，还要求对开发产品的过程进行验证。如果无新的组织、过程和信息流的开发，生产产品就非常困难。简明框架需要在产品开发前制定，而不是与产品同步开发。最后，对确定性的需求要考虑整个供应链，以及如何保持持久伙伴关系使得能够不断交付高性能建筑产品。

这是一项艰巨的任务，先从第一步开始：明确的指引。

18.3.1 明确的指引

必须对产品价值进行明确定义。项目团队必须确定真正地了解客户的期望和需求，发现客户尚未感知的价值，并以此使团队获得创造需求的机会。如同爱德华兹·戴明先前的阐述和 iPhone 等产品的启示，创新能够产生新机会、新市场和新需求。随之，产品价值的定义必须明确且细化。细化程度之高，以使设计人员能够指导按需采购材料和构件，正如精益制造所做的一样。工程师必须听取制造、装配、安装和调试建筑及其系统人员的意见。尽管执行上述工作的人员必须参与创建指令的过程，但是每一步工作中明确的指令传达更是项目管理层的责任。此外，项目（或产品）管理层必须确定在计划和方向已准备充分后再去执行。

笔者完全赞同萨特医疗集团精益项目集成交付总监迪格比·克里斯蒂安的观点，即项目交付的最低风险策略是在采购和生产订单确定之前，消除设计、制造或安装方面的问题。如图 18.1 所示［于 2012 年 4 月 25 日在 DPR 季度会议上，迪格比·克里斯蒂安的口头报告"有追求的业主及其高标准项目需要进取型总承包商的关注"（Where Ambitious Owners with Ambitious Projects Need Ambitious GC's to Focus）］。在发生点的左侧，团队进行了先行于施工所必须的规划工作。在发生点之前，迭代设计、基于整体的设计、快速原型开发及测试均具

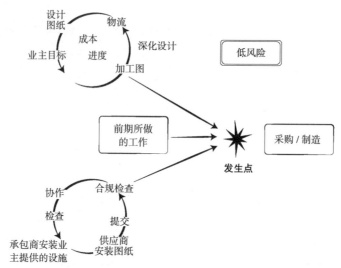

图 18.1 迪格比·克里斯蒂安的"发生点"策略。由 DPR 建筑公司的利兹·施维格勒提供，经迪格比·克里斯蒂安和萨特医疗集团授权

有重要价值。对于发生点左侧的事项作出改变意义重大，但这种改变出现在发生点右侧时则具有破坏性，降低了结果的确定性。因此，项目管理层不但需要确定决策顺序，还需要确定在批准采购和制造之前必须完成的任务。在发生点之后不应有任何变化。

18.3.2 预测与验证

发生点主要关注与各组件或系统相关的决策，但在某个时间点，项目团队必须开始致力于建造产品。产品开发的成功取决于预测结果的能力，团队要坚信这种能力比目前的实践更加可靠。新型模式下，要求项目团队具有很强的可视化和模拟能力，"数字化原型开发"已用于制造业装配的简化和测试，也将成为建筑行业的关键技术。

"四阶段项目交付和完善的途径"（Four-Phase Project Delivery and the Pathway to Perfection）的作者提出了一个系统工程 V 模型［后由阿迪塔兹有限公司（Aditazz）的齐格蒙德·鲁贝尔（Zigmund Rubel）改编］，把设计和施工与精益建造理论结合，以便将当前实践与理想的完美状态进行比较（Chrstian, et al., 2014）。"建筑业鲁贝尔图"（Rubel diagram for the building industry）（如图 18.2 所示）用 "V" 形图显示出 "确立设计预期"和"建造预期建筑"的步骤。

"四阶段项目交付系统 V 形图"的叠加图（如图 18.3 所示），包括"价值定义"阶段、"价值实现"阶段，并由此界定位于"表述"和"实现"阶段之间的一条垂直线，即"实现界线"。在此界线，项目交付组织向业主提供报价并制定预算。

顶部的"前瞻性"箭头和"回顾性"箭头，以及"分析""建模"和"模拟"的标注，是表述的重点，为构建产品开发提供了实用性强的概要模式。整个设计施工周期的不断反馈和分析，对于作出高度可靠的预测以及验证团队是否正在交付预期的建筑产品至关重要。V 模型

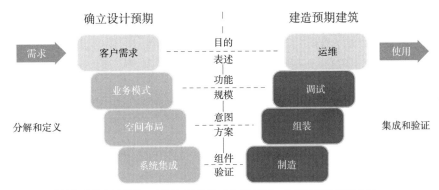

图 18.2 建筑行业的齐格蒙德·鲁贝尔系统的"V"形循环。©阿迪塔兹有限公司

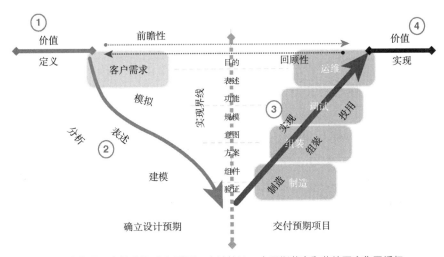

图 18.3 四阶段项目交付系统"V"形图。由迪格比·克里斯蒂安和萨特医疗集团授权

的作用是呈现左侧的定义和开发与右侧的验证和测试之间的联系。复杂系统管理者的理念是全面综合处理。这种对比方式与本书前几章描述的POP（Product，Organization，and Process）框架中的功能和表现的对比方式是相同的。

"实现界线"是一个项目的关键结合部。与右侧的投入相比，左侧的投入要少得多。"实现界线"类似于项目的"发生点"，团队在该点作出了不可撤销的财务承诺，自信再次成为关键因素。

但是，将自信等同于完备的信息可能是一个错误。如图18.4所示，验证是一个经过思辨与缜密推断而得出合理结论（即相信可以完成某结果）的过程，即使有些细节尚未可知。自信度由图中完备信息（确定性）与实际所知（验证）之间的区域来表示。运用模拟和可视化等工具，能够减少验证和确定性之间的差距，从而建立足够的自信以继续推进。有充分确定性的点就是"实现界线"，此点因项目和团队不同而各异。

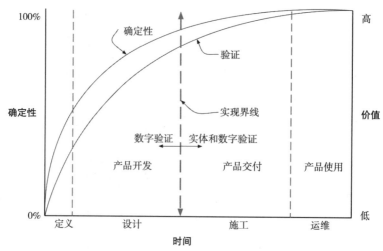

图 18.4　自信度、验证和实现界线

事实上，使用目标价值设计方法的设计–施工团队和 IPD 团队如今正在这样做，目标价值设计方法由格伦·巴拉德（Glenn Ballard）开发（Ballard & Morris，2010）。每个团队需要降低"预期成本"（当前的市场价格），以达到目标成本（设计和施工成本 + 管理费用 + 利润），而"预期成本"往往远高于"允许成本"（业主能够承受的成本）。工作通常从"验证研究"开始，交付团队必须报告能否在目标成本内完成既定工作。应该明确的是，决策必须在获得基于数据的绝对确定性之前作出。明智的团队通过观察成本曲线的形态作出决策，特别要注意具有可预测性的平滑曲线，或具有不可预测性的剧烈波动曲线。DPR 前管理委员会成员埃里克·兰姆（Eric Lamb）参与了若干此类可行/不可行的决策，并绘制图 18.5 阐述这一过程。

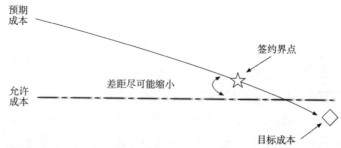

图 18.5　埃里克·兰姆的"缩小差距曲线"（Closing the Gap Curve）。
© DPR 建筑公司，埃里克·兰姆

相对于 V 形项目交付框架，简明框架有两个主要应用和影响。首先，简明框架在定义、设计和实现阶段的应用要求大大提高团队的确定性。这个确定性体现在团队需要实现预期性能需求和设计预期建筑方面，否则风险极大。例如，在设计初始即应对建筑的设计和施工策略进行全面审查，使得施工启动后几乎没有设计相关问题。团队拥有所有相关的专业知识和信息，可在内部（通过专家反馈、模拟和可视化）和外部（通过对标其他类似建筑）进行设计验证，设计验证紧随建筑的定义和设计之后，显著降低了团队成员和业主的风险。其次，简明框架在施工阶段的应用在于制定剩余的设计决策，同时也制定供应链设计和进度计划，从而使建筑按设计建造，并能迅速投入使用。项目团队在实体建造前，对建筑物进行数字建模，以便运营团队能够在数字环境中练习建筑物的交接和启动，并且施工团队能在实体建筑物交接之前提交准确的建筑物竣工模型。

18.4 案例

不久前，对于上述信息的应用尚无足够的认识和有效的方法，业界没有真正地将建筑物视为产品，还是通过设计、管理服务以及现场班组来设计施工。这种情况已经发生改变（Fischer，2013），对于此方面应用的认识和有效方法已受到广泛关注。在高性能建筑作为产品交付方面，无论是人员构成和组织形式均已取得了进步。之所以关注下列实例，在于它们能够帮助理解关键要点。

在此，以六位专业人员所描述的工作，重点阐述如何工作方能实现将高性能建筑作为产品来交付。在接下来的小节中，这些人士用各自的语言和方式描述所做的工作。他们中的每一位都通过努力提高信息的利用度和透明度，获得了良好结果，尤其是在项目生命周期的早期，即影响力最大的时期。这六位人员相互认识，也了解彼此所从事的工作，但各自都在自己的领域独立开展工作，并认识到所做的工作能够使团队从产品的角度开发和构建建筑。他们对所发现的需求和机会都作出积极响应，有限的资金促使他们更加专注于如何实现客户的价值最大化，并为此努力工作。读者会从这些实例中看到他们着重于建筑物最终用户的真正需求及其相应性能目标，以及他们对实现预期结果所需流程的深刻理解。六位专业人员从不同的角度考虑，并发明了使日常工作自动化的工具，使得集成项目交付团队能够专注于增加价值的工作，而更加接近交付更大价值的目标。

表 18.1 显示了每个人的关注点、出发点、工作指导思想、理念如何应用于实践，以及各自的收获。

18.4.1 不同的建筑观

美国建筑师协会顾问马尔库·埃利森（Markku Allison）是一名建筑师，曾与多个组织和团队，尤其是采用集成、协作和精益模式的组织和团队合作过。他有超过 25 年的经验，既是一个获奖的设计师，又是一个在设计和建筑行业转型问题方面的思想先行者。在美国建筑师协会的建筑学策略与资源部门任职 7 年，专注于行业转型问题，并于 2012 年创建了 Scan 咨询公司（Scan Consulting）。

表 18.1 产品开发和交付的不同方法

创新者	关注点	指导思想	应用	收获
马尔库·埃利森/SCAN 咨询公司	设计高价值的解决方案	丰富的信息有助于更好的决策	创建样板并用言行阐释	实践的变革可促进思考方式的变化
迈克尔·巴德（Michael Bade）/加利福尼亚大学旧金山分校	基于整体性能的设计和建造	明确阐述所需性能而非描述设计要求，能使加利福尼亚大学旧金山分校获得更大价值	开发性能需求数据库，应用于跨项目选择使用	业主在项目启动之前的前瞻性思维有助于基于整体性能的设计和建造
斯图尔特·卡罗尔（Stewart Carroll）/贝克科技有限公司（Beck Technology）	集成信息	拥有丰富的可视化集成信息的团队能创造更大的价值	为信息集成开发软件系统。协助团队熟练使用该系统	人们必须参与创建可信任信息
安德鲁·阿诺德（Andrew Arnold）/DPR 咨询公司	为设施运维验证信息	建筑业主可获得在设计和施工阶段所产生的高价值运营信息	真正理解什么信息对运维有用，并明白如何使用。在构建阶段，对照标准测试数字化建筑信息	运营和使用标准的确定，实现了对有用信息的数字化验证，此项工作可分段进行
福雷斯特·福拉格（Forest Flager）/斯坦福大学集成设施工程中心（Center for Integrated Facility Engineering, CIFE）	多专业设计优化（Multidisciplinary Design Optimization, MDO）	目标的足够清晰、有助于测试的标准确定，并经数代迭代而改进设计	必须在项目中利用计算资源，才能使定义更为清晰，标准更为准确	多专业设计优化具有可行性，要进行更多的应用研究，以了解其应用范围和最佳用途
齐格蒙德·鲁贝尔（Zig Rubel）/阿迪塔兹（Aditazz）有限公司	组件化设计与施工	相当比例的建筑实施方案可基于规则进行设计，为自动化实施建筑奠定了基础。医院等特定类型建筑更适合于此。建筑系统可由自动化设计的组件组成，此类组件的设计类似于同世多年的微芯片的设计	行业专家开发的系列规则（rule）可嵌入计算机程序中，从而为性能、制作和安装优化组件的设计	组件设计虽能够自动化，但有关模化问题依然存在，只有在组件的数量足够大的阶段，方能使自动化设计经济可行

马尔库阐述了自己的工作和其对建筑未来的观点如下：

通过设计创造价值

数百年来，设计和交付建筑的方式基本上一成不变，交付结果非常不可靠，很多项目运行良好，也有很多并非如此。近十年来，随着技术的进步，高度协作和集成的方法已经问世，为改善此类结果提供了保障，对该领域的所有人员提出了深度文化转型的要求。

近十年来，无论是在美国建筑师协会建筑学策略与资源部门任职期间，还是自2012年以来所从事的咨询工作，我的工作本质是推动文化转型。精力大部分集中于行业利益相关者、组织、项目团队（尤其是建筑师），帮助他们更好地理解在规划的全生命周期中如何设计交付高价值产品，学会在协作环境中如何改变行为，围绕项目交付如何采纳新的思维和运行模式。

我工作的基本前提是，相信以协同的方式解决复杂的问题，可以获得高价值的结果。然而，大多数设计和施工人员并不以协同作为行为准则，所以，大部分工作集中于帮助行业利益相关者（尤其是建筑师）阐明他们的价值定位。

作为一名建筑师，我个人的兴趣在于设计方面。为何建筑师在深度协同的模式中可使项目各方受益良多？我的主要工作聚焦于在项目早期阶段帮助团队澄清其价值定位，更清晰地定义项目和各个利益相关者的方向、目标和结果，从而确定以开拓进取为方向的共同价值观，并帮助他们在项目更大时间窗内构建整体设计交流框架。

交流并非仅聚焦于设计阶段，所有的交流应根植于这样的理念，即建筑实际上是业主企业用来创造价值的工具。交流应在建筑开始之前至完成之后持续进行，关于价值、方向、目标及其一致性的交流需要跨越时间界限。这正是工作的关键所在。

有些人担心，建筑师职能的拓展，将使他们面临更大的风险。这种担忧源于这样一种事实，即业内一直在设计风险和执行设计的相关风险之间设立一堵高墙。然而，对建筑行业来说，实际上是建筑师的职能越窄，建筑师所面临的行业风险就越大。我们墨菲西斯（Morphosis）建筑事务所从未经历过此类风险，我们总是以复杂交互的工作方式设计项目，所关注的不仅是设计本身。我们从小型项目开始做起，承担从设计到施工的所有工作，我们一直以来都不只立足于设计方或施工方。30年前，还处于手工绘图的时期，我们就从设计方案前期即开始与分包商协作。如今有了BIM技术，我们仍然像当时那样，在制图的第一阶段即与施工方展开合作，制定生产和组装策略。

建筑设计是一种集成行为。建筑师将来自不同专业人员的信息和多专业的影响汇聚成一个作品。建筑师、工程师、制造商和承包商之间的信息共享消除了设计和实践之间的分歧。三维环境促进了跨专业职责领域的集成和协调，增强了合作精神，增进了双向交流。设计

> 师能够更好地将承包商的建议融入作品中，而承包商对于设计意图的加深理解，则更有助于设计过程，加强了工程实施的集成性。
>
> ——汤姆·梅尼（Thom Mayne），"二维到三维的转变"（from Shift 2d to 3d），摘自《建筑中的数字化工作流》（Digital Workflows in Architecture），Marble 出版社，2013年

行业反馈/例证

近10年来，在精益建造和IPD的经历中，来自行业利益相关者的所有反馈都是非常积极的，但并不意味着所有问题都得以解决，团队仍然面临挑战。在持续变化的任何领域中，都会存在持有异议者，代表了那些没有创新意识的人们。但根据我的经历，总体的反馈是相当积极的。

然而，作为一个行业，在推广新的实践方式或新的设计施工交付方式的过程中常见的一个挑战，是这些新方式或模式需要可行的证据。多数人难以接受新模式，直到此模式被确认真的能通向成功。因此良好的绩效记录可以提高信心。为消除这一疑虑，我和明尼苏达大学的芮妮·程实施了两项合作研究。在集成和精益项目交付领域中，如何量化业主和团队通过运用新方法所获取利益尚无大量的研究。我们所研究的两个项目，旨在帮助构建支持合作模式的证据体系，公布的调研结果内容如下：

第一项研究是一个简单的调查。对于符合参加调研的利益相关者的人群，提出了三个问题：

1. 与传统的交付项目相比，IPD新模式效果如何？
2. 从项目开始到结束，预期有何变化？
3. 再次使用IPD的可能性？

调研结果非常正面。在每一类问题中，包括进度、预算、质量、变更、团队士气和交付的总体价值，无论在受访者和问题类别方面，我们预期有肯定性回答，但并非是压倒性的肯定性回答。而结果则是后者。绝大多数受访的利益相关者表示，IPD项目的效果明显更好，很有可能再次使用，并将其推荐给其他人（Cheng et al., 2015）。

正在进行的第二项是案例研究。该研究对10个精益和IPD项目进行了深入调研，观察何为有效因素，何为无效因素，以期帮助处于起始阶段的团队确定衔接协作方法的工具或流程，更好地帮助业主将协作的方法与成功的商业案例进行关联（Cheng et al., 2016）。

未来：建筑即产品

由于所从事的工作性质，使得我长时间地思考未来会发生什么样的变化及未来建筑师能做哪些工作？在某种程度上，我们将一如既往地做好本职工作。我们一直擅长建筑物的表现形式和技巧探索，并持之以恒。而设计方案信息输入增多将对建筑师的工作产生巨大的

变化。

我在主观上并不赞成传统的将项目的设计拆分为多个部分，由多个设计方分开完成的设计方式。但是，这种设计方式如果能吸纳更多的信息输入源，可以变得更全面、更细致。建筑师工作真正的改变在于设计过程中信息输入量的显著增加。在输入的信息中，若能包括有益于整体项目的理念或设计建议，则更加完美。但建筑师仍然在设计中起到主导作用，他们需要注意的是，在高度协作的模式中，设计过程中所输入的信息，在类别、内容、数量和质量等方面均将显著增加。未来，业主企业将在项目生命周期的更早阶段，实施包括建筑师在内的项目团队组建。以下是可能发生的情景：

当业主从业务指标中发现一个新建筑物的使用可以提高企业的业绩时，业主将组建一个跨专业团队，实施调查和分析这些指标，并测试不同的方案。建筑师在团队中起到关键作用，能够在价值定义、方案选择、结果或目的实现等方面提供协助。若项目朝预期方向发展，则有助于充实企业案例的内部参考，为项目的开展奠定基础。

如果所有指标均体现了价值定位的内涵，"是的，设施或工程投资方案符合企业发展方向。"建筑师将进入跨专业团队第二阶段工作，即参与性能设计与验证阶段，该阶段实际上是业主决定是否继续推进后续工作的关键阶段。

作为团队成员的建筑师收集大量的数据和信息并进行分析。与利益相关合作者共同确定项目范围和绩效目标，研究实施的可行性，并确定其市场价值。共同框定问题，并针对于此收集必要信息，形成规划、建模或设计等文件，实际上是为商业计划书的编制解决问题和提供数据。

设计决策不能依赖设计而决定。在项目的该阶段，建筑师的主要工作在于信息的处理和性能的描述，而不是实际的建筑设计。要求建筑师（和合作伙伴！）在交付成果方面相较于传统具有更开拓的理念，这是决定未来的重要节点。该节点并不关乎方案设计，而是真正依据业主的商业计划的价值定位，进行的详细分析以及基于信息的响应。

该阶段结束之后，若项目继续推进，方进入建筑师更为熟悉的领域，协作团队开始合作，真正定义所构建的内容。与目前典型方式不同：未来的方式是充满活力的模拟分析。建筑师及其协作团队将处理来自所有利益相关者的大量数据和信息，并用于设计团队从不同角度全方位的模拟分析。基于数据和信息的模拟可分类用于各个专业集群中，如设施系统、围护结构、建筑性能、建筑美学。

团队根据价值定位和商业计划所建立的标准，进行建模、模拟和设计。团队可开始综合考虑建筑阶段的预制和自动化、建筑总体设计阶段的模块化及相应工作的时机，上述考虑是建立在详细的项目描述、造价估算、性能规范和业务目标的基础上，而不是首先进行设计，期望其他方面最终能与设计保持一致。该设计阶段是团队以企业真正价值为导向，实现效益最大化的良机。

下一个阶段是具体设计。与传统工作的区别是，建筑师清楚地意识到，具体设计要真正细化到安装级别，而不是等到施工前或施工中由分包商完成。这意味着，许多传统上由分包商要完成的信息，如加工图或非常详细的决策，将被前置并整合入设计文件中。

建筑师在该阶段工作的不同之处在于，设计文档中涵盖了来自不同专业参与者的观点以及施工方案。建筑师会一直持续作为团队的设计表达、设计体验、整体设计思考的最佳代表，整合多方的意见。通过与利益相关者的密切合作，讨论施工工艺以及模块化、预制化等诸如此类的装配理念，以真正实现价值最大化。

创建项目的1：1比例实时仿真模型是不切实际的，因而，设计文件中所存在的信息缺失，仍会导致施工阶段随机出现问题。这意味着，在施工过程中还是需要制定相应的细化对策，作为多专业团队成员之一的建筑师，所拥有的特定领域专业知识将继续在制定此类细化对策中发挥重要作用。

以上就是我对未来的大致设想。总之，第一步是开发企业商业计划（包括价值定位）；第二步是性能设计与验证；第三步是定义、建模和校准；最后一步是设计和实施。之后就是这三步的重复与完善。

报酬

建筑师和其他设计专业人士未来的收入来源将不同于现在。目前，建筑师和咨询工程师多以时间计酬。如果新模式能发挥最佳效果，集成团队，包括建筑师在内的所有人员，将根据价值交付而获得报酬。为业主交付的创造价值的产品应该获得多少合理的报酬，将取决于团队与业主的沟通。

如果将建筑视为业主企业创造价值的工具，我们则是工具制造商；业主委托工具制作，我们则负责工具交付。所制作的工具比可调扳手等具有更大的意义，由于建筑是人类文化的载体，具有重要的附加文化和审美属性。归根结底，建筑仍然是为业主企业创造和交付价值的工具。

业主委托建造并组建包括建筑师在内的团队。团队内各个利益相关者的薪酬分配，是尚在进行的尝试过程。如果我是业主，我会开发新的薪酬分配模型，该模型建立在我确实得到了我想要的产品的基础上，有时会在商业计划的多个层面上进行验证，时间跨度甚至涵盖竣工后的很长时间。

作为业主企业更为亲密的合作伙伴，建筑师的作用不仅是在于建筑交付，更将融入业主企业决策和价值创造的过程。我们将负责创建实现业主企业价值最大化的工具，并获得相应的报酬。针对大量不同的报酬模型制定和测试，建筑师作为团队成员参与实施，并进行沟通。建筑师以及所有利益相关者均是有关报酬的开拓性实验者，但最终的重点仍然是与商业计划相关的价值创造。

必要的转变

业主、建筑师和其他利益相关者的理念一定会随着时间的推移而转变，而这种转变是将建筑作为产品进行构想和交付。建筑师、业主、建造商、整个行业利益相关者需要作出共同的转变（而不仅是建筑的设计和施工方），以业主企业本身的价值产生为基础，审视建筑并创建工作流程。

目前，行业的价值定位主要局限于设计开始至施工结束之间。唯一关注的重点在于建筑本身。但若能真正认识到建筑如何支撑和适应企业的目标，则更容易实现将建筑向产品转变的理念。强大稳定的模拟仿真是支持这一理念的重要部分。

若把观察建筑物的空间视角置于30000英里（约48280公里）之外，将设施使用年限视为时间节点，例如50年的生命周期，去审视该建筑物，则可更容易将它想象为一种工具。需要再次强调的是，这并不意味着抹去建筑物被设计师和客户所赋予的文化、美学或体验方面的意义，而是能够促进理念的转变，深入理解建筑与企业商业计划的关联性，并以此推动决策。

这是一个非常积极的转变！如果建筑师以及合作伙伴完全接受这种转变，我们将有更多的精力集中于每一个维度的价值创造（Markku Allison, personal communication, January 6, 2016）。

18.4.2　基于整体性能的设计与施工

作为加利福尼亚大学旧金山分校分管资本项目的副校长和校园建筑师的迈克尔·巴德，负责教室、办公室、实验室以及公共设施的设计和建造，例如所有校区的学生及教职工住宅，包括帕纳瑟斯（Parnassus）和使命湾（Mission Bay）校区。自2008年履职以来，迈克尔带领其团队从传统的交付方式向基于性能的规范和设计转变。

迈克尔描述该项工作如下：

> 加利福尼亚大学旧金山分校拥有一个庞大且复杂的建筑体系，建筑面积超过1000万平方英尺（约92.9万平方米），按照学校的分类方式，约70%的建筑是复杂建筑，如实验室或医院等类似建筑。此类建筑造价高昂，能源消耗巨大，而且包括必备的手术室、患者用区及实验室，建筑性能至关重要。因此，使用标准规范等传统方法难以实现业主对拟建建筑性能的要求。
>
> 有鉴于此，我们意识到应采取一种与传统截然不同的方法，需要将性能目标设定为项目最重要的目标，并通过整体性设计过程而非设计拆分与细化的过程实现这一点。也就是说，如果是以高效率的能源性能为中心，则需要实施以高效率能源性能为目标的整体设计，在项目初始就要明确提出。如果是以可维护性和耐用性为中心，

407　则需要将其作为首要目标的整体设计。设计项目团队应采用一个评分系统，使得业主和团队可共同确定投资所得，以及衡量投资对目标实现的作用。实现上述目的的唯一方法是从全局出发，而不是从具体细节出发。

我们决定在使命大厦（Mission Hall）（如图18.6所示）中采用改良的解决方案，并针对性能规范进行首次尝试。作为办公建筑，其复杂性比其他的（医院）建筑物相对较低。当时真正需要的是一个概念证明，即可通过综合性能规范以及一系列丰富的规划信息集实现建筑的采购、设计和建造。答案是肯定的，而且产生了非常有意义的效果。有一天，WRNS建筑事务所（WRNS Studio）的萨姆·努内斯（Sam Nunes）在午餐时对我说："这个过程拓展了设计－建造合同（design-build contract）的内涵，使得设计师以真正积极的方式重新回到了主导地位。"

使命大厦

- 使命湾办公楼采用设计/建造交付，建筑总用地面积265000平方英尺（约24619平方米）；
- 三级性能指标；
- 固定成本9380万美元（包括家具和IT|固定规划）；
- 实施精益建造；
- 最具价值承包商奖；
- 2012年8月项目授权；
- 9个月完成设计；
- 2014年9月5日基本完工并获批临时入住许可证。

图18.6　加利福尼亚大学旧金山分校的使命大厦。© 马克·西特勒（Mark Citret）摄影

施工方通常是以相对立的关系，向设计方抱怨实现设计目标的成本过高。如果施工方能够理解性能目标，并与设计人员共同合作设计并努力实现，就会转变双方的相对立关系。此种转变受到广泛好评。使命大厦是一个成功的概念证明，尤其是对办公建筑而言，堪称结构性能典范。其抗震性能几乎达到了基本服务设施结构的 2 级标准（Essential Services Level 2），这是非常重要的，因为我们重视建筑物可在大地震发生后能立即运行。

该办公楼的能源性能超越大学的标准。该标准高于加利福尼亚州建筑规范（第 24 条）（California Building Code）的 20%。根据设计阶段的建模评估，该建筑的能源性能标准应高于第 24 条约 25%。办公楼投入运行尚不足 2 年，而 2 年的时间是我用来确定能源绩效的必要时限。整体而言，其具有良好的能源性能。设施方面具有可维护性，可持续性，投资合理性。例如，虽安装了亨泰尔（Huntair）空气处理设备，但建筑物成本不足 300 美元／平方英尺。

通常，我们仅在高级实验室建筑中配备亨泰尔空气处理设备。该项目采用的是集成方案，空气分配基本依赖于地板下的架空层，不需要安装复杂的金属板材管道系统（sheet metal ductwork），所节约的管道成本用于购买优质空气处理设备。这正是我们要努力实现的统筹效果。

我们不再为团队如何实现目标制定具体方案，为团队制定此类方案通常可使目标更为模糊或表述不清。相反，我们把预期的总体目标清晰地表达出来，并为不同区域创建了性能规范，多个规范都有层级划分，至少包括一个基本层级和其上面一级，常常还有第二级（即基本层级外加两级）。以此为基础，构建一个可用于复杂精细计算价值的框架。

这种转变所面临的最大挑战是人的因素。行业中每个人都有各自不同的做事方式。如同向精益建造转变所面临的挑战（精益建造也是我们要搭建的交付过程的必要组成部分）。在建筑行业中，通常存在彼此对立、互相推诿的群体，而我们要努力打造另外一种氛围：所有人朝同一方向努力，为最终结果共同承担责任。若没有一个正确架构的合同，自身利益和业主利益将相互割裂，因此，必须制定一个能够让自身利益和业主利益统一的合同架构。

这不仅仅是指基于性能的设计方法。这种方法还要得到精益建造实践的支持，使得团队的自身利益和业主利益相互融合。在设计和项目交付方面对高性能成就的激励，对高层次理念、法律和管理具有挑战性。在法律方面，在公共契约领域，必须使激励计划通过法律审查。在管理方面，必须具有朝向清晰目标前行的能力，并坚持不懈。在理念方面，必须具有诚意，善于将事情分解，便于人们理解。必须给人们学习的机会，允许犯错误，使得人们能够从错误中吸取教训——不犯错误的学习不是真正的学习。

这是根本性理念，我夫人作为教育工作者，经常提醒我，只有在犯错误的过程中，才能获取新的有价值信息，丰田是这方面的典型。我们面临的很多挑战与清晰度相关，包括性能规范与合同的清晰度、合同解释方式的清晰度，以及每位团队成员是否真正致力于同一目标和愿景的清晰度。清晰的理念以及共同的目标（愿景）是非常重要的。每个人都致力于这样一个允许犯错，并能够从中吸取教训，而不重蹈覆辙的学习过程。这些根本性理念正是我们力图实现的价值追求的过程。

商业伙伴必须如业主一样全身心投入。在使命大厦项目中，我们有幸拥有这样的团队和我们共同致力于设计和建造。自共事的第一天起，团队成员即致力于归纳研究各方提议。各方均委派了各自高水平的领导者。我获得总承包商鲁道夫和斯莱特公司（Rudolph & Sletten）的马丁·西泽莫尔（Martin Sizemore）的个人承诺，使得我们拥有一个非常出色的现场总监，以及一个出色的项目经理。在初期阶段，该项目经理并不熟悉精益建造，但是她致力于以最开放的方式学习。在设备、电气和管道（MEP）方面，团队拥有南方工业公司（Southland Industries）；在幕墙方面，团队拥有曾经合作过的沃尔特和沃尔夫公司（Walters & Wolf）。

我们有齐心协力的团队，包括 WRNS 建筑事务所。事实上，由于地位平等，各团队都全力投入工作中，践行对业主及各方的承诺，进行相互配合并非难事。在其他的项目中，仅使用精益理念，不重视践行承诺，造成了困难的局面。我认为要朝着一个新的方向前进，需要志同道合和全力投入的伙伴，现在我们实现了。

这是如何实现的呢？我给出两个答案。第一个是使命大厦，第二个是正在建设中的项目，现将两个项目结合起来阐述。我们聘请了根斯勒建筑师事务所（Gensler Architects）帮助开发使命大厦的设计方案。来自根斯勒事务所的咨询小组，是由一群思想活跃，不因循守旧的成员组成，可根据客户的需求提出解决方案。

我们与咨询小组组长约翰·杜维维尔（John Duvivier）具有非常紧密的合作关系，他理解我们的努力所为，并激励事务所内部团队制定性能规范和项目计划，小组的第一项工作的确完成得很好。此项工作清楚地解答了设计师们关于业主意图的每一个问题。标准答案是，"若有问题，请查看性能规范和项目计划"，问题的答案十有八九能够在资料中找到，这种做法效果显著。尽管还有某些问题不能直接找到答案，但均属于非常复杂的问题。

结构和外围护设计及内部系统性能之间的融合是一个典型范例。如前所述，所完成建筑的抗震性能几乎达到了基本服务设施结构的 2 级标准。即使如美国地质勘探局（United States Geological Survey，USGS）预测，在海沃德断层（Hayward Fault Event）地带发生大地震情况下，该小组承诺建筑物在震后也立即可用。在结构性能的同行评议会议中，就非结构性能的问题，我和加利福尼亚大学旧金山分校的评议人员展开了一场激烈讨论。评议人员说："从未要求过对非承重结构性能进行评议。"我说："震后立即可用并不仅仅意味着大楼不会倒塌，下雨怎么办？在地震情况下，建筑物安装的架空地板不应发生大面积塌陷。"评议人员返回查看围护设计，所有锚固均符合要求，并按照与建筑结构相同要求进行设计，外围护板的全部工作按照承重结构性能的要求施工，围护结构使用了共 351 个外部面板，尺寸为 12 英尺（约 3.66 米）高、36 英尺（约 11 米）长，全部符合要求。

有一个没有考虑到的问题，即建筑物变形导致面板的接缝宽度不足。在现场施工中，不得不加宽某些接缝。在设计与施工周期中，该问题得到了及时的沟通，实现了接缝宽度加大，对成本影响极小，使工作继续推进。在架空地板方面，对地板支撑系统进行了现场弹塑性试验，发现支撑性高于制造商标定的强度。钢柱置于底板之上，底板与混凝土楼板之间用环氧树脂粘合剂连接。

此类粘合剂仅有约 15 年的使用历史，尚不得知其性能耐久性以及是否会随着时间的推移而变脆。关于环氧树脂脆化问题的争论持续了很长时间，并缺乏工程方面的信息。对此问题我们进行了探讨，并书写了 A3 报告，对诸多不同的方法进行评判，以提高合理性。我与团队的意见一致，认为在设计-建造模式存在竞争的态势下，不应期待任何人能够理解诸如环氧树脂脆性这类深奥的问题。我说，"好吧，加利福尼亚大学旧金山分校将资助对环氧树脂的改进。"正如我之前提及，实验进展顺利。在实验中，实施以底板破坏为终点的 16 点弯曲实验，结果显示，仅有底板破坏发生，而环氧树脂和混凝土板没有破坏发生。

根据 A3 报告，有四种不同备选方案。其中一种方案规定每 10 平方英尺（约 0.9 平方米）用一个钢柱栓接于底板，以起到支撑架和吊杆的作用，确保架空地板的性能，报价 28 万美元。我们认为这是最为合理的方案。如你所知，以性能为中心的方法是提升整体方案优势的关键因素。该方案体现了这一理念，能支持建筑物在地震中的整体表现。我们对此问题非常关注，作为业主为自身利益而建造建筑，并长期拥有及使用，直至拆除。事实上，我们正准备改造一座 100 年前我们所建造的建筑。延长建筑物寿命意味着长久的拥有和使用。

以上所描述的讨论，正是追求高性能建筑并打算长期拥有的业主与设计施工团队所进行的讨论。我们正是此类追求高性能建筑的业主，但并不是所有业主的追求与我们相同。如果你是一个房地产开发商，并打算把建筑纳入一个房地产投资信托基金（real estate investment trust，REIT）中，你肯定对我说的不感兴趣。我所描述的是一种截然不同的思维方式，有此种追求的业主必须有意愿开发并长期持有建筑，并秉持这种不同于常规的投资理念。

接下来是什么？现在，我们面临着一个问题，一个很多人都愿意面对的问题，但这是一个不容易解决的问题。现在我们需要大规模地解决这一问题，而不是一般的规模。加利福尼亚大学旧金山分校有一个非常庞大的资本项目体系。目前，我们正准备同时启动四个主要项目，其中两个项目具有一些最复杂的生物实验室，在进度、成本和确保性能结果方面，这两个项目面临重大挑战。我们没有逐个项目地处理问题，而是雇用了一家建筑事务所，与我们一起工作，进一步开发性能指标系统，能够应用于多种建筑类型和用房类别。

该建筑事务所还将为这些主要建筑项目编制方案，以确保方案标准的一致性。他们不准参与设计合同竞标，而编制方案也是重要的服务合同，值得重视和奖励。这家公司就是帕金斯威尔建筑设计事务所（Perkins + Will）。我们和他们的员工一起工作、学习，并共同开始解决这个问题，这是一个激动人心的时刻。我们将性能指标写进一本书中，并置于一个关系数据库中。这样我们可以根据未来项目的具体类型提取所需内容。

通过该数据库，将来我们能够为特定项目定制性能指标。我们正在为第一个建筑项目进行采购，接下来至少还有三个项目。此外，我们还根据筛选的结果对我们与根斯勒建筑师事务所所做的工作进行评估，并研究如何进行改进。

开发此数据库是非常重要的承诺。与此同时，我们正在开发新的业务系统。在该系统中，使用统一格式（Uniformat，是美国比较流行的概预算信息组织方式），以建筑系统为基础统计施工成本；要求商业合作伙伴按此格式作出估算和支付申请，由此一来，就能够针对每个系统来跟踪产生的费用并将系统的性能与该费用进行对比。这就是我们决策的基础体系，其将成为我们未来资本投资的基础。我们将在统一格式中对建筑信息模型进行编码，并在五维设计和施工过程中，能将单个组件的成本映射至 BIM。

我认为，从使命大厦项目中学到的有关基于性能的设计和建造是非常积极的，要认识到这一点很重要，它坚定了我们朝新的方向发展的决心。有些人可能产生疑问："这个新的发展方向会带来投资回报吗？"当然不能完全保证，但最初的试点项目的确带来了回报。相信大约五年后，会迎来巨大的变化，我们进行资本投资时会更加关注具体性能目标。

我们正与行业合作伙伴共同努力，以便完善这些想法，这需要行业高度参与。在我看来，以新的工作方式开展工作，人们会感到兴奋，新方式能够改善客户、设计师、建筑商和供应商之间的关系。建筑业渴望以新的方式工作,渴望积极的成果。我们非常支持并欣赏这种想法，通过参与其中，获得巨大价值。

我们正使用正常项目资金来实现上述想法。在项目预算内，对投资进行重新分配，以便研究并开发业主提供的关于建筑性能的信息。对于提供给设计和施工团队的信息，我们提出了非常高的标准，原因在于：在我 30 多年的职业生涯中，有 20 多年代表业主工作，我认为，业主的根本问题在于，经常提供低质量的关于建筑性能的信息。

如果能解决这一问题，就可以让那些为实现我们目标而努力的人们放开手脚，以更高效的方式工作。我们可以尽量在项目前期解决争议与差异，提高清晰度，之后就会成为良性循环。在该循环中，对获取高质量信息的投资在未来会带来巨大收益。我们以极具竞争力的成本建造了卓越的建筑，设计过程畅通无阻，而不像在荒野中徘徊。

对机构客户而言，基于性能的设计和建造方法所具备的另一个好处是，可以为机构带来某些客观标准，所有持不同意见的人都需要遵守。对于机构中的人们而言，很难破坏此方法。因为此方法公开透明，在机构内部的讨论过程中完成，对该方法的认可意味着，"是的，这就是我们正在做的。"基于性能的设计和建造方法为项目过程提供了压舱石，不会被突然出现的不同意见翻转（Michael Bade，personal communication，December 16，2015）。

18.4.3　信息化工具的开发和使用 /DESTINI

斯图尔特·卡罗尔是贝克科技有限公司的首席运营官，自公司 2000 年 5 月成立以来，他一直担任该职。在此之前，斯图尔特在 PTC 公司［前身为参数技术有限公司（Parametric

Technology Corporation）］和瑞福莱公司（Reflex Systems）任软件工程师。在 Reflex 平台上编写了基于 C++ 源代码。Reflex 是 20 世纪 80 年代中期开发的一款三维建筑设计软件，与其前身 RUCAPS 和 Sonata，一并被认为是当今建筑信息模型应用的先驱。

斯图尔特·卡罗尔对贝克科技有限公司及其本人的工作介绍如下：

> 彼得·贝克（Peter Beck）是 H.C. 贝克建筑公司（H. C. Beck Construction）的第三代老板。于 20 世纪 90 年代初接管该公司，他的早期项目之一在费城动工，项目的进展非常糟糕。由于执行力不到位、交付结果不完整，产生了一些重大的安全问题和项目交付问题，公司最终陷入诉讼困境。所完成的建筑与业主的期望有许多重大的认识偏差，最终诉诸法庭。这是一个非常重大的法律案件，本应吊销 H.C. 贝克建筑公司的许可。彼得事后认识到，其公司没有在早期加入该项目，导致公司对设计几乎没有任何控制力或影响，并承担了过多的风险责任。虽然尽了最大努力去解决问题，但交付质量很差、预算超支、进度延迟，无明显效果。由此，我们得出这样的理念，建筑行业的项目团队应在施工之前就开始协作。为了达成协作，彼得认为应需要一套新的工具，其不仅是为了建立建筑师或承包商的需求文档，而更是为了团队能够作出更佳、更明智的决策，产生更好的结果才是真正的目标。
>
> DESTINI 代表设计预算集成计划（Design ESTImating INtegration Initiative），起初是 H.C. 贝克建筑公司开发的内部应用软件，后来，也就是 2000 年，斯图尔特促使贝克集团从 PTC 购买了数据库驱动的参数化建模引擎——Reflex 的知识产权，并通过对 DESTINI 的首次迭代形成了集成化产品，使负责方案设计的建筑师能够回答软件所提出的一系列问题。基于问题的答案，计算机程序将根据给定的标准生成项目报告，并运行工程计算。计算机程序将工艺与方法关联到存有合作分包商安装费用和材料价格的成本数据库上，根据分包商的生产效率和劳动力生成进度计划表，并仅需很短的时间，即可生成一系列文件，承包商可以依据此类文件进行施工。
>
> 我们所专注的是能够对更多不同的选项进行对比分析，这样，团队的集体性智慧可为项目实现最大增值。根据该理念及当时的技术，我们作出了一个可用工具的雏形。然而，该方式在当时不具有拓展性。在当时，我们的意图被很多建筑师误解为是对他们职业的亵渎，他们对"仅需按下按钮即可设计一栋建筑"的构想嗤之以鼻。其实，不论是他们还是我们都知道，建筑设计过程要远比这复杂得多。
>
> 于 2003 年，我们回顾性总结到，"如果我们保持原来的想法，即尽量在项目早期作出更好的决策，如何能够使建筑师、业主、承包商相互协作？"要回答这个问题，我们的工具要进行大的改动，要具有更强的互动性和灵活性。原有的技术只适用于办公楼的设计，如果把它用在数据中心项目中，就没有用处。原有的技术只囊括了

少量的美国分包商的数据,因而,如何才能在全美和世界各地推广它?这些问题推动了贝克科技有限公司技术路线图,并在其中确立了许多可以开发的产品。

我们在2006年推出了第一个产品,即DESTINI Profiler,也称为DProfiler系统,旨在支持承包商和建筑师在早期概念设计阶段就能共同探讨与协作,将方案与成本进行关联。若无工程量的提取,则利用经验法则和以往数据,生成建筑师和承包商均认可的完整预算和进度计划。

我们开发的第二个产品是DESTINI Optioneer系统,它延伸了建筑师和承包商的合作理念,并为其提供平台,以研究多种替代方案。而不是仅研究一个、两个或三个备选方案,从而加强团队对整个设计求解空间(即全部可能的备选方案)的研究能力。

为此,我们创建了一个基于云的应用平台,可加载应用DProfiler系统所创建的基本模型。之后,用户可以确定项目具体目标,如成本降低、工期最短化、生命周期价值最大化,甚至细化到某个立面可使用玻璃的最大数量。团队进而可以确定设计中可以更改的变量和增量。例如,建筑物可以是3至5层高,但不能超过5层;可以是25万至30万平方英尺(约18581—27871平方米),但不能低于最小值,也不能超过最大值;可采用钢结构和混凝土结构,但不能采用后张法预应力混凝土结构。无论团队想要运用何种方式、技术或加以何种约束条件,均可以定义。

一旦设置好变量,即可运用云计算的能力,在设计范围内生成数百万甚至数十亿个备选方案。DESTINI Optioneer系统可为团队基于这些目标提供许多可能更好的选择,目标包括某个立面可使用玻璃的最大数量、最低成本和最快进度、尽可能环保等等。团队随之可实施评估,并将人为因素(即需要手动调整的因素)引入评估过程。

Optioneer平台的资金来自贝克科技有限公司,目前尚未商品化。我们发现,一键生成模式的效果不佳,其问题与DESTINI初期的应用程序相同。如果仅将计算机生成的最佳解决方案提交给建筑师和承包商,他们不会信任这种自动生成的方案。Optioneer平台的最佳效果仅体现于团队的内部应用,并由该团队决定如何使用。作为一家公司,贝克科技有限公司目前正在提供Optioneer平台服务,通过和建筑师及承包商共同工作,加深对他们的目标、项目范围和业主愿望的理解。我们用技术来促进协作,而不是以按钮的方式产生最佳解决方案。

与松特建筑公司(Sundt Construction)合作开发的DESTINI预算平台(DESTINI Estimator)是我们的第三个产品。该平台的目的在于获取最佳设计方案,无论是手动开发、结合Profiler系统,还是通过Optioneer系统。在项目开始实施所面临的问题,是如何将项目控制在方案、范围、预算和进度内?Estimator平台能够将Optioneer系统或 Profiler 系统的输出信息作为输入信息，并通过从设计中所提取的工程量，实现高水平的管理与控制。施工工艺和方法均可更新，因为有可能发现输入 Profiler 系统中的 30 英尺（约 9.1 米）深的桩基的最初假设是无效的，根据是深至 100 英尺（约 30.48 米）处方能打到岩层的地质报告，因而，需要改变桩基深度。事情常常会有变化，Estimator 平台可在短时间内迅速完成预算更新，为团队提供一种工具来明确传达相对于初始目标（由 Optioneer 系统或 Profiler 系统生成）究竟什么发生了变化，并促进团队进行协商，找到解决方案以使他们不偏离初始目标（图 18.7 显示 Profiler 系统和 Estimator 系统在项目生命周期中的应用节点）。

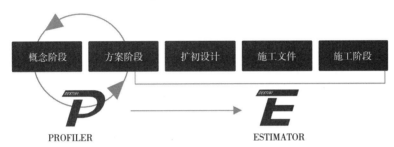

图 18.7 项目生命周期中的 DESTINI。由贝克科技有限公司授权使用

根据技术路线图有待研发的最后一项产品，我们尚未着手实施。该产品为 DESTINI 管理工作平台（DESTINI Management Studio），其目的在于能够从我们客户已获取成功的多个类似项目中挖掘数据，以利于能够在以后项目的整个生命周期中作出更明智的决策。例如，Profiler、Optioneer 和 Estimator 系统已成功应用于多个办公类项目中，在此背景下，决策制定建立在经验法则和多个类似项目中的实际数据比对基础上，明显优于单纯依据经验法则。DESTINI 管理工作平台的意义在于，可根据公司以往项目类似信息的比对，为所有用户自定义查询提供基准信息。我们正在构建 DESTINI 管理工作平台原型，但尚未进行产品研发，预计明年（2016 年）开始此项工作。

到 2016 年底，希望上述所有技术手段均可投入应用，真正开始实施目标价值设计。到那时我们理想中的最佳交付模式即可实现，既共同制定目标，通过计算机验证并得出更佳解决方案。促使人们共同应用新的技术手段，根据实际情况作出相应调整，实现既定目标。

彼得·贝克坚信学习的价值，鼓励在一定程度上尽快试用多种方式，以利于从中获得知识。在此过程中所面临的困难是，作为承包商所获得的利润并不是特别高，在一定程度上受到了资金的限制。在公司商业化运作之前，每年几百万美元或更多的投资对仅作为承包商的我们是一笔巨大的资金。在跨入商业领域之际，面临的困难是如何不断推进工具的发展并同时产生回报。

在我们仅开发成功 Profiler 系统的早期，在没有完整工具包的支持下，难以实现该工具的用途。我想表达的是，如果把现在的 Profiler 系统和 Estimator 系统相结合，即可拥有一套完整的制定目标的工具。我们的另一个工具，可使人们在项目整个生命周期中围绕目标实施管理。如果没有 Estimator 系统，人们仅可提出目标，而不知道如何实现目标，那么价值在哪里？我们发现承包商对应用整套系统价值的认识具有局限性，而与业主就价值的沟通则有所不同。

一些早期使用者，如 DPR、松特、摩顿森（Mortenson）等大的建筑公司，越来越倾向于能早期参与，与业主协商项目（有别于传统的招投标方式），实现尽早（在设计阶段）参与，而不是完全依赖于设计方单方拿出来的方案去施工。贝克科技有限公司和总承包商们希望在设计确定之前即加入进来，通过讨论为项目提出更多的反馈和体现自己的价值。

早期我们即发现，行业存在筒仓效应。承包商不习惯将模型组合在一起。通过观察承包商内部可发现，在所有成员中，最不愿意作出改变的是预算小组。很难提供一种工具，使预算小组通过模型与业主沟通。公司为 Profiler 系统研发耗费时间甚多，以使工具简化，使用方便。简化过程非常复杂，经历了许多挫折。即使不在同一个领域（比如办公楼和风能发电设施是截然不同的领域），各承包商均将数据视为专有数据，不愿意公开自己的数据。承包商不愿意使用诸如工程造价数据库（RS Means）中的全行业的数据，需要我们提供可使承包商集成自身数据的工具。所有承包商均以不同的方式管理数据，诸如应用 Excel 文件、Timberline 管理软件等预算工具，数据的分类和量化方式也不尽相同。努力推进 Profiler 系统成为主流工具的过程，可谓困难重重的过程。

在几年的时间里，我们获得很多认知。一种认知是，确实需要以业务拓展（即拿到项目）为目标。大型总承包商的业务拓展，通常需要与业主建立联系，并且其预算人员拥有可用于业务拓展的支持工具。我们专注于使 Profiler 系统成为操作简便的工具，利于人们实时应用。与单方面根据业主给出的文件来预算成本再通知业主的传统做法不同，我们的开发重点在于与前卫的总承包商合作，他们愿意与业主共同协商（这些业主也愿意采用新技术手段），实时反馈并将工作透明化。

由此产生了一些成功的案例，松特建筑公司是典范之一。于 2011 年松特公司与我们联系："Profiler 系统产生的吸引力越来越大，然而，现在的问题是，业主对我们这种新的工作方式非常兴奋。我们已核定成本，无论是通过合同约定，还是向业主作出承诺，我们认为在该成本内能够完成项目交付。现在我们发现在该成本内完成此项目还是很有挑战的。"

我们与松特建筑公司合作开发了下游预算解决方案，即 Estimator 平台。如前所述，该平台不仅是一个可以计算项目成本的工具，而且还是一个简单易用的管理系统，利于更新预算，并能够直观测定工程量来源，了解驱动成本的因素。无论采用二维还是三维交付方式，通过在评估平台中选定条目，即可查看工程量的来源。通过两次预算的对比，自动显示预算的变化及其原因。例如幕墙的数量增加，或单价的下降等问题，可直接显示在承包商和团队所使用的系统中（该系统可以是基于三维模型的系统，或者就是一组 PDF 文档）。

该管理平台的另一个作用是促进三维模型的普及应用。承包商总是抱怨建筑师并不是为了成本或进度而建模。在我们的预算解决方案中，为承包商或预算人员提供在模型上直接修改或添加注释的功能，例如，如果本应设计的内部隔墙，却用错了 Revit® 所提供的组件，也许本应设计为耐火极限为两小时的防火墙，但却被设计成了普通墙。该墙体从楼板直达顶棚，并添加了注释"应具有 3 英尺（约 0.9 米）的送风系统"。预算人员发现了这个错误，可以直接在模型上勾画该区域以备更新预算，并对该区域注释"在下一次设计迭代中，建筑师应将墙设计降低 3 英尺（约 0.9 米），这样我可以直接用模型正确计算实际工程量"。预算人员也可以直接将普通墙更改为耐火极限为两小时的防火墙。在迭代重新设计结束后生成报告，并提交于设计方，请他们纠正或更改模型，以进行预算和排程。

预算平台是一种相对较新的工具。松特建筑公司已经使用约一年半时间，并在实际中取得了成功，并准备应用到更多的项目中。将工程量集成于预算过程，替代由 On-Screen Takeoff® 软件复制粘贴于 Excel 表，继而再复制粘贴于预算工具，易于出现错误的传统方式。目前我们已欣喜地发现，预算平台已被很多预算人员所接受。该平台本身就是为预算人员能与建筑师更好地合作并易于使用而搭建的，预算人员意识到其不仅是一个预算工具，同时也是一个协作工具。

从 Optioneer 系统的应用中我们收获了哪些？我们与 H. C. 贝克建筑公司合作了约 6 个项目。在项目初期，广泛听取设计团队和预算人员为最佳概念设计所提的建议，公布设计空间中可更改的所有变量。寻找最经济有效的解决方案，并将具有巨大时间性和经济性效益的建议反馈至团队。我们意识到，Optioneer 系统并不单是寻找最低成本的工具（即优化工具）。要发挥它真正的作用，就要将其集成运用于整体团队，并将其作为验证某些假设或预测的工具。

最佳的方法不是在整个设计求解空间一次性找出所有的可选方案，而是用 Optioneer 系统进行多次运算，从局部发起，增加更多的更改机会。在初次迭代中，可能仅涉及形状和建筑面积。接下来团队也许萌发了更优的设计，并以其为基础不断补充完善，最后，会开始考虑外观。最有效的方法不是一次性完成，也不是无所作为，而是边迭代、边反馈，听取团队的讨论及反馈建议，将一系列备选方案逐层探讨。每一个备选方案虽可产生数百万个可能的组合，但是当团队整合最后一次迭代时，人们仅需关注局部区域或相关范围。

早在20世纪90年代初期到中期，在探索这些技术初期，我们所做的工作即是确定将建筑作为产品进行交付，最终创建了贝克建筑系统（Beck Building Systems）集团。该集团意在整合有见解的供应商和分包商的意见和见解。如果通过计算机运算提取此类见解，并交予设计团队，一旦概念设计形成，即可以预判价格和性能标准。计算机内若存有如何设计、采购和建造的数据，即可拥有足够的信息，计算工程量，并根据准确工程量确定报价浮动范围，进而与业主沟通。因此，贝克团队总是能够以极具竞争力的价格，向业主交付高质量的产品。

我们的目标是作出更好的决策，从而为客户和项目团队带来更高质量的项目和更可预测的结果。协作是我们企业文化中的重要一环。当项目团队需要作出决策时，应参与决策的人却不在场，这让人沮丧。通过协作不但可获得解决方案、预判价格，而且能够对项目进行详细描述，使得业主知晓其将获得高质量的产品。最终实现更高质量、更安全、更可预测产品的交付，对每个人而言，这都是更好的方案。但这仍然是一种愿景，我们一直在进行技术攻关，技术是达到目的的手段。所谓目的即是向客户交付更高质量、更可预测的产品。

贝克集团的使命是彻底变革行业，创造美好未来。对我而言，这就是我为之奋斗的意义所在。这不是开发软件和工具的过程，而是交付产品的过程。该过程能够提供性价比高、质量高，进度快的产品，是交付产品的更好方式。

贝克科技有限公司的主要挑战就是工具的开发。在某种程度上，这如同"梦幻成真"。我开发工具，客户就随之而来。我们正在努力为改变行业作出自己的贡献。这个行业正在发生着变化，我们见证了IPD和深层次合作，我们见证了从业者努力在项目早期增加更多价值。我们努力以"把产品打磨好，就会有顾客"的商业模式运营，推进行业变革，但这并不容易。并非行业中每个人均具有此种理念，但我们仍然期待此类人也能够成为我们的客户。

在此过程中我们受到了许多挫折，进程远比预想长得多。虽然还有很长的路要走，但已能见到成功的希望，我相信行业的领导者也看到这种希望。一旦得到了诸如DPR、摩顿森、松特和贝克等大型企业的认可，我认为即将达到成功的临界点。到那时，贝克科技有限公司将拥有远超出现在的巨大价值。到那时，我们也将为行业开展下一代的研究与开发（Stewart Carroll, personal communication, November 16, 2015）。

18.4.4 设施运维的有效数据库

安德鲁·阿诺德博士是 DPR 咨询公司的总监，于 2013 年加入 DPR 建筑公司。他在斯坦福大学获得土木与环境工程博士后，在加入 DPR 建筑公司前的 13 年间，在多家公司专注于收集和利用 BIM 数据，以改进建筑设计和运维。加入 DPR 建筑公司后，安德鲁负责 VueOps 的开发。VueOps 是一个基于云计算的建筑项目移交文档库的搜索系统，同时也是一个维护服务请求单管理系统，帮助运维人员管理新建筑。安德鲁还负责协助业主利用虚拟设计与施工，开发产品交付所包含的设施运维数据库。

以下是安德鲁和 DPR 团队在一个大型国际机场所做工作的介绍：

> 我们将几个年轻并精通 BIM 的项目经理和一些项目工程师组成团队，由两位虚拟设计与施工专员对他们进行指导，帮助业主指定经过验证的设施运维数据库。作为业主内部自建项目以及大型资本项目交付过程的一部分，该数据库明确了 BIM 中应采用的设施维护（facilities maintenance，FM）数据、项目团队的何类成员应在项目的何阶段生成何种设施维护数据，支持业主有效管理数据的组织架构，支持顺利收集并验证项目交付过程中的设施维护数据的流程、项目团队提供的延伸服务，既培训并协助团队将设施维护的需求作为项目交付的组成部分。所谓"经过验证的"是指数据质量好，在业主接受模型之前，此类数据已经过业主和项目团队（建筑师、设计人员、总承包商和分包商）的系统测试，并符合业主的数据标准。我们以一种可量化的方式，从技术层面帮助业主、设施运维人员和利益相关者，实现所要求的结果，并为建筑的运营和维护制定更好的决策奠定基础。这是一项使虚拟设计与施工成为现实所必须完成的基础工作，也是虚拟设计与施工将高性能建筑的愿景变成现实必须填补的空白之一。
>
> 若设计一个长远的框架，首先应能够使业主具备在数据库层面更好地更具体地说明他们所预期的项目结果的能力。我们正在为业主创建一个基于性能的 BIM 指南，这将超越其他机构在该领域的贡献。几所著名大学已经做了 BIM 指南，但并没有详细说明应从项目中导出什么样的数据库，并且其数据可以被系统地验证。
>
> 这是业主首次为已安装的产品和产品性能属性阐明数据库架构和标准命名规则，并将据此对设施进行运维管理，而不是根据项目的二维图纸进行管理。将其与来自建筑管理系统和工单管理系统的趋势数据合并，得到安装于建筑中各项产品的初始状态、当前运行状态以及历史维护记录的全套资料，这对业主是一个全新的体验。
>
> 数据库的另一个目标是将知识转移（从设计-施工团队到业主）的时间缩短为零，使得工作即刻可以启动并运行，而不是业主花费数年来研究如何实施建筑运维和处

理所面临的问题。例如，业主传统上会采用增加能源消耗的方法，解决建筑物的温控问题。

我们正在为业主构建建筑内的产品和系统的数据库，在数据层面阻止问题的发生和解决已存在的问题，这仅仅是更全面更有效管理的一个步骤。例如，如果需要匹配来自建筑管理系统的点数据，则必须拥有实际建筑的产品和系统的数据库，才能与该点数据进行匹配。

我们已经创建了一个信息图形，具体说明业主如何从技术层面阐明其从模型中所需要得到的数据，并设置验收测试框架，检查项目参与方是否正确提供了这些数据。这种方式实际上在软件开发领域已经应用了很长时间，也就是说，在编写软件之前，需要为系统性能设置客户验收测试框架，在编写时要按框架要求进行。

图18.8显示了这个信息图形。左边是项目的合作伙伴，包括建筑师、工程师、总承包商和分包商，形象地表述了人员的职责。

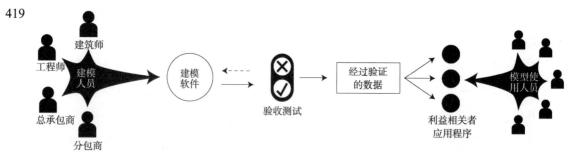

图18.8　有效运维数据库的数据流。© DPR建筑公司，由安德鲁·阿诺德和利兹·施维格勒提供

设施运维的有效数据库的理念是，建立一个定义技术数据库的架构，在项目早期就与项目参与方分享。然后，运用现有技术工具构建一个平台，支持建模人员将模型发送至服务器，并进行验证测试。测试结果呈红色或绿色。若为绿色，表明业主接受了该模型及其包含的设施维护数据。在初始阶段，我们没有从大而全的角度操作，而是从某个部分出发。若为红色，则显示出一个问题列表，所列问题必须在业主接收数据之前得以解决。只有当所有测试均显示绿色时，数据库方可被视为与业主的企业系统匹配。图18.8概述了流入利益相关者应用程序的数据流，业主们使用该数据管理和运维建筑。

过去的经验告诉我们，所有与虚拟设计与施工相关的事项在技术方面并非难事，仅是基本的关系数据库设计。然而，过程和组织这两个环节至关重要。我们在机场项目中成功做到了这两个环节，就是通过负责技术工作的团队，显示数据收集和验证工作流程。通过基于性能的方式而非指令性的方式具体标定业主的需求，使得咨询工程师能够在如何实现需求方面进行创新。团队中有正在从事多个工程项目成员，他们能够理解此类需求。团队不断对技术、组织和过程障碍的理解进行改进和深化，并继续推进。紧密的合作程度有助于团队认识到该项目的风险并没有想象中的那么高，因此，定价不应太离谱。

业主必须支持验收测试框架的适时进行。必须要求此种验收测试并支付由此产生的费用。业主的目的在于获得有效的设施运维数据库，以降低项目结束后的数据收集成本。

目前，在多数设施运维中，存在大量的冗余和一些欠佳的流程，由此产生大量的浪费。我们所做的工作就是阻止此类问题的发生和解决已发生的问题，以便使组织、过程和技术基础设施畅通无阻，确保业主获取所安装产品的设施运维数据库，该数据库既能在工单管理系统和空间管理系统中运行，也能在项目结束时与建筑管理系统进行交互。

上述内容为业主更好地在全生命周期中管理建筑奠定了基础，因为业主需要一个强大的数据库来管理建筑中的产品（或设备）与系统。建筑管理系统可实时反馈建筑运行情况，运用推理方式将建筑运行情况与预防性维护方案进行比对，以便更好地维护、延长设备使用期限以及优化建筑性能。某些人可能认为这并不难实现，但我认为如果业主在设计施工过程中能确信地说，"在技术层面上，你们已经满足了我的需求，或者你们提供的数据没有满足我的需求"，那么我们的行业就向前迈了一步。据我所知，目前尚无系统性实施此类工作的其他业主（Andrew Arnold, personal communication，November 13, 2015）。

18.4.5　多专业设计优化

福雷斯特·福拉格博士是斯坦福大学集成设施工程中心的前助理研究员和讲师，致力于探索如何利用计算机技术增强人们的设计优化和决策能力（福雷斯特·福拉格现已加入Katerra公司，任软件与设计自动化总监）。在此之前，曾就职于旧金山一家由风投支持的科技初创企业，担任产品经理，也曾在旧金山和英国伦敦担任奥雅纳工程顾问公司的结构工程师，并拥有斯坦福大学土木和环境工程学士和博士学位、哈佛大学设计研究生院设计硕士学位、麻省理工学院结构工程硕士学位。

福雷斯特·福拉格博士及其在集成设施工程中心的同事是推动多专业设计优化方法在建筑、工程和施工（Architecture, Engineering & Construction, AEC）行业应用的先驱。该方法为在复杂工程系统中工作的团队提供基于参数的设计协调和迭代。一旦设计过程确定，则运用计算机算法系统生成和评估设计备选方案，以便在给定的产品性能目标和约束条件下发现最佳或接近最佳的解决方案。20世纪60年代，该方法首先运用于航天工业，随后普及至汽车、电子行业以及建筑、工程和施工行业。与传统设计方法相比，该方法能够使设计和建造团队在更短的时间内分析更大数量级的备选方案，从而提高产品质量，缩短产品上市时间。

应用

福拉格博士及其同事已成功运用多专业设计优化方法解决建筑、工程和施工行业的各类问题，概括如下。

结构设计。与全球性工程企业奥雅纳工程顾问公司合作，确定了两个大型体育场屋顶结构构件形体和尺寸（图18.9）。与传统设计方法相比，应用多专业设计优化方法，平均节约预算22%，每个项目的钢结构成本节省超过100万美元。表18.2显示了多专业设计优化方法与传统设计方法效率的对比，以单个项目过程所需时间（即模型开发和软件集成）以及单个设计周期所需时间（即生成和分析单个设计备选方案所需的时间）为参照，运用多专业设计优化方法生成设计备选方案的数量是传统方法的8倍以上，而所用时间减少了大约20%。更多信息请参考相关文献［Flager, Adya, Haymaker & Fischer（2014）and Flager, Soremekun, et al.（2014）］。

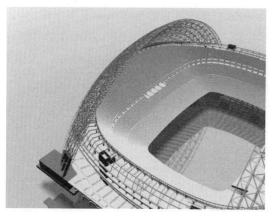
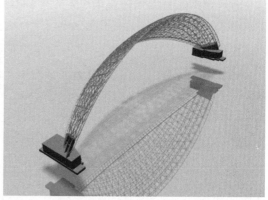

图18.9 屋顶结构案例的建筑信息模型。由福雷斯特·福拉格提供，与英国曼彻斯特奥雅纳工程顾问公司共同创建

表18.2 传统设计方法与多专业设计优化方法的效率对比

设计方法	创建时间（工时）	设计周期时间（平均值）	评估的备选方案数量	总设计时间
传统设计方法	60	4小时	39	216小时
多专业设计优化方法	140	5分45秒	340	172小时35分钟

© 福雷斯特·福拉格

建筑围护结构设计。与贝克集团合作，为佐治亚州亚特兰大市的大型商业办公楼确定玻璃窗百分比和窗墙结构类型。结果表明，与传统方法相比，多专业设计优化方法确定的

设计方案显著降低了建筑生命周期成本和碳足迹，同时减少了设计工时（Flager，Basbagill，Lepech & Fischer，2012）。

城市能源系统。与迪士尼（中国）研究中心（Disney Research China）合作，确定城市建筑组合和能源供应技术，以最大限度地提高能源效率（Best，Flager & Lepech，2015）。

风电场布局。与摩顿森建筑公司合作，在美国两个大型风电场上布置风力涡轮机，在产出相同或更多净发电量的前提下，项目总建设成本降低 7%。

如何在实践中成功实施多专业设计优化方法？该项技术如何影响未来的实践？

技术先决条件：

1. 确定要解决的设计问题：由于多专业设计优化方法涉及产品备选方案的自动生成和评估，因此该方法需要对备选方案的性能进行虚拟评估（例如使用分析模型或模拟模型）。此外，由于计算机算法需要对备选方案进行排序，因此，必须对所有性能指标进行数字形式的量化。

2. 存取产品数据：多专业设计优化流程需要一定数量的数据输入。例如，针对建筑所用玻璃的不同类型，进行成本和能耗的评估，输入的信息应包括玻璃备选类型的成本和力学性能（以及其他）。此类信息是项目团队研究所必需的数据。

3. 过程自动化/集成的专业知识：生成和评估设计选项的所有软件工具/组件必须能够以自动化方式运行。此外，团队必须具备对所需软件应用程序/组件进行"打包"的技术技能，即在分析工具之间可进行自动化数据交换。

4. 对优化的专业认知：只有对优化有深刻的认识，方能以恰当形式将设计问题表述为包括目标、变量和约束界定的优化问题。此外，根据问题的特性（例如，单目标/多目标、离散变量/连续变量），选择适当的优化算法对确保多专业设计优化的成功实施非常重要。

行为先决条件——领导力、组织、过程和文化：

1. 设计求解空间的思维能力：多数设计师习惯于循序渐进的设计迭代，即生成和评估一个设计选项，在由此所获得经验的基础上，再生成下一个设计选项。多专业设计优化要求项目团队指定设计变量，确立设计求解的范围，以便在项目开始之际即可对求解空间进行探索。没有参数化/衍生式设计背景的建筑师和工程师，通常难以理解给定的设计参数如何对潜在设计美学和性能范围产生影响，而此类技能的获得只能通过实践。

2. 注重过程：在传统设计中，项目团队仅用较少的时间规划设计过程，在此指的是，给定设计问题和各项设计的信息交换以及任务和信息的共享方式。该过程通常仅占设计团队总时间的 5% 至 10%，而团队大部分时间用于设计过程的执行（Flager & Haymaker，2007）。在多专业设计优化过程中，时间分配比例恰好相反：项目团队将绝大多数时间用于过程和所需数据的格式化（即参数化），并使用软件将此过程集成化。计算机可自动执行集成化过程。这对于习惯于或期望于快速生成设计内容（如设计选项/分析）的项目团队可能具有挑战性。

3. 整体视角：在着重于改善系统整体性能而非优化单个子系统方面，多专业设计优化方法最有效。设计和施工专家必须从全局角度审视自身要达到的目标，并进行建设性讨论，为整体项目确定重要性能标准。

4. 共享文化：多专业设计优化过程要求项目团队的设计人员跨专业横向共享信息，要求设计人员、承包商和供应商之间纵向共享信息。共享信息可为各方产生更好结果的理念，需要通过强有力的领导方式（最好是适当的业务激励）方能为项目团队成员所接受。

通过专业设计优化实现自动化设计的未来：

1. 设计人员的角色：设计人员将更多时间从事需要依靠专业知识和判断力而进行的多种创造性工作。例如，详细阐述设计问题、确定探讨选项范围以及选择适当的解析表达式。计算机则处理备选方案的建模、生成和分析等多种常规工作。这种转变将有助于优秀的设计师和工程师在市场上更清楚地展示自身价值。

2. 纵向集成：多专业设计优化是数据驱动设计的一种方法，信息应用于设计过程早期，以降低不确定性并改进决策。随着实践者持续为业主和用户展现出数据驱动方法的价值，我们将看到拉动式的需求，要求设计人员、承包商、供应链更加紧密的合作以及信息共享的增强。

3. 大规模定制的趋势：多专业设计优化通过改变过程的输入（例如气候、现场条件、设计-施工团队能力），使定制设计方案自动生成。与计算机数控（Computerized Numerical Control，CNC）系统和增材制造技术相结合，多专业设计优化方法支持定制解决方案的生成与实施，而不会产生传统方法所导致的设计、制造和施工成本上涨（Forest Flager, personal communication, December 19, 2015）。

18.4.6　组件化设计与施工

齐格蒙德·鲁贝尔是美国硅谷创新企业阿迪塔兹有限公司建筑科学部门的创始人兼负责人，自2009年11月以来一直在该公司工作。加入阿迪塔兹有限公司前，齐格蒙德是安申+艾伦建筑事务所（Anshen + Allen）医疗项目的负责人，参与过的重要项目包括，凯泽永久医疗集团（Kaiser Permanente）、圣克拉拉医疗中心新项目（Santa Clara Medical Center Replacement）、拉古纳本田新医院项目（Laguna Honda Hospital Replacement Project）以及加利福尼亚大学旧金山分校使命湾医院项目。

齐格蒙德对阿迪塔兹有限公司及工作描述如下：

建筑即产品（Building as a Product，BAAP）的主要驱动力在于，在设计过程中发现既能降低可变性，又不影响设计的建筑组件，实现模块化组件制定。该公司重点关注的五个模块（如图18.10所示）是结构框架、混凝土楼板、内隔墙、外墙以及设备、电气和管道组合。在医疗保健建筑中，五个模块至少占建造成本的60%至

图 18.10 阿迪塔兹有限公司 "建筑模块"。©阿迪塔兹有限公司

80%,这正是公司的关注点,也是真正应该努力改进的地方。

硅谷的一些风投公司意识到,初创公司的真正风险不一定在于创意,而在于人。于是,风投公司启动了一项计划,即"驻场企业家"(entrepreneur-in-residence, EIR),培养不同的企业家,帮助他们找到最佳创意。作为驻场企业家之一的迪帕克·阿特雷什(Deepak Aatresh)(迪帕克是阿迪塔兹有限公司的联合创始人及 CEO),在观看卡斯特罗谷萨特医疗集团伊甸园医疗中心新院区项目的延时视频时,发现建造建筑与制造计算机芯片非常相似,均是将组件堆叠在一起;两者不同的是规模差别巨大。由此萌发了新的创意,即将在过去三四十年间在计算机芯片工业使用的工具和方法应用于建筑业中。从高层面来看,这是公司创立的初衷,也是阿迪塔兹有限公司的基本"大创意"。

可以从以下几个因素来解释为什么现在要引入计算机芯片工业的工具和方法。第一,建筑、工程和施工行业缺乏创新。该行业许多的改革均是渐进性而非革命性的,彻底变革的时代已经到来。在这场变革中,阿迪塔兹有限公司并不是唯一的利益相关者,我们所要做的首要事情,是寻找到那些坚信有更好的方法来规划设计和建造设施的志同道合者。

第二,也是我们为什么要聚焦于医疗保健领域的原因,该领域可以真正从基于技术的算法引擎中受益,因为该领域有规则可循,系统非常复杂。众所周知,世界上大部分地区的医疗保健建筑都有缺陷。应用计算机技术可以真正解决两个问题:一个是设计和施工方法的革新,另一个是建造高效运维的医疗保健建筑。医疗保健建筑的复杂性使得我们的技术的先进性得到充分体现。

第三,成本日益降低的计算能力恰好为变革创造了条件。在过去的几十年里,随着集成电路的发明,计算周期成本明显下降。原来仅有《财富》50 强企业才能用得起的大型服务器的运算能力已普及至普通大众。以往只有极少数公司可承担的大型计算机基础设施,现在阿迪塔兹有限公司也可以通过按需请求(on demand)的方式获取。以往只有少数人可以利用的计算机技术,现在已普及到每个人都可以应用其解决面临的问题。

第四,科技行业的真正目标就是解决具有挑战性的问题。科技人员多忙于解决繁多的普通问题,实际上多数技术人员更有兴趣解决富有挑战性的问题。纵观风险投资的行业种类,主要集中在科技、制药、清洁能源技术等行业,而极少涉及建筑、工程和施工行业,原因在于,风险投资公司难以解决在该行业中规模化的问题。利用阿迪塔兹有限公司提出并正在推行的技术架构,为投资者提供了投资机会以支持该技术在该行业内推广。

阿迪塔兹有限公司中有两类人。一类是与众不同的技术专家,帮助公司以技术创新的方式解决问题。这些专家由计算机专家、软件工程师和数学专家组成。从产品的生产和制造的角度出发,我们还吸纳了一些有在英特尔运营部门工作经历的技术专家,此类专家真正了解建筑、工程和施工行业人员所难以理解的高效行业运营方式。另一类是需要我这样的资深建筑师,利于公司成为该行业的专家,使得公司真正懂得如何规划设计和建造建筑。能将各领域的专家紧密联系在一起的是我们坚定的信念,即一定有比现有方法更好的做事方式。

我们开始创办公司时,致力于变革建筑业所需的硬件和软件,而设计制造建筑即产品所需的新硬件耗资巨大。于是,公司将关注点转移至创建和提供与行业现有硬件相匹配的软件,这决定了公司的人员结构。

迪帕克的理念创新之处在于真正实现按价值而不是按工时计酬。建筑服务在某种程度上与设计相似,基于工时计酬的设计,并不意味着时刻在创造价值。自动化工具的创建,可使人们专注于创造性的工作,而普通的工作由工具负责完成,这将彻底改变原有规则。事实上,我们所有的合同都是总价约定,而不是按工时计酬。如果合同价格是 20 万美元,即使我们用了 20 万小时,价格也不会改变。计酬是按照创造的价值,而不是所耗的时间。

我们使用敏捷管理方式交付项目。该方式的许多方面与精益相似,核心是发挥人员的能动性。精益和敏捷之间的主要区别在于:精益更专注于作出决定的最终责任时刻,而敏捷则是层级的动态过程,以非顺序的方式关注所有不同的任务。将类似于软件开发人员的工具和思维模式应用于项目中,使得我们的工作权责分明并可预测。

我的主要职责之一是让许多有可能加入团队的技术人员明白,建筑、工程和施工行业尚未利用芯片设计领域的先进工具,该行业确实特别落伍。许多技术专家难以置信该行业是如此落后。

《协作》(*Collaboration*)(2009)一书的作者莫滕·汉森(Morten Hansen)将协作障碍划分为四类,着重进行探讨以利于克服。第一个是人们聚集一起,仅注重个人所关注的事项,无相互探讨的意愿,没有创建"发明的氛围"。第二个是围栏障碍,人们无相互学习和协助的意愿。第三个是搜索障碍,人们无法找到他们需要的信息。第四个是转移障碍,为真正影响本行业的主要障碍,相互不熟悉的人们无法一起工作。

让我们先把注意力放在最后一项,即转移障碍。在聘请有资质的行业内人员方面,你可能聘请一个有30年工作经验的人员,他/她是自己领域内的专家;而公司聘请的明星科技企业家们,通常都是非常聪明并具有前卫想法的出类拔萃的青年。这两类人往往没有良好的互动。这种矛盾必须努力克服,我们采用的方式是创建许多机会达到技术专家和领域专家相互探讨的目的,实际上就是转移知识和克服障碍。探讨中专家们常会说道:"哦,是的。我从来没有想过要这么做。"

我认为,要使行业做得更好,必须与行业外的专业人员紧密合作,因为跨行业合作往往带来颠覆性创新。应该密切接触对于如何能够实现最佳效果具有敏锐洞察力的人员,并努力将其理念融入自身的思维模式。

持续不断地改进方法是所有创新工作的一部分。在过去的几年里,我们视自己为技术差异化的服务提供商,这些服务可以是设计服务,也可以是施工管理,职能如同戴夫·希金斯(Dave Higgins),HMH建筑公司前老板——施工领域专家。关键在于通过实践来学习,在推广之前对创新进行内部验证。这尤其适合于我们一些风险规避型的客户和合作伙伴,他们更倾向于采用经过验证的模型。

目前,随着一些技术和方法的成熟,我们正在向公司外部的合作伙伴开放平台。从下个年度开始,将针对合作伙伴,推广此类创新。以有计划的批次方式发布平台,以期对那些与我们有密切联系的人们产生积极的影响。希望客户和合作伙伴均能利用此平台,积极促进我们公司以科技公司的方式扩大规模。我们产品所带来的高效设计和施工,使整个行业都将受益。

阿迪塔兹有限公司所做的另一件事是投入时间实现创作、保护和分享知识产权。建筑、工程和施工行业创作的知识产权属于商业秘密。而在科技行业则包括商业秘密和专利。二者的真正区别在于,专利是向世人展示发明的内容,并供人们分享和学习;而商业秘密不可分享。建筑、工程和施工行业没有如此的双重模式。阿迪塔兹有限公司目前已申请了二十余项专利,已授权两项,所有人都可从中学习。

希望业主能够采用我们的平台,并要求其供应商加以使用。我们在谋求与旧金山湾区的两个业主合作,其中一个是医疗保健领域。他们正在探讨从平台的角度进行合作,而不是单纯提供服务。例如,某客户耗费了大量时间定义标准。然而,聘请建筑师和建造商时,不得不耗费大量时间指导供应商(即设计师或建造商)遵守所定义的标准。

我们正在研究应提供何种形式的达标检测,以显示特定业主的标准得到了满足。假设今天有一个客户,给你一本标准手册。你说"我完全按照你的方式进行设计",

但客户无从知晓其真实性。如果真正能够实现建筑产品化,那么就增加了设计和建筑物满足特定标准的可能性。如果我们的行业要实现高程度的产品化变革,则需要行业从标准要求到建筑量化指标实现更大的透明度。目前缺乏向客户提供满足其需求的实时反馈方法。阿迪塔兹有限公司希望成为这种方法的提供者,首要事情是与客户共同编写需求,我们称之为"建筑明细"(如图 18.11 所示)。

阿迪塔兹公司客户需求

建筑明细
商务规模——单个地点

地址:美国,斯普林菲尔德市,123 号大街
类型 – 综合急诊楼
服务人群 80000-120000

关键指标	初始目标	年就诊数	实体指标	
基本保健:	73%	70000	建筑	防火 IA 型 / 不锈钢
专业保健:	69%	65000	整体外观	环境友好
诊疗:	66%	122000	外墙	富有表现力
影像:	72%	54000	结构	性能最佳
处方:	71%	113000	系统	价值最优
质量目标		%	内部结构	稳定
病人护理		98%	内部体验	印象深刻
诊疗导引 / 病人安全		98%	材料耐久性	耐用
预防保健		99%	能源效率	优化的
危险人群		99%	可持续材料	成本最低
性能指示			集成自适应技术	保守的
运营		7 天 / 扩展型	重建属性	最低运行成本
资金	至少资金的 1/3 要能营利		LEED 认证	无
人员配备	郊区全职员工数量		**进度计划**	
能源使用强度		112	设计:87 天 生产组件:120 天	测试:21 天
			许可:20 天 施工:43 天	重建 / 改建:11 年

图 18.11 阿迪塔兹有限公司客户需求 / "建筑明细"。© 阿迪塔兹有限公司

我认为"如何"必须真正地与数据相联系。回到公司初创时讨论的话题,如何评价设计方案?如何比选设计方案?设计师可能会说:"我知道。"那么,如何知道的?

如果要利用工具,则必须以客观方式训练工具,例如指定正方形方案优于圆形方案,或圆形优于正方形。在能够应用指标和数据对制定的决策进行量化之前,我们将长时间在传统的轨迹内保持不变。阿迪塔兹有限公司长期致力于研究能够以可量化的方法评估决策。相对于有更多主观意愿体现的博物馆或文化中心等类型建筑,更具规则性的医疗保健建筑更为容易应用该方法。我认为将来也有可能量化博物馆或文化中心等类型建筑的决策。

我们需要认识到,技术和主观思维总是以混合体的形式而出现,是一种混合的方法。迪帕克的提议令我兴奋,如果调研医院建筑,占建筑费用一半的墙内和顶棚内的系统(即不可见系统),这部分建筑系统仅需要正常运行,而不需要考虑艺术感,

我认为对任何建筑部位，设计师都希望能体现技术与主观思维的混合，并提出令人愉悦并富有创造性的设计，为此需要做大量的工作。然而，对于隐藏在墙体和顶棚内部的部分，只需要能正常运行即可，无须做大量工作。没有人真的在意电线如何从插座回到断路器面板，只要知道插座可用即可。这类系统的设计完全可以用自动化实现。

墙体的颜色和形状均属于主观范畴。至少现在计算机还难以设计这些内容。如果计算机具备足够的启发性思维和客观性思维，或许最终能胜任此工作。目前，多数建筑师、施工人员和工程师处理的所有问题，均为一成不变的、不需要创意，并可用自动化形式完成的工作。的确，设计师不会因建筑的丑陋而被起诉，但是可因建筑系统的运行欠佳而被起诉。

近五年来，我们一直跟踪我们软件的商业应用以及市场的反应。业务规划和验证（建筑是否达到预期）方面的应用。在我们工作的初期，一位医院主管辛辣地抱怨："我弟弟可以在网络上玩复杂炫酷的魔兽世界，而我只能用最简单的Excel数据透视表来管理医院、拯救生命。"她说得很对，几乎没有能够帮助医疗领域的管理人员了解如何运营医院的技术。我们初期的尝试之一是采用芯片设计领域内广泛使用的产品运行模拟方法，验证急诊室如何运转更有效。围绕急诊室功效的提高标定了许多关键参数，并将此类分析拓展至其他科室。急诊室是一个最为合适的切入点，因为各家医院的急诊室盈亏情况参差不齐。

这种尝试在商业上引起了其他客户的极大兴趣。我们已进入设计领域，并开始进入某些建筑项目的施工领域。戴夫·希金斯领导的阿迪塔兹有限公司的建筑部门刚取得了施工许可证，该部门名称为阿迪塔兹装配和施工（Aditazz Assembly and Construction）。该公司的理念是，建筑不只现场建造，更应包括组件预制、现场装配。公司在美国建造的第一批项目着重对空间重新布局，以改善租户体验。项目之一是加利福尼亚州全州卫生规划与发展办公室（OSHPD）项目，将现有设施加急改建为康复中心，我们不打算使用新的结构系统替换现有的钢楼板、混凝土楼板和外墙。由于楼层高度不足，难以使用我们的设备、电气和管道机架，但应用我们的墙体系统，并在实践中检测其有效性，无论是性能良好还是欠佳，尽管我们希望其性能良好，但不管检测结果如何，我们都将持续改进。

当然有很多人对组件化设计与施工感兴趣，但面临的挑战之一是建筑行业非常注重风险规避，每个人都在观望，没有人愿意第一个冒险。行业的营销均以关系为基础。有人同意试用之后，决定加入进来。虽然每个人都对创新感兴趣，但几乎无人敢于承担随之而来的风险，这是对行业的真正挑战。

以前，作为服务提供商，我们只为业主服务。随着现在平台不断的开放，建筑师和承包商也对使用这些工具感兴趣。让终端客户和建筑服务提供商都使用我们的平台以提高效益，始终是我们的目标。

到目前为止，阿迪塔兹有限公司在美国以外的地区获得了更多关注，原因在于美国市场同类公司较多，国内需求不足，公司在美国没有设计和建造超大型项目，主要在亚洲发展。亚洲各国对基础设施需求很大，在此我所指的基础设施是建筑，而不是道路和隧道，当然道路和隧道也有需求，但公司不提供此类服务。亚洲，特别是阿拉伯联合酋长国，相比世界其他地区，没有很多这类服务提供商，但其服务需求巨大，并且缺乏创新型服务。当他们发现了像我们这样的公司后，非常感兴趣，并更愿意承担与新型公司合作的风险。

下面要讨论的是关于行业的创新机会，可能有两种机会。一个是由业主驱动的机会，业主说："我想创新并愿为此出资，商业模式需要随之创新。"现在行业商业模式的效率受筒仓效应的制约，筒仓包括规划筒仓、设计筒仓、施工筒仓和运营筒仓。另一个创新机会由行业参与者共同驱动，协同创造一个业主还没有设想到的优良产品。想象一下由规划师、设计师、建筑商和运营商组成的团队对业主说："我们会共同为您提供一个建筑，它的成本是 X（一个确定数字）。"这将彻底改变行业的规则。

目前，建筑供应商包括建筑师、工程师和承包商仍没有这种需求。例如，芯片产业真正的发展原因是登月竞赛。政府需要一种非常高效、轻便、可靠的方式将他们的飞船送上月球。俄罗斯在太空探索方面领先美国，令其蒙羞。肯尼迪总统说："我们将派一名宇航员去月球，并安全返回。"正是将人送上月球并返回的这场竞赛，需要寻找一种方法（即创新），寻找的过程几乎不受任何条件的约束。太空竞赛使芯片技术成为现实，但很少人能够意识到这点。在建筑、工程和施工行业中，没有类似太空竞赛这样的强大驱动力。技术能为创新扫清障碍，但技术本身并不能激励创新。除非创新的风险较低，否则没有客户愿意进行各种创新。

创新的困难在于它需要大量资源和资金。业主必须说，"我想创新"，或有公司说，"我会为你提供资源和资金。"只有具备两个条件之一，才会发生创新。阿迪塔兹有限公司倾向在供应链方面培育出更多的创新（Zigmund Rubel, personal communication, November 25, 2015）。

18.4.7 重要性与启示

简明框架的出发点是产品，即根据利益相关者要求的四类可量化标准提供的高性能建筑，必须符合简明框架的支持建筑作为产品交付的全部要素。本书中的案例证明了团队可以实现这些要素。很明显，不断进步的技术支持简明框架的应用。把建筑作为产品来交付的需求很明显，业主们正疲于应对来自投资者、员工和客户的更高的经营业绩预期；建筑使用者，特别是年轻人，选择能够提供健康工作场所的雇主。最迫切的需求是，必须大幅度减少建筑材料的碳足迹、建筑的碳排放量以及施工所造成的材料和资源浪费。

目前看来，IPD 模式的普及，将推动项目团队把高性能建筑作为产品来交付。的确，如迪士尼和英特尔公司这样的业主的设计和施工高层管理人员正在推动精益施工和 IPD，并推动团队不断改进。但目前为每个新项目组建项目团队需要重新投入时间和资源，以创建仅局限于单一项目范围内的结构、资源和流程。为持续地在项目中创建高性能建筑，所有参与者需要在不断加强能力方面和跨越多个项目（并在多个项目中摊销）的流程及系统方面进行大量投入。彼得·贝克在《设计智慧》(*Design Intelligence*) 杂志撰写的 "超越 IPD：集成企业的挑战"（Beyond IPD:The Integrated Enterprise Challenge）(2013) 的文中指出：

> 最终实现的时刻是，克服现状，将各专业整合为一个团队，从而承担起项目完整设计和交付的责任，并熟练使用新兴技术降低预判风险。跨专业整合不仅在前所未有的层面上实现合作，确保信息的完整性、及时性，以及定价和进度安排准确性，而且此类集成性企业有动力投资于深化设计、概预算都能接受的设计组件，不同 BIM 技术之间互操作协议以及项目级别必要的交叉培训，能够大大提高项目效率等。此类投资成本高昂，必须由集成性企业模式的多个项目分摊，在 IPD 环境下，若无法保证各方长期合作以充分摊销投资，就不可能具有投资成本效益。这些新兴技术既为专业内又为跨专业的改进提供了机会。

彼得·贝克认识到，必须投资于跨专业的信息整合和 BIM 应用，方能广泛、准确地进行建模、模拟和数字原型制作，从而有信心作出预测，最终将高性能建筑作为产品进行交付。此外，从多个组织单元中难以获得可靠的生产成本、返工、交付时间等信息，特别是建筑性能信息。正如安德鲁·阿诺德所说，仅收集建筑性能数据就绝非易事。

为了构建此类数据库并发挥其作用，彼得·贝克投资了数百万美元来开发软件工具，以达到信息集成，并组建贝克建筑系统公司，实现与供应商和专业承包商共享信息。于 1999 年，彼得·贝克将其公司与达拉斯著名建筑公司城市建筑事务所（Urban Architecture）合并，创建了他在《设计智慧》中所描述的设计–施工集成企业。纵向集成程度的提高吸引了投资的增加。

贝克的解决方案，即提高纵向集成程度，是一项针对某些公司而非所有公司的解决方案。在需求相对一致的情况下，集成公司专门从事的特定的项目类型（避免大而全），垂直整合效果最佳，并促进公司人员架构精简，工作量相对饱和。然而，对于工作量波动较大，或者项目切换时需要与新的及不同专业的团队合作，则为项目量身定做并精确考虑项目所需的各种元素的虚拟组织，效率更高。由于虚拟组织和垂直集成各有优缺点，选择两者适当的融合是一个优化问题。

供应链管理是在更加多样化的结构中获取纵向集成效益的另一种策略。沃马克（Womack）、琼斯（Jones）和罗斯（Roos）在《改变世界的机器》（*The Machine That Changed the World*）一书的"协调供应链"一章中对此观点进行了论述：与供应商缺乏协调是困扰着汽车制造商的问题，而丰田通过与其最佳供应商的紧密合作，克服了这一问题。比如，通用、福特和克莱斯勒三家汽车巨头一直采用最低价中标的方式选择供应商，并通过合同条款变相压低价格。而丰田公司选择与供应商加强合作，开发出跨汽车平台的更好解决方案，并派遣精益专家帮助供应商改进管理、设计和生产。丰田公司的供应商也同意降低其合同期内的价格，因为其生产率的提高导致了成本的降低。时至今日，供应商依然与丰田公司保持密切的合作关系。因而，供应商主动在设备、流程和培训方面进行投资，以便能够为丰田公司更好地提供服务。在这个稳定和协作的供应链中，各方均能获益。

丰田公司的方法并不能直接复制在建筑领域，因为业主不可能在同地持续建造同样的项目，以充分发挥供应商组建专属团队和开发特定流程的优越性。但丰田公司的方法显示了专注供应链和重复性工作所具有的优势。康涅狄格州的劳伦斯纪念医院决定采用同一个团队建设多个IPD项目，这种方式在流程一致性和关系的密切性以及业主需求的理解等方面，均大大超越了选择新的团队。目前，一家国际金融机构正在采用类似的策略，对其园区内的四栋办公楼进行翻修。

一些行业先行者制定出若干方案，就分包商实施IPD项目所需技能进行培训。在过去的五年里，赫雷罗建筑公司（Herrero Builders）通过常规课程培训了许多建筑师、工程师和专业承包人员。顺利通过课程的上述人员创建了一个社群，每季度召开一次会议，共同研究和学习交流，目的是"为项目或组织中的所有客户交付更大价值"。赫雷罗建筑公司的首席运营官、精益讲师和培训总监保罗·纳波利塔诺（Paulo Napolitano）高度评价了这个社群，并认为其增加了赫雷罗建筑公司在市场中的知名度，提升了其交付更大价值的能力（Napolitano and Cervero-Romero，2012）。

在过去的23年里，斯坦福大学土木与环境工程学院的雷纳特·弗鲁赫特（Renate Fruchter）教授实施了建筑工程和施工全球团队合作（AEC Global Teamwork）[2]系列课程，让来自全球的学生参与虚拟设计和施工，完成特定目标的项目，并承担集成团队成员职责，共同参与解决设计和施工的所有问题。该课程是高性能建筑的一流培训方案。

比尔·希德（Bill Seed）在论文"集成项目交付需要新的项目经理"（Seed，2014）中描述了，在环球健康服务公司工作期间，其启动的一项计划，目的是培养业主项目经理（owner project managers，OPMs）和设计与施工集成项目经理（integrated project managers，IPMs）。华特·迪士尼幻想工程（Walt Disney Imagineering）邀请设计和施工公司参加研讨会，并分享所学到的有关BIM、虚拟设计与施工、精益建造和IPD的知识，以提升个人实力和协作能力。虽然此计划并不如丰田公司深度整合供应商的方法有效，但能有助于成员在多个项目间以及单个项目内提升能力。

阿迪塔兹公司的齐格蒙德·鲁贝尔认为，目前的项目面对巨大的成本压力，几乎没有结余为研发提供资金。然而，某些公司（甚至是存在竞争关系的公司），也在学术研究和培训计划方面进行合作。斯坦福大学集成设施工程中心成员的贝克集团、DPR建筑公司、摩顿森公司、几家欧洲大型建筑商均为研究提供资金支持，并帮助设计公司、软件公司［如欧特克（Autodesk）］、大型建筑客户［美国总务署（GSA）和迪士尼公司等］制定研究计划。集成设施工程中心和佐治亚理工学院和宾夕法尼亚州立大学，致力于应用BIM和虚拟设计与施工技术，以提升行业对建筑性能和项目团队绩效作出可靠预测的能力。DPR建筑公司、赫雷罗建筑公司和湾区其他承包商也投资支持加利福尼亚大学伯克利分校的项目生产系统实验室（Project Production Systems Laboratory，P2SL）。该实验室由精益建造学会的两位创始人艾瑞丝·托梅米恩（Iris Tommelein）和格伦·巴拉德领导。最近，项目生产系统实验室完成了一项为期五年的目标价值设计研究，该研究的主体是由DPR建筑公司召集的设计和施工公司共同承建的五个DPR项目（Denerolle，2013）。支持和参与此类学术项目的方法，是有效提升成员在多个项目间的能力并充分利用有限资源的另一种策略。

毫无疑问，仍然有不为人知的其他举措。阿迪塔兹公司和其他几家公司正在尝试不同的理念。尚不知将建筑完全作为产品进行交付的拐点是否会到来以及何时到来，但是我们知道在项目之间、企业在开始下一个项目（后续项目）之前，仍有许多工作有待改进。

18.5 小结

将高性能建筑作为产品交付，为业主提供了可靠的方法，使其能够在进度计划和预算内获得满足要求的建筑。与单纯提供设计和施工服务不同，该方法可以确保项目成果。但要建造产品，IPD团队需要对结果充满自信。在这种情况下，自信度通过完备信息和团队所验证的信息之间的差距来衡量，随着验证过程中这一差距的缩小，团队将有足够的自信来保证结果。

增强自信的方法和过程，需要团队成员的不断努力才能实现，但当前为单个项目而开发必要的系统大大增加了成本。此外，某些技能具有个人专属性，项目间人员变动会导致信息和知识的流失。

为达到所需要的自信，参与建造产品的团队需要在其员工和供应商内部提升能力。彼得·贝克通过强化纵向集成和开发软件来更好地整合信息，解决此类问题。其他公司通过制定培训计划或将重复性工作交给同一团队的方式，也解决了此类问题。此外，通过参与学术研究和项目培训的结合，企业可以更有效地利用在培训上的投入。无论采取何种策略（某些公司使用复合型策略），目标都是提高公司自身能力及其战略合作伙伴的能力。

注释

1. 美国诉斯皮尔林案［United States v. Spearin, 248 US 132, 39 S.Ct. 59, 63 L.Ed 166（1918）］。
2. 2016 年 4 月 10 日检索自 http://pbl. stanford. edu/ Research/ ResearchEWP.html。

参考文献

Ballard, G., & Morris, P. H.（2010）. Maximizing owner value through target value design. *AACE International Transactions*, *2010*, 1–16.

Beck, H. C. III.（2013）. Beyond IPD: The integrated enterprise challenge. *DesignIntelligence*. Retrieved December 12, 2013, from http://www.di.net/articles/beyond-ipd-the-integrated-enterprise-challenge/.

Best, R. E., Flager, F., & Lepech, M. D.（2015）. Modeling and optimization of building mix and energy supply technology for urban districts. *Applied Energy*, *159*, 161–177.

Catmull, E., & Wallace, A.（2014）. *Creativity, Inc.: Overcoming the unseen forces that stand in the way of true inspiration.* New York, NY: Random House.

Cheng, R., Allison, Markku, Sturts-Dossick, C. Monson, C.（2015）*IPD: Performance, Expectations, and Future Use: A Report On Outcomes of a University of Minnesota Survey.* University of Minnesota, Retrieved October 16, 2016, form http://ipda.ca/site/assets/files/1144/20150925-ipda-ipd-survey-report.pdf.

Cheng, R., Allison, M., Sturts-Dossick, C., Monson, C., Staub-French, S., Poirier, E.（2016）. *Motivation and Means: How and Why IPD and Lean Lead to Success.* University of Minnesota, Retrieved from http://arch.design.umn.edu/directory/chengr/.

Christian, D., Bredbury, J., Emdanat, S., Haase, F., Kunz, A., Rubel, Z, & Ballar, G.（2014, June 25-27）.Four-phase project delivery and the pathway to perfection. In B. T., Kalsaas, L. Koskela, & T. A. Saurin（Eds.）, 22nd Annual Conference of the International Group for Lean Construction（pp. 269–280）. Oslo, Norway.

Denerolle, S.（2013）. Technical report: The application of target value design to the design phase of 3 hospital projects. Project Production Systems Laboratory University of California, Berkeley. Retrieved January 2013, from https://s3-us-west-2.amazonaws.com/tvdgroup/publications/Technical+Report+on+the+design+phase+of+3+TVD+projects.pdf.

Eckblad, S., Ashcraft, H., Audsley, P., Bleiman, D., Bedrick, J., Brewis, C., ... Stephens, N. D.（2007）. *Integrated project delivery-a working definition.* Sacramento, CA: AIA California Council.

Fischer, M.（2007）. Tomorrow's workday: Spontaneous, creative, and reliable. In D. Rebolj（Ed.）, *Bringing ITC knowledge to work—24th W78 Conference Maribor & 5th ITCEDU Workshop & 14th EG-ICE Workshop*（pp. 21–26）. University of Maribor, Slovenia.

Fischer, M.（2013）. You thought BIM was innovative—You ain't seen nothing yet: A peek over the construction technology horizon（pp. 1–26）. Forum on the Construction Industry. St Regis Monarch Beach Resort, Dana Point, CA: American Bar Association.

Flager, F., & Haymaker, J.（2007）. A comparison of multidisciplinary design, analysis and optimization processes in the building construction and aerospace industries. In I. Smith (Ed.), *24th International Conference on Information Technology in Construction* (pp. 625-630). Maribor, Slovenia.

Flager, F., Adya, A., Haymaker, J., & Fischer, M. (2014). A bi-level hierarchical method for shape and member sizing optimization of steel truss structures. *Computers & Structures*, *131*, 1-11.

Flager, F., Soremekun, G., Adya, A., Shea, K., Haymaker, J., & Fischer, M. (2014). Fully constrained design:A general and scalable method for discrete member sizing optimization of steel truss structures. *Computers & Structures*, *140*, 55-65.

Flager, F., Basbagill, J., Lepech, M., & Fischer, M. (2012). Multi-objective building envelope optimization for life-cycle cost and global warming potential. In G. Gudnason (Ed.), *9th European Conference on Product and Process Modeling*. Reykjavik, Iceland.

Hansen, M. (2009). *Collaboration: How leaders avoid the traps, build common ground, and reap big results*.Boston, MA: Harvard Business Review Press.

Lostuvali, B., Alves, T., & Modrich, R. U. (2012). Lean product development at Cathedral Hill Hospital Project. In I. D. Tommelein & C. L. Pasquire (Eds), *Proceedings of the 20th Conference of the International Group for Lean Construction Vol. 20*, pp. 1041-1050.

Marble, S. (Ed.). (2013). *Digital workflows in architecture design-assembly industry.*

McDonough, W., & Braungart, M. (2010). *Cradle to cradle: Remaking the way we make things.* New York:MacMillan.

Morgan, J. M., & Liker, J. K. (2006). *The Toyota Product Development System: Integrating people, process and technology.* New York, NY: Productivity Press.

Napolitano, P. D. T. S., & Cerveró-Romero, F. (2012, July 18-20).*Meta-organization: The future for the Lean organization. In I. D. Tommelein & C. L. Pasquire (Eds.),* 20th Annual Conference of the International Group for Lean Construction. San Diego, CA.

Seed, W. R. (2014). Integrated project delivery requires a new project manager. *Proceedings of IGLC22*, 1447-1459.

Spear, S. (2010). *The high-velocity edge: How market leaders leverage operational excellence to beat the competition.* New York, NY: McGraw Hill Professional.

Womack, J. P., Jones, D. T., & Roos, D. (1990). *The machine that changed the world: The story of Lean product—Toyota's secret weapon in the global car wars.* New York, NY: Simon & Schuster.

后记一

J. 斯图尔特·埃克布莱德（J. Stuart Eckblad）
美国建筑师协会会员（FAIA）、加利福尼亚大学旧金山分校医学中心基建副总裁

创建"项目至上"文化

在过去的20年里，我有机会开发和实施新型项目交付方法。作为协同过程研究所（Collaborative Process Institute）的创始人和总裁，以及加利福尼亚大学旧金山分校医学中心医院项目的项目交付主管，我曾与其他业主、设计师和承包商合作，探索集成和协作的作用。基本前提是，一个由多家公司组成的真正集成的项目团队将作为一家公司协同工作，以创建"项目至上"的文化。通过降低施工成本、缩短完工时间、提高质量和减少纠纷，"项目至上"的文化胜过一系列个体的"公司至上"的承诺。简言之，与传统的交付方法相比，一个完全集成的项目团队可以取得非凡的项目成果。

非凡的成果取决于项目团队所采用的集成和协作的文化和系统。成功依赖于创建一个特定项目团队。依据领导加利福尼亚大学旧金山分校医学中心项目的个人经验，必须保证以项目所需的集体愿望发起集成。如何为关爱患者作出贡献？团队为提高患者治疗效果的努力，要比构建建筑具有更大的挑战。

在第8章"项目组织的集成"的加利福尼亚大学旧金山分校使命湾医院项目案例研究中，描述了我们为实现项目集成而建立的许多工具和流程。"联合办公室"是必不可少的工具，是创建一个综合性组织的"中心"和催化剂。在我们的项目中，我们将19家公司的120名全职员工集中在一个空间内，完成深化设计和施工阶段的工作。当进入施工阶段时，我们已发展到250多人。集成的一个简单催化剂是团队成员不能以电话方式与中心沟通。虚拟协调会议是有效的，但在整个具有挑战性的施工阶段，此种会议形式并不能为团队成员建立持续合作所需的个人关系。我们所需要的是一个简单而有效的过程，构建一个由分包商深化设计人员、建筑师、工程师、施工人员和供应商组成的"社群"，致力于"项目至上的结果"。

随着项目进入施工阶段，新团队成员的人际交往和入职培训对集成人员的优化至关重要。专门的会面和例行的现场活动很重要。对于我们的项目，需要"面对面"沟通、建立一个社群，能够以协作的方式接受变革并彼此激励，取得卓越的成果。

加利福尼亚大学旧金山分校使命湾医院项目为集成项目交付作出了重要贡献。这是一个

公共项目，能够创建一个集成组织，并在没有集成格式合同（IFOA）的情况下实现IPD。

最终，加利福尼亚大学旧金山分校使命湾医院项目组获得了设计大奖、百年建筑和LEED金级认证。此外，该团队在设计阶段节省了超过2亿美元的投资，并在没有预算超支、延期索赔及诉讼的情况下提前完成。我们不断收到关于如何取得这些成果的国内和国际问询。同样重要的是，使命湾医院项目团队成功地建立了一个致力于关爱患者和优化项目结果的集成组织和社群。

行业仍需要在改进集成项目组织的方向上前进。今天，作为一名业主，我感到鼓舞的是，我们已经见证了新型交付方法和工具所产生的巨大利益及其迅猛发展。业界对IPD和类IPD的兴趣与日俱增，人们也在不断探索其他新型合同方式。业主、设计师和施工方正在探索和研究新型业务模式和组织结构以支持集成组织。精益理念的不断深入持续产生新的工具和流程，使设计和施工更加高效和富有成效。

我们向何处发展，方可取得更大成果？创新和"下一个大创意"将有助于加速采纳集成和协作方式。目前许多工作致力于开发可量化性能的新软件、新材料、预制构件的更大规模应用以及持续增长的精益生产。未来将有更好、更智能的工具支持分包商的制造和组装，并提高和量化生产率。根据更多的研究和经验，业主、设计师和施工方可以重新调整业务模式，以优化协作和集成。

此外，为了实现优化的集成组织，我们需要对于建立特定项目社群进行更多的研究，专注于改善团队行为，思考"在预算内提前完成"之外的价值。我们需要远远超越传统的目标设定过程和使命陈述，以优化集成组织的绩效。我们在项目中进展顺利并取得成绩，使我备受鼓舞。

后记二

埃里克·R. 兰姆（Eric R. Lamb）
DPR 建筑公司前管理委员会成员

建筑业各参与方的集成有时貌似是一个难以解决的大问题。该行业成千上万的供应商、设计师、承包商和分包商呈现出令人难以置信的复杂性和令人畏惧的碎片化。此类不良的表现和低下的效率在某些人看来反倒是巨大的机会。

马丁（Martin）、霍华德（Howard）、阿图尔（Atul）和迪恩（Dean）提出了一个愿景、过程和技术实现手段，为我们在这个行业中如何设计和建造项目提供了一个变革机会。这是一个国际性问题，对于缺乏规模性实体或实体性集团引领变革的国家而言，更是一个严峻问题。

建筑业陈旧的布局、商业模式和实践，呈现出风险投资家所描述的巨大的"空白地带"，进入空白地带的新商业模式只需要与维持现状竞争。马克·约翰逊（Mark Johnson）在 2010 年出版的《掌控空白地带》（*Seizing the White Space*）一书中谈到了现有行业的商业模式创新。IPD 代表了建筑业的商业模式创新，但它是一个未知的领域，也正是其令人畏惧之处。

事实证明，基于支持和信任，建筑集成可以提高质量，降低成本。当人们看到这些商业模式变革所呈现出的一些早期成果时，我们的行业就有了希望。需要继续发展的一些领域包括：

- 致力于建立一个相互支持的团队，所有成员如同来自同一家公司，是过程的关键部分。完全信任的建立和项目目标的一致性，对于取得伟大的成果至关重要。
- 设计模拟和自动化将继续发展，并允许客户优化设计解决方案和预测成本。随着施工方的早期参与以及对早期选项的输入，必将增加结果的确定性，特别是相对于成本和进度而言。
- 设计师和施工方同地办公和虚拟建造成为施工前实施设计的常规部分。具有虚拟设计与施工（virtual design and construction，VDC）的集成和精益实践能够提高质量和降低项目总成本。我们发现，VDC 的"过程"及其执行方式对其成功至关重要。
- 设计和三维模型的确定性使预制和自动化安装过程成为现实，而这在五年前是不可能的。这种向更加"自动化"方向的持续加速，在施工活动之前、完全集成模式的早期阶段已获得了巨大的收益。

- 保险承保人需要认识到，相关专业责任索赔和缺陷索赔的交付风险降低。
- 决策权继续向基层移动。通过继续使用数字工具和技术，项目决策将更加去中心化，由更接近一线工作的个人作出决定。大型、复杂的项目将由能够使用数字工具和过程的员工在基层进行管理。能够适应这种去中心化模式的公司将脱颖而出。

未来发展方向

未来将会出现纵向集成的公司，能够进度更快、成本更低地为工程项目提供设计、制造和安装，其正是代表了一种不同于目前存在的商业模式和供应链关系。有一种观点认为，目前建筑行业有三到四个层次的加价，缺乏供应链的透明化，缺乏设计和施工的集成化，而此类问题可通过单一的、集成化的商业模式加以解决。

已经有先例让我们认识到这种模式的潜力，将组件化设计用于"设计、预制和装配"项目。我们公司已经开始为结构、外墙和内墙进行原型和组件系统设计，包括框架、电气、管道和装修专业建筑组件的集成解决方案。上述将各专业集成于一个整体的模式，仅是迈向自动化和工业化模式的一小步，目的是在提高质量和安全目标的同时，实现更低的成本和更快的周期。此外，有一种观点认为，这种集成模式可以用于现场的组件组装和最终设施建造。特殊业务工作仍然需要专业公司参与，然而，在集成化设计建造模式中，他们仅仅是次要角色。增加对供应链的了解，控制设计和材料的选择，消除交接环节繁多的风险，实现稳定的工作流程，多方位提高自动化程度，减少不必要的监督和传统工作流程，提高质量及适应性，由一个设计和安装结合的实体统一完成工作，可产生完全不同的结果。

建筑业的定制化性质和各专业的碎片化是集成模式的障碍。我坚信，在未来10年内，通过数字化工具、自动化和商业模式的变革，将更加容易克服建筑业的此类障碍。

译后记

随着科技的发展，人们对建筑性能的需求在不断提高。传统建筑项目交付模式中普遍存在着管理低效、浪费严重、安全事故频发、变更繁多及环境破坏等诸多问题，当今建筑业迫切需要改善甚至重构项目各参与方之间的关系，高效地交付建筑产品，以提高建筑物全生命周期的使用效率，适应社会及环境发展的需求。集成项目交付（Integrated Project Delivery，IPD）作为一种高效先进的项目交付模式引起了国际建筑业的极大关注。目前，IPD模式在我国建筑行业的实践应用仍然很少，且缺乏有关IPD模式的全面综合性参考书籍。

译者及所在团队经过不断地探索，并通过对工程建设领域的DB、EPC、IPD等管理模式的系统性研究与实践，认为集成项目交付是提高建筑综合效率并最终实现高性能建筑的最佳模式。2018年译者在访问美国斯坦福大学及DPR建筑公司期间，获悉由斯坦福大学终身教授马丁·费舍尔（Martin Fischer）、美国建筑法学院院士霍华德·阿什克拉夫特（Howard Ashcraft）、DPR建筑公司施工及技术专家迪恩·瑞德（Dean Reed）、阿图尔·汉佐德（Atul Khanzode）等合著的《集成项目交付》（Integrating Project Delivery）一书已在美国出版。通过阅读该书原著，译者认为这是一部很好的IPD模式应用指导书籍，书中引用大量工程案例，结合精益建造、BIM及VDC技术，详细地介绍了IPD相关概念、简明框架以及高性能建筑的交付。该书内容全面翔实，图文并茂，实用性强。译者认为，将此书译成中文推荐给国内同行，对于推动我国建筑行业IPD管理模式具有积极的作用。

本书翻译过程中，译者及团队再次访问了DPR建筑公司，并拜访了本书作者，就IPD最新研究和发展状况进行了讨论和沟通，该模式在多个发达国家建筑行业均体现了较好的社会效益及环境效益。

本书的翻译尽量忠实原著，并兼顾了中文的表达习惯，力求能为我国 IPD 模式的推广应用起到一定作用。此项工作是瑞森新建筑有限公司员工们共同努力的结果，在翻译过程中，王世平、谢洪栋、孙震、刘文明、彭国平、刘超、李伟、马文顺、冷明亮、仲薇霖、宋纯飞、徐化营、陶增荣、董锋东、雷燕鹏付出了辛勤的劳动。广联达科技股份有限公司刁志中董事长、DPR 建筑公司董宁博士对此书的翻译进行了认真的校审，并给予了大量的指导意见，在此致以诚挚的感谢！

由于译者水平所限，译著中可能存在某些错漏之处，敬请读者批评指正。

瑞森新建筑有限公司 董事长
2020 年 12 月 15 日于泉城

作者简介

马丁·费舍尔（Martin Fischer）

斯坦福大学土木与环境工程系终身教授、集成设施工程中心（Center for Integrated Facility Engineering, CIFE）主任。

霍华德·阿什克拉夫特（Howard Ashcraft）

美国建筑法学院院士、加拿大建筑法学院名誉院士、美国建筑师协会加利福尼亚州分会名誉会员、斯坦福大学土木工程系客座教授。

迪恩·瑞德（Dean Reed）

DPR 建筑公司（DPR Construction）精益建造和集成项目交付领域的倡导者、组织者和教育家。

阿图尔·汉佐德（Atul Khanzode）

DPR 建筑公司首席技术官，在精益建造和虚拟设计与施工（Virtual Design and Construction，VDC）的项目实施领域有深入的研究。